周易相学精粹

李计忠思解《周易》系列

易界名家 独门首传

李计忠 著

团结出版社

图书在版编目（ＣＩＰ）数据

周易相学精粹 / 李计忠著． -- 北京 ： 团结出版社，
2012.1（2021.9 重印）
  ISBN 978-7-80214-701-0

  Ⅰ．①周… Ⅱ．①李… Ⅲ．①周易－研究②命相－研
究－中国 Ⅳ．①B221.5②B992.3

  中国版本图书馆 CIP 数据核字（2011）第 254084 号

出　版：团结出版社
　　　　（北京市东城区东皇城根南街 84 号　邮编：100006）
电　话：（010）65228880　65244790　（出版社）
　　　　（010）65238766　85113874　65133603（发行部）
　　　　（010）65133603（邮购）
网　址：http://www.tjpress.com
E-mail：zb65244790@vip.163.com
　　　　tjcbsfxb@163.com（发行部邮购）
经　销：全国新华书店
印　装：三河腾飞印务有限公司

开　本：170mm×240mm　　16 开
印　张：24.75
字　数：328 千字
版　次：2012 年 1 月　第 1 版
印　次：2021 年 9 月　第 3 次印刷

书　号：978-7-80214-701-0
定　价：59.00 元

相学是一种通过观察分析人的形体、外貌、精神、气质、举止、情态等方面的特征，测定、评判人的禀性和命运的学问。换言之，相学是一门关于人的学问。研究相学关键要看它对人具有怎样的积极影响，对人的生活能够起到什么样的作用。

在中华民族几千年的历史长河中，相学作为一种历史文化现象，源远流长。在相学的发展历程中，出现了许多重要人物，他们为相学的形成和完善作出了显著的贡献。相学在中国有着悠久的历史，最早可追溯到公元前七世纪的春秋时期。

《史记》中有吴市吏等早期相者活动情况的记载。至战国时，看相之术虽已流行，但主要作为一种参政手段被人注意，职业相士和严格意义上的相学理论尚未出现。两汉时期，相学得到迅速的发展，刘邦一家看相的事迹，《史记》里就有种种详细的记载。两汉以后，看相成为重要的社会职业，相书多达三十余种，一百三十多卷。宋、明两朝，看相风气发展到巅峰，许多相士成为显贵，不少知识分子、上层名流也以浓厚的兴趣开始研究相学理论。明代以后，相学逐渐流向民间。至此，无论相学理论还是看相技艺都少有新的发展。古代相学名流群芳灿烂，如春秋时期的姑布子卿、战国晚期的唐举、汉代的许负、唐代的袁天罡和李淳风、宋代初期的麻衣道者陈传、明代的袁忠彻、清代的陈钊等，皆负盛名。古代相学著作多不胜数，但大多数是相互转抄的，自成体系且较为实用的主要有《麻衣神相》《柳庄相法》《神相全编》《水镜集》《相理衡真》《神相铁关刀》等。其中《麻衣神相》流传最广，《神相全编》体系最完备。

运用相学的原理评断人的禀性和命运的方法，俗称为"相学"。"相"包括两方面的含义：一指命相，一指看相。按存在方式而言，命相可分为骨相、面相、色相等；按所示命禄的属性，命相可分为福相、寿相、贫相、夭相等。看相就是给人解读命运的吉凶信息。要给人看相，就要懂得相学理论中的一般相法和特殊相法。一般相法是以被相者的形貌、气色、情态、举止等外在特征为观察对象，据此推测个人的命运休咎，其中又可分为相面、相骨、相手、相痣、相卧、相行、相气色等多种。由于相学流派众多，各派的理论不同，因此对人的面部结构和面部器官的命相形成了多种说法，即五星六曜说、五官五行说、三停六府说、五官十二宫说、十三部位说等。特殊相法主要有结穴相法、太素脉相法、三世相法、听声嗅物相法及相心相德法等诸种。结穴相法取看风水的原理看相；太素脉相法以中医的切脉之道来阐释人的命相；三世相法以人的现世生活情景来推测前世，预言后世；听声嗅物相法以人说话的声音或所用的器物来判断贵贱吉凶；相心相德法以通过考察人的心术善恶、品性优劣来断其祸福。依据门户学派的区别，相法又分为麻衣相法、柳庄相法、水镜相法等多种。

相学以《易经》为基础，在发展过程中渗透了阴阳五行、天干、地支、八卦、佛道思想等内容，还包含中医学知识和中国古代朴素辩证唯物主义哲学的内容，可谓博大精深，并且逐渐形成一套完善的、独特的理论体系。

五行即指：一曰水，二曰火，三曰木，四曰金，五曰土。古人认为，天地万物皆由金、木、水、火、土五种基本物质组成，它们之间又存在着相生与相克的关系。相生是指一种物质对另一种物质有着生发促进的作用，即木生火、火生土、土生金、金生水、水生木；相克是指一种物质对另一种物质有着克制约束的作用，即木克土、土克水、水克火、火克金、金克木。正因为有了五行相生、相克的相互作用，天地万物才有进化、发展，同时又保持着平衡和协调。命理学家认为，既然天地万物的发展、变化和五行的生克制化有着密不可分的联系，那么也可以运用五行生克之理来测算人一生的凶吉祸福。基于这种认识，便从五行运动的规律中演化出金、木、水、火、土五行形相的相命方法，后来又将阴阳五行与天干、地支、四时五方相配。人的五官与阴阳五行性情相符，故将两者相配，赋予特定的命理意义。眼为甲乙木，主精华茂秀，定人贵贱；眉为丙丁火，主威势勇烈，定人刚柔；鼻为庚辛金，主刑诛危难，定人寿夭；口为戊己土，主载育万物，定人贫富；耳为壬癸水，主聪明敏达，定人贤愚。这样，便可以直接从一个人的五官形象推断比较复杂的命理内涵了。

又如五官与五行相生的关系：耳为轮珠鼻为梁，金水相生主大昌；眼明耳好多神气，若不为官富更强；口方鼻直人虽贵，金土相生紫绶郎；唇红眼黑木生火，为人志气足财粮；舌长唇正火生土，此人有神中年聚；眼长眉秀足风流，身挂金章朝省位。五官与五行相克的关系：耳大唇薄土克水，衣食贫寒空有智；唇大耳薄亦如前，此相之人终不贵；鼻大眼小金克木，一世贫寒主孤独；眼大耳小学难成，虽有资财寿命促；舌小口大水克火，急性孤单足人我；舌大鼻小火克金，钱帛方盛祸来侵；耳小鼻蠢亦不佳，悭贪心恶多灾祸；鼻大舌小招贫苦，寿长无子送郊林；眼大唇小木克土，此相之人终不富；唇大眼小贵难求，到老贫寒死无墓。

再如五形相：金形人，《相五德配五行》云："金之位于乾兑，含西方肃杀之气，禀坚刚之体，在人为义，得其形并得其性，是为真君也。"金形人的肤色以白中带黄为最佳。木形人，《相五德配五行》云："木居东方仁发生，木之枝干发于甲，木位天地长生之府，配于五德居其首，在人为仁，得其形并得其性，是为真木。"水形人，《麻衣相法》曰："眉粗并眼大，城廓要团圆，此相名真水，平生福自然。"火形人，《神相铁关刀》曰："头尖肉红性又急，发黑须黄鼻露骨，颧尖骨露眼睛红，眉上欠毛胸又突。掌尖大薄又露筋，行路身摇耳尖拂，声焦声破额孤高，唇超露齿火形实。"土形人，《麻衣相法》曰："肥大，敦厚而重实，背高皮厚，气魄宏大，声响如雷，项短头圆，骨肉全实。"土形人，《神相全编》曰："似土得土厚柜库。"即是说，土眉，宽广清长者衣禄丰足，眉头纹破或两眉相连者坎坷多难、骨肉难全。

但是，相学作为一门传统文化，确有其封建迷信的色彩，不能把它神秘化，更不能用来骗人或牟利。只有抱着对生命负责任的态度，认真研究，科学观察，合理判断，剔除其封建迷信的时代烙印，才能够得出较为正确的结论，并对症下药来解决人生中的实际问题。

本人青年时期就开始拜师学习周易象数和术数，不仅风水上得到名师的点拨，而且手面相上得到易学大师曹宝件的亲传，又得到手面相大师陈鼎龙的点拨。长期的实践证明，从面相是可以分析人的富贵、夭寿、善恶、忠奸、贤愚，以及家庭、婚姻是否幸福等方面信息的。我希望把自己几十年学习传统文化积累的宝贵相学经验公之于众，献给社会，并发扬光大。因此，在出版一系列风水著作之后，又整理撰写《周易相学入门》《周易相学点窍》《周易相学通解》《周易相学精粹》《周易相学释疑》五本著作，以供读者学习和参考。

李计忠

辛卯年辛卯月撰于海口

3

　　《周易》是我国最古老、最有权威的一部经典哲学著作，是百经之首，是中华民族先贤的聪明智慧凝集而成的精品，是一部光辉而灿烂的传统文化瑰宝。《周易》作为中华民族的优秀文化遗产，其易道博大精深、源远流长，对于中华文化的各个领域，都有着深远的影响。

　　《周易》是讲一分为二的客观规律，是讲对立与统一的辩证关系，揭示宇宙一般的变化规律。易道讲究阴阳互应、刚柔相济，提倡自强不息、厚德载物。它是中国古代智者仰视天文、俯视地理、融通万物之情及探索宇宙法则、人生奥秘的哲学著作。《周易》是术数之学，主要体现于八卦定位及阴阳五行的属性。八卦是《周易》的重要理论，具体是乾、坤、震、巽、坎、离、艮、兑。乾为天，卦象是上乾下乾，纯阳卦；坤为地，卦象是上坤下坤，纯阴卦。乾坤二卦作为中华民族的重要语汇，指代了最广阔的天空与大地，与其他六卦构成了八卦，成为中国古代先贤们探究宇宙万物万象的密码。八卦本身有五行，即乾为金、坤为土、震为木、巽为木、坎为水、离为火、艮为土、兑为金。八卦中藏有地支，具体是乾藏戌亥支、坤藏未申支、震藏卯支、巽藏辰巳支、坎藏子支、离藏午支、艮藏丑寅支、兑藏酉支。地支又分属于五行，具体是寅卯属木、巳午属火、申酉属金、亥子属水、辰戌丑未属土。古人用它来预测未来、决策重大事项、反映当前现象，上测天，下测地，中间测人事。

　　周易乃帝王之学，素称"群经之首，百科之源"，是历代人们修身、齐家、治国、平天下的哲学经典。在中国五千年的文明史上，中华民族能历众劫而不覆，逢万难而不倾，遇衰而又能复振，而且能够不断地发展壮大，与我们中华民族对易道精神的把握是息息相关的。我们的祖先在日常生活中遇到了疑难之事，习惯于运用周易八卦预测的科学方法，预测自然和人事方面的吉凶信息，对相关事物和现象做到心中有数，有备无患。

　　虽然《周易》最初只是一本用于占卜的书，但是它不仅对中国主流文化有着深远而广泛的影响，而且对中国传统文化的影响几乎渗透到了每个角落，特别是对哲学、伦理、宗教、环境、建筑、医学、天文、数学、物理、文学、音乐、艺术、军事和武术等，具有非常重要的指导和规范意义。各门科学文化也能从《周易》哲学原理中得到显示。《周易》指导着各门科学文化的研究，而且其逻辑推理也在数学、几何学、八卦预测学、人居环境学、四柱预测学、人体面相学等学科上得到广泛应用。我们学习和研究《周易》的最终目的，就是要把《周易》中的逻辑推理法则运用到实际生活当中，加以考察，力图对我们的学习、工作、处世等日常行为有所借鉴。

相学作为周易演化出来的一支门类学科，有着悠久的历史。从历史的渊源来看，面相术是预测一个人的流年运气、富贵贫贱、祸福寿夭等的一种学术，它与中国的易术、道术、医术和养生学都有着紧密而不可分割的关系。早在春秋战国时期，相术和相士就已经出现，著名学者、儒学大师荀子曰："相人者，古之者无有也。……古者有姑布子卿，相从之形状颜色而知其吉凶。"姑布子卿就是春秋著名的相士，《左传》《周书》中都有关于相士相术的记载。这些文献资料证明春秋时期我国相术已经开始发展，并且最基本的理论是以八卦、五行、地支为基础初步确立的。三国时期，医学大大发展，出现了张仲景、华佗等名医，同时相术也有了大的飞跃，从原先的观形发展为观气色，相士通过观察人的气色来判断吉凶，这与中国古老的医术紧密地结合了起来，只不过所观察的角度不同而已。隋唐时期是我国相术发展的一个重要时期。这一阶段的相书数量繁多，种类多样，并且广为流传。如《新唐书·艺文志》中的《袁天罡相书》七卷，在敦煌发现的唐人所撰写的相书残本，等等。此时的相术已将八卦配以人的面部，从察看人的面相扩展到了身体的各个部位，剖析得详尽透彻。宋元时期是我国相术发展的鼎盛时期。在北宋画师张择端的《清明上河图》风俗长卷中，就有看相批命的职业形成，反映了当时相术的风起之盛，而且出现了总结性的著作。在这些著作中，首推《麻衣神相》。《麻衣神相》是相书史上一部具有划时代意义的著作。它集前代相书之大成，无论是理论上还是实践上都有了较为系统的阐述和发挥，并最终奠定了相术学的根本体系。《麻衣神相》总结了千余年的相术理论和实战精华，摒弃了一些繁琐的无稽之谈，使相术的理论水平达到了前人后者都难以企及的高度。尤其是附着大量的插图，八卦、五行、地支都配于人的面部，翔实具体、通俗直观，使它成为迄今为止影响最大的一本相书。明清时期的面相理论是宋元时期的理论延续。此时相书版本很多，最重要的当属袁忠撒的《袁柳庄神相》，此书虽然有自己独到的见解和理论，但是与《麻衣神相》也有许多共通之处。

本人四十多年来，深研古贤相典及各种门类相书，加之青年时期就开始拜师学习周易八卦象数和术数，同时面相上得到易学大师曹宝件的亲传，又得到手面相大师陈鼎龙的点拨。本人在长期的实践与应用中，将古著经典记载的观相之法在实践中印证，总结归纳，去伪存真，做了大量的手稿笔记。手稿笔记内容涉及广泛，有手面相、骨相、痣相、气色的吉凶，以及富贵贫贱、夭寿、善恶、忠奸、贤愚、六亲刑克、伤病灾、家庭、婚姻是否幸福等的精确看法，特别是在观相实践中总结出来的八卦断面相的方法更加神验。我希望把自己几十年来在学习和探索中积累的宝贵经验公之于众，奉献给社会，并将之发扬光大。

这五本相学著作，以《周易》八卦为基础，渗透了阴阳、五行、地支、佛道思想、中医学知识等。正如周易八卦九宫，即天心为中宫，五行为土；南方离卦，五行为火；北方坎卦，五行为水；东方震卦，五行为木；西方兑卦，五行为金；西南方坤卦，五行为土；东南方巽卦，五行为木；西北方乾卦，五行为金；东北方艮卦，五行为土。在给人看相论命时，将八卦九宫套入面部，即鼻子位居面部中央，为土星，准头代表中宫；额顶为火星，以离卦代之；下巴为水星，坎卦占位；右颧骨上为震卦；左颧骨上为兑卦；左眼尾下为坤卦；右眼尾上为巽卦；左笑靥下为乾卦；右笑靥下为艮卦。例如，鼻大丰满右颧削，为木克土，财薄而无权势；额头方圆下巴尖，为水克火，早年吉祥晚景差；右颧丰满左颧低平，为金克木，中年蹉跎无权势；左颧圆满额头尖，为火克金，早年贫穷中年颠，等等。又如，耳为金木星，主聪明敏达，定人贤愚及寿夭；眼为木星，主精华茂秀，定人贵贱；眉为火，主威势勇烈，定人刚柔；口为水星，主食禄，又主刑诛危难，定人疾病与灾厄；鼻为土星，主载育万物，定人贫富。如此，就可以直接从一个人的五官形相推断比较复杂的命理内涵了。

八卦中藏有地支，各有五行属性，八卦断面相吉凶之法可依八卦和地支五行辨别。五行即金、木、水、火、土五种物质元素。天地万物皆由金、木、水、火、土五种基本物质组成，它们之间相生相克的关系，推动了事物的运动、变化和发展。五行相生是指一种物质对另一种物质有着生发促进的作用，即木生火、火生土、土生金、金生水、水生木；五行相克是指一种物质对另一种物质有着克制约束的作用，即木克土、土克水、水克火、火克金、金克木。基于五行的生克制化的运动规律，演化出五行金木水火土形相命理方法及赋予特定的相理意义，并运用五行生克制化原理来测算人一生的凶吉祸福。八卦断面相吉凶之法是本书最突出的、最准验的相理吉凶信息的推断方法，也是其他书中所没有的。在给人看相论命时，将地支套入面部，论人老年之吉凶，具体方法是：将地支子丑寅卯辰巳午未申酉戌亥分布在被观者面部的边缘，从地阁起子位，女命按顺时针方向运行，每二岁行一部，周而复始，至一百岁归还子位；男命按逆时针方向运行，每二岁行一部，周而复始，至一百岁归还子位。

人的身体五部可冠于五行之别，主要根据人的周身骨骼所形成的头、面、身、手、脚五部的外形及周身肤色，判定个人的五行形相法。

金形人，周身五部都方正，眉清目秀，骨肉坚实且白皙银亮，肤色白中带黄润，额、鼻、颚三停均有方正之象，头圆、耳色白润，唇红齿白，发须疏，腹部圆垂，背部宽厚，颧部骨起，胸平有肉，手掌方厚，声音明朗而铿锵有力。金形人的周身五部及面部均具金五行的特性。

木形人，周身五部都长大，腰瘦而圆，眉目清秀，人中有须而无困口，颈有喉结，鼻略露节，头部隆起，额耸，手掌瘦长，肤色青中带黄润，额、鼻、颚、三停均有修长之象，头长，耳赤，唇红纹细，腹部瘦直，颧部骨平，胸部骨露，声音明朗合节拍。木形人的周身五部及面部均具木五行的特性。

水形人，周身五部都圆肥，特别是上下眼胞及腹臀更圆肥，面短，眉粗眼大，肤色黑，额、鼻、颌、三停均有圆肥之感，耳色赤，唇褐齿白，发须密，腹部圆垂，背部圆厚，颧骨稳起，胸厚有肉，手掌圆厚，声音浊。水形人的周身五部及面部均具水五行的特性。

火形人，周身五部上尖下宽，上锐下丰，性格急躁，眉发焦黄，鼻梁起节，颧尖骨露，筋骨俱露，眉骨露，口齿露，手指瘦且指尖，声音刚烈且紧急。火形人的周身五部及面部均具火五行的特性。

土形人，周身五部都方正，头圆项短，背耸皮厚，身段腰圆，腮颐宽厚，耳大，唇厚，地阁方厚，五岳相朝，步稳语迟，敦厚重实，厚发浓眉，鼻准丰隆，手掌指节均方厚，声音沉而迟缓，耳色黄润，肤色黄润带赤气，额、鼻、颚、三停均有方正之象。土形人的周身五部及面部均具土五行的特性。

人的面部气色千差万别，主要气色变化通常有黄、红、青、白、黑五种，黄色为土、红色为火、青色为木、白色为金、黑色为水，这是大自然的本色。但由于人体内部的五脏各具五行，人的面部气色变化跟五脏的五行生克制化相关联，同时也受到四时季节交替变化的影响。在人体内部，心为火，肝为木，脾胃为土，肺为金，肾为水，春季木旺而发青色，夏季火旺而发红色，秋季金旺而发白色，冬季水旺而发黑色，并且一年都伴有黄色。春季木旺，右颧发青色大吉；秋季金旺，左颧发白色大吉；夏季火旺，额头发红紫色大吉；冬季水旺，地阁（下巴）发黑色大吉；一年四季，面部都伴有黄色，鼻子准头发润黄色为大吉。

气是隐藏于皮肤下面的一种轻细柔滑的东西，色是呈现于皮肤表面的五行色彩。一般地说，观察人的气色，木形人以青色略带红紫色为大吉，火形人以红色略带青色为大吉，水形人以黑色略带白色为大吉，金形人以白色略带黄色为大吉，土形人以黄色略带红色为大吉。青色是木的本色，主惊忧，发于一、二、三月间；红色是火的本色，主口舌是非、破财，发于四、五、六月间；白色是金的本色，主悲伤，发于七、八、九月间；黑色是水的本色，主疾病、灾厄，发于十、十一、十二月间。还有十二宫、三十六宫及七十五部位气色的吉凶断法。

这五本相学著作，以《易经》八卦为基础，渗透了阴阳、五行、地支、佛道思想、中医学知识等，内容较为丰富。书中用通俗易懂的文字及图片，试图对人进行全面的观察而做出较为合理、正确的判断，并从不同的角度向读者展现了古代相学的发展渊源以及与相学有关的故事与传说，为广大读者全面了解我国这一古老的文化现象有一定的帮助。当然，作为传统文化的一部分，中国古代相学也夹杂一些封建思想的糟粕和迷信的色彩，作者亦作了剖析，相信今天的读者自有辨别。编著该书就是为了对古代相学的社会功效进行解密，帮助读者更好地了解相学的内涵，打破相学的迷信色彩。这对研究相学的专业人士和爱好者具有一定的参考意义。

目 录

第一章　面相气色

第一节　辨别气色原理

一、气与色

形体身骨为人相的根本，气色为人相的枝叶。论人的相理特征应先分析形体身骨，后论气色。气色皆发于五脏，泛游于面上皮内者为气，显现于面上皮外者为色。气乃神之余、色之本，气来和明者，满面壮实，隐隐如珠玉；气生色，色定荣枯，气不和者，色亦不和。

气、色乃五脏六腑之苗。气为先天的动机，是五脏六腑之苗，又依五脏六腑而发；色为后天之华表，依五行四时而应；气隐于皮肤之内，为事实之先表，潜伏期约三十日至一百八十日，合阴阳节令气候；色浮于皮肤之外，为事实之应验，潜伏期约十五日至九十日，合阴阳节令气候。论相必须同时观看形体身骨与气色，不可偏失。气与色的区别，气在皮内，色在皮外，气先行而色后应，两者均从人体五脏六腑、骨髓、脑髓发出。肉色非气色，观相时应善于分辨。

气是人的内脏、骨髓因生理心理变化所发射出的一种信息，似无而实有。无论人高矮胖瘦，凡气旺之人，必然满面壮实、莹净，皮肉内外皆润；凡气衰之人，必然满面浮散、暗滞，或皮肉内外发出不洁的油光。气是面上焕发的光彩，能持久耐看，而不会偶发偶散，尤以天德自发之气，不受时令的限制（天德气色即阴骘气色）。

色不但可以看见，同时有形可稽。但二者外表看似相同，实质有别，有如雪上之霜，水上之冰，只要细心观察，即可一览无遗。色忌成片，气则不忌。色要有光，色无光者非吉色，乃枯燥之凶色也。

气为色之母，气全之人色必佳，气滞之人色必黯。气与色互相扶持，有气有色，方为气色之正宗，人之发达始能永发不休。有气无色之人终必发达，但须待时机到来；无气无色，即发即败，有若昙花一现。有气无色不灵，有色无气不验，人宁可有气无色，不可有色无气，因为气在内为根为实，色在外为苗为虚，故色好不如气好。

二、气色的特性

气色并不是指肤色和颜色，更不是指血行现象。

气色时时在变，而肤色非遭受重大的健康变化或生活工作环境的变化，一生也难得有所变化，尤其是黄、白、棕、黑、红五大人种的肤色，即使遭受重大的健康和生活、工作环境的改变，也难得有所改变。肤色是遗传基因问题，而气色是后天的生理、病理、心理对人体的刺激问题。观看人的气色时，可以在黄种人的脸上看出黄气色，白种人的脸上看出白气色，棕种人的脸上看出青气色，红种人的脸上看出红气色，黑种人的脸上看出黑气色，因此气色与肤色不可混为一谈。

颜色与气色要分明，颜色是永远不会改变的死色，气色是乃随时在变的活色。颜色有深、浅、淡、莹、净、枯、燥、晦、暗、浊、惨、浮、定、沉、滞之别。颜色会鲜艳夺目地呈现出来，而气色只是隐隐约约的表象。

血行现象是血色素变化的表象，是体内血液流速所引起的暂时性的肤色变化，与一个人的当年运程吉凶没有关联，故血行现象亦不能与气色混为一谈。

三、气色的内涵

气色的内涵，包含精、神、气、色四者。精与神均为人体内在之精华，人以水为精，以火为神，精备而神方生。

"气乃神之余，气乃色之本"，此句表明了精、神、气、色四者发生的先后顺序及连带关系。精、神、气、色四者，精乃源于脑髓、骨髓的精华凝聚并达到临界点后启动五脏六腑的电能，再推动体内血液作正常循环，同时皮肤因得到血液带来的营养滋润，是头面及全身上下充满了明润的气；反之，头面身手足五部的表面，必然浮散、暗滞。心脏所发的光色为红色，肝脏所发出的光色为青色，脾脏所发出的光色为黄色，肺脏所发出的光色为白色，肾脏所发出的光色为黑色。

"有诸内必形诸外"，此句是说人脑组织、骨骼和五脏六腑各部位电能的强弱、顺逆，都会而在面相上的对应部位上出现吉气色或凶气色。

四、气色与相理

为人观相，就是分析其一生成就大小，收获多寡，有无灾厄，六亲有无刑克，婚姻是否美满，及观其健康、智慧、个性的优缺点情况等。观看气色只能大体分析其过去一年及往后一年以及目前短期内的各种优缺点，观看相理可以分析人一生的优缺点。相理如命，即属于先天遗传不变的部分，而气色如运，即属于后天会变化的部分。相理源于五脏、六腑、骨骼、脑组织结构，人成年后，其相理是永远不会改变的；气色源于五脏、六腑、骨骼、脑组织受到各种生理、病理与心理的刺激，然后从人的气质、气魄、精神、性格、须眉、肤发、肉色、肥瘦、甲齿、声音、纹痕、痣斑等表现出来。两者界限分明，因此相理与气色不可混为一谈。

五、气色与中医望诊

气色是人脑组织、骨髓和五脏六腑各部受到生理、心理、病理的刺激作用，呈现在人头、面、身、手、足的表象。中医学的"望诊"，就是据此表象并参合人身体内部诸脏腑、经络的关联部位，判断人的病症及病情的变化。

人相学观看气色比中医望诊范围更为广泛，气色的种类亦较精细。例如，中医望诊只看凶气色，不论吉气色，并将气色简单区分为黄、黑、青、白、赤五种。人相学又将红色分为红、赤、紫三色，紫色再分为青紫、纯紫、红紫、黄紫四种；白气色除白正色白气色外，尚有白气色的别种"惨色"；黑气色除了黑正色及黑气色外，尚有黑气色的别种"晦色、朦色"；青气色除了青正色及青气色外，尚有青气色的别种"滑色、腻色"；黄气色除了黄正色及黄气色外，尚有黄气色别种"暗色、滞色"。

观看气色特别强调时令和宫位，即得时令及与宫位相生者为吉色，反时令及与宫位相克者为凶色，还强调气色是天德自发（即阴骘气色）的论点。中医师观看气色，旨在诊察病情，而人相学家观看气色，除了能观看一个人的健康情况以外，尚能观看人目前的事业、财运、家庭、婚姻、六亲和工作等状况。

六、气色与宗教

人面相上的气色，与单纯的因果报应、求神拜佛和神力改运的说法无关，纯粹是人的心理影响生理、生理影响气色和阴骘变相所致。

气色是人的七情六欲所发，即喜、怒、哀、惧、爱、恶、欲七情及眼、耳、鼻、舌、身、意六欲所生的意念所发；或因酒色所发，或因自身体质变化所发，或因人脑组织、骨骼和内脏病变等原因所发。这就是"有诸内，必形诸外"的道理。凡人都有喜、怒、哀、乐等情绪上的变化，或酒色对肉体的刺激，或健康发生变化导致生理受到冲击，影响人的生理机能和心理状态而引发血色素的变化，中国人相学上称为五行气色，呈现在面部的重要部位。红、赤、紫色属"心火"所发；青色属"肝木"所发；黄色属"脾土"所发；白色属"肺金"所发；黑色属"肾水"所发。得时令及宫位与气色五行相生者为吉色，反时令及宫位与气色五行相克者为凶色。气色是由内在的各种生理、病理及心理因素引发的，是人一生运程吉、凶、祸、福的表露，人可借自身的意志力或修身养性将气色改变。

修身可以养性，性和则血全，血全则神安，神安则气壮，气壮则色明。孟子主张"养气"，即指养浩然正气及身体元气，气可借修持而获得，符合"七分天命，三分人事"的道理。

只有坚持"四修"（即修身、修心、修德、修行），人的气色才会变好，身体才会健康，智慧才会开发，个性才会优良，然后才能使工作顺利，事业成功。

七、神、气、色的关系

看气色时，必须神、气、色同观，才得有验。论气不脱乎神，论色不脱乎气，因为气为神之余，为色之母，色为气之苗。古籍云："神好为贵，气好为荣，色好只不过得小吉而已"，人的形相，如得神、气、色三者俱全，大吉大利矣。

八、气色与部位

"骨骼定一世之荣枯，气色定行年之吉凶。"骨骼有如树木之躯干，气色有如树木之枝叶，骨法格局为体，气色为用。

老年人气色很重要，若老年人的皮色枯，气血弱，就会不久人世了。人相好而气色不好，盖天不得时，日月不明，人不得气，财运不通。部位虽好，但气色不佳亦难发达，如再神昏，则一世穷苦到老。虽无大富大贵之格，但七十五岁部位无瑕疵，且气色好，亦能大发。

九、观看气色的原则

观看气色的原则：

（一）人的气色依年龄分为四个阶段，即少淡、长明、壮艳、老素。

（二）一年的气色宜分四季月令观看。

（三）一面的气色宜注意部位格局的配观。

（四）各宫位的气色宜注意各宫位的特性。

（五）五行气色宜注意生克制化。

（六）各种气色宜注意其浓淡、深浅、莹净、暗浊、长短、大小、枯燥、华明。

（七）神、气、色三者应综合评判。

（八）面相气色应参合手掌气色综合评判。

（九）观看吉运相气色时，其部位顺序为自天中十三部位起，再及天仓、奸门、驿马，然后至三阳、三阴、双颧、命门、双耳、手掌等。

（十）观看霉运相气色时，其部位顺序为先自手掌开始，最后为天中。

十、观看气色的方法

《相理衡真》云："看人气色，贵在乎天之方晓，鸡鸣之后，平旦之前，血气未乱，饮食未进，神色未离，人事未接，刚卧起时。就帷帐中以纸烛照之，辨验无失。若就檐前光处见之，皆非本分气色也。于洗面盥口饮食汤药后观之，亦难验矣。因五脏神气吉色，早见于面，暮息于心，故清晨观之，则见五脏正色，吉气朝于面也。其凶恶气色，或触事愤怒而发，或感物忧伤而发，或因酒色成青赤，或奔驰而乱色汗漫，此皆非本脏之色，一时急发而成，吉凶难辨也。其有不拘早晚看者，当令颐神静坐后观之，庶几有征焉。若不拘早晚、酒后、醉中、怒时、汗漫，更不停待而看者，则暴失莫大焉。"

观看气色时，以光线最为重要。光线不宜过亮，亦不宜过暗，最宜于早晨室内亮处观看，同时避免阳光直接照射于被观者的脸上。在观看之前，被观者应宁神静坐十数分钟，待其心神及血行处于常态后观之，气色的吉凶即可一览无遗。观相者与被观者之间的距离亦应斟酌，最好相距三至五尺，过远则难见，过近亦有误。又如特殊难观的气色，如面色过红过黑的气色，观看者来回走动，反复观看亦无准验。

十一、观看气色时的禁忌

被观者酒后不看相，因酒精进入内脏，真气难现外部，尤以眼之气神光影响最大，断吉凶不准。

被观者色后不看相，因水火二经受到冲击，外部气色青晦，断吉凶不准。

被观者盛怒或悲伤后不看相，因思维系统和运作系统均受刺激，外部气色青蓝或惨白，断吉凶不准。

观相者本人有心事时不要为人看相，因心不在焉，视而不见，断吉凶不准。

五脏即心（火）、肝（木）、脾（土）、肺（金）、肾（水），六腑即胃（土）、胆（木）、膀胱（水）、大肠（金）、小肠（火）、三焦（五行均属火）。神乃五脏六腑及脑髓、骨髓所发出的信号，信号强者眼神即强，信号弱者眼神即弱，信号枯竭人即死亡。

五行（五形）即金、木、水、火、土五种宇宙物质要素。面相五形，如以内五行区分，则头骨为水，头发为火，额为火，印堂为金，眉前半截为金而后半截为木，山根为火，田宅为土，泪堂为水为火，年寿为木，准头为土而准头前端为水，鼻翼为土，鼻孔及鼻中隔为水，左颧为金，右颧为木，双耳为水，人中为水，口为火为土，舌为火，牙为水，承浆为土，地阁为水为土；如以外五行区分，则额为火，鼻为土，左耳为金，右耳为木，地阁为水，男左女右。

第二节 气色出没的规律

一、五行气色含义及吉凶辩证

常见的气色可分为十种，即青、黄、白、黑、红、赤、紫、暗、滞、朦等色。各色特性分述如下：

青色——主惊恐、忧虑、烦恼、愤怒、疲劳等。

黄色——主欢愉、进财、喜庆、升迁、功勋等。

白色——主忧愁、破耗、死亡、孝服、刑克等。

黑色——主疾病、灾祸、破耗、败业、刑克等。

红色——主欢愉、情欲、喜庆、进财、创业等。

赤色——主灾难、火厄、血光、官非、离别等。

紫色——主大悦、大财、荣升；紫色现，为大吉大利。

暗、滞、朦色——此三种气色本为无色，只发于皮下、现于皮上而已，多数在额上、眼下、双耳、手掌等处出现，主运程蹇滞及损耗。凡人面部出现此三色，均主时运不遂，宜保守、忍耐。

以上十色的吉凶信息，有华明与枯暗之别。华明者，如纸张的表面；枯暗者，如纸张的背面，精粗有别，细看便知。无论何色，如枯暗而不华明，虽紫色亦不可言吉；如华明而不枯暗，虽赤黑色亦不可言凶；惟独黄色一项，虽不华明亦主吉。色有浮、定、沉、深、浅、浓、淡七种状态，浮主未来，定主现在，沉主过去，深主吉凶即在期近，浅主吉凶应在期远，浓主事物大且多，淡主事物小且少。

（一）浮色是指浮出皮外之色，即有色无气所反映的事实为虚浮，事实尚可能有变化。

（二）定色是指有色有气，并且皮内皮外均一样，所反映的是已经呈现的事实，不会再发生变化。

（三）沉色是指色隐于皮肤之内，凝滞无光，晦昧不明，所反映的是已经过去的事情，但事实的影响尚未完全消除。

1. 青气色

青气色发于肝经，五行属木，旺于春季，主忧惊。

青色初起时，隐隐然如云雾，似青铜，主忧事将至；青色将盛之时，如草木初生，恰似瓜果之颜色，色轻者主外忧，色重者主内忧，色浊者主远忧。青色将去之时，如碧云，浮散如云行，青色全散者主忧事已过。青色明润并有生气者，为青之正色，发于春季不忌，其余季节均主不吉。外忧是指为外面他人之事担忧；内忧是指为家里或自身之事担忧；远忧是指为远地之事或久远之事担忧。

2. 黄气色

黄气色发于脾经，五行属土，旺于四季末月，主喜庆。

黄色初起时，如蚕吐丝，主喜庆将至；黄色将盛时，如蚕束茧或似马尾，色如亮蜡，主喜庆已至；黄色将去时，如柳丝斑驳，主喜庆已过；黄色虽旺于四季，但不宜发于口唇。黄色明润光亮且贴肉不浮，为黄之正色，主吉祥气色；不论何时，如黄色凝滞似泥污，均主凶；若黄中带黑不润，如油垢状，为暗色，亦主不吉。

3. 白气色

白气色发于肺经，五行属金，旺于秋季，主悲哀事。

白色初起时，如白尘拂柱，主哭事将至；白色将盛时，如腻粉散点或似白纸，主哭事已至；白色将去时，如灰垢清散，主哭事已过。白色光润莹洁，方为白之正色，秋冬发于地阁者主吉，余者不论何时均主凶。

4. 黑气色

黑气色发于肾经，五行属水，旺于冬季，主灾疾。

黑色初起时，如乌鸦之尾，主灾疾将至；黑色将盛时，如黑色药膏，主灾疾已至；黑色将去时，如散落之垢末，主灾疾已过。黑色透光彩似光芒显露者，为黑之正色，发于冬令者主吉，余者不论发于何时何宫均主凶。色昏暗沉重如地灰潮湿者为"晦色"，晦色为黑色的别种，主运程蹇滞；如晦色似尘封者，则为祸既重大又久远矣。

5. 红气色

红气色发于心经，五行属火，旺于夏季，主财喜。红色在皮外膜内，其色红焰焰，有光动且势大，点滴分明。如豆如米，红艳明润，内外俱应，为红之正色，不论发于何季均主吉，春夏最宜。如红色连成一片，散乱而浮或不成点滴，均非善色；若红色成片成条或色似赤斑疹状，主凶。红色与赤紫二色的分辨方法，即浅红者为红色，深红者为赤色，黯红者为紫色。

6. 赤气色

赤气色是心经汇合肾经所发，即肾水冲克心火或心火反侮肾水，红黑二色浸染而成。赤色为红色的别种，主凶灾信息。赤色初起时，如火之焰苗，主灾凶将至；赤色将盛时，炎炎如绛缯，主凶灾已至；赤色将去时，如连珠累累，主凶灾已过。赤色为凶色，不论发于何时何宫皆主凶，但夏季额头发微赤色不忌。赤色出现时，可侵一二宫，如赤色连绕五六宫，则凶祸最烈，轻者破家败业，重者丧命亡身。赤色中带青带黄，祸可减半；赤中带鲜红亮光主吉；赤中透出嫩黄光亮主转祸为吉；赤中带焦黑色主大凶。

7. 紫气色

紫色有红紫、青紫、纯紫、黄紫之分。红紫色乃骨髓中的纯紫色素汇合心经正红色形成，是红色之别种，主大吉。紫色初起时，如兔之毫毛，主吉事将至；紫色将盛时，如紫色之草苗，主吉事已至；紫色将去时，如烟云笼枯木，隐隐然得土木余气之怡养，主吉事已过。紫色发于皮外膜内，深红鲜活，不散不陷，隐隐深藏，莹莹光亮如紫霞彤云，从肉里透出皮外，此方为正紫色。紫色为大吉大利气色，通常发于天中、天庭、印堂、三阳、三阴等部位，不论四时节令，公职人员定主荣升功勋，庶民主进田宅、得鱼利、生贵子。紫色发于水星上下，则主惊忧是非。

二、五行气色与方位吉凶辩证

若想知道气色的深浅、浓淡，宜先看五岳四渎气色，因为人面相上的气色先发五岳和四渎。

青色——青色旺于东方，主吉；如青色重，宜往南方，可转凶为吉，因为南方为火旺之地，以火泄重木主吉；青色重时，若往西方，主有灾祸，因为西方为金旺之地，重木遇旺金必遭伤损之气，主有灾祸。

黄色——黄色的正色任何方位，均主吉。如是黄暗色，则应择于火土旺月，往火旺之地，可转凶为吉，往北地水旺之地大忌。因为黄暗色象征土中藏有多水，故往火旺之地方主吉。

白色——白色的正色旺于西方，主吉。如白惨色或枯白色，则不宜往东方或南方，否则主凶；白惨色或枯白色，往西方主转凶为吉，因为白惨色或枯白色是金病症状，故往金旺之地方主吉。

黑色——黑色的正色旺于北方，主吉。如黑色重，则不宜再往北方，应往东方或南方，主转凶为吉。因为黑色重为患水病症状，故往木旺之地可泄其重水，往火旺之地以火制水亦主吉。

红色——红正色方位不拘，各方位均主吉。如红色重，应作赤色看，宜往北方水旺之地，主可转凶为吉，因为水旺之地可制火故主吉。红色重时，若往南方火旺之地，主灾厄难逃，因为南方乃火旺之地，往南方乃火上加油，故主灾厄。

赤色——面上现赤色乃为凶兆，往北方可转凶为吉，远行千里亦可免灾。因为北方为水旺之地可以制火故主吉，远行千里意在远离是非之地亦主吉。

紫色——面相上呈紫色，福自天降，任何方位均主吉。紫气色，因人体所含的骨髓质素不同，故区分为四种：

青紫。青紫又名祥云气或青龙气，是人体周身骨髓中的青紫质素匀合而成，似老蚕莹润，内外通亮，无轻重浮沉之分，亦无时令、宫位及五形之别，大多出现在骨骼奇秀的大人物之上停。青紫，并非指带青色的紫气色，而是形容青紫色有如蛋白的"清明"，青紫气色与青气色迥然不同。

纯紫。纯紫又名庆云气，是人体周身骨髓中的纯紫质素匀合而成，似绛缯艳丽，表里一致，无轻重浮沉之分，亦无时令、宫位、五形之别，大多出现在骨骼纯莹的大贵或大富人物的官禄、印堂、三阳、三阴等部位。

黄紫。黄紫是人体周身骨髓中纯紫质素匀合脾脏正黄色而成，人面相上得黄紫相映、鲜艳成群并以黄为主，不忌成片，大多出现在一般人的官禄、印堂、福堂、天仓、准头、双颧、承浆等部位。

红紫。红紫是人体周身骨髓中的纯紫质素匀合心经正红而成，形成小红点的鲜艳群，似红线盘绕，深红鲜活，表里一致，不散不陷，但忌成片，大多出现在一般人的官禄、印堂、三阳、三阴、双颧等部位。

三、五行气色与应验日时

（一）日期

青色——青色在外（即色泽轻浮），应于甲乙日；青色在内（即色泽浓重），应于寅卯日。

黄色——正黄色在外轻浮，应于戊己日，暗滞色应于丑辰未戌日。

白色——正白色在外轻浮，应于庚辛日，惨枯色应于申酉日。

黑色——正黑色在外轻浮，应于壬癸日，枯黑色应于亥子日。

红色——正红色在外轻浮，应于丙丁日，紫色应于巳午日。

赤色——赤色光润者应于火旺之日，赤色重者应于水旺之日。

（二）时刻

丑未戌辰时，黄色为正色；寅卯时，青黄为正色；正午时，赤黄为正色；申酉时，白黄为正色；亥子时，黑黄为正色。

一天之内，气色变化为正色以吉断，否则以凶论。

四、日犯忌色不宜行事

赤色忌丙丁火日，主行事不利；白色忌火日，主行事不利；红色忌壬癸水日，主行事不利；黑色忌水日，主行事不利；黄色忌甲乙木日，主行事不利；青色忌木日，主行事不利。

第三节　气色类别断

天地何以常在天？何以浮地？何以贞日月？何以运行？大气举之也。故浮动激澈者，气之表也，非其本也。观其表可以得一端，得其本然后可以定其全。气乃万物之根，色乃万物之苗，故云："人身一小天地也。"

唐太宗《太平广记》载：善相者，暗中能别五色线，可以辨气色，此论未可考。凡观气色，看春夏秋冬草木枝干发生不发生气象，观早晚日映山色，枯翠之色，观天气天晴风雨之色，观百花开放凋谢之色，皆可以深究其气色之伏外也。辨此四种色之精微，一望而知其吉凶矣。盖色有皮内之色，膜内之色，血肉之色，骨肉之色，脏内之色。不看人五层之内色，不足凭也。看气色之难，故为备述，学者详之。

论相以形貌，此浅者。列御寇以地文，示以杜德机，其有茫然废矣。内有五藏，发为五色，郁为五气，藏之于骨骼，吐之于声音，见之于纹理。气须辨其化源，色须观其神采骨隐于内中滋本，有在音露于吐纳，韵度各殊。至于纹坦，亦有脉络根蒂，然后纵覆其方寸之地。而气色与骨影影绰绰，内莹肌体之中，蕴化仪形之表。或气如槁木而侯灰已动，或色若死灰而大宅阳生，骨不露而神见肉外，声不远而韵盖四坐。如此则虽御寇之奇，安能匿我哉。

气色者有二分，一曰气，二曰色。气在皮里，色在皮外。气不和暖不可谓之气，盖不莹不暖则气散矣。色无光不可谓之色，盖无光则虚色矣。凡气色乃五脏六腑之余精，在外为色，在内为气。有气而无色，有色则无气，此皆气色不准其吉凶也。色为苗，气为根。凡看根，先看苗。在内者事亦未遇，在外者已过。鲜明者正旺，淡色者已散。故欲求某事，即在某宫看。况气色之道，乃合天地之气，而分四时生克之理。先辨一百二十部位，分别交宫过限，吉凶进退无不验也。气色之真形，有一寸二分，按一年十二月，一日十二时。故一年之间，有兴有废；一日之内，有祸有福。气色之法虽分而为二，其实合而为一者。为准有色而无气者，为浮光不为气色。有气而无色者，为明亮不为气色。油光而滑艳者，为油垢亦不为气色。气色朝出于面部，暮归于脏腑，非论人忧于心而成凶恶之气，亦非论人乐于中而成美色之形。气色中有霜上雪，雪上霜之名。霜上雪者，面上之气色内黑未褪，而外黑加朦者是如雪上霜者，内有油垢之气盈于面，其外又起一层似浓霜冻之象者，皆凶象也。相中有六气，一为青龙之气，其色如绛缯蚕明。绛缯者，言气色如紫线之乱盘，其色鲜艳也。蚕明者，如老蚕之光明也，蚕将老自领而明，然后通于周体。人将发，自准而明，然后发于诸部。故紫木之色若现于三天，而发于子宫、必生贵子；发于禄财星，必升官爵；发于阴骘蚕囊，必降天禄。一为勾陈之气，其色如黑风吹云，主败业分离。一为玄武之气，其色如朝烟和雾，主恶梦死亡。一为朱雀之气，其色如晚霞映水，主口舌官灾。一为滕蛇之气，其气如草木将灰，主盗贼火灾。一为白虎之气，其色如凝脂涂油，主病符孝服。六神之气，独勾陈玄武两气最凶，若从天门发出，缠于子宫，必损子；若缠于福德，准头，必然败业；缠于命门，必损命；若缠于命宫，又侵犯于四门五窍，必犯天诛。四门者，乃乾坎艮震之四门也。五窍者，乃耳目口舌鼻之孔窍也。如速行好事或可解也。

气色有天机自动之妙，未易以强求。安静时，准头一点如血猪肝，一年内灾祸必至。忧患时，印堂黄色内映，或紫气隐跃于青黑之内，一段青黑，乃忧患已见之微。远则百日，近或旬时，福庆陡及，内色乃扬，青黑自退矣。春当发生，取青在三阳之下。夏当大旺，宜红微细在山根印堂之间。秋金最宜黄、紫。黄土生金白，紫则黄，白不酿。成发于土星两颧。冬水宜黑兼白，生之却看其地阁。故人虽逢险地，准头如新开柳叶，嫩黄隐隐，四库点点深青陷出，深深淡红；又帝座既有黄光，又起一层紫彩，此为国印，不独险退，大福立至矣。

五色中皆有吉有凶。青气如翠羽者生，如蓝靛者死。赤气如鸡冠者生，如血者死。白气如猪膏者生，如枯骨者死。黑气如鸟羽者生，如烟煤者死。黄气如鹅雏者生，如败叶者死，然有气色无定，如晓则晴明，夜或风雨，苟行阴德，凶亦变吉。

假如一面部位俱强，眉目清秀，唯有气色昏暗，如何便能蹇滞于功名？盖气者养神，形而化神也，周流于五脏六腑之间，因七日之泛，发于岳渎，隐于六腑。故岳渎乃气色深奥难聚难现之处，遇吉不能骤开，现凶亦不能骤发。所以诸事先看岳渎，可验气色之轻重浅深，而可定吉凶祸福之进退也。如紫气片成，黄气散，青气如雾红气肉里，火气在皮上。紫气虽贵庶人难得，官员巨富方有。如染重紫气，相似色气，是喜色。火气则有灾。人有异骨贵相，若为杂气所扰，譬如远山奇峰秀景，为云所蔽，不可而见也；一遇匝地清风，当天皎日，则奇峰秀景，非独可以观览，必使人留恋而难舍也。麻衣老祖曰："气色有鬼神不测之机，能夺天地之元气。"最要紧者，先辨动守色，散聚色，变成色，害利色，蹇滞色，滑艳光浮色，红、紫、赤三色，一一分清辨别而断之，不觉自有通大之神验矣。

一、动色与守色

动色者，论神论气，可观面目，论色论光，可观准印。印堂乃气色之聚处，准头乃气象之发处。印堂气色黄如明蜡，紫如绛缯。内气深明而外色微暗，犹如月晦重明之象，宜乎动。准头气色，如新开嫩黄，紫彩熠熠，有光而发出，盈于面、耀于面者，宜乎动。须眉有翠绿绀青之光，毛发有离垢精彩之阔，求官、求禄、求名利，无往而不大吉利也。

守色者，四渎似明不明，似昏不昏，谓之流散；五岳似暗不暗，似朦非朦，谓之气滞；宜乎守。暗内淡明，而气色不开，独发一一润处，宜乎守。此色主吉凶易进易退也。

二、散色与聚色

散色者，有色无气为散。满面光彩，黄黑白花杂不一为散。明中闭明，暗中开暗，亦为散。面色淡白无气亦为散，面明耳鼻俱暗，眼光黑珠微亮，白睛泛泛不定，亦为散。此数件俱主败，宜安分可免其半。名利动，则有变。聚色者，凡气足内明为聚。色暗而四库新开微黄紫气亦为聚。掌色定面，外暗而内莹明，为小聚，或红黄，或青黑，气色之上如焰，片片翠绿，微微鲜紫，点点霞青，深深浅红，浅浅嫩黄，得此艳丽之色为大聚，能明诸滞而能退诸凶。血气莹暖，眸光射目，白睛贯神而神通五岳，气秀须眉，便是面色不足而色暗，亦为大聚。多则半年而兴旺，少则一季而兴家。有些聚色，愈动愈吉，财利远至，功名即大成也。

三、变色与成色

变色者，色暗复变而明彻为变喜。明中郁郁而复暗为变凶。或有气而无色，或有色而无气，乃易变易更也。色明而日月昏朦，亦易变其凶也。色暗而目有守精，为有镇定之光，主大吉。若或而现红黄，或而现青黑，一日一变大不如，三四日一变亦不如。如紫而变微赤，红而变微黑，黄而变微焦，皆为变凶。有此变乱不定之色，虽有十分好色，亦不为美。如气色青黑，赤暗中若带微微嫩黄色来，便能变吉。皆发在土星之上，印堂之中，五岳之顶，方为有用。唯黄色乃脾之神，又为五色所变，每季各旺一十八日，见之变吉也。紫色乃五色中精彩，故无论青黄赤白黑中见之，有吉而退凶也。唯目中之神，乃心肝肺脾肾之五气所生，故曰神能留气也。

成色者，凡功名成事求谋财喜俱宜，耳明润红，鼻准莹盈，方为喜兆。如神、目、鼻、准不明润而光亮，决非喜兆。颧准部有此莹然紫色，目神明彻，当利见大人；准色滞，虽未见凶，亦无吉也。

四、害色与利色

害色者，年寿赤，忌官刑害。四库暗，忌途路女人害。井灶赤忌破耗之害。山林赤，忌火光之害。印堂青，忌牵连之害。花杂满面，忌出行三害。地阁黑忌水厄之害。目色或深黄，或泛绿，必主大害。凡遇此色，防大人见，怪魔暗损。宜守可免其小半，动则有惊害之患矣。

利色者，暗中自有湿润荣畅，隐隐而明于内，耳、准、颧中俱莹，掌心气润，皮血光彩，眼内神足贯盈，行事俱利。其色离而薄薄微暗，额、准、颏、颧五岳紫气深明，行事利便。凡有此色，乃无往而不利，进退俱吉也。

五、蹇滞色

蹇滞色者，乃下元浊气，皮土不和，五脏不润，故两色滞，四库如泥，耳准如烟，三阳不开，满面如蒙，诸事蹇滞。一而微明，目起障色，为阴合而阳散，作事蹇滞。面黄凝滞如泥，为犯土滞。面青蓝晦无光，为犯木滞。面红缡里焦赤，为犯火滞。面黑烟雾蒙蒙，为犯水滞。面白干枯无色，为犯金滞。面光滑艳如油，为犯神滞。此皆大忌之色。少年相此，二十年蹇滞。末年有此，终身无运，乃大穷大蹇之色，进退皆不利。宜作阴骘佛事，乃能开发，蹇滞可免。

六、红、紫、赤三色

红、紫、赤三色。麻衣老祖云："五色之中，唯赤色最难辨。"红紫赤三色虽相近而相似，然吉凶祸福相差远者多矣。相家若辨得分明，纵差亦不远也。

红色多在皮外膜内，其色红活焰焰，若动有光而势大，点点分明，丝丝明润，方为正红色。为喜、为禄、为福、为财。连片一散，不成斑点，不验矣。

　　紫色亦在皮外膜内，乃红深鲜利，不散不熠而隐隐深藏，色明鲜利而微微焰光，犹在肉里而透出皮外，为正紫色。紫色为大贵色也，发于五岳，自有一种英发。冲于四渎，四渎自有一种秀媚；盈于骨肉，骨肉自有一种荣美。发于须眉，须眉自有一种华彩。故紫气乃最难有也，如红易得也，欲深藏，不宜明露，然十分不露又为暗滞，乃太过与不及，俱不验矣。若一散一乱，一老一淡，非作紫色也。

　　赤色乃心经所发，黑色乃肾经所发，为肾水来克心火。红黑二色所侵，岂非染而为赤？曰变赤，或因惊恐焦心，或因嗔怒劳力，郁闭膜内，连片昏昏，其色且重且乱，势来最大，其形最壮，不成斑点。四季若见此色，不拘何宫，皆主大凶。若侵一、二宫、少可。连绕三、四、五、六宫位，其祸不浅，轻则破家，重则丧命。赤色中更有分别者，赤中带黑焦，主大凶危。赤中带青带黄，为花杂，可免半。赤中带鲜红色者，亦主大吉。赤中带嫩黄色，转祸为祥。

　　红色乃有吉有凶，紫色乃有吉而无凶，赤色乃有凶而少吉也。

七、滑艳色

　　滑艳色，气色各有不同，另有一看。如油润在琉璃之上，色重如丹青画，虽红润亦用朱砂，肉气不应，外色不来，独发一滑一艳。若调油侵垢之色，乃气色中浮泛而将变之气，故滑艳非是美色。若非隶卒，即是娼优。便有清爽处，亦主破刑，受禄去职，庶农者受其殃。故滑艳一来，灾不远矣。诗曰："色若鲜明一派光，红如颜淡白如霜，不成斑点成虚色，百事无成有祸殃。"

八、光浮色

　　光浮者，与滑艳不同。浮另有一说，白如粉灼灼满面，故为光浮。有此色败家之子，少年有损，老年辛勤。若重，必犯刑名。女多且酷难言，有子破坏至万分狼狈。富家之子得此，必要贫穷。光浮非是美色，乃精神浮泛而将变之色，乃是祸殃之根，有百千大忌，无一可取。诗曰："色嫩光浮自古然，刑伤破败有千千，少年三九归泉世，老主辛勤苦难缠。"

春三月木，东方甲乙，左颧是也。青乃肝之神，故显青气也，旺相也。亦先忧惊而后喜。显赤色者，相生也。虽相生亦先主口舌，后成大喜。显白色者，囚也，乃金克木为牢狱也。显青黄二气色者，木克土，以此死亡矣。又曰："春得木而青为本色。"不及者，如变白色者，是金克木，主孝服。两颧骨、朱雀、玄武黑者，破财。赤者，官事。三阴青色，女子之祸。三阳青色，男子之殃。三阳三阴清润黄光者，主生贵女。三阳微红黄光润泽者，生男之喜。如有喜将产，阴阳俱带黑色，晦滞全无彩者，主喜中有忧，恐子母不全。凡准头至山根印堂透天庭有红黄光彩者，主三七日内有财喜，或进田宅、生子娶妻妾等喜。

夏三月火，南方丙丁，左额是也。红乃心之神，故显赤色旺也。虽旺主先口舌而后吉。显黄白二气色者，相生也。虽相生，白色先吉后凶，黄色先凶后吉。显黑色者，囚也，主疾病。显青色者，死也。夏乃火为正色，赤者无妨。最怕黑色太重，乃北方壬癸水来克火，主官司中生不测之祸患。两眼及眉毛并法令中有晦，主破损不安，招口舌上门。左眼黑，男子病。右眼黑，女子患。兰台廷尉黑赤者，主血光疾病。山根黑气，兄弟官司。耳珠黑，天轮黑者，主其人不久而死。两颧赤气，为朱雀动，玄武旺。准头至山根乃天庭红黄光彩者，主文书喜气无不顺快。北位青黑色，求财不遂；如求官，皆无成就。鼻梁黑重者，主病患；黑病者，主死亡。如准头独光者，福祥，可免一半灾矣。

秋三月金，乃西方庚辛，右颧是也。白乃肺之神，故显白旺也，先号哭而后大笑，吉。显黑色者，相生也，故先病而后吉。显青色者，囚也。显赤色者，死也。又曰："秋以白色为正色，怕赤色太重，是为克金也。"准头有火焰者，主官司破财，杖棒之难。准头至山根一路有红黄之气，主文书官贵，无不称意。左眼下赤，男子忧。右眼下赤，女子灾。鱼尾若见黑气者，主有水厄之忧。山根黑赤暗昧，主兄弟病患，口角。并腮如有黑气，此是脏腑之暗疾，虽有卢医他枉用心神。口边最嫌黑气来侵犯，旬日入泉台。

冬三月水，乃北方壬癸，地阁是也。黑乃肾之神，故显黑色者旺也。虽旺先凶后吉。显青色者相生也，主先惊而后吉。显黄赤二色者，囚也。显白色者，死也。冬以黑气为正色，怕土来克水。有黑黄气者，主留连患病。两颧骨黑黄，主官灾破财。两眼下黑赤，主男女之祸。山根黑黄色，仆马不利。印堂青黄，所为文书阻滞。黑气，主落水坠马之厄。眼常青，主夭，额有黄色，主一月内有喜庆。紫色主内有喜庆及官荣。青色主有孝服公讼，不宜远出。

第四节　阴骘纹与阴骘气色

一、头骨骤生于低陷，有祸反祥。

蔡襄相吕僧珍谓曰："鼻高贯顶口大内震当贵。奈脑后单薄不相应于口鼻，虽有福而少寿。修德卑陷处若龙长一骨，起一星相应，福寿无量。"珍曰："古来童子十六骨成，我年半百，焉得骨生？"襄曰："相中虽论十六骨长，神必然增，未定。三十岁上，四十岁下，若能长骨长神，必然增禄。五十岁左，六十岁右，若能长骨长血，定增福寿。"珍后从良起兵，全活万民，头痛数天病愈，听骨益大，血肉莹然，得气而寿。

二、血气忽贯于枯容，其福复生。

树枯即败，人枯即死。若有德气内养，心血有余，贯于形体者，纵然皮肤枯槁，其纹理红黄即为内有根蒂之征，其福复生。经云："发白面皮皱，齿疏形枯竭。"见此衰老相，死期亦不久。若能做阴骘美事，血气贯于枯骨者，肉色复滋，其寿复长。

三、阴骘纹现，必主儿孙富贵。

阴骘纹即三阴三阳之处，若光明润泽，不枯陷，而纹内黄明，纹外紫气绕者，方灵。便知其人多作阴骘美事，无子生子。

四、蠹肉乌青，定当克子绝孙。

蠹肉在眼下皮外浮肿，内已空虚主老年克。蠹肉更见青裂而破损者，主绝子。有此者必有损于心田。蠹肉内若有阴骘纹明黄，必有阴德，反生贵子。昔商瞿四十而无子，孔子曰："勿忧，凡人四十岁外，五十岁内，眼下不起蠹肉，子孙不绝。眼下隐隐卧蚕纹现当生五子。"后果。

五、水道腾蛇纹变现如龙，禄位复增。

纹理黑短入口者，为腾蛇，主饿死。纹理白长至地阁者，为寿带纹，上忽生两角，为龙入大海，反为大贵。

六、山根悬针纹冲破年命，祸生不测。

悬针纹在印堂之中。上一分冲断命宫，下二分冲断年寿。若作善事，其纹变现转脚，免祸反祥。山根鼻上不宜横纹现，然而山根上有悬针纹冲入年寿位，为杀纹冲，主大凶。有横纹拦住，又为阴骘纹类，不作凶纹相也。

七、目晦无神，知其必夭。

宋朝尹洙，蔡襄相曰："头无脑骨，目无守睛，鼻陷山岭，齿露牙根，不贫则夭。"洙立行阴德而济活甚众。忽然一夜发抖，病愈，四相皆变，反主贵寿。

八、声哑失，定然绝禄。

音清音远者，主贵。若遇病后失音，必损于心田，死期不远。声哑大音者，当然主夭病，后其声复鸣者，必然存心阴德，反主福寿。

九、三阳骨莹肉暖，禄寿必增。

昔贾凤鸣八十无子，常自回相，其心不绝后。一日许负送《论子篇》云："三阳平满者多儿，若悭刻而孤独者损子。凡人三十岁问子，观乎两目，太清者有克，凶露者有伤。四十岁问子，三阳枯陷者有克，纹克痣破者有伤。五十岁问子，蚕囊青裂者克，蠹肉壅虚者有伤。"曰："犯此克子相可改乎？"云："国印紫气可破杀纹绝痣。阴骘纹可解壅虚寿肉。庆云彩色可和太清之目。存心阴德可改孤独夭相。君相霜鬓边与眉清上，常现红黄紫彩之色，贯盈于耳唇纹弱，必有阴德，子孙不绝。"其年果生矣。

十、头尖削而神浮泛，贫穷夭寿。

三尖六削者，必穷。目泛而浮睛者，必夭。得满面纹黄，更见唇红鬓阔者，有祸反祥。

十一、三阴气冷色寒，死期不远。

气冷神衰者，一面之间但见色虽艳，六阳暗黑。六阳者，三阴三阳也。四余干枯者，指甲干、须发焦，唇黑、耳焦者是。

十二、身浮胖而色昏暗，败业亡家。

言人之精神气肉皆发于内，内已空虚，而又气促者，主夭卒，胖若得骨相称，气能内化而存心于德者，发富荣身。

十三、三阳华彩玉堂明，定享子孙封诰。

三阳即男女宫也。华彩如紫线之乱盘也。再得玉堂有气聚成珠如电光者，荣封。

十四、日月齐明阴骘现，必产英俊麟儿。

日月即额上两角明亮皎洁也。兼之阴骘纹明亮，黄明透至玉堂，必受子孙封诰。

十五、彩霞遍飞于四门。

红者为色，紫者为彩。四门者，乃子午卯酉四处有红紫色现，主财宝远贡。

十六、祥云绕定于三堂。

祥云者红、黄、紫色也。三堂者印堂、两玉堂也。阴骘气在此处发现，主自身大贵，此皆有德之气也。

十七、唐符广亮得红润，准入泮游庠。

唐符者，红气也。隐于肉里，外有紫气罩之润泽，准入泮，当于月建求之。春在卯，夏在仓，秋准，冬承浆。兼之三台老润明嫩为主。犯官灾者，得此唐符之气，文书印至出罪。

十八、国印辉煌现紫形，许连科及第。

国印者，黄色隐于肉里，外有紫气罩之，准入科名中。后不散，主连捷。如乡试，以准上三台为主。若印堂成五彩者，中解元，后不退，主连捷。人有犯杀身之罪者，得此国印气绕于准头命宫，必然天赦。

十九、痣损蚕囊，恐损于男女。

蚕囊者，即下也。卧蚕两头纹交合如蚕之形，为卧蚕，主生贵子。肉眼者，纹亦两头交合入眼。汉贾凤鸣蚕囊生痣，痣外纹入眼，便为肉眼开明，八十生子。

二十、纹伤凤袋，定伤于妻妾。

凤袋，三阴之下，不宜纹冲破。若行好事，纹理红黄，转脚赤。

二十一、龙眼凤目骨珊瑚，须知星辰仙降。

龙睛黑白含真者，凤目长而细秀者，骨珊瑚仙骨也。须知俊雅有德者生此子，主大贵。少福者生此儿，恐防夭折。须知阴骘事，培养可成。

二十二、鹰腮鼠耳气蜉蝣，定见重孽鬼胎。

鹰腮鼠耳乃显然耳气薄者，面皮削薄也。范文正公生二子，相者云："皆系鬼躁之形，岂为善人儿？"后果付鬼而去。

二十三、三天轰雷。

三天者，即天中与两天门也。有黑毒气绕者必犯天怒，做善事可免。若天门之毒气冲至官禄、玉堂、准头，主坏官败业。冲至男女，损子。冲至命宫、年寿，主凶死。三天黑气绕于命宫、命门，主天诛。

二十四、四门起雾。

乾坎艮震四门黑气犹如乌风濛雨未降之象者，必犯天怒，灾祸速至。灾后气如云开月出者，平安。灾后不退，必主凶亡。即为孽气，其摄神称归地府受罚。现此形死亦不久。

二十五、福堂润泽，骤然财发若轰雷。

左右眉中为印堂。右有眉角，上为福堂，红黄紫彩光耀者，发财。此乃阴骘出入之处，有此色必速降天禄为验。

二十六、禄位焦枯，陡见倾家如瓦解。

禄位在禾仓之傍，禄马之间，黑如湿灰色及猪肝之色者，主有凶祸。若能行善事，破财方免。

二十七、龙宫布雨。

即三阳有纹冲痣破者，主损子孙，存心修德可解。

二十八、凤沼兴云。

即三阴有黑气盘结者，主损妻妾之验。

二十九、四仓平满。

平生有禄有财。两天仓，两地仓，若平满者，资财丰足。若见杀纹冲破于仓库，毒气侵犯财星者，必有损于阴骘，反败。

三十、八卦丰隆，一世无凶无险。

面之八卦也，饱满不缺陷，主一生多福。若见纹冲痣破于丰隆之所，黑气盘旋于纹痣两旁，必作昧心之事，反主凶灾。

三十一、海底藏松。

须发颏下，毛细如草，乱锁于颈者，坟上风水必坏，主破家。不然必凶死，大忌。初出时，凡事存心修德，须长三寸，方许免祸。

三十二、丹田显镜。

诸事存心胸窝，结成肉镜，名曰："万事足见"。此相无贵得贵，无子生子，无寿增寿，无禄得禄矣。

三十三、相中法令纹即螣蛇纹。

其性极活，长过于颐为寿带纹，主增福寿。近于口为螣蛇锁口，主饿死。昔邓通、裴度皆有此纹，度积德挽回造化，通积钱挽回造化，二君手段可见，其孰是孰非？

第五节　气色出没神断

一、赤色出没神断

赤色初起，如火始燃将盛之时，炎炎如绛缯；欲去之时，如连珠累累而去。赤色五行属火，旺于夏，相于春，囚于秋，死于冬。赤色发，主斗讼口舌，惊忧之事；润，主刑厄；细薄主口舌、鞭答。满面如火，主官灾。若形体相应，面色润泽，不焦烈者亦吉。如小人暴见二三点，四畔有紫脉如草根盘旋者终吉。有赤黑者终凶。动在寅午戌月，绝在申子辰日。深者为赤，浅者为红。红而暗者则为紫。五色之中，惟赤色难辨。如与人交接，或生赤及颜，或骤嗔怒，或为惊恐，则面色暴赤而退。即退最宜辨也。面部夏三月红色，火旺也。得贵人提携，三五日至。青色出面，木生火也。父母上有喜庆之事，七日至。白色出面，火克金也。防阴人诛害事，三十至。黄色出面，火生土也。因子孙喜，二七日至。黑色出面，水克火也，主己身灾，三七日至。浮不贴肉，赤点如草根向上，主心病。天中赤，不过二百日内使相。发际赤，入阵亡。若边地赤气如刀剑，二九日内因父进爵。兼印堂赤气如圆珠，边城入发际，凶信至。天庭赤，作帅臣。日角赤火灾。司空连印堂，离宫赤色贯入海门，三月卒。山林赤兼青，火烧山林。印堂赤，七日内慎火。刑狱赤形如鹰嘴，主徒刑。眉部丹砂纹如烟云起，乃牢狱发。如刀剑弓形，马惊。赤砂起，防猝死。眉头赤，主飞横不明之事。左土冲入发际，破财。左眉头赤，公讼。山根赤，二十七日慎火。纹如草根浮见，三日有火厄。寿上赤，主脓血病。归来赤，防口吻厄。正面横血有筋，暴死累亲破败。两脸如桃花，鱼尾贯太阳，死将临。两颧赤，主怒。地库兼黑若云行，主解官。兼青，兄弟唇舌。学堂赤，一百二十日内公忧。命门赤，自身遭患。鼻部赤，一百二十日内防厄，血病刑扰。准上有赤色如笔峰，主公讼。兼眉毛如圆珠草根，主私扰。耳部赤，十日内坠马卒。人中赤多谗斗。唇部赤为上客，口部赤兼青黑，三百日内不禄，疾病出颐，火厄。酒池赤兼黑，因酒卒。冢墓赤，主祖坟应则动。地阁赤，常求乞。有鱼鳞纹，不日内家将火。兼黑，必遭劫盗，奴婢公事。鹅鸭赤，食禽得疾。陂池赤水波草根，凶怪破财。赤常绕顶防凶危。髭发赤兼青好食。冀州赤主陷人。兖州赤欢乐平喜。青州赤凡事啾唧。徐州赤主宜干事。扬州赤君附红色。天中红兼黄，进人财，家生子。边城如刀剑纹，因父进爵。天庭红，四十九日内荣显升进。龙穴兼凤尾红，兼青黄气，二七日内生女。日角月角红黄吉。天庭红黄气如凤尾，主省文。司空红兼黄印连珠，受官，六八日受南方台职。额部红兼黄相间，官加赠，庶人求望吉。兼黄并地阁边地，定生男。印堂红兼紫至神光，喜庆。兼白举子称意。兼黄恩治。明堂红两点如豆，官可实授。山根红交，秋赴选中。目部丹砂贯入向下者，宅内阴人起奸盗之事。目下红黄紫及左右吉。阴位微红主福德。天仓红兼紫如枣核，双鱼得禄。年上带赤主官事。甲匮红，财物时时至。岳渎红兼紫白色吉。无正色失财、惊忧，二七日内至。金匮红兼黄巨富。鼻部赤如钩损财又损牛。准头红兼黄紫，喜庆。二季内进田庄仆马。法令红兼黄吉庆。耳部红，富有万金。厨灶红兼紫气，不日内进奴婢。唇红齿白，食天禄。唇红多财又多福。红过面，五十七年遂意。与舌红贵。承浆红进财。

二、紫气出没神断

紫色初发，如兔毫将盛之时，如紫草；欲去之时，如淡烟笼枯木，隐隐然得土木之余气，为四时胎养。旺在四季，更无休囚，发者为吉。应日亦与黄色同，旺在辰戌丑未月，动在辰戌丑未日，绝在亥卯未日也。

面部紫兼赤，如玉印纹，主增福德。天中紫，四十九日内得财。天庭紫，应转官。日月角紫气，如云龙行，主科甲。司空紫如粟粒，主诏诰。额部紫，六十日内有喜，防灾害。印堂紫，一月内转官家，主横财，一季内进田宅；三道紫色直从司空天中直上者，大赦免罪，七日内验。山根紫，七七日内得财。目部紫兼黄，从印堂直下侵两目头，主孕子孙之喜。三阳紫兼黄，生贵子，主吉庆。奸门紫兼黄，朝见君王。天仓紫，三旬内受官。天门紫，生贵子。年上紫，七十日内生贵子。年寿紫，主喜至。甲匮紫，九十日内纳美妾；兼黄，又诏得吉。鼻部紫，七七日内进阳人喜。准头紫，主酒食欢宴。人中紫，七日内得财。兼黄气，主福禄。口上紫，贪财防害。唇上紫，足衣食。仓库紫气如水波纹，主得大利。承浆紫，十日内财至。地阁紫，二七日内财至。雍州紫，天神助福。冀州紫，进财并奴婢。兖州紫，婚姻事。青州紫，主疾病。徐州紫，主财。扬州紫光润，大人拜官，小人吉庆。荆州紫，阴人得财。梁州紫，主防失脱。豫州紫，主欢宴。

三、黄色出没神断

黄色初起时，如蚕吐丝将盛之时，如蚕束茧或如马尾；欲去之时，如柳之丝，搏聚斑驳然。黄色五行属土，旺在四季，死于春，相于夏，休于秋，囚于冬。又为胎养之位发，则主吉庆，但不宜入口，即主瘟病。如天中、天庭有此气色，入台辅及敕命，如形神不称，至此又须推变，非可以言传。旺在四季，动在辰戌丑未月，绝在亥卯未日，万无一失，须以浅深断，远近为验。

面部耳鼻齿额黄滞重，半月内脾绝。色凝滞不通脾，病死兆。天中黄，一百二十日内位三司。天狱黄兼紫，兼下位如草根向上迁转，兼红连珠，主提携。辅角黄如偃月签佐。高广黄，旬日内转官。天庭黄，一百二十日内拜相。帝座黄兼紫气，百日内恩荣。日角黄，兄弟有喜。驿马黄光润，壮年必得君赐。司空黄，五七日内得财；光润，来年必擢住。山林兼印信黄如笔锋，主吉信。额部黄，主喜事。兼紫，随上直下，主广敕命。虎角黄，干事成就。福堂黄，地阁黄，冬得财，春得官，又主少病，兼紫一季内印动。目部眼眶发黄，阴德济人，修道终须达。兼紫至尾下，得兵书。三阳黄，主福德。鱼尾黄，主喜。天仓黄，六十日内大进财。神光黄兼白，如刀剑弓形，革职。年上黄，二十日内阴人喜。兼紫，音信。金匮黄当得金帛。禁部黄，为事成就，吉。年寿黄，一生少病。甲匮黄常得财物至，归来黄，宜归有喜。正面黄，温悦和润，当膺宪堂。两颧黄，恩命至。学堂光润黄色吉。命门黄，财帛至，吉。鼻部黄不散，年内喜。人中黄，一百二十日内生贵子。右旁兼紫，横财。厨灶黄，奸婢相累。兼紫，进财。口部黄，千日内朱紫，家庆。临口，横财。至手兼紫，进田宅。入角兼黑，脏腑病。承浆黄连地阁，火光。地阁黄，七日内得财帛。雍州黄，求官横财。冀州黄，家宅不安。兖州黄，喜事秋冬见。又云正月吉，秋冬忧父母。青州黄，出旬孝服。徐州黄，百日内不祥。荆州黄，主吉庆。梁州黄，主得横财。豫州黄，主进财禄。

四、白色出没神断

白色初起，如尘拂将盛之时，如腻粉散点。如白纸欲去之时，如灰垢之散。白色五行属金，旺于秋，休于冬，囚于春，死于夏。白色发，主哭声忧扰。若是白色正润泽，尚可得吉。重主忧煎，浮至忧轻，散主忧解病愈。旺在秋，动在巳酉丑，绝在寅午戌日也。

面部秋三月白色出面，金旺也，七七日内获阴人财，金属西方是阴人财也。青色出面，金克木也，主横财，拾得古器青色之物，三七日至。红色出面，火克金也，因讼损财，三十日至。黑色出面，金生水也，主兄弟哭泣，二七日至。黄色出面，土生金也，至父母有封赠，常人得财，一百二十日内至。面忽生白点者，十月死。浮淡白点如珠现于皮肤，肺病至。天中白，五十日内阴人病。边地白兼赤如刀剑，加武职。天庭白，一百二十日内横亡，或主父母孝服。驿马白，不宜外出，主半路回程，又主重孝。刑狱白，兼印堂红紫气如笔锋，主刑典。山根白主疾厄。目部白连井灶，百日内冤死。若两颧下兼黑，相合直下哭泣，宅内不安，宜祈禳。目下白点如梅花入年寿，一季内期气服动，须防父母兄弟，粉痕哭泣争论。三阳白，云行纹见，必大服。鱼尾白，八十日内见厄，须急成婚。天门白主邪淫。年上白外服厄。年寿白如丝，父母哭分离。寿上白，半月之内小口亡。白如短丝，父母刑伤。归来白，凶信至。正白面，主丧服。两颧白，丧服厄。鼻部白，九十日凶。法令白，男女病。耳下白色，防病与灾厄。耳白过面，声名天下，主五十七年遂意。人中白七日内哭泣。口部白，九十日内唇舌口白，忌毒药而死于路。左边奴婢死。承浆白，七日内妇人离。地阁白，七月内哭泣。雍州白远信至。冀州白，阴人讼事。兖州白，加官，常人进财。青州白，宜出入得财。徐州白疾病。扬州白主道术。荆州白凌辱。梁州白小灾。豫州白吉。

五、黑色出没神断

黑色初起，如乌马尾将盛之时，如黑发得膏欲去之时，如落垢末。黑色五行属水，旺于冬，休于春，相于秋，而囚于夏，死于四季。黑色发，疾病灾厄；润，主吉。枯翳客死，又主兵死。散，主病瘥，入七窍为脏绝。如水黑者吉；如烟四起，腾腾暗暗，大凶。此色难辨，与青紫多类，宜晨起时予以细细察之。旺在冬，动在申子辰日，绝在巳酉丑日是也。

面部，冬三月，黑色出面，水旺也。虽得财，不为喜，防官讼，四七日至。白色出面，金生水也，得贵人扶持，七七日至。紫色出面，紫属火也，水克火，水火相克为水家得地，获阴人财，亦不宜交易，三五日至。青色出面，水生木也，主父母喜庆，七七日至。黄色出面，土克水也，三七日内定，防失财。黑色，若四时有者，死亡将至。黑色忽起大病来潮，至如烟雾散，主劳倦神不安，肾病。如黑一月，兼青，半年肾绝。天中黑，有心愿未遂，从天岳出，解印。高广黑贯三阳，半年内卒。天庭黑，七日灾殃至。日角黑，一月内凶。司空上黑，有白气者，忧伯叔。额部黑，一百二十日内忧危疾病之，恐一季内灾殃。山林黑枯，虎蛇惊，石落阵亡。印堂黑，半月即病，大不利。刑狱黑，主失官，小人受刑。眉头黑兼眼角杂色，不吉。山根黑，六十日内讼扰。重难如烟，三日内忌乘舟涉险，忧财帛。鼻两旁黑一季，大厄。目部黑晕入两眼，三日中散财，面又忽无光，头低，黑一月，青一季，肝绝，六十日内亡。只左目，百二十日内亡。左右眼尾及眼下，应妻妾厄。三阳黑如雾，家中必主自缢。鱼尾左右黑，一百二十日内卒。天仓黑如雾，于二十日内受贫苦。年上黑，主怨恨至。年寿黑，四十日内亡。有气动，应兄弟。归来黑，闲信至。两颧黑，退职免灾。命门黑，主客死。正面黑，惊悸，命亡吊客。黑云四起，哭泣，兼白，横灾疾病。鼻部黑，一百二十日内亡。兰台黑惨者，祸患频来，非寿兆也。准头黑重滞兼枯，朝发暮死。耳部从左耳直连福堂上，黑横过，甩悬索之气，七日内自缢。从左右耳黑至地阁目下，亡。人中黑入口，一百二十日内饥损自身。反正面有气动，应子孙。口边黑贯地阁，切须防毒药，左水灾，右死，地库黑，破财。承浆黑，半月内官事家破。气动，应奴婢。地阁黑，半月内失财。陂池黑入口，死及水灾。雍州黑，欲行不仁之事。冀州黑，牢狱。兖州黑，盗贼。青州黑，宅内不安。徐州黑，主灾病。扬州黑，主灾。荆州黑，主心腹痛。梁州黑，大散。豫州黑，主不睦。

六、青色出没神断

青色将起，如铜青将盛之时，如草木初生欲去之时，如碧云之色霏霏然浮落，散如云行。青色五行属木，发青色，则主忧，轻主外忧；散，主忧解。若得生旺时，又兼木形，光泽不凝滞者，亦吉。若在它色中忽然显露者，定有忧虑。旺在春，动在亥卯未月，绝在巳酉丑日是也。

面部春三月，青色出面，木旺也，有更变之事。红色出面，木生火也，因妻妾上喜，主七日内至。白色出面，金克木也，主官鬼相绕，七日至。黑气出面，水生木也，二月间有死亡之事。黄色出面，木克土，木为主也，七七日内得财货。外白内黄，忧中有喜。浮枯如烟，成条如线，主恐肝疾。天中青，一百二十日有喜；入边地，恐先吉后凶，兼黑，退财官事，男女灾，三十五六日内应。边地云行月出，四七日内逮动得吉。天庭青，一百二十日内官品高者居相位。气如烟霞若祥云瑞气，横贯秋月，进官恐终不吉。驿马青兼黑气，防失跌逃亡；兼紫黄气现则吉。日角青，三日内坠马，忌登高履险。额部青，六十日内孝服，公讼，不宜远出，主凶信。山林青，入幽冥。虎角青色，行人隔月可回。福堂从天岳青，横入解印。印堂青，六十日内迁官，家产贵子，防横事。连山根则惹官司，忌行船，三十五日内应。山根青，三日内逢贵人。忧仆马兼白，人散，兼四九日内哭泣。目部上下堂青兼黑，忌妻病及亲朋友人亡。

左目头下青，一日内哭父。破痕，横祸连刑。右目头下青，哭母、横灾。破痕主牢狱。左右堂青，五日内暴亡之忧。刑伤，大凶。日下青，旬日内虚惊。及眉左右兼白，丧服哭泣。目下青，子孙忧水厄。三阳青下失焉。兼紫连左右眼侧，贵伤财，贱杖责。三阳青生男，兼白在中央，七日内子女灾殃。少阳青至目头，斜飞目尾，失物。至耳前忧妻。鱼尾青，六十日水厄，奸门青惨必妻灾。兼白色，哭泣。天仓青，九十日内得外财。天庭青兼紫，得阴人力。天庭青兼黑连金匮如弓形，主贫贱。年上青，十日内得财。妻位青兼黄，主婚配。年寿青，主常病。兼黑，主人口病失脱，三十日内官司至。寿上青，六十日家败。正面气色青浮，七七日内恐惧成疾。面似青蓝，多遭迍邅。兼黑，一年内遭困。两颧青，兄弟争及妻灾。兼黑官刑。五岳青兼黑，主入幽冥。鼻部青气从鼻入风门，四十日内杀妻。兼黑主凶。准头青，九十日内灾祸及子孙，又防火厄。兼黑连人中，主牢狱妻死之灾。年上月字至脸下部如烟，水灾。廷尉青连法令，失财。法令青兼黑，主争。耳部青出耳，不久官司。兼黑两耳下，宿冤索命。左右耳青及阴阳相交，或从耳出到年寿上，名曰垂洞，若子有哭父，父有哭子，刑克极重。人中青兼白色，必有乖离。口部青，一百二十日灾；入口角，忌饮食，至承浆，恐毒；兼黑忧自身。食仓青如蚕行，退财。承浆青。三七日内喜。兼白，主恐惧。地阁青，七月内出外吉。兼赤，应迁屋宅，又损牛马。雍州青，官事。冀州青，加官益财。兖州青，主横灾。青州青，宜守旧。徐州青，阴人口舌。扬州青，主男女哭泣远别。荆州青，忧疑。梁州青，主阴人凶。豫州青，主惊。

第六节　四季与月令气色断法

观看四季与月令气色，要注意气色与方位的关系。东位宜青不宜暗，暗者水多木漂；南位宜红不宜白，白者金反克火；西位宜明不宜青，青者木反克金；北位宜黑不宜赤，赤者火反克水。还须注意天仓与地库二者的区别，天仓宜黄润透红，红者火来生土；地库宜白润黑润，白润黑润金水相生。此乃定理，反此者必有灾凶、破败、官非、刑克。

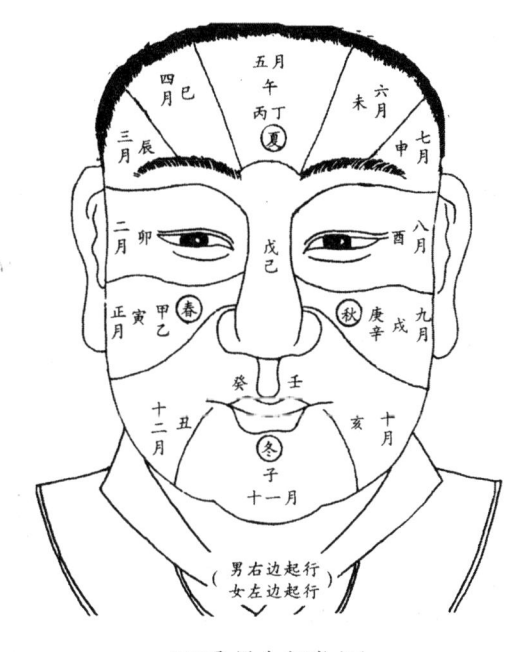

四季月令部位图

一、四秀气色的观看法则

1. 春季

春季三个月，东方甲乙木，位在右颧。青色现为旺相，主先有忧惊，后见财喜；红色现为相生，主先有口舌，后见财喜；白色现为囚，乃金克木，主有牢狱之灾；青黄同现，为木克土，主死亡之兆；黑色现为水患，春木忌水多，主灾凶破败。

三阳现青色，主男有灾殃；三阴现青色，主女有灾殃。准头至山根印堂直插天庭有黄红光彩，官员主荣升迁调，庶民主进财置产等喜庆。

2. 夏季

夏季三个月，南方丙丁火，位在额。红色现为旺相，主先有口舌后见财喜；黄白二色现为土金相生，主诸事吉利，官财两旺；黑色现为囚，乃水来克火，主灾病败业官非；青色现为大凶，夏火不宜木来生，主重病死亡。

左眼下现黑色，主男有疾病；右眼下现黑色，主女有疾病；两眼下及眉内、法令有暗晦色，主破败官非；准头至山根有黄红光彩，主百事遂意，见财见喜；准头至山根现黑色，主求谋不遂、功名无望；年寿黑色，轻者主疾病，重者主死亡。

3. 秋季

秋季三个月，西方庚辛金，位在左额。白色现为旺相，主先有哭事后见财喜；黑色现为相生，主先有疾病而后吉；青色现为囚，金木相克主不吉；赤色现为大凶，主死，火旺金熔也。

准头红火焰，主官非破败；准头至山根现红黄光彩，主百事遂意，官财两旺；左眼下现赤色，男主有灾殃；右眼下现赤色，女主有灾殃；鱼尾现黑色，主有水厄；山根现黑赤、昏昧，主兄弟病患；腮及口角现黑气，主有内脏暗疾，须防死亡。

4. 冬季

冬季三个月，北方壬癸水，位在地阁。黑色现为旺相，主先凶而后吉；青色现为相生，主先惊而后吉；黄赤二色现为囚，黄色现乃土来克水主凶，赤色现乃水火相克亦主凶；白色枯暗主凶，黑色透白光主吉。

两颧黑黄，主官非破败；两眼下赤黑，男女交往不利；山根黑黄色，主家宅不吉及用人不利；印堂青黄，主百事欠顺；印堂黑，主水厄及意外灾祸；眼下重青，主病灾；额黄色，主见财喜；额有青色，主孝服、官讼；额有黑色，主凶灾。

二、月令气色的观看法则

观看月令气色，男女有区别，即气色部位选取方向不同。男性以地阁为准，自右至左顺行；女性亦以地阁为准，但自左至右逆行。

1. 正月

部位在寅宫，即右附耳、右命门、右归来、右法令、右酒池一带部位。青润透光是正色，主见财见喜；暗滞不明，主欠利；红色，防火盗；黄色，主失脱；黑色，主官刑。

2. 二月

部位在卯宫，即右眼下、右颧、右奸门一带部位。青润透红黄是正色，主见财见喜；赤黄或见黑色或见白色，主灾厄。

3. 三月

部位在辰宫，即右眉尾、右天仓、右驿马、右福堂一带部位。黄润透红是正色，主见财见喜；白色，主孝服；重青色，主灾殃；赤黑色，主损财、口舌。

4. 四月

部位在巳宫，即右眉上、右辅角、右月角、右驿马、右福堂一带部位。红紫光明是正色，主见财见喜；色暗滞，主灾病、损财，不利远行；黑色，主死亡；青色，主官刑；黄色，主失脱；白色，主孝服。

5. 五月

部位在午宫，即官禄宫、印堂一带部位。红紫或微赤，是正色，主见财喜、遇贵人；最忌黑色，主破败凶灾；暗滞、青、白诸色，均主不吉。

6. 六月

部位在未宫，即左眉上、左辅角、左日角、左驿马、左福堂一带部位。红紫黄润是正色，主见财见喜；纯黄色，主刑克；白色，主身有灾病；青暗色，主蹇滞。

7. 七月

部位在申宫，即左眉尾、左天仓、左驿马、左福堂一带部位。黄润透白光是正色，主名利双收；红中带赤黑或带青暗色，均主灾厄蹇滞；微紫色，主吉。

8. 八月

部位在酉宫，即左眼下，左颧、左奸门一带部位。黄润中现深紫色为正色，主家宅平安；暗黄或暗黑色，主有灾凶破败；枯白色，主时运不遂；赤色，主口舌是非。

9. 九月

部位在戌宫，即左归来，左附耳、左命门、左法令、左酒池一带部位。红黄明润是正色，主见财见喜；黑色，主灾殃；黄外红内，主吉；红外黄内，主耗散忧惊。

10. 十月

部位在亥宫，即左颐下平口角、左地库、左腮边一带部位。白润透光是正色，主见财见喜；见赤色主灾殃；黄色，主病亡；白色成点，主灾病、官非、刑克；青黑，主不利。

11. 十一月

部位在子宫，即口下地阁一带部位。白光浮外或黑润成片是正色，主百事顺意；如见黑色成点，主意外灾祸、损财、败业；黄、红、赤、暗均忌，惟不忌润青。

12. 十二月

部位在丑宫，即右颐下平口角、右地库、右腮边一带部位。青润、黄润、黑润是正色，主营谋多利；如见枯白色，主破败官非；黄暗不忌，惟忌赤黑或滞黄，主有刑克；丑宫略带暗色不忌，象征土中有水，主吉。

第七节　面相十二宫气色吉凶断法

气与色是有区别的，"气观一体，色看分毫"。观看人的气色时，必须将面部依据内外五行的联属关系区分为若干部位进行观看，例如十二宫气色、三十六宫气色、七十五部位气色、一百三十部位气色等。七十五部位气色是依据部位特性为判定标准，三十六宫气色是依据宫位及部位两种特性为判定标准，一百三十部位气色是以一百三十部位气色作为十二宫、三十六宫和七十五部位气色判定的佐证。

凡观看运程及父母、兄弟、夫妻、子女、官禄、财帛、田宅、奴仆、疾厄、迁移、福德、相貌等十二项中的两三项，可依据各宫气色来判定人的吉凶。无论观看何宫气色，均应配观命宫气色。

1. 命宫

命宫与心、肺系统及脑组织是相关联的，命宫气色佳，象征心、肺和脑组织两个系统生理状况及人的健康必佳，智慧与个性亦必处于正常状态，工作、事业顺利，父母、兄弟、配偶、子女亦均不会给自己带来烦恼。印堂为命宫，命宫为十二宫之首，也称六亲宫，主人一生官运、财运的盛衰及自身和六亲身心的否泰，故人的一生中命宫气色宜明不宜暗。命宫明者，象征生命光辉灿烂，主人的命运亨通，六亲吉祥；命宫暗者，象征人的命运蹇滞，六亲不吉。

2. 父母宫

额的日角、月角两部位与父母的遗传优劣最为密切，故人相学把日月角定为父母宫，主父母的健康泰否及父母赋予自己的遗传优劣情况。父母宫气色黄明红润，主父母身心两健或有喜庆；青气色，主父母有忧疑、运蹇或彼此口舌争斗；赤气色、黑气色，主父母灾病或死亡；白气色或白痣白疮，主有长上孝服。六十岁以上老年人，

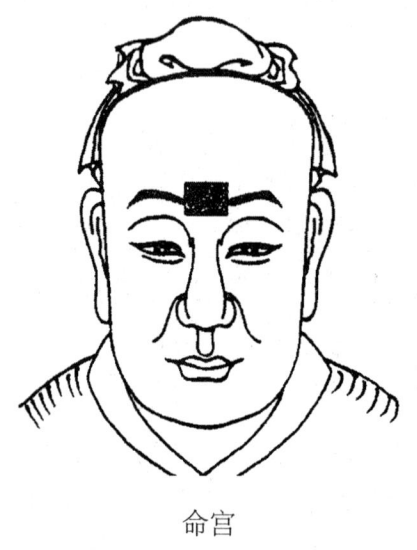

命宫

父母宫

日月角呈鲜红气色或薄黑气色，主刑克子女。

3. 兄弟宫

双眉与肝、肺二脏及脊椎骨的关系最为密切，是观看父系遗传情况、器量大小及脾气急缓的最佳部位。

双眉为兄弟宫，主兄弟有无刑克、兄弟之间的相处关系及兄弟的事业、健康、财产的变动情况。兄弟宫气色光润有彩，主兄弟相处和睦、进财、喜庆；呈赤气色，主兄弟间有口舌是非或兄弟有忧惊；白气色，主兄弟孝服或争产涉讼；黑气色，主兄弟相互猜疑或彼此克制，互损运气。

4. 夫妻宫（妻妾宫）

天仓、奸门、鱼尾一带是肝脏与小脑（性神经中枢）外在的反射交汇点。天仓、奸门、鱼尾为夫妻宫。男性左为妻位，右为婚姻位（妾位）；女性右为夫位，左为婚姻位（情夫）。人的脾气好坏与肝有关，人的性机能强弱与小脑有关。脾气好坏及性机能强弱，与夫妻关系有特别的连带关系，因此人相学将天仓、奸门、鱼尾一带定为夫妻宫。

夫妻宫气色黄润，主夫妻感情恩爱；暗色黑色，主配偶灾疾病

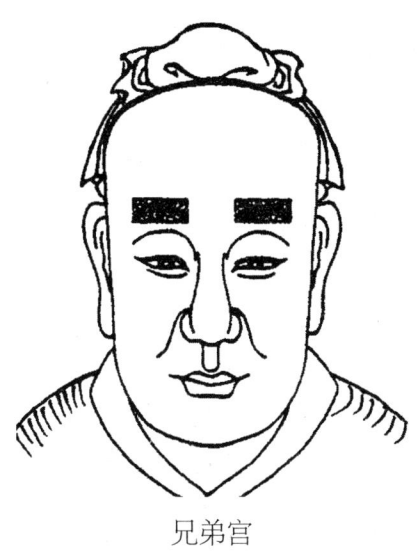

兄弟宫

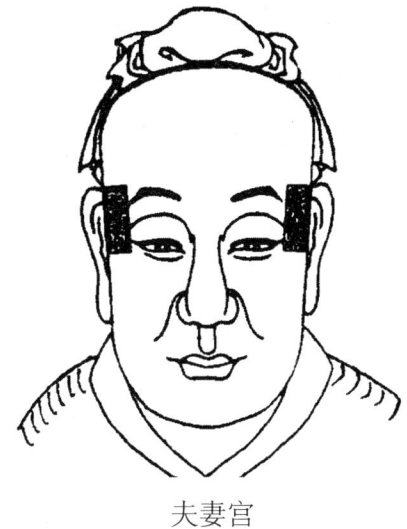

夫妻宫

亡；赤黑色，主夫妻争斗口舌或配偶有血光之灾（含妻产厄）；白气色，主配偶悲伤、破财或刑克配偶；花纹杂色，主男狎妓败家；青黑色如云，主夫妻分离。男性家有旺夫之妻，夫鼻的准头及鼻翼气色必黄明；家有耗财之妻，夫鼻的准头及鼻翼气色必暗淡。右奸门及龙宫呈现粉红色，主男性花心；山根有青气横贯，泪堂再现黑色，主妇女感情出轨。

5. 子女宫（男女宫）

男性左眼下曰三阳，右眼下曰三阴；女性右眼下曰三阳，左眼下曰三阴。三阳三阴即指卧蚕、泪堂、龙宫三位，此三位是心肾之交的外在部位，亦名"阴骘宫"或"心性宫"。三阳三阴为子女宫，主子女的怀孕、生育及健康、喜庆等。

子女宫气色黄明红润，主子女多且贤能、身心两健、事业顺遂；子女宫出现紫气色（即阴骘气色），

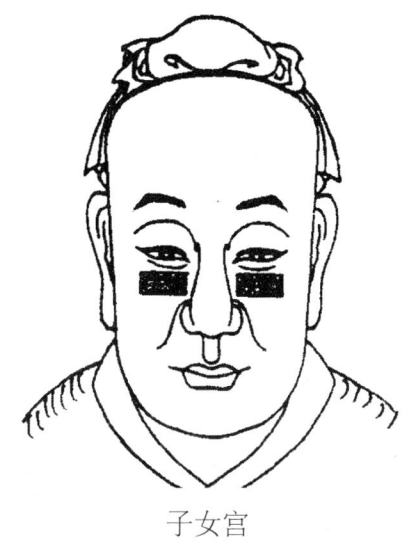

子女宫

主子女发达或生贵子；子女宫出现赤黑色，主妇女产厄；青蓝色或枯白色，主子女疾病灾难刑克；子女宫气色枯燥或暗黑者，为损阴骘气色，主损子孙或子孙事业不顺。

卧蚕即指下眼睑的高弦，是因形似"卧蚕"状而得名；泪堂位于卧蚕的下面，俗称眼胞；龙宫位于眼头下山根两旁之处。

6. 官禄宫

天中至印堂一线部位为官禄宫，亦称事业宫。官禄宫是人的前脑及整个思维系统的反射点，可以观看人的学习能力、思考能力、记忆能力、创新能力、鉴识能力、判断能力、处事能力、识人能力、反应能力、公关能力以及自尊心、仁慈心、上进心和奋斗精神的实质所在，还可以观看人一生中是否宦途得意或商场得利、任职、受薪、一生劳碌无成的命运所在。

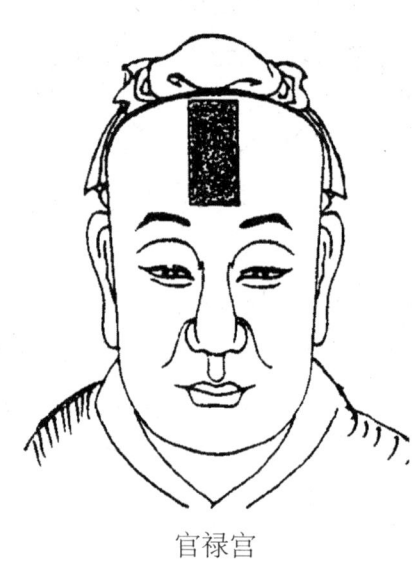

官禄宫

官禄宫气色紫红黄润，主官运亨通，无论官民均主吉利，官讼则主胜诉；青气色，主忧疑多愁思，无论当官或庶民，均应防小人陷害，涉讼则主败诉；赤气色，主牢狱、官讼、灾厄、是非；黑气色，主官员失官降职，庶民主百事难成，严重者破财、败业、灾厄；赤色主小疮或现赤斑疹，亦主官财欠旺，或难得长辈提携，或因工作、金钱错失而忧烦不休。观看官禄气色时，须配观眼神及天仓、驿马、年寿、颧骨、法令的气色，凭作加分减分的依据。

7. 财帛宫

鼻子的准头、鼻翼、井灶和鼻中隔部位，与人的消化系统（五行属土）及生殖泌尿系统（五行属水）均有密切关系。鼻准、鼻翼、井灶定为财帛宫，主财产变动及事业的顺逆；各部位相理俱佳，象

征土中有水，万物生长无碍。准头
气色黄润或现黄白光，主财帛旺盛、
事业兴隆；准头赤气色或黑气色，
均主损财、败业；准头暗色或滞色，
主财来财去；鼻翼有赤筋、黑斑或
暗色，主家庭经济损耗；井灶污浊，
主运程蹇滞、难兴家计。观看财帛
宫气色时，须配观印堂、眼神、天
仓、地库、地阁、年寿各位气色，
凭以作为加分减分的依据。

财帛宫

8. 田宅宫

上眼胞为田宅宫。上眼胞与祖先、父母的消化系统遗传有关，
可以观看祖先、父母是否留下遗产，以及观看自身房地产的变动和
家宅人丁的吉凶情况。上眼胞气色黄明，主家运吉祥、财产增加；
上眼胞气色红润，主家有喜庆或添人口、进田宅；上眼胞气色青黯，
主人丁不安或居所不安，或损财，或被家庭之事忧烦；上眼胞赤气
色，主家运不吉，或因产业涉讼退
财，或被迫迁徙；上眼胞白气色，
主家运不吉；上眼胞出现重黑色，
主破产败业；上眼胞灰暗色，主住
宅不安，须防发生凶险事故。

上、下眼胞污浊，主色欲桃花；
上、下眼胞暗色，主与家人或部属
关系欠佳，工作、事业不顺。上眼
胞生小疮，主为子女辛苦操劳；下
眼胞生小疮，主子女喜庆。观看田
宅宫气色时，须配观眼神及天仓、
地库的气色。

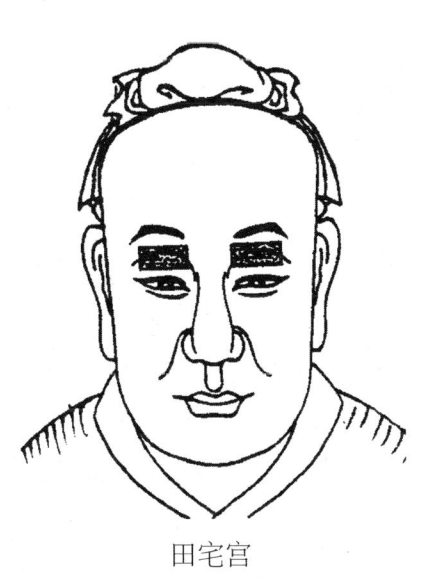

田宅宫

9. 奴仆宫

水星（口）、地阁、腮颐等下颚部位，与人的消化排泄系统及内分泌系统有密切关系。这些部位观看人老年时期身体是否健康、智慧是否退化、个性是否僵化以及是否尚具有管理能力。水星、地阁及腮颐等下颚部位为奴仆宫，主自身与晚辈、部属的关系及老年运程的好坏。奴仆宫气色光明莹净，主老当益壮，老运亨通，部属忠诚，晚辈

奴仆宫

敬仰；气色青黯，主用人不忠，老运不佳；气色枯白，主晚辈部属有灾疾或损伤；赤气色，主与部属、晚辈相处不睦，有口舌、争斗；赤斑疹，主是非、损财。

10. 疾厄宫

山根、年上、寿上与人体内的血液循环系统、代谢系统和脊椎中枢神经系统密切关联，是观看人的身体健康、寿命和灾厄情况的

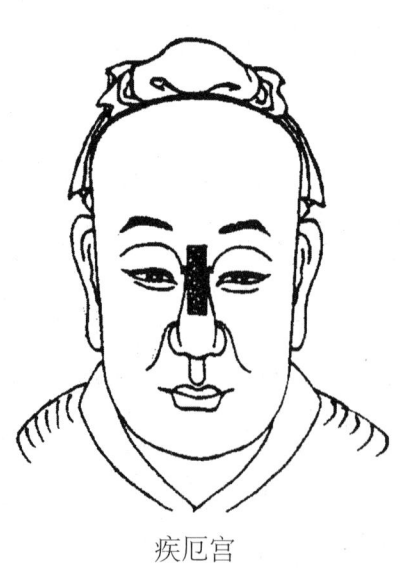

疾厄宫

最佳部位。山根、年上、寿上为疾厄宫，主自身及六亲的健康与灾病。疾厄宫气色黄明透红、透紫或透白且润，主自身及六亲平安身体健康、运程顺遂；赤气色，主自身血光重灾，赤气色成条者尤忌；枯白色，主配偶兄弟病灾；年寿黑蒙色或成烟雾色或青暗色，均主自身病灾损耗；山根正中央赤色与青黑色同现，为催尸煞动，朝发暮死；山根至年寿有暗色，主家中有久病之人。

11. 迁移宫

天仓、福堂、山林、边城、驿马各部位，与主管声音、方位、时间、光觉的侧脑系统密切关联，这些部位可观看一切人事环境、工作环境、生活环境的变迁与顺逆的情况。定天仓、福堂、山林、边城、驿马等部位为迁移宫，迁移宫亦称变动宫。各部位气色黄明红润，主遇贵人、见财喜，求职、求官、竞选顺利，创业可成，旅行平安，万事动则有利，愈动愈吉；赤色，主是非官讼、惊恐不安，出外应注意车马安全；暗色及滞色，主周边环境欠佳，百事难成，诸事应忍耐保守，尤忌创业竞选；白气色，主出外应注意交通安全，防意外灾殃；青气色，主健康欠佳或工作劳累，或有远虑近忧。

迁移宫

黑气色，主破败损财，最忌赌博。赌博时，迁移宫现黑气色，象征对手实力强过自己；观看赌博输赢时，以当场聚赌各人的迁移宫气色比较，气色最佳者赢。观测竞选胜败，投票日前七天观看各参选人的迁移宫气色比较，气色佳者胜。

观测旅行是否平安，除观看驿马部位，还须观看旅行方位，即驿马位有黄明透红的动色且旅行方位气色黄明鲜艳为吉。旅行大方位以印堂为南位，天中为北位，左驿马为东位，右驿马为西位，何位有动色即往何方；旅行中途方位，以子、丑、寅、卯、辰、巳、午、未、申、酉、戌、亥十二宫位气色为准，判定旅行途中的吉凶；如方位气色明润，主旅行平安、顺利；如方位气色暗滞，主旅行中途受阻，或是非破财，或发生其他意外事故，应暂时中止出发或改变旅行路线。

12. 福德宫

福堂、天仓、地库为福德宫。如福德宫各位先天相理佳，后天气色也佳，此为一生福厚之人。如福德宫各部位气色黄明、红润，主身心两健，贵人得力，求谋遂意；如福德宫各部位气色青黯，主忧惊、烦琐；如福德宫现赤气色，主是非口舌；如现白气色，主有灾疾；如现暗色或滞色，主有耗损或处身进退两难。

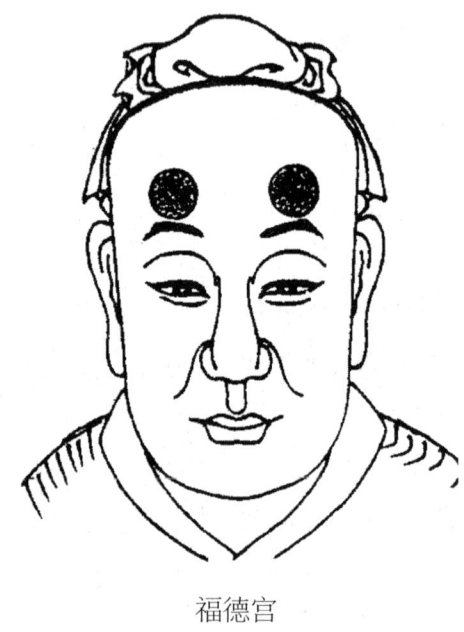

福德宫

第八节　面相三十六宫气色吉凶断法

观看人的面相气色时，除了应注意四时节令、阴阳五行的生克制化外，还必须仔细观察面相各宫及各部位的相理特征和气色性状。依《柳庄相法》之说，观看面相气色共有二百四十四法，而且宫宫都有细分。面相宫位的划分，有十二宫、三十六宫、七十五宫和一百三十部位之别，凡是人的一生中吉凶祸福的变动，三十六宫气色必会先起变化，三十六宫为面相中至关重要的宫位。

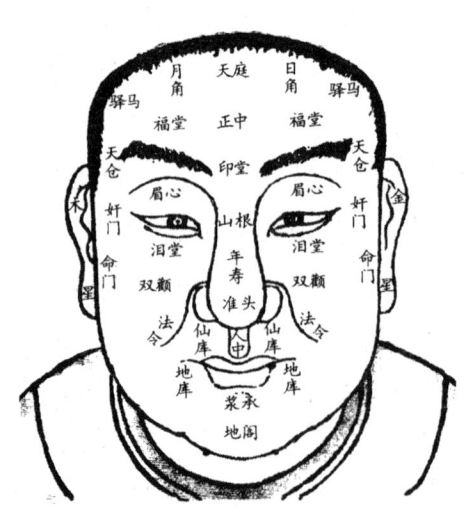

面相三十六宫图

一、天庭各种气色断所主吉凶

黄红紫气色——吉气色，主见财见喜。官者可升迁，庶民财运亨通。

青气色——主有忧惊，为官者最忌，防失职、官非或牢狱之灾。庶民运气低落。

赤气色——主公难、血光、兵伤。商人谨防官非、火惊，百事难成。

白气色——主损财、败业，或刑克长上。

黑气色——主官非或意外灾祸。为官者，防失官；庶民商贾，主是非、损财、破财。额有薄黑气色笼罩，主疾病；如整个额头均现浓厚黑暗气色，乃大凶之兆，主病亡或凶亡或事业上出现重大破败。黑气色在外成斑剥落之状，主凶事已过或疾病渐愈，如皮肤内微微透亮，则主运程即将转吉或已经转吉。

二、中正各种气色所主吉凶

黄红紫气色——吉气色，主百事如意，宜求财求官。

青气色——主有忧惊，官者最忌，主失官及牢狱之灾，庶民运气减分。

赤气色——主公难、血光、兵伤之事。官民同论。

黑气色——主求谋不遂，官者防失官，庶民商贾防损财破败、官非牢狱、意外灾祸。额有黑气再加眉头有赤斑疹者，主有火厄之险。

三、印堂各种气色所主吉凶

黄红紫气色——吉气色，主见财见喜，为官者官运亨通，庶民则家运昌隆。

青气色——主疾病败业，外出注意车马安全及其他意外凶险之事，即日应验。

赤气色——主口舌是非、忧烦多愁、百事难成。赤气色成块者，防官非火灾。印堂有赤色成条，主有重大忧烦或有高血压症。

白气色——主刑克六亲，见孝服。如青白交加，主事先成而后败。

黑气色——主有非常忧惊，乃大凶兆。如黑气入印堂上至天庭，主大祸将至，若准头再黑暗，易遭不测之灾，应禁足避免外出。印堂黑气色或暗色，又主百事难成。

四、日角各种气色所主吉凶

黄红紫气色——吉气色，主能得长辈或贵人相助，乃吉祥之兆。

青气色——主口舌是非，谋事难成。还须防疾病及其他意外事故。

五、月角各种气色所主吉凶

黄红紫气色——吉气色，主得异性或平辈贵人相助，乃吉祥之兆。

青气色——主口舌是非，谋事难成，又主疾病凶灾。

六、驿马各种气色所主吉凶

黄红紫气色——吉气色，主有贵人相助，有新的发展机会，可投资创业，可求官求财，尤利竞选。动则多利，守则不吉。亦主将有迁移、远行，或官员走马上任之喜庆。

青气色——主出门旅行有忧惊，须防见病蒙难、损失财物；也主求谋、竞选不利。

赤气色——主出门旅行遇灾或是非，尤应注意外出车马安全。

白气色——主出门旅行不利，须注意车马安全。亦主用人不利。

黑气色——主疾病、破败。黑气色重者，须防水厄、官讼，亦不宜旅行或爬山玩水，应禁足避免外出。如黑气中透出光亮，乃开运之象，可开创新事业或远行、迁移与赴任，动则有利，驿马纯黑色，诸事宜守不宜攻，尤忌赌博、竞选。

七、福堂各种气色所主吉凶

黄红紫气色——吉气色，主遇贵人相助，逢凶化吉，财喜重重。福堂为阴骘出入神路，凡福堂现吉气色，不论官或民，近期内必有重大福报。

青气色——主小人谋害，官者须防失权，庶民须防官讼、是非、损财、疾病等。

赤气色——福堂又名贵人宫，若有赤气色现，主贵人不得力或贵人变小人，凡人之福堂出现赤气色，须防官讼是非、财产损失、事业破财。

白气色——主家有孝服，有是非或不测之忧。

黑气色——主贵人不得力，百事难成，防破败、损财。

八、眉心各种气色所主吉凶

眉心即指双眉内的皮肉部分。

黄红紫气色——吉气色，主见财喜、添人口，亦主遇见得力贵人。

青气色——主时运蹇滞，兄弟姐妹有灾，或被兄弟、姐妹、朋友之事干扰而烦恼。

赤气色——主兄弟、姐妹、亲戚、朋友间有口舌、争斗、烦恼之事。

白气色——主兄弟、姐妹、朋友间有是非之事牵累，或兄弟姐妹有刑克。眉头有白色小疮，主即将发生火难凶险。

黑气色——主兄弟姐妹有凶事，亦主家运不吉，不宜结交新朋友。眉心色浊，主色欲强。

九、天仓各种气色所主吉凶

黄红紫气色——吉气色，官员主官运亨通，庶民主求谋顺利，时运通达。男女恋爱相亲时，天仓现黄红紫气色，主婚事成功。

青气色——主有不测之忧惊，或夫妻感情不睦，或家宅不吉；亦主男女恋爱相亲难成，或身体疾病。

赤气色——主有口舌是非之忧，或火惊之事，也主官司败诉。

天仓有赤气色现，不利见官，不利出游。

白气色——主损财或有灾有病。

黑气色——主不利旅行，注意车马安全。也主恋爱相亲难成。

十、奸门各种气色所主吉凶

黄红紫气色——吉气色，主妻室平安，夫妻恩爱，配偶有财有喜。未婚者，主婚事发动，与异性交往可得利。

青气色——主夫妻不睦，恋爱不顺。奸门青黑气色如云，主夫妻离异或自身有病灾。

赤气色——主配偶有疾病，亦主与配偶间有口舌争执。

白气色——主妻室有病灾或配偶孝服，又主易犯小人。

黑气色——主配偶病厄不祥，亦主与异性交往会有损失或凶灾，或不得亲友信任。

十一、山根各种气色所主吉凶

黄红紫气色——吉气色，主时运亨通，百事大吉，身心两健。

青气色——主忧烦久病之事。山根暗色下连年寿，主家中有久病之人。山根两旁有青暗气色出现，主内心有压力感。

赤气色——主血光、官讼、火厄、产惊等。如赤气成条横贯山根，主有死亡之灾难。

白气色——主克妻刑子或意外灾伤。

黑气色——主时运不遂，配偶有灾，又主身有暗疾，须防六亲孝服。山根两旁有暗黑气色出现，主内心有压力感。山根两旁有暗黑气色成凝结状，则主有心脏血管方面的隐疾，或房事过度。

十二、年寿各种气色所主吉凶

黄红紫气色——吉气色，主名利通达，考试及第。官者年寿吉气色，主官运亨通；经商者年寿吉气色，主财星高照。天仓、年寿二宫是观看大运气色的重要宫位，官员重天仓气色，庶民重年寿气色。

青气色——主事业破败，灾祸疾病，百事不顺。青气成条者，主官灾伤身。

赤气色——主血光之灾和意外凶险，又主火厄、是非、争斗等凶事。赤斑疹，主损财；赤脉（赤条）上升到山根者，主有生死关头之灾难。

白气色——主疾病损财，白枯色、白惨色如钱币者尤验。

黑气色——主家人或自身有病。黑气色似斑点，主自身久病未愈，黑气色似蒙者，主损财。

十三、准头各种气色所主吉凶

这里所说的准头含鼻翼井灶。

黄白光——吉气色，主正财偏财俱旺，或进人口、得利润，百事顺利吉祥。

青气色——大凶之兆。色重者主病亡，色轻者主忧惊破败。

赤气色——是大忌之色。准头现赤气色，称为火烧中堂，色重者有家破人亡之灾，色轻者亦主损财破败或财务紧迫。

白气色——主大破财。有现白枯色或白惨色，须防孝服。

黑气色——主灾祸即将来临，印堂有暗眼带煞者更验。色似梅花开者最忌，黑似针刺者，主已破败损财。

十四、泪堂各种气色所主吉凶

黄红紫气色——吉气色，主家运隆昌，事业顺利。泪堂为阴鸷宫，如妻有身孕，夫泪堂现黄红紫色，必产麟儿。

青气色——主处境不顺、小人坏事或有迁移之忧，或有疾病在身。如青黑两种气色同现，应防是非官讼。

赤气色——赤气色或隐隐红色，主心绪不宁，有变动环境或迁居之念。

白气色——眼下气色白如粉光，主孝服之兆。

黑气色——上下眼胞均有黑气色，乃主不祥之兆，如作奸犯科、孝服在身、小人是非、败业破家、家运不吉、色欲过度、桃花婚变、疾病在身、睡眠不足等必有其一。如泪堂赤黑二色交织成片，男性主非常悲伤怄气，情绪极不稳定，女性主有出走之念。

十五、颧骨各种气色所主吉凶

黄红紫气色——吉气色，主家运隆昌，求谋遂意，官民均吉。

青气色——主家运不顺或牢狱之灾。

赤气色——主大祸即将来临，应防疾病死亡及不测之灾祸，气色形似蝴蝶翅膀者尤验。女性颧骨有赤气色，有离家出走之念。

白气色——主破败及孝服。

黑气色——主家运不吉，家人相克（颧骨又为家庭宫）。如颧骨黑气色如云，为官者须防失官失权及牢狱之灾，天中暗者更验；庶民与亲族、朋友有是非口舌（因颧骨又为社会宫）。

十六、法令各种气色所主吉凶

黄红紫气色——吉气色，主身心两健，用人得利，事业兴隆，劳少获多。为官者主官运亨通，官场得意。如法令内黄外红，则主合伙可成。

赤气色——法令出现赤斑疹，主事业不利，小人坏事，或是非盗难等。

黑气色——法令出现黑气成片，主损寿元，应注意保健，同时防小人坏事。如法令内黑外赤，则主不利合伙。

十七、命门各种气色所主吉凶

黄红紫气色——吉气色，主时运顺遂，贵人得力，事业成功，财利通达。

青气色——主时运不遂，身处困境，疾病损财，多忧多烦。

赤气色——主损财破耗，或与他人暗斗。

黑气色——主时运蹇滞，百事不顺。重病之人命门现黑气色，死期不远矣。

十八、双耳各种气色所主吉凶

吉气色——双耳比面白润或红润，主事业顺利，身体健康，名声远播，名利双收，官者官运亨通，官场得意。耳色白润、垂珠红润者，主目前运气正旺，无论官民，均主大吉大利；耳色黄润者，亦主时运顺遂。

青气色——主房事劳累或房事不协调。耳门内有青气，亦主配偶有灾。

赤气色——主内脏相火，应防高血压、中风等症。

黑气色——主事业或工作不顺，家运低。双耳黑气似蒙尘带垢者，象征久困之人。双耳色黑又干枯者，主肾衰、促寿。

十九、人中各种气色所主吉凶

吉气色——黄润中透紫光，主时运顺遂，身体健康，精神愉快，内心充满美丽的憧憬。

青气色——主因饮食、服药、色欲过度等引起的灾病，或其他不测之灾祸。

赤气色——主忧惊愁烦，是非口舌或色忧。色重者重扰，色轻者轻忧。

白气色——主自身有疾病或家人、子女有病灾。

黑气色——主自身及子女有不测之灾，又主饮食服药均应特别谨慎，以免差错。

二十、仙库各种气色所主吉凶

黄红紫气色——吉气色，主求谋顺意、名利通达、进财置产、得人信任。

赤气色——主忧惊愁烦，口舌是非或色忧。

二十一、水星各种气色所主吉凶（即上下唇）

这里所指水星气色是指上下唇气色。

吉气色——唇现鲜红气色（非赤红或燥红），主大运通达，身心两健。一生到老，水星均现鲜红气色，此人非大富即大贵。唇现紫红气色亦佳，但吉度减半；唇现紫气色不吉；唇现紫黑气色尤为不吉，此人必败业或内脏有疾；唇现枯黄气色尤恶，是身体有重病或死亡之兆。

青气色——青色现于口角，主服毒灾厄，亦主水路旅行有凶险。唇现青黑气色，主个性不良，运程坎坷，亦主疾病。

赤气色——燥赤色现于上下口唇，是内脏相火之症状表现，须防口舌是非或高血压病症。

白气色——上下唇现苍白气色，是贫血之症状表现。女性上下唇现苍白气色，主内分泌系统有暗疾；如女性一生到老上下唇均呈苍白色，主其无生殖能力并夭寿。

黑气色——黑气色现于上下唇，主身患难医之症。如眼神再斜视，主其患麻风或精神病；如眼神正而唇黑，主其患有内疾，亦主色欲过度、心术不正；如鼻准再现黑色斑点，主有暴毙之险。

二十二、承浆各种气色所主吉凶

吉气色——红润气色，主财星高照，受人敬仰，贵人相遇。承浆过红者，主口舌是非。

赤气色——主有小人作弄生非（含赤斑疹），内心多忧烦、闷滞及压力感。承浆有赤斑疹亦然。

黑气色——薄黑色现，主家有灾难。青黑色同现，须防饮食或服药中毒。

二十三、地库各种气色所主吉凶

黄红紫气色——吉气色，主身心两健，官财两旺，诸事如意，用人得力。

青气色——主水路旅行不利或在旅行中易发生交通事故。事业不顺、六畜不旺、易损财。

赤气色——主火惊、官讼、败业，亦主血光之灾。地库现赤斑疹，应防财物被盗。

白气色——主金钱暗耗，或因晚辈和部属之事招致金钱损失。

黑气色——主车船有忧惊，外出旅游须防车马安全及水厄。黑气入口，应防服药、口舌之祸，夏天见黑气色大忌。地库现黑气色连命门，应防下属叛逆或外人谋害。

二十四、地阁各种气色所主吉凶

黄红紫气色——吉气色，主财喜重重，下属得力，家运隆昌，六畜兴旺。

青气色——主时运不顺，防事业破败，疾病灾厄；亦主合伙不利，六畜有损。

赤气色——主口舌是非、损财或财物被窃。赤斑疹再见黑蒙气色，主损财，又主是非。

白气色——主家运不吉，诸事不顺，色枯者验。

黑气色——主与晚辈、下属口舌是非。如准头再暗者，须防水厄和车马之灾，秋冬尤忌；准头明，而黑气色起于秋冬无碍。

第九节　面相七十五部位气色吉凶断法

金星（左耳）与木星（右耳）

婴儿、幼儿及少年的骨骼尚未发育完成，故一至七岁只看左耳金星（男左女右）的相理和气色，八至十四岁只看右耳木星的相理和气色。

气色红润白亮者，主发育正常、健康良好；气色青暗者，主发育不良、健康欠佳，再加年寿气色暗黑色者主疾病。若双耳气色再枯暗者则主有夭折之危。

八至十四岁若两耳高提，垂珠明秀，气色红润，主聪慧早发，十五岁前就有名利上的收获，十五至二十岁的少年运气吉利；若双耳气色枯暗，主有夭折之危。

火星（额）与天中

主十五、十六岁的运气。若两处气色红黄明润，主青少年运程佳、身心两健、学业进步或名利双收；若两处气色暗黑，主少运诸事不利或刑克父母、破梓离乡。

日角与月角

主十七、十八岁的运气。若两处气色黄润明亮，主青少年时期运程吉利；若气色暗黑，主刑克父母、破梓离乡。

天庭与辅角

主十九、二十、二十一岁的运气。若三处气色黄明红润，主青年时期运程顺意，长辈和师长爱护；若气色黑暗昏沉，主出外有灾殃或考试、求谋不能遂意。

司空

主二十二岁的运气。气色黄明红润，主百事如意。司空部位不宜出现青气色和赤气色，若发青赤二色且暗滞，均主运蹇灾厄、百事难成。

边城

主二十三、二十四岁的运气。此二位气色黄明红润，主时运顺遂；若红色成片或赤色成块或出现青色，主意外灾厄或血光之祸；出现阴骘气色或阴骘纹，可解灾祸。

中正

主二十五岁的运气。中正气色观看法则与司空同论。

丘陵与冢墓

主二十六、二十七岁的运气。此二位气色重红深赤，主灾殃立至。此二位不忌青色，也不忌浅暗色。

印堂

主二十八岁的运气。此位气色黄润明亮，主吉；黄明中透红光者，主大吉大利；黄明中透紫光者，乃阴骘色现，为官者主荣升位，庶民者主有重大财喜，妇女主旺夫兴家至极。印堂现赤气色主官非，现青气色主灾病，现黑气色主死亡。

山林

主二十九、三十岁的运气。此二位气色黄明莹洁，主时运顺意；若气色暗浊，主事业不顺或灾殃立至；若气色暗黑，主不宜远行，须防意外灾难。

双眉

主三十一至三十四岁的运气。凡眉内肉色白润明亮或呈翠色，主贵人得力、时运顺遂；眉内现红润气色，主官财大旺，正值盛运；眉内有紫色贯通印堂，主拥有大权柄或大财富；眉内白气如珠点，主兄弟孝服。双眉之内，一生均宜明亮，忌污暗。

太阳、太阴与少阳、少阴

太阳、太阴与少阳、少阴位于上下眼胞两端及龙宫鱼尾两部，即两眼之前眦和后梢之处，分别主三十五岁、三十六岁及三十九、四十岁运气。此四位气色红润光明，主大吉大利；气色黄明者，主时运平顺；气色青暗者，主破败灾疾；气色枯黑者，主有丧命之危险。

卧蚕

主三十七岁、三十八岁的运程，除注重眼睛之神采外，另须观看上下眼胞之气色。上眼胞即田宅宫，下眼胞包含卧蚕、泪堂二位。卧蚕即眼睑下之高弦，卧蚕之下为泪堂，泪堂又名阴骘宫或子女宫或三阳三阴或龙宫。卧蚕气色宜明不宜暗，明者主吉，暗者主凶。

山根、精舍、光殿

分别主四十一至四十三岁的运气。此三位气色青黑枯白，主灾疾孝服；红润黄明，主身体健康、时运好、家运吉。

年寿

主四十四、四十五岁的运气。此二位气色黄明白润，主吉；若现赤、青、黑诸色，均主灾厄疾病或破财败业。年寿气色与准头气色不一致者，主运蹇。凡人行大运时，自天庭、印堂、山根、年寿、准头直至地阁，均呈现黄润明亮之色，并准头隐约透出白光；凡患病之人，年寿气色暗滞不散，病未痊愈。

双颧

主四十六、四十七岁的运气（四十六岁左颧，四十七岁右颧，男左女右）。此二位气色最宜黄润明亮，他色均主不吉。青少年双颧，宜黄润中透红，中老年人宜黄润明亮。双颧出现国印气，主大吉大利。

准头、兰台、廷尉

分别主四十八、四十九、五十岁的运气。此三位气色最宜黄润，准头宜黄润中透白光，其他气色均主不吉。如三位现红色、赤色、赤斑疹，或见赤筋、红丝，均主损财，并防口舌是非。黑色亦主损财，黑重者则主重病死亡。

人中、仙库与食、禄二仓

五十一岁人中主运，五十二、五十三岁左右仙库主运，五十四岁食仓主运，五十五岁禄仓主运（男左女右）。此五位均属水星范围，气色最宜黄润白亮。气色黄润白亮，主时运顺遂，身体健康；少年不妨，中年不利，老年主病；如气色像蒙尘，主时运不顺或健康欠佳。

法令

左右法令分别五十六、五十七岁运气（男左女右）。观看法令气色，宜分别观看纹沟内外气色。纹沟内紫红气色，主福寿康宁、运程顺遂；纹沟内青黑气色，主病灾祸患、运程蹇滞。纹沟外黄明白亮，主吉利，象征人际关系良好，事业开展顺利。

附耳

左右附耳，五十八、五十九岁主运（男左女右）。此二位气色黄润主吉。气色黄中带暗亦不为忌，因附耳在耳朵的旁边，耳通肾水，若附耳黄中带暗，则象征土中有水也。

水星

六十岁水星主运。无论老少，此位气色鲜红或紫红，主身心两健，运程顺遂。妇女最忌白色，男子最忌青、燥或紫黑。妇女口唇白色，象征贫血，有妇科疾病。男子口唇青、燥、紫黑色，则象征运蹇且病灾。

承浆

六十一岁主运。承浆部位忌暗黑，亦忌赤青。少年承浆突发黑气色，主有水厄。

地库

六十二、六十三岁主运（男左女右）。无论老少，此二位气色白润黄润为吉，象征身心两健，时运亨通。若二位气色暗黑，象征运程不顺或身有灾病。

陂池、鹅鸭、左右金缕

六十四岁陂池主运，六十五岁鹅鸭主运，六十六岁左金缕主运，六十七岁右金缕主运（均男左女右）。此四位气色白润如珠玉有光彩者为吉，象征身心两健，老运亨通；若四位气色白如枯骨暗淡者主凶，应防灾祸或疾病。

归来

六十八、六十九岁主运（男左女右）。此二位气色黄润红润均主吉，黄中略带暗色者不忌，青黑色主病灾。

颂堂与地阁

七十、七十一岁主运。颂堂气色白润或红润者均主大吉，象征身心两健，老运亨通；若现黑气色，象征重病或死亡。地阁气色与颂堂气色同论。

奴仆与腮骨

七十二岁左奴仆主运，七十三岁右奴仆主运，七十四岁左腮骨主运，七十五岁右腮骨主运（均男左女右）。此四位气色黄润白明主吉，象征身心两健，老运亨通；若现黑气色，象征寿数将尽。

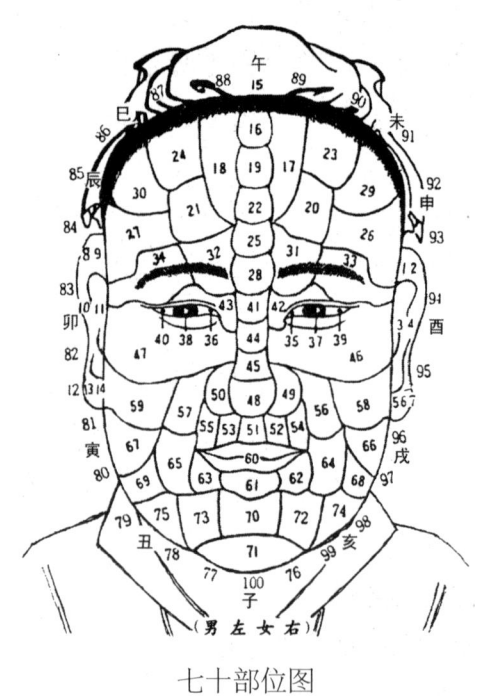

七十部位图

第十节　面部中央十三部位气色吉凶断法

一、天中

天中部位耸起端直，初年做官；平而丰满，必须远行，也有官做。如有缺陷，就会因用刑、入狱而死。

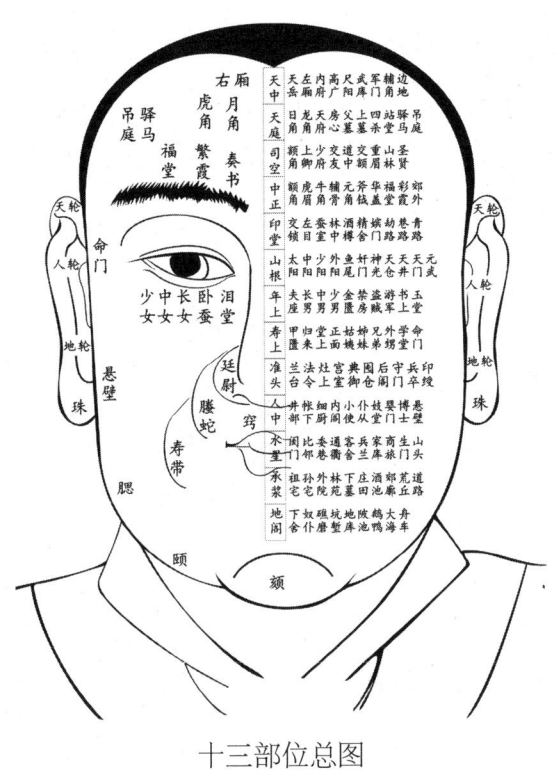

十三部位总图

二、天庭

天庭有骨头突出，当成为卿监一样的贵官；骨头突出而又有内边辅角相应，则必定为一国之宰相；如长有黑痣，或有缺陷，则会因受刑而死。又叫"天牢"，主管贵人的牢狱，又叫"鸿胪寺"也叫"四方馆"。如果骨头凹陷，颜色凶恶，不宜在外做官。

三、司空

司空骨头隆起，有光泽，必为三公九卿之类大官。颜色不好则不吉利。

四、中正

中正掌管官位的升降。此处骨头隆起，颜色滋润，做官不会停止。

五、印堂

印堂掌管皇印，又叫"扬阙庭"，为主管国印之官。印堂周围隆起，为二千石官；周围平坦而洁净，官至三品，而且做官不离朝廷；周围凹陷，也能富贵；眉毛相连而不广阔，一生无官禄，旁边有黑痣或瘢痕，事情会不吉利。

六、山根

山根为掌管人的势力之处。如果凹陷折断，为多灾，没有弟兄。眉毛和鼻上又叫玉衡。山根狭薄而低凹，为人无势力。但如果廷尉中部平薄或有奇骨起伏，则亦为富贵之相；如果山根陷得两眼可相互看见，则此人无情而才识浅薄，且谋事难成。

七、年上

年上掌管身体的疾病。骨肉隆起，一生无疾病；有缺陷，为恶死之相；有黑痣，为贫苦之相。

八、寿上

寿上掌管寿命长短和事情的吉凶。有缺陷的人，不会长寿。又叫"怪部"，如果青色和红黑交错于此处，就有怪之兆。如果在树林，树木就为怪；如是在牲口栏内，牛马就会作怪；如是在井灶，锅会发出声音，井水会沸腾作怪。

九、准头

准头掌管富贵贫贱和百事的吉凶。端正，呈圆状，鼻梁直而丰满的人，富贵而且得官；准头（鼻尖）整齐的人，心地慈善，准头向两边分开，妨害儿女。鼻尖左边是兰台部，右边为廷尉部，长得分明而美好的人，为人聪明，多见识。

十、人中

人中掌管人的性格，也主管子孙祸福。人中深且端直、丰厚的人，为人忠信，有子有孙；人中短、中间又不平的人，短命、贫穷，而且一生孤独；女人若人中有黑痣，防产厄。

十一、正口（嘴）

正口掌管信誉。纹路充实，口端正，棱角分明的人，说话办事讲信誉；嘴唇薄弱而有缺陷的人，多欺骗之语；有黑痣，为贵人之相，吉利。

十二、承浆

承浆主管饮酒之事。承浆长有黑痣，不宜饮酒、一醉就会死亡；长得丰满，一次可喝五斗酒，经常嗜酒。承浆又叫"药部"，管服药之事，颜色昏暗，则吃药不见效。

十三、地阁

地阁主管土地房屋。平而且厚的人，因多田地房产而富甲一方；狭窄而肉薄的人，则为贫穷之相。颏颐（在地阁）部掌管贫富，形状圆、丰厚、平坦、有光泽的人富；形状为尖形又下陷的人贫穷；颏颐太长又为妨害亲生骨肉之相。

第十一节　面相一百三十部位气色吉凶断法

观看人的相理或面相气色，实用的部位有三停、四渎、五官、五岳、五星、五形、六府、六曜，以及十二宫、十三部位、三十六宫、七十五部位，还有头面骨骼。除此以外，面部十三部位及其横列部位共一百三十部位，在分析相理优劣和面相气色吉凶时，也有一定的佐证作用。现将面相一百三十部位的特性及气色分析法则论述如下：

一、天中横列十位气色观看法则

天中横列十位，即自天中起至左右额的发脚止，两边各平均分为十位。

天中——位于前额发际中央下方第一位，是面相十三部位的首位。由于天中位于前额的官禄宫，乃观看有无官禄之位。富格之人着重观看"鼻、颐、颏"部位，天中只做参考而已。若天中部位平满有骨高起（即有奇骨），主青年发达，若天中有骨起至枕后尤佳，可至大贵；若天中部位平满肉丰，主业商或异路业；如天中骨陷肉削，主无祖产，易犯刑狱，一生难有大收获；天中如有恶痣恶纹，主刑克父母。天中气色黄明红润，无论官民均主吉。如整个额头终年有青紫气色，乃位高权重之人。

天岳——天岳又名讼狱，位于天中横列第二位。凡天中及天中两旁的天岳平满不凹陷，一生不犯刑狱；天岳位凹陷再见赤气色或黑气色，刑狱立见。

左厢——位于天中横列第三位。左厢平满，一生吉利；如左厢见骨起，主大贵，但须骨肉相称，否则只主异路荣贵或高寿。如左厢缺陷，主一生灾厄难免，有恶痣者尤甚。气色黄润红润，主为官顺利或即将升迁，庶民也吉利。

内府——位于天中横列第四位。内府部位平满，主大富，又心存仁厚、有孝心；有骨起者，主武职大贵。如内府缺陷，主一生劳多获少，波折难免；如严重倾斜或破伤，主一生不宜经商，只宜担任技艺等受薪工作，否则必破败；如内府有恶痣，主刑克父母。无论官民气色黄润红润均主吉，赤黑二色主凶，白色主孝服。

高广——位于天中横列第五位。此乃驿马之位，如见骨起主大贵，如倾侧凹陷主一生难于兴创，如见恶痣主刑克父母。高广气色最宜黄中透红，主驿马已动（官星已动），官员象征升迁上任，庶民主有变动兴创。

尺阳——位于天中横列第六位，此亦为驿马之位。如见骨起肉丰，最宜担任公职，可长保禄位；如有缺陷者，虽任官亦终必罢官；如有恶痣，主客死他乡。气色宜黄润红润，他色均不吉。

武库——位于天中横列第七位。如见骨起者，主武职大贵，若骨肉丰起，宜从事军职工作。如见恶纹恶痣，主战阵兵亡。武库气色一生不宜赤色，否则，不兵亡，亦主斗殴致伤致死。

军门——位于天中横列第八位。相理及气色休咎，与武库相同。

辅角——位于天中横列第九位。如见骨起，主文职贵显，骨大者官大，骨小者官小，无骨不宜求官。如辅角骨大且全额再见青紫气色，可贵至极；如辅角有恶痣，主战乱兵死。辅角气色不宜暗、滞、朦色，否则主失官降调或有意外灾殃。赤气色，主有是非或有时疫急症。

边地——位于天中横列第十位，乃观看远行及事业变动吉凶之位。若边地骨肉丰起主中上贵，骨高隆起主文职或武职大贵。边地部位平满肉丰，可经商致富或异路行业有成就；边地有黄气色，官员主迁动，庶民主事业变动或有远行之利。如边地黄中透红气色，官员主荣升，庶民主兴创；如见赤气色，官员及庶民均主不吉。赤气色如刀形剑状，武职官员主功勋升迁，文职官员主兼领武职（如省长兼省保安司令）。如边地凹陷，主一生事业少成或为仆为奴。边地有黑痣，主破梓离乡，并主客亡（即死在外乡）。

二、天庭横列十位气色观看法则

天庭横列十位，即自天庭起至左右额的发脚止，两边各平均分为十位。

天庭——位于前额发际中央下方第二位，又名天宰，亦即面相十三部位的第二位。若见骨起（伏犀贯顶），必主大贵；若天庭骨陷或平塌似削，或有恶痣恶纹，主刑克父母、自身灾厄。天庭气色黄润透红光，主迁调要职。天庭现青气色，为官者最忌，须防失职官非，庶民主有忧惊凶灾；现赤气色，为官者主公难血光，庶民之人须防是非、损财、破败或疾病临身。

日月角——位于天庭横列第二位。日角部位骨肉丰隆起，有辅角骨起，主中上贵。气色黄明红润，主父母安康；气色暗淡，主父母有灾疾。

天府——位于天庭横列第三位，又名王府。天府骨肉丰起，主上司器重，官运亨通；天府有缺陷恶痣，不宜宦途发展；天府气色赤燥或黑暗，主官运欠顺。

房心——位于天庭横列第四位。房心骨肉丰起，主为人师，如日月角圆起且气色亦佳，主为国师。如房心骨陷且气色又不佳，乃平常之辈。

父墓——位于天庭横列第五位，与日月角同为父母之位（左父右母）。父墓骨肉丰起，主大贵，并得父母荫蔽，又荫及子孙。如父墓破陷痣伤，必刑克父母。如父墓气色光彩明润，主父母健康（左父右母，男左女右），子孙满堂。

上墓——位于天庭横列第六位，是观看父母死后埋葬是否妥适之位。上墓部位凹陷或有恶痣，主父母难偕白首，父母死后难合葬一处。如上墓气色枯燥不华明，主父母坟墓（左父右母，男左女右）有迁葬之忧。

四杀——位于天庭横列第七位。四杀部位骨起（边地骨），主武职大贵或文职领武职。如四杀部位丰满，主一生衣食丰盛。四杀气色宜光泽明润，不宜见恶色（即青、赤、黑、蒙、滞色），否则均主不吉。

战堂——位于天庭横列第八位，乃观看武职主帅或部队长官在战场上是否得胜。战堂部位骨起（即边地骨），主武职大贵；部位平满，主武职中小贵或经商致富，或异路业有成就；部位凹陷，如任军职者，主阵亡，庶民主兵死。主帅或部队长官，战堂部位气色光润华明，主战场得胜，气色黑蒙或斑驳主战场失利（严重者主战死）。

驿马——位于天庭横列第九位，乃现看求职谋官、创业投资以及外出旅游车马安全之位。驿马部位骨起丰满如立壁，气色黄润中透红者，乃驿马有动，主求谋顺利，创业可成，外出旅游无车马安全之患。如驿马先天骨陷或有伤疤恶痣，后天气色又恶劣，主求谋不利，创业不成。驿马部位见黑气色，主官员失官降调，庶民是非失财。

吊庭——位于天庭横列第十位，是观看双亲丧服之位。不论吊庭部位相理好坏，凡气色白润如梨花者，主父母丧亡；气色重青者，主有自杀之患；如吊庭有恶痣者，主刑克父母。

三、司空横列十一位气色观看法则

司空横列十一位，即自司空起至左右额的发脚止，两边各平均分为十一位。

司空——又名司徒，位于额发际中央下方第三位，乃观看有无官禄之位。司空部位骨起（即伏犀骨），又无纹侵痣破，主有中上贵气；无骨起者为普通之人；如有恶痣恶纹，即使部位骨起，亦不贵。司空气色黄润中透红透紫，主官星高照，为官顺利。如有赤气色下贯印堂，要注意预防灾难、血光之事。

额角——位于司空横列第二位，乃观看有无官禄之位。额角部位骨起主中上贵气，无骨起者为普通之人。额角气色黄润透红、透紫者，主官运亨通。额角现赤气色如豆如块者，主血光或兵亡；黑气色重者主因意外灾厄而死。

上卿——位于司空横列第二位，乃观看有无官禄之位。部位骨肉丰满者，主有中下之贵；部位凹削不起者，乃普通之人。上卿气色常年光润者，主官运亨通；如有赤气色成块者，主有横死之灾。气色黑蒙者，主破梓离乡。

少府——位于司空横列第四位，乃观看有无官禄之位。少府部位骨肉丰满，主有中等之贵；部位凹削不起，乃普通之人。少府气色黄润透光，主有贵人保举升迁；气色黑蒙者主失官职。

交友——位于司空横列第五位，乃观看交友信息之位。交友部位骨肉丰满，主善于交友并多益友。部位凹削不起，主不善于交友或结交损友；交友部位出现赤气色黑气色，主朋友间有是非。如交友气色白中透青，主有桃花；如气色白中透赤，主因桃花招惹是非或男女感情生变而分手。

道中——位于司空横列第六位，乃观看行路是否安全之位。道中部位骨肉丰满，主两腿两足先天发育良好，后天健康佳，一生行路安全、不会摔跤。如道中部位骨陷肉削，且加气色暗滞或色如马肝，主行路有车马之灾，严重者客死路旁。

交额——位于司空横列第七位，乃观看一生福分厚薄之位。如交额部位骨肉丰满，再加气色青紫或黄润中透红，主可贵可富，一生福分深厚。如部位骨陷肉削或有恶痣，且气色暗滞或干枯，主为普通或贫贱之人。

重眉——位于司空横列第八位，乃观看是否健康与勇敢之位。如重眉部位骨肉丰满且气色佳，主武职中小贵，并个性独立特行，勇敢刚毅。如骨陷肉削，并气色暗滞干枯，乃普通或贫贱之人。

眉中——位于司空横列第九位，乃观看修行是否有成之位。如眉中部位骨起肉丰并气色佳，主修道有成；如眉中骨陷肉削且气色暗滞干枯，乃普通庸俗之人。

山林——位于司空横列第十位，乃观看林木业、畜牧业是否旺盛之位。如山林部位骨肉丰满且气色佳，主经营林木业或畜牧业可得利致富。如山林部位骨起横接司空，且气色青紫或黄润中透红，可贵至朝廷大官；如山林骨起入发际或插入脑顶，主遇仙得道。如山林狭窄且被头发盖住，乃普通或贫贱之人；如山林有恶痣且气色暗滞干枯，主山林遇险、遇难，或遇野兽、虫蛇袭击。

圣贤——位于司空横列第十一位，乃观看个性是否恬淡，是否获取名利之位。如圣贤部位有骨插入发际或脑顶且气色明润，乃隐逸高士。如圣贤部位气色暗淡，其为孤寿之人。

四、中正横列十位气色观看法则

中正横列十位，即自中正起至左右额的发脚止，两边各平均分为十位。

中正——位于前额发际中央下方第四位，因中正位居官禄宫，乃观看有无官禄之位。如中正部位骨起，主大贵；骨肉丰满，主经商致富或异路有成。中正部位骨陷肉削且气色暗滞，乃普通或贫贱之人。中正及官禄宫各位见青紫气色，为官者主迁职升官；气色黑蒙或见青见赤，为官者主官运不吉，庶民主疾病、损财。

龙角——位于中正横列第二位，乃观看有无官禄权贵之位。如部位肉丰骨起，眉上端棱起如龙角（即眉随骨起），男性主可官至中央重臣，女性可贵为后妃。龙角气色黄润中透红，主加官晋级；色恶者，官运不佳。

虎眉——位于中正横列第三位，乃观看有无武贵之位。如虎眉部位骨起肉丰且气色白润或红润，主拥有兵权，可位至将军。虎眉又名疑路，如气色红润明亮，主出行平安吉利。如虎眉部位相理有缺陷，出行外地应注意车马安全；如虎眉部位有恶痣，主出行不吉。

牛角——位于中正横列第四位，乃观看有无官贵之位。牛角部位骨起肉丰且气色明润，可贵为统帅或将军。牛角部位骨陷肉削且气色暗滞，乃普通或贫贱之人。

辅骨——位于中正横列第五位，乃观看有无官贵.之位。辅骨部位有辅犀骨起，必有贵气，骨大者大贵，骨小者小贵。辅骨位无辅犀骨起，难有官贵，即使在官署任职，至多为委任级官员或雇员。辅骨位气色黄明红润，主官运亨通；气色恶者，主失官降职。

悬角——位于中正横列第六位，乃观看官禄之位。悬角部位骨起肉丰，主中贵或大贵，任军职者可位至将军级。部位平满，从商或异路业，亦可获利。悬角部位骨陷肉削，乃普通或贫贱之人，即使在官署任职，至多为委任级官员或雇员而已。悬角气色黄明红润，主官运亨通；气色暗黑恶劣，主失官降职。

斧钺——位于中正横列第七位，乃观看官禄之位。斧钺部位骨起肉丰，主武贵；部位平满者，可从商或异路行业发展。斧钺部位

周易相学精粹

67

骨陷肉削，乃普通或贫贱之人。斧钺气色黄明红润，主官民均吉利；色暗恶者，主战死兵亡。

华盖——位于中正横列第八位，乃观看福、禄、寿之位。华盖部位骨起肉丰，主大贵或中贵；部位平满，可经商致富或异路发展有成就。部位骨陷肉削，主普通或贫贱之人。华盖气色黄明红润，官民均主吉；色恶者主凶。华盖又名厄门，乃观看鬼神之事，部位有恶痣又气色恶劣者主暴死。

福堂——位于中正横列第九位，乃观看官禄及贵人之位。福堂部位骨起肉丰，主贵人得力，有中上等官职；部位丰满，主小贵或经商或从事异路行业得利。福堂部位骨陷肉削，主无官职，乃普通之人；骨陷肉削且气色暗滞，乃贫贱之人，并易遭横祸灾厄。

郊外——位于中正横列第十位，乃观看有无官禄及行路是否安全之位。郊外部位骨起肉丰，主可任中上等官职；部位丰满，主经商或从事异路行业得利。郊外部位骨陷肉削，主为普通或贫贱之人。郊外气色黑蒙，主不宜出游远行不利。郊外有黑痣，必客死他乡。

五、印堂横列十位气色观看法则

印堂横列十位，即自印堂起至左右额的发脚止，两边各平均分为十位。

印堂——位于前额发际中央下方第五位，印堂是人命运的关键点，是面相中最重要的部位。印堂又名阙庭，乃观看有无"玺符"（即官印）的部位。印堂宽方骨起，且气色光莹如镜，主大贵；若起骨气势较弱者，主中小贵，或经商得利或异路行业有成。印堂有恶痣恶纹者，主刑克六亲，多灾厄横祸，不宜正路发展（即不宜任官经商），宜从事异路行业。印堂气色黄红明润，无论官民均主吉，必见财见喜，家运隆昌，或大试及第，或晋级加官；印堂现青气色，主灾厄、疾病、败业；印堂现赤气色，主口舌是非、百事难成。印堂现白气色，主刑克孝服；现黑气色，主有非常忧惊，须防大祸。

刑狱——位于印堂横列第二位，乃观看平生有无犯刑囚之位。

刑狱部位平满润泽，一生不犯刑囚。刑狱部位骨陷，主恶死。气色现青、赤、黑等劣色，主有讼厄或即将入狱。

蚕室——位于印堂横列第三位，乃观看家中女眷之位。男性蚕室部位平满光泽，主家有田产可种桑养蚕，女眷勤俭持家，相夫旺子。女性蚕室部位，可以看丈夫是否勤劳奋发、振兴家业。男性蚕室部位骨陷肉削，主家无田地种桑，不宜养蚕，家无恒产，女眷不得力。

林中——位于印堂横列第四位，乃观看能否修道成仙之位。不论男女，林中部位平满光泽，主修道有成，部位骨陷肉削，主修道不成。

酒樽——位于印堂横列第五位，乃观看个人酒量大小及是否嗜酒之位。酒樽部位现赤色、青色或黑色，不论酒量大小及是否嗜酒，均主因酒败事或发生交通事故。

精舍——位于印堂横列第六位，乃观看人能否修道成仙之位。部位骨起直入发际，主其人修道可成仙。

嫔门——位于印堂横列第七位，乃观看配偶是否健康平安之位。嫔门部位平满，配偶贤慧能干、健康平安。嫔门部位骨陷肉削，配偶个性不良，夫妻二人时有争吵，又主配偶有隐疾或凶险。嫔门气色红润，主配偶有喜庆；气色黑暗，主配偶多病；气色焦枯，主配偶重病。

劫门——劫门又名劫路，位于印堂横列第八位，乃观看防盗贼警觉性之位。劫门部位平满，象征其人安全警觉性很高，一生财物永不被盗。劫门部位骨陷肉削或有恶痣，主一生中必被盗。劫门气色暗黑，须提防劫贼到来。

巷路——位于印堂横列第九位，乃观看行走小径时是否安全之位。巷路部位平满且气色光润，象征人目前头脑清醒，心态平和，主其可安全通过小径。巷路部位骨陷肉削，气色又暗黑或焦枯或重青，主不宜行走小径，否则会有危险事故发生。

青路——位于印堂横列第十位，乃观看行走大路（即公路、马路）是否安全之位。青路部位平满且气色光润者，象征其人目前头脑清醒、心态平和，主行走（或开车）公路马路平安。部位骨陷肉削，再加气色暗黑或焦枯或重青，主行走公路或马路时，应注意防发生车马安全事故。

六、山根横列八位气色观看法则

山根横列八位，即自山根起至左右耳际止，两边各平均分为八位。

山根——位于额发际中央下方第六位，乃观看祖父母、父母及兄弟等六亲和自己婚姻、田宅之位。山根部位骨起上接印堂中正，谓之伏犀骨起，男主大贵。女性山根不宜过高，否则婚姻不美满。山根部位骨起成刀背形，又上贯入枕，主武职大贵；山根部位骨隆肉丰，主中小贵，或经商或从事异路行业均可得利。山根部位虽高，但骨削狭小、瘦薄无肉，主普通或贫贱之人。

山根部位断折者，主中年破败、灾厄。山根部位有恶纹恶痣者，主中年刑克六亲或损财败业。

山根部位丰圆肥满且气色黄润光亮，主时运通达、平顺无灾。

山根有青气色，主忧烦久病；有赤气色，主血光、官讼、产厄、火惊；有白气色，主克妻刑子、意外灾伤；有黑气色，主时运不顺，或内心有压力感，防孝服；黑气色青气色重者，为催尸煞动，朝发暮死。

三阳三阴——即太阳、中阳、少阳、太阴、中阴、少阴六部位，位于山根横列第二位，乃观看心性、智慧和事业成败以及是否刑克六亲之位。眼睛黑多白少，精华有神，瞻视有力，为富贵寿考之相。上眼胞及卧蚕泪堂饱满光洁，主子女多而优秀；泪堂红黄发亮，主有阴德济人。三阳三阴气色青者，主有忧惊；气色白者，主有孝服；气色黑者，主灾病。眼下枯黑及有罗网纹，主生性凶恶，必绝嗣而晚年孤独。

鱼尾——位于山根横列第三位，又名夫妻位，乃观看配偶是否贤能、婚姻是否美满以及观看姻亲是否平安之位。男性左鱼尾为妻位，右鱼尾为婚姻（妾位）；女性右鱼尾为夫位，左鱼尾为婚姻位。鱼尾部位丰满，气色光润者，主配偶贤能，婚姻生活美满。未婚者鱼尾气色黄润中透红，主婚姻缘动。鱼尾部位骨陷肉削，主配偶欠贤能，婚姻不美满。部位有恶痣恶纹，男女均主刑克配偶或生性奸淫；部位有十字纹，主配偶自缢。鱼尾出现白气色，主配偶孝服；鱼尾气色暗黑，主配偶病灾；鱼尾气色焦枯者，主刑克配偶。

奸门——位于山根横列第四位。奸门相理及气色休咎，与鱼尾同论。

天仓——位于山根横列第五位，乃观看父德父产之位，以及本身是否富贵寿考、出游是否安全之位。天仓部位丰满且气色明润，主富贵寿考无疑，并出门可保平安。天仓部位骨陷肉削，主不得祖产；天仓部位骨陷肉削且气色暗滞，主一生难有成就，旅游须注意车马安全。

天井——位于山根横列第六位，乃观看财帛是否丰盈之位。天井部位丰满并气色黄润白亮，主一生富裕。天井部位有黑痣，主一生中必失财、败业或有病灾。

天门——位于山根横列第七位，乃观看创业投资是否有贵人相助之位。天门开阔宽广者，主一生多得四方朋友及兄弟姐妹帮助。部位丰满且气色黄润中透红，主创业投资顺利有成。天门部位被鬓毛掩盖，主一生常做事而不讨好，又难得朋友及兄弟姐妹之助。部位骨陷肉削且气色暗滞，主一生事业难成。天门气色现赤色、青色，主与异性因钱财争讼。

元中——又名元武，位于山根横列第八位，乃观看是否可出家为僧为尼之位。元中部位开阔宽广且气色明润，主出家修行有成就。部位被鬓毛掩盖，或部位骨陷肉削且气色暗滞者，出家修炼难于成功。如部位有黑痣者，不宜出家修道。

周易相学精粹

七、年上横列十二位气色观看法则

年上横列十二位，即自年上起至左右耳际止，两边各平均分为十二位。

年上——位于额发际中央下方第七位，是观看人的健康与寿命之位。年上部位骨隆肉丰，主一生无病少灾。年上部位骨陷肉削或起节弯曲，主一生多病多灾，刑克配偶，如再见恶痣恶纹尤验。年上气色黄润或白润中透紫光为吉，主健康无病、运程吉利；气色青暗者，主疾病缠身；有白气色者，应防凶灾孝服；有赤气色上至天中者，主有争斗之祸；有黑气色成块者，主自身即日有丧亡之忧。

夫座——位于年上横列第二位，乃观看配偶之形相及是否贤能健康之位。左为夫座，右为妻座（男左女右）。部位骨隆肉丰且气色光润，主男可娶美妻，女可嫁贵夫。若夫座部位骨陷肉削，男女婚姻欠美满，或配偶身体健康有问题，如部位再有恶痣尤验。

长男——位于年上横列第三位，乃观看长男个性是否优秀、身体是否健康之位（长女看右边，长男看左边，即男左女右）。长男部位丰满隆起（即泪堂前端），且气色光润者，主多生男，如部位气色黄润中透紫光，主子孙必贵，可产麟儿。部位平满者，亦主有子有女。如部位气色干枯或部位上边无栏（即无卧蚕），主无子或有子即克。如长男部位（即泪堂前端）有恶纹恶痣或凹陷，主克长男。

中男——位于年上横列第四位，乃观看中男个性是否优秀、身体是否健康之位。中男部位休咎与长男同论。

少男——位于年上横列第五位，乃观看少男个性是否优秀、身体是否健康之位。少男部位休咎，与长男同论。女性少男部位出现恶痣，主克夫。

外男——位于年上横列第六位，乃观看堂侄子女个性是否优秀、身体是否健康之位。外男部位休咎与长男同论。

金匮——位于年上横列第七位，乃观看一生财帛是否丰足、安全之位。金匮又名财库，部位丰满且气色黄润，主财帛不缺；如气色白亮如闪光，主巨富之人。部位骨陷肉削，且气色暗滞枯焦，乃普通或贫贱之人。部位有恶痣，主常有小人损财，或生意破财、财物被盗。部位出现重黑气色，应防灾凶。

禁房——位于年上横列第八位，乃观看居住之所门禁是否安全之位。禁房部位丰满且气色光润者，主门禁非常安全，盗贼难入。如部位出现青气色，主门禁不安全，应防盗贼入侵。如部位出现白气色如丝，主家中有奸淫暧昧之事。

盗贼——位于年上横列第九位，亦名盗门，乃观看是否被劫之位。不论部位丰满与否，如出现青气色中又透白气色，主财物已被盗。如部位气色黑滞并神光流露斜视，眼上下黑气蒙蒙，乃贼人也。

游军——位于年上横列第十位，乃观看是否能胜任边疆官吏之位。游军部位平满且气色明润者，主可胜任边疆官吏。如部位气色暗恶者，主不宜赴任边疆官职，否则赴任途中或到任时会发生恶性事故。

书上——位于年上横列第十一位，乃观看是否有文章学问之位。书上部位平满且气色光润，主有学问并有文才（非指学历）。书上部位有恶痣，主无学问无文才，并懒于求学。

玉堂——位于年上横列第十二位，乃观看是否能享受荣华富贵之位。玉堂部位平满且气色光润，主能享受荣华富贵（荣华富贵大小须合参手相、面相、骨相）。如部位骨陷肉削且气色不佳者，主难享荣华富贵，部位再有恶纹恶痣者更验。

八、寿上横列十一位气色观看法则

寿上横列十一位，即自寿上起至左右耳际止，两边各平均分为十一位。

寿上——寿上又名怪部，位于额发际中央下方第八位，是观看人的寿命长短，及家内有无邪怪或出门是否遇邪怪之位。

寿上部位骨起肉丰，主寿考；寿上部位骨陷肉削，主无寿；寿上气色黄亮，主有喜庆；寿上气色重青或白色点点上贯印堂，主死亡之兆；寿上白气色成块，应防大凶，亦主父母病灾或孝服。寿上气色出现青、赤、黑诸色混杂者，主家内有怪兆，杂气色重者主山林、山石、魍魉为怪，轻者应栏枥、井灶、斧鸣、井溢，鬼狐为怪。寿上与中枢神经系统相关联，凡神经衰弱之人寿上气色混杂，主多遇鬼怪之事。

甲匮——甲匮部位又名财府或财库，位于寿上横列第二位，乃观看一生财帛是否丰盛之位。甲匮部位骨起肉丰且气色黄亮，主一生有大财（财之大小须配观手相、面相、骨相论定）。部位平满且气色明润，主一生足食丰衣。部位骨陷肉削且气色暗滞或干枯，主一生少财或贫贱之人。

归来——位于寿上横列第三位，乃观看家人出行后有无音信之位。归来部位气色黄润光亮，主出行之人一个月内可归来；部位气色枯燥，主出行之人无音信捎回。部位气色青黑者，主出行之人有途中凶。

堂上——位于寿上横列第四位，乃观看六亲离合之位。堂上部位气色黄润中透红，主六亲有相聚之喜；气色暗滞者，主六亲相处不睦，有分离之忧。

正面——正面又名禾仓，位于寿上横列第五位，乃观看与人相处是否和睦之位。部位平满端好，气色再黄润光亮者，主与人相处和睦。部位骨陷肉削，气色再枯燥者，主与人不易相处。如正面有紫气色上连天中下贯鼻准，官员主升迁晋级，庶民主百事顺利。

姑姨——位于寿上横列第六位，乃观看姑姨之位（左看姑，右看姨，男左女右）。姑姨部位骨肉丰隆且气色明润者，主姑姨吉祥；部位骨陷肉削者，主无姑姨；部位气色枯燥者，主姑姨多病。

颧势——位于寿上横列第七位，乃观看是否有权威势力之位。颧势部位骨起端耸饱满者，主有权势；部位骨陷肉削者，主无权势。

部位骨起尖露而无肉包者，主个性暴躁孤傲，即使有权势，亦会被人倾覆。颧又为面部之关锁，有关锁者主兴家，无关锁者乃普通或贫贱之人。颧骨有破者（用手触摸有破裂感），主一生灾难不断。颧势气色黄润中透出鲜艳成群之象，官民均主吉。

兄弟——位于寿上横列第八位，乃观看兄弟姐妹（左看兄弟，右看姐妹，男左女右）之位。兄弟部位骨肉平满且气色明润，主兄弟姐妹多且有助；部位偏窄且气色干枯者，主兄弟姐妹少且无助，严重者并刑克兄弟姐妹；部位瘦削者，主无兄弟姐妹；部位气色青白混杂，主兄弟姐妹有伤克。

外甥——位于寿上横列第九位，乃观看外甥之位（左边看男，右边看女，男左女右）。外甥部位丰满且气色明润者，主外甥多。部位瘦削且气色枯暗者，主外甥少或无外甥。

学堂——位于寿上横列第十位，乃观看聪慧才学之位。学堂部位丰满且气色润泽者，主聪慧有才学；部位骨陷肉削且气色枯暗者，主不聪慧又无才学，再有恶痣者尤甚。

命门——位于寿上横列第十一位，乃观看寿考之位。命门部位有起骨入耳，主高寿，其他部位亦有寿考特征者，可高寿百岁。

九、准头横列十一位气色观看法则

准头横列十一位，即自准头起至左右耳垂止，两边各平均分为十一位。

准头——准头又名中岳，位于额发际中央下方第九位，看财帛兼看官禄之位。准头部位端圆丰隆如截筒，主非富即贵，富格须参看鼻、颐、颏，贵格须参看额、眼、颧。准头部位丰满大肥者，主与人无害；尖薄者，主心性毒，计巧奸贪。准头气色黄白光亮，无论官民均主终年吉利；气色黄亮中透紫光，为官者可加官晋级，庶民者主进田宅、得利权。准头部位有青气色者，主大祸来临，重者亡身，轻者破财；部位有赤气色者，大忌，主有官灾、火厄或败业损财；准头有白气色者，主大破败，防孝服；准头有黑气色者，主灾祸即将来临。

兰廷——兰廷亦名兰台；廷即廷尉。位于准头左边者名兰廷，右边者名廷尉，男左女右。兰廷位于准头横列第二位，乃观看财库丰盛与否之位。兰廷与准头相辅应者，主生性聪慧，见识渊博，为官者既贵又富，庶民主财能入库，不致虚耗。兰台和廷尉气色枯惨，主福去祸来；黑气色及赤气色，均主退财。

法令——法令又名金缕，亦名寿带或酒舍，位于准头横列第三位，乃观看有无贵寿及观看为官者号令严明与否之位。法令开阔，纹形似钟者，主贵且高寿。法令纹若过口，寿龄可高达八十以上且一生衣食丰盛；法令长至地阁，主寿年百岁，并夫妻偕老，一生非富即贵，福寿到老。男性年过五十尚不见法令过口，主普通或贫贱之人；女性法令纹不宜过口，否则婚姻不顺。法令入口者，乃腾蛇锁口，主饿死。法令气色黄润，为官者主官运亨通，庶民主百事大吉，其他恶色均主不吉。

灶上——位于准头横列第四位，乃观看有无宅舍之位。灶上部位平满，主有宅舍；部位凹陷或有恶痣，主一生无宅舍。

宫室——位于准头横列第五位，乃观看住屋吉凶之位。宫室部位平满且气色黄明红润，主住屋内人丁平安；部位凹陷再加气色暗恶者，主住屋不吉，配偶有夭寿之危。

典御——位于准头横列第六位，乃观看男女奴仆（现今社会称为下属）多少之位。部位丰满者，主一生多奴仆；部位凹陷气色枯暗者，主一生少奴仆；部位有恶痣者，主奴仆为害。

囷仓——位于准头横列第七位，乃观看食禄（即衣食住行）是否丰盛之位。囷仓部位丰满，主一生食禄丰盛；囷仓部位凹陷，主一生食禄平平，如气色再枯暗者，乃贫贱之人。

后阁——后阁亦名承使，位于准头横列第八位，乃观看一生是否安居乐业之位。后阁部位骨肉丰满，主一生不租屋或借屋居住均安适；部位骨陷肉削，主破梓离乡，难享安居之福，气色再枯暗者尤甚。

　　守门——守门又名地仓，位于准头横列第九位，乃观看仓廪、官俸多寡之位。守门部位骨肉丰满，主家道富有或官俸丰厚；部位骨陷肉削，乃普通之人，如再气色枯暗者，乃贫贱之人。守门气色黄润者，官民均吉；有青气色斑点者，主有口舌是非；气色枯白者，主三日内死亡。

　　兵卒——位于准头横列第十位，乃观看是否为官吏、役使或庶民之位。兵卒部位骨起肉丰且气色黄润者，主为官吏或富裕之人。部位骨陷肉削者，主多为官府之役使或为一般庶民。如气色再枯暗者，乃贫贱之人。

　　印绶——位于准头横列第十一位，乃观看是否可为武官之位。印绶部位骨起肉丰者，主可为武官；印绶部位骨陷肉削，主不宜担任武官。

十、人中横列十位气色观看法则

　　人中横列十位，即自人中起至左右腮边止，两边各平均分为十位。

　　人中——人中位于额之发际中央下方第十位，乃观看子息及心性之位。人中部位正而不斜，长而深阔，有沟洫之象者，上为人忠信、事业有成、子息优秀。人中部位平满、狭窄、缩而短或有恶痣恶纹者，主健康、智慧、个性必有缺陷之处，一生事业少成，子女少且欠优秀或健康欠佳，乃孤独夭寿贫贱之人。人中气色黄润透紫，主身心两健、时运顺遂、家人平安。人中有青气色，应防饮食、服药、色欲等引起不测之灾。人中有赤气色，主忧惊、愁烦、口舌之争；人中有白气色者，主疾病及克子女；人中有黑气色者，主自身或家人有不测之灾，饮食、服药应特别谨慎。

　　井部——井部又名仙库，位于人中横列第二位，乃观看老年有无田宅之位。井部位高起者，主老年有田宅；井部部位缺陷者，主老年无田宅；井部有恶痣者，主有水厄之危。

帐下——位于人中横列第三位，乃观看家中帐房（现今社会指客厅书房）厨房是否妥适之位。帐下部位丰满者，主家中帐房、厨房妥适；部位狭窄者，主家中帐房、厨房不妥适。帐下气色紫色如钱者，乃阴骘气色，主为官者晋级，庶民者百事顺遂，并遇险不险，遇凶不凶。帐下气色赤色如豆者，应防夫妻失和、争斗。

细厨——位于人中横列第四位，乃观看酒食是否丰足之位。细厨部位骨肉丰满者，主一生酒食丰足。部位骨陷肉削者，主一生酒食不丰足。部位有黑色恶痣者，应防因消化系统疾病而饿死。细厨气色黄润中透红紫色者，主家运隆昌，可雇用仆人。气色枯白者，主因酗酒而死；气色重青者，主因暴食而死；气色暗黑者，主入狱得病而饿死。

内阁——位于人中横列第五位，乃观看女性闺阁是否安全妥适之位。内阁部位骨肉丰满并气色黄润者，主闺阁宽敞雅洁，门禁安全。部位骨陷肉削并气色暗恶者，主闺阁狭窄不洁，门禁不安全，严重者歹徒侵入闺阁。

小使——位于人中横列第六位，乃观看下属是否得力之位。小使部位骨肉丰满且气色明润者，主下属多且得力。部位骨陷肉削，再加气色暗恶者，主下属少或无下属。有黑色恶痣者，无下属或下属不得力。

妓堂——位于人中横列第七位，乃观看有无歌姬及妾侍之位（现今社会为喜爱歌舞及女色，此位专论男性，女性不论）。妓堂部位骨肉丰满且气色明润者，主终必拥有歌姬妾侍。部位骨陷肉削并气色暗恶者，主无歌姬妾侍。部位有恶色恶痣者，主因歌姬妾侍而招惹是非或失财之事。

婴门——位于人中横列第八位，乃观看家中婴幼儿是否健康平安之位。婴门部位骨肉丰满且气色明润者，主家中婴幼儿健康平安。部位骨陷肉削且气色暗恶者，主婴幼儿多灾多病。

博士——位于人中横列第九位，乃观看学习山、医、命、卜、相等五术是否有成之位。博士部位骨肉丰满且气色明润者，主学习五术有成就。部位骨陷肉削且气色暗恶者，主学术难有成就。

悬壁——位于人中横列第十位，乃观看家中有无金银珠宝之位。悬壁部位骨肉丰满且气色明润者，主家中有金银珠宝。部位骨陷肉削且气色暗恶者，主家中无金银珠宝。

十一、正口横列十位气色观看法则

正口横列十位，即自正口起至左右腮边止，两边各平均分为十位。

正口——正口又名水星，位于额发际中央下方第十一位，是观看人是否重信用讲义气以及是否有口才学问和晚年能否享受荣华享高寿之位。凡人大口小，主非贫即夭；人小口大，主非富即贵。上唇似弓，口角上翘，下唇有托，棱角分明，主有信义、有口德、有口才、有学问，一生衣食丰盛，福寿到老；口尖薄低陷者，主多奸诈狂妄；口角低垂者，主衣食不丰，老年孤苦。唇薄者，主有小聪明但喜说是非；唇厚者，主福寿但多木讷（说话迟钝）之人。正口终年气色鲜红，主一生衣食丰盛、运程通达、身心两健，荣华到老。正口有青气色者，须防水厄。正口有黑气色者，主病情严重，或处于十分贫穷之境，或色欲过度、心术不正。

阁门——阁门又名闺门，位于正口横列第二位，乃观看女性（未出嫁女性）闺阁是否安全妥适之位。其他休咎同人中横列第五位"内阁"之解析。

比邻——位于正口横列第三位，乃观看是否能与有德之人做邻居之位。比邻部位骨肉丰满且气色明润，主左右邻居为有德之人。部位骨陷肉削且气色暗恶者，主难得邻居助力。如部位有恶痣者，主与恶人坏人为邻。

委巷——位于正口横列第四位，乃观看居住社区是否安全宁静之位。委巷部位骨肉丰满且气色明润者，主居住社区治安良好，环境幽雅、洁静。部位骨陷肉削且气色暗恶者，主居住社区治安不佳，有被抢被偷之险。

通衢——又名劫门，位于正口横列第五位，乃观看居住社区出入交通是否方便之位。部位骨肉丰满且气色黄润者，主出入交通方便；部位骨陷肉削且气色暗恶者，主出入交通不方便，并常有被偷被抢之险。

客舍——位于正口横列第六位，乃观看人是否喜好宾客之位。客舍部位骨肉丰满再加气色亦佳者，主喜好宾客。部位骨陷肉削，且气色亦不佳者，主不善交际，平日鲜少宾客来往。如客舍气色黄润中透红者，主有嘉宾贵客到访。

兵兰——兵兰又名兵列，位于正口横列第七位，乃观看老年是否有下属追随及仆役驱使之位。兵兰部位骨肉丰满且气色明润者，主老年有下属追随及仆役驱使。部位骨陷肉削且气色暗恶者，主老年无下属追随、无仆役驱使。

家库——家库又名家仓，位于正口横列第八位，乃观看老年家境是否富裕之位。家库部位骨肉丰满且气色明润者，主老年家境富裕，衣食丰盛；家库部位骨陷肉削且气色暗恶者，主老年家境清寒，或无居处，衣食亦不足。

商旅——位于正口横列第九位，乃观看是否可做物流或贸易生意之位。商旅部位骨肉丰满且气色明润者，主可从事物流和贸易生意取利。商旅部位骨陷肉削，主作物流和贸易生意不利。

生门——位于正口横列第十位，是观看能否杀生之位。生门部位骨肉丰满且气色明润，主杀生时不会招致凶险，可以从事屠宰业。生门部位骨陷肉削且气色暗恶，主杀生（屠杀动物）时会招致凶险或损财。

十二、承浆横列十位气色观看法则

承浆横列十位，即自承浆起至左右腮边止两边各平均分为十位。

承浆——承浆又名酒池，亦名药部，位于额发际中央下方第十二位，乃观看是否喜好美食或有酒量之位。部位骨肉丰满者，主一生富足又喜美食，酒量大，常招宴会。部位狭窄偏陷者，主嗜酒成疾；部位中间成坑耸上，深能容指且有须者，主有百杯之酒量；承浆虽深能容指，但承浆无须者，却只有酒瘾而无酒量。部位骨陷肉削，承浆若无者，主有水厄之险，又主服药功效较常人为小。部位有黑色恶痣者，主酒醉或服药而亡。部位有红气色者，主财星高照，受人敬仰，过红则主口舌。部位有赤气色者，主小人为害之事。部位有青气色者，主破败灾厄。

居宅——居宅又名祖宅，位于承浆横列第二位，乃观看祖父有无居宅遗产之位。部位骨肉丰满且气色明润，主祖父遗下居宅；部位骨陷肉削且气色暗恶者，主祖父无遗下居宅；部位有恶色黑痣者，主弃祖移居。

外院——位于承浆横列第三位，乃观看是否拥有牛马田庄之位（当今社会为汽车楼房）。部位骨肉丰满且气色明润者，主有牛马田庄。骨陷肉削且气色暗恶者，主无牛马田庄。

林苑——位于承浆横列第四位，乃观看有无山林园苑之位（限于居住乡村之人）。林苑部位骨肉丰满且气色明润者，主有山林园苑。部位骨陷肉削且气色暗恶者，主无山林园苑。

下墓——位于承浆横列第五位，乃观看有无家族专用墓地之位。下墓部位骨肉丰满且气色明润者，主有家族专属墓地。部位骨陷肉削且气色暗恶者，主无家族专属坟墓用地；部位有黑色恶痣者，主因家贫而饿死；部位有枯白色者，主因酗酒而肇祸。

庄田——位于承浆横列第六位，乃观看有无庄田或店面或楼房出租之位。部位骨肉丰满且气色明润者，主有庄田店面或楼房出佃收租。部位骨陷肉削且气色暗恶者，主无庄田、店铺或楼房出佃收租。

酒池——位于承浆横列第七位，乃观看是否喜酒食及是否酗酒之位。部位骨肉丰满且气色明润者，主喜酒食但不酗酒。部位骨陷肉削且气色暗恶者，主嗜酒成疾或因酒丧命，有黑色恶痣者尤验。

郊廓——位于承浆横列第八位，乃观看马、牛、羊、鸡、犬、猪等六畜是否兴旺之位。郊廓部位骨肉丰满且气色明润者，主六畜兴旺、有利可得；部位骨陷削且气色暗恶者，主无六畜或损六畜。

荒丘——位于承浆横列第九位，乃观看长辈坟墓是否安好无损及自己交易场所（即营业场所）是否吉祥之位。荒丘部位骨肉丰满且气色明润者，主长辈坟墓安好无损，自己营业场所吉祥。部位骨陷肉削且气色枯暗者，主长辈坟墓有损，自己营业场所亦欠吉祥，部位有恶纹恶痣者尤甚。

道路——位于承浆横列第十位，乃观看居所与坟墓之间或居所与营业场所之间的道路是否平坦安全之位。道路部位骨肉丰满且气色明润者，主道路平坦，可安全通行。部位骨陷肉削且气色枯暗者，主通路坎坷，要注意安全。

十三、地阁横列十位气色观看法则

地阁横列十位，即自地阁起至左右腮边止，两边各平均分为十位。

地阁——地阁位于额发际中央下方第十三位，是观看老年运气好坏以及老年有无田宅、奴仆之位，可以观看老年有无子孙、下属及有无事业和房地产。地阁部位骨肉丰满、端方丰厚者，主老运佳，非富即贵或异路成名，即使其他面相部位配合不当，亦主晚年衣食丰盛、善始善终。地阁狭薄尖小者，主老运不佳，非贫即贱或既贫又贱；地阁部位骨陷肉削或破缺者，主不享祖业，难得配偶助力，子女不孝，或既贫又贱，到老无根基。地阁气色现黄、红、紫色者，主财喜重重，下属得力。

地阁有赤气色者，主口舌、是非、损财。地阁有黑气色再见赤斑疹者，主大损财；地阁有白气色者，主家运不顺；地阁有黑气色者，主与下属口舌是非，应防水厄或车马之灾。

下舍——位于地阁横列第二位，乃观看有无外舍（即别墅或第二居所）之位。下舍部位骨肉丰满且气色又佳明润者，主多外舍；部位骨陷肉削且气色枯暗者，主无外舍。如下舍部位骨陷肉削且再有恶痣者，主一生贫穷，难有居所。

奴婢——奴婢又名奴仆，位于地阁横列第三位，乃观看有无奴仆、婢女（现今社会为家庭的帮佣、保姆或司机等）之位。部位骨肉丰满气色又佳者主多奴婢。部位骨陷肉削气色又不佳者，主无奴婢，奴婢部位有黑痣者尤验。

礁磴——位于地阁横列第四位，乃观看家中有无礁磴之位。礁磴乃农村用来舂米研磨的器具，现今社会的城市、农村碾米业发达，礁磴二物早已被淘汰。部位骨肉丰满且气色明润者，主家中有礁磴（象征家庭富裕）；部位骨陷肉削并且气色枯暗者，主家中无礁磴（象征家庭不富裕）。

坑堑——位于地阁横列第五位，乃观看居所外面是否尚附属有林园花径及池塘之位。部位骨肉丰满且气色明润者，主居所外有林园花径及池塘；部位骨陷肉削且气色枯暗者，主居所外无林园花径及池塘，或无居所。

地仓——地仓又名地库，位于地阁横列第六位。乃观看家中是否有仓库、仓库中是否存有粮食（现今社会应解释为银行是否有存款或是否有债券股票等财产）。以及观看老年是否有事业运、生活是否富裕之位。地仓部位骨肉丰满并气色明润者，主老年仍有事业运且生活富裕；地仓部位骨陷肉削且气色枯暗者，主老年无事业运并生活艰辛。

陂池——陂池又名陂塘，位于地阁横列第七位，乃观看居所外面是否尚拥有鱼池、水田之类的产业、房地产或其他产业和副业，以及观看是否有水厄之位。陂池部位骨肉丰满且气色明润者，主有陂池；陂池部位骨陷肉削且气色枯暗者，主无陂池。陂池部位突发黑气色者，主口舌；陂池部位恶痣者，应防水厄。

鹅鸭——位于地阁横列第八位，乃观看是否能获得六畜之财（适用居住农村之人经营畜牧业和宠物店之人），以及观看奴仆多少之位。鹅鸭部位骨肉丰满，气色又似池中鹅鸭头动之象，主多鹅鸭、多奴仆，多财产。部位骨陷肉削并气色枯暗者，主少鹅鸭，少奴仆，少财产。如鹅鸭部位突发紫气色者，主进奴仆。

大海——位于地阁横列第九位，乃观看有无水厄之位。大海部位骨肉丰满，无黑色恶痣，且气色黄润者，主无水厄之险，可涉足江湖河海。部位有黑色恶痣，又见赤气色者，主不可涉足江湖河海，否则有水厄之险。

舟车——位于地阁横列第十位，乃观看远行时路途中是否平安之位。舟车部位骨肉丰满，气色又光亮润泽者，主远行时路途平安；舟车部位骨陷肉削且气色又枯暗或赤燥者，主远行时路途中不平安。

第二章 眼神吉凶分析法则

神是人体内在的生命力量，与形互为表里，即神为里而形为表，神通过形表露于外。广义的神即精神，狭义的神即眼内神光。眼是观看人的神气的最佳部位，因眼内之神是精神的焦点，如人掩其目，精神即失去具体的表象。

眼神是由脑组织、五脏六腑、骨髓、丹田的精气所发，即脑髓、骨髓及内脏精气皆现于目。人体内有一分精气，其眼即有一分神；人有一分神，即有一分衣禄；人有十分神，即有十分衣禄；无神者，不贫即夭。此为万古不变的真理。

有神之人，其眼神具有"威严感""亲和感"与"信用感"，那些健康、智慧、个性不如的人，均会被其威严感所折服，而乐于为其效命；那些健康、智慧、个性与其相同的人，均会被其亲和感所折服，而乐于为其协助；那些健康、智慧、个性胜过他的人，则会被其信用义气所折服，而乐于提携栽培，因此一生事业有成，衣禄丰盛。无神之人，绝对无法令人看出其有威严感、亲和感、信用感的存在，因此一生事业无成衣禄贫乏。眼神强者，象征其脑组织的灵敏度、内脏的健康状态及骨骼的强壮程度，均高人一等，其成就必大、寿命必长。

人的眼形有善恶之分。恶者如三角眼、近视眼、眇眼（即瞎一眼）、瞟眼（即一眼正常，另一眼为白眼），人之眼形虽恶，但眼内神光充足，同样可登富贵之境。人的眼神可从修持中得到，但修持只能补脑组织、骨髓和内脏器官功能的不足或功能失调，如果脑组织、骨髓及内脏器官先天成胎就存在缺陷或不良，那么无法从修持中获得改进和完善。

周易相学精粹

第一节　观看眼神十五法

神藏——瞻视平正静中焰光，初如无神坐久才现；如美玉明珠，光彩蕴蓄，愈视愈清，其光自丽及其显示温粹，怒不强发人自畏之。此为神藏之上相，圣德贤明之人也。

神静——一见恬然，且见寂然，愈久视愈淡薄自若，惟光彩内见，中有所得，宜著意深刻默然中可寻，若论其真可以思致，不可以言传。此为圣贤之相，不与世俱者也。

神和——目静自明，温粹恬纯，不喜似喜。虽有怒色，其喜常存，远远视之，已见其和，此为胸襟开朗，不妒嫉不偏颇，正直坦荡有德有为，推心置腹可共生死，君子之相也。

神威——其神不怒而威，大喜不变媚，大怒不强发，神光炯然正直，豁然视之有威，迥然惊而不瞬，俨然视之有惧，令人有威严持重之感，此为超尘脱俗可成大器之相也。

神锐——志锐则气锐，气锐则神锐，神锐者现于言词行为容貌之间，好高骛远，有大志喜大言，诸多矜饰，又欠谦逊。若久不见挫其锐自消，若锐气正盛之时见挫而后可发也。

神驰——驰者，如马之奔，言坐之间，心不在焉，甚或不言不矜，默默神奔，若长久神奔而不反，主其人罹患精神疾病。

神露——神不藏者曰露，其睛必凸或见四白，不怒而似怒，主其人奸妄、刑伤、灾疾，贵亦不久，如眉棱骨高而有覆可减其凶。

神眈——视下曰眈，如虎之视物，四白通见，若在物上，此恶毒残暴贪鄙之相也。若久不回睛，必淫乱受刑死于荒郊。

神醉——醉者，坐立不正，常如醉人，痴还不痴，狂眼豪视，如随物去，又谓神迷，此愚贱之人，纵得意之一时亦促寿也。

神急——即言语急，行止急，饮食急，喜怒急，神光闪闪不定，行态洋洋自得，虽满面光华喜色，惟气不附贴于肉。若神急褪者仍可成器，如长年神急，中年败业血光。

神慢——慢者，见于动静行为之间，举止皆慢，其候在目不转睛，视物难忘，虽有急难，其慢不更，终不成大器也。

神惊——惊者，胆量神气不足，茫然若失，又如临深履危，青气盈面，有所柔弱怯惧，睡不稳，食不安，坐不久，口常急动，眼频回睛，神态若惊若失，此下愚无立之相也。

神疑——疑者，动多犹豫，迟疑不决，行步举止，若有所思，欲作不作，欲言不言，一坐之间，其色屡变，此非贵相也。

神昏——昏者，眼虽大而无光彩，满面如烟云四起，浮露隐隐，不分不明，临事昏昧，言不能辩，此贫贱无立之人也。

神脱——脱者，谓正常之人，眼神突然消失，眼睛黯然无光，有如土木偶人，纵能行坐饮食，言语亦无生气。此号为行尸，若有此候，不过一年而亡，色悴者一季而亡。

第二节　眼伏真光辨别法则

眼伏真光是中国相法中的最奇异而又最深奥的内容，也是相人术中的最高境界。真光者，乃集五脏之精华而发于目，隐于瞳神之内，形如满月，彻亮光明，或类萤火，或类虹彩。有一点真者，有一线真者，有一目真者，有双目真者。

眼睛可分为"白睛""黑睛""瞳孔""内眦""外梢"等五大部位。

每个人眼神之强弱，乃因脑组织、骨髓和内脏器官放射的电能强弱而有所不同。脑组织、骨髓和内脏器官有如发电机，眼睛有如电灯泡，眼神表现在白睛及黑睛两部位，善观相者一望便知。眼睛中除可观看到眼神外，尚可观看到"真光"，真光是隐于黑睛之内，即指瞳仁的神气。具有真光之人，万不得一，甚至百万人中也难得找到一人眼有真光。其原因是眼睛具有真光之人，其脑组织、骨髓

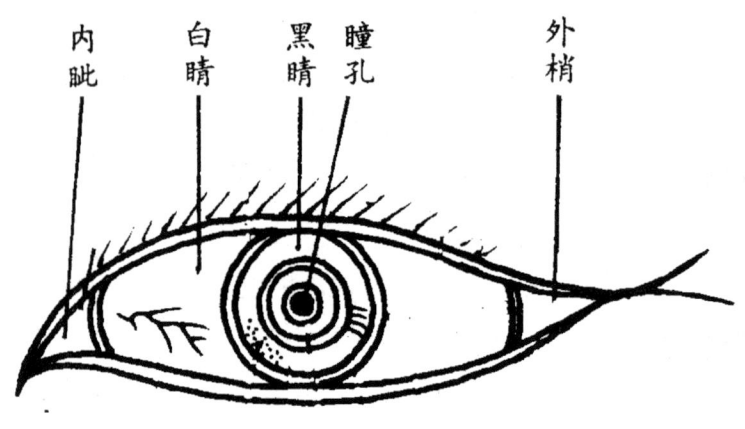

内眦　白睛　黑睛　瞳孔　外梢

眼睛五大部位图

和内脏器官所放的电能，必须超越强势眼神电能的几倍甚至数十倍，才能在黑睛中呈现出各类形态的真光。如"满月真"，即黑睛整个部位（不含瞳孔）有如月亮般的大光点；"萤火真"，即黑眼中某个部位或整个部位出现如虹彩般或月晕状的光点；"一点真"，即黑睛某个部位或多个部位出现一个圆点或多个圆点的光点。

　　具有真光之人，绝非凡夫俗子，其人必有异相，如"舜目重瞳""文王四乳""孔子七露""龙形隆准"等。眼有真光的异相之人，其脑组织、骨髓和五脏六腑的质量、结构必异于常人，如四个肾脏、两个心脏或内脏器官特别精良，其健康、智慧、个性三者必极为优良，一生之成就必大，收获必多；眼伏真光之人，在军事或政治上的成就与勋业必名满天下，或在工商界有巨大成就，且荫及子孙，或其先知先觉，成为永垂不朽的圣贤。眼有真光，遇万劫而不变，得者有无疆之福，识者有无穷之趣。凡眼伏真光，居官极贵之格，富者能历久不衰，即使其一身贱骨贫穷至极，亦可在无意中登极贵极富之境。分述如下：

　　守真——守真又称天眼。瞳如晓星（满月真），不动自明，静时凝然照耀毫发，动时红日丽天，有令人不敢仰视之威势。主此人具有神威，在军事或政治上能成就勋业，名扬天下。

含真——含真又称佛眼。其光隐然（一点真），如珠光彩，瞻视蕴蓄，顾盼有力，其焰如耀山川之文秀，夺海岳之精华。主此人光明磊落，在军事或政治上成就勋业，历久不衰。

藏真——藏真又称慈眼。一点真光灼灼（萤火真），大如黍米，半隐半藏，如琉璃之晃亮，淡淡透出，初看不足，久看有余。主此人具有机缘，在工商业界有巨大成就且荫及子孙。

洄真——洄真又称慧眼。甚类月晕（虹彩真）着实难看，可在近视眼中求之，其光或聚或散，或正或偏，如月晕重重，似星火点点。主此人先知先觉，多为宗教家、哲学家、发明家。

第三节　眼神与气色综合观看法则

看人的气色必须神、气、色三者综合观看，才能做出吉凶的正确判断，否则判断必有失误之处。一个人气色虽好，但神不一定好，或神佳而气色未必开朗。唯有神好、气足、色明，才算为大吉大利的格局，在事业上才能把握时机、攻守自如，或将灾祸消灭于无形，防患于未然。气色好而神不佳，或神好而气色很差，仍属小格局，在事业上处于攻守两难，或考试、竞选难卜胜负，或求官谋取成败未卜。

其法则有九，分述如下。

一、聚色

双目白睛贯神，黑睛光彩射人者，为聚色，主半年至一年后兴旺，面色欠佳亦然。白睛贯神，黑睛光彩射人，如再满面外色华明、内气壮实，四库五岳新开色莹，掌色深深淡红、浅浅嫩黄，为大聚色，主其人正处盛运，愈动愈吉，财利远至，功名可得，并可退凶消灾。如仅黑睛眼神充足，且掌色绽开，亦为小聚之色，主动则有利。

白睛贯神，即人之白睛应于白润莹洁中，隐约透出黄亮蓝亮之象。白润莹洁象征肾水及心肺、呼吸系统健康正常，黄亮象征肝胆消化系统健康正常，蓝亮象征脑细胞及脑神经组织健康正常。"白睛贯神"，象征人目前的精神体能（即健康、智慧、个性三者）处于巅峰状态，最低限度亦处于正常状态，同时亦象征人目前事业成功或工作顺利。反之，白睛干涩，无光彩，或神光昏暗隐晦，或白睛深浅灰暗，并有泛泛不定之感（即散色），或白睛深黄又泛绿（即害色），或白睛起障（即蹇滞色），均谓为白睛不贯神。白睛不贯神，象征人目前精神体能状态处于谷底或低潮，亦象征人目前的事业破败、工作不顺利或有官非变故，或家庭之事或婚姻感情之事非常烦心。

二、利色

双目神足，掌色鲜润，皮血光彩，耳、鼻、印、颧俱明润者，为利色。人得利色，主无处不利，进退俱吉。

三、成色

双目有镇定之光彩，眼神澄澈者，为成色。人得成色，主吉庆之兆。人得成色，如再耳白于面，印准盈莹，则可求功名、谋财利。如仅眼有成色，诸部无吉气色，则主无凶亦无吉。

四、动色

双目熠熠有光，盈于面，耀于睛，此为动色。人得动色，动则有利。人得动色，如再印堂气色黄明，内气深明犹如月晦重明之象，准头有新开嫩黄色，天仓命门黄润，眉须有翠润气色则更宜动，无论求官、求职，还是求名、求利，均可获大吉。

五、守色

双目无光彩，似明不明，似昏不昏，眼神流散不聚者，此为守色。人得守色，宜守不宜动，动则不利，保守为吉。人得守色，如再四渎五岳，似暗不暗，似朦非朦，细看内暗外滞、一面气色不开，掌色亦不开、更宜守，动必失利。如偶有一二处现明润气色，亦应保守，否则易进易退，常处于吉凶参半、进退两难之境地。

六、变色

双目昏朦，神光隐晦者为变色，主吉事变凶。如再满面有气无色或有色无气，或时而红黄，时而青黑，或一日一变，或三五日一变，均非美色，更宜防吉事变凶。但色中见紫时，或青色、黑色、赤色中带有嫩黄鲜红色时，则凶事变吉矣。如双目神光充足，不但主吉并可退凶事，盖神能留气也。

七、害色

双目白睛深黄又泛绿者为害色，主万事宜守，凶患可免其半，动则凶患立至。如再年寿赤色，主血光官刑。如再四库暗色，即犯桃花或婚姻触礁，主与异性交往不利。如再鼻翼暗、井灶赤，主破耗损财。如再山林赤暗，主防火灾。如再印堂青，主防无妄之灾。如再地阁黑，主防水厄。如再满面花杂，主不宜旅行或防车马灾祸。总之，人的双目犯害色，必有小人作怪，暗鬼生非，诸事须谨慎保守。

八、散色

双目白睛有深浅灰暗及泛泛不定之感，黑睛光亮微弱者为散色，宜安分保守，动则不利。人的散色，如再满面气色黄黑花杂不一，或满面淡白无气，耳珠鼻准俱暗，均为有色而无气无神的散色。人犯散色，动则有破败，守者凶患可减半。

九、蹇滞色

双目白睛起障，阴合而阳散，为蹇滞色。蹇滞色乃内气不调、下元浊气上升，血肉不和、五脏不润所致，主诸事欠顺，运途蹇滞，或失官破耗，或官非变故。如又四库如泥，耳准蒙尘，三阳三阴不开，满面气色滞黄如泥（犯土滞），主其人多疾病；如四库如泥，耳准蒙尘，三阳三阴不开，再满面气色青蓝晦而无光（犯木滞），主其人多灾厄；如再满面气色里白而外焦（犯火滞），主其人多破败；如再满面气色黑烟如雾朦（犯水滞），主其人多官非；如再满面气色枯白无华（犯金滞），主其人多贫困；如再满面气色内虚而外有油腻（犯神滞），主其人多虚耗。以上诸色皆大忌之色，主运途大穷大蹇，百般不顺，进退皆不利，少年犯者主蹇滞二十年，老年犯者主终身运滞，均应坚持四修（即修身、修心、修德、修行）、广积阴德才可开运。

　　凡事业彻底失败，工作非常不顺，或遭遇官非牢狱之灾等重大变故之人，均因心理影响生理，下元浊气上升，导致血肉不和、五脏不润，在眼睛的前眦或后梢或黑睛四周形成约零点五厘米不规则的黄白色片状黏膜，一片或数片，其形状又似眼粪，但擦不掉，必须待霉运期过去后才能慢慢消失。时间短者为期一年，时间长者为期可达九年。

　　凡有精之人，眉心（即眉内肉）必白润或红润成翠色，行动积极；凡有神之人，必白睛贯神，黑睛光彩射人，内心充满信心；凡有气之人，必满面壮实，皮肉内外皆润，言行积极而不懒散；凡色佳之人，满面莹洁而无尘垢，喜容满面；凡有蹇滞色之人，神、气、色均不足论矣。

　　蹇滞色是否已开，应看眉心、眼神、泪堂、驿马、准头五位。其法则如下：

　　1、眉心有翠色，乃开运之象。

　　2、眼黑睛神光射人，白睛亦贯神，乃开运之象。开运之时，虽满面气色仍滞，亦主无大困大凶。如黑睛无光，白睛昏蒙，则转运无期。

　　3、泪堂有阴骘色（即黄色或紫色），虽满面气色仍滞，亦可诸事逢凶化吉。如泪堂无阴骘色，滞色难开。

　　4、驿马滞色，但中正日月角部位暗中透亮，为滞色将开，转运有期。如驿马暗中透亮，中正日月角部位滞色，则滞色不易开。

　　5、准头黄亮如粟米，乃开运之象，虽满面滞色未开，仍主运程小吉，有劳有获。

第三章　各种特殊肉色的观看法则

第一节　气色特性

一、滞色

滞色是指三阳、三阴（亦名龙宫、泪堂）一片和山根两旁接近眼头处所发的气色。此色特征似紫不紫，似黑不黑，虽不枯暗，但缺光彩。凡有滞色，主心神不宁，寝食难安，一年之内求谋难遂意，心愿未酬，凡事均应保守，不宜妄动或远行。在滞色未褪之前，若轻举妄动，必然欲速而不达，求财而不得，反遭损或先小得而后大败，此乃有色无气之气滞也。

二、滑艳色

滑艳色是指气色，如油浸玻璃之上，面色淡白如霜，不成斑点反成虚色。或色重如丹青面，形如调油浸垢，独发一滑一艳，此乃内气不应，外色不来，浮泛而将变之色，灾祸不远矣。

三、光浮色

光浮者色与滑艳不同，面如白粉，满面灼灼，故称光浮。普通家庭里，青少年有此气色，乃败家之子；富家之子有此气色，亦为散财寿促之象；中老年人有此气色，主辛勤、官非、破耗之象；女人有此气色，主性酷好色，难育子息之象。满面光浮绝非美色，此乃精神浮泛而即将变凶之色。光浮为有害无益之气色，乃祸殃之根。

四、娼优色

滑艳色中再现光浮，称为娼优色。娼优色者，主其不为隶即为娼优，并主刑破；为官者主失职，为商者主祸殃败业。

周易相学精粹

五、花杂色

凡气色宜二三种，尚须看生克制化而断，如红少得青者不忌，黄少得红者不忌，犯生者吉，犯克者凶。若五色俱全、满面乱发者，为花杂色，此乃五行不调、心神不宁之象，如花杂色中赤白二色重而乱，则定主破败。

六、赤斑疹

赤斑疹称红斑点（注）。红色多在皮外膜内，不散有光，点滴分明，丝丝明润方为美色。若红色变为赤色似斑疹状或痱子状，则主运蹇、破耗、失脱、是非、忧烦；若赤斑疹现于一二宫祸事尚轻，如现于五六宫者其祸非浅，主有破家丧命之危。

赤斑疹与青春痘有别，前者形状小于后者，有时形似痱子，有时又似小疮小疱，但前者不能挤出白蕊，后者可挤出白蕊。如形似疹块或肿疖者，乃内脏相火，浊气上升或其他病疾之症状，不以赤斑疹论。

第二节　论五行人肉色喜忌

人成年后，其骨骼是永远不变的，乃因五形中内在的主骨质素（骨架）永远不变所致。但五形中外在的辅助质素（肉色）则会受到人的年龄、健康、生活环境、工作环境、人事环境变化影响而有所变化，或辅助质素由显性变为隐性，隐性变为显性，而导致体形由肥变瘦，肉色由白变黑等等。现将五形人肉色变化的喜忌分述如下：

水形人——喜润黑色（黑色为水之正色），主百事吉利；喜润青色（水木相生），主名利双收；喜润红色（水火相济），主官财两旺；喜润黄色（土可蓄水），主财星高照；喜润白色（金能生水），主财喜重重。

忌滞黑色（水病或水患），主百事不顺；忌重青色（木多水润），主忧惊损财；忌赤红色（火多水渴），主灾祸官非；忌滞黄色（土来克水），主疾病运蹇；忌枯白色（金多水浊），主有孝服。

木形人——喜润青色（青色为木之正色），主百事吉利；喜润红色（木火相生），主名利双收。喜得润黄色（木得土养），主财星高照。喜得润白色（削木成器），主财喜重重；喜润黑色（水来生木），主官财两旺。

忌重青色（木病），主百事不顺；忌赤红色（火多木焚），主灾祸官非；忌滞黄色（木土相克），主疾病运蹇；忌枯白色（金来克木），主有孝服；忌滞黑色（水多木漂），主破财败业。

火形人——喜红紫色（火之正色），主百事吉利；喜润黄色（火土相生），主名利双收；喜润白色（火炼真金），主财喜重重；喜润黑色（水火既济），主进财喜庆；喜润青色（木来生火），主官财两旺。

忌赤黑色（火病或火患），主百事不顺；忌滞黄色（火不生土），主疾病运蹇；忌得枯白色（金反克火），主有孝服；忌滞黑色（水来克火），主破财败业；忌重青色（木多压火），主忧惊损财。

土形人——喜润黄色（土之正色），主百事吉利；喜润白色（金来镇土），主名利双收；喜润黑色（土得水润），主财星高照；喜润青色（木来疏土），主财喜重重；喜润红色（火来生土），主官财两旺。

忌滞黄色（土病或土患），主百事不顺；忌枯白色（金多土虚），主有孝服；忌滞黑色（水多土散），主破财败业；忌重青色（木来克土），主忧惊损财；忌赤红色（火多土焦），主灾祸官非。

金形人——喜润白色（金之正色），主百事吉利；喜润黑色（金水相生），主名利双收；喜润青色（克化为用），主官财两旺；喜润红色（微火炼金），主财星高照；喜润黄色（金土相生），主财喜重重。

忌枯白色（金病），主有孝服；忌重青色（金木相克），主忧惊损财；忌赤红色（火旺金熔），主灾祸官非；忌滞黄色（土多金埋），主疾病运蹇。

第三节　论六神气色

六神气色的特性有三：

（一）忽然呈现，来快去也快。

（二）气色与部位有关，与季节无关。

（三）有吉亦有凶。

现将六神气色特征解析如下：

青龙色——两眼黑白分明，神光射人，气色红黄有彩，称为青龙色。青龙色现，主迁升官职、进财、喜庆之事。

朱雀色——面上赤如橄丹，绕如烟焰，昏如病惨，称为朱雀色。朱雀色现，主有官灾、口舌、惊扰之事。

勾陈色——眼神混浊、黑白不分，气色昏暗又眼下青色铺展，称为勾陈色。勾陈色现，主负累牵连之事。

螣蛇色——面上绵绵如灰土，眼神昏浊，称为螣蛇色。螣蛇色现，主忧惊怪梦，家宅不安祥之事。

白虎色——眼下白气闪闪，动而有白光，称为白虎色。白虎色现，主丧亡孝服之事。

玄武色——唇黑口颤，口旁左右黑气拂绕，称为玄武色。玄武色现，主异性、卑鄙小人相害、物品被盗、失财之事。

第四节　论六气法

六气即青、红、白、黑、黄、紫六种气色。凡在鸡鸣之后，平旦之前，血气未乱，饮食未进，所见面部自然之气现于本宫者为归垣，名曰正气，主吉；若现于他宫或飞杂侵乱不定，主凶。

六气特性有三：

（一）缓缓呈现，现了即不再消失；

（二）气与面相的部位及季节均有关；

（三）有吉而无凶。

现将六气解析如下：

青龙气——春季，宜青龙得位，即右颧青气，乃木星升殿为归垣，主吉。

朱雀气——夏季，要朱雀当宫，即额上红光，乃火居火位为归垣，主吉。

白虎气——秋季，喜白虎发申酉，即左颧白气，乃金耀金宫为归垣，主吉。

玄武气——冬季，应玄武旺本宫，即地阁黑气，乃水居水位为归垣，主吉。

勾陈气——四季，要勾陈居戊己，即鼻准黄气，乃土居土位为归垣，主吉。

腾蛇气——腾蛇发四库日月增荣，即天仓地库发红紫气，乃火临旺地，主吉。

第五节　面部十大天罗气色

十大天罗气色特性有三：

（一）慢慢呈现，来慢去慢；

（二）与部位、季节均无关；

（三）有凶无吉。

现将十大天罗解析如下：

死气天罗——满面黑色四起者，称为死气天罗，乃死亡之兆。

丧哭天罗——满面白色四起者，称为丧哭天罗，乃孝服之兆。

忧惊天罗——满面青色四起者，称为忧惊天罗，乃忧惊之兆。

疾病天罗——满面黄枯四起者，称为疾病天罗，乃重病之兆。

虚花天罗——满面如涂脂膏者，称为虚花天罗，乃运蹇之兆。

好色天罗——眼光流散视急者，称为好色天罗，乃淫顽之兆。

官非天罗——赤气如炎面焦者，称为官非天罗，乃官非之兆。

刑狱天罗——面色如醉未醉者，称为刑狱天罗，乃入狱之兆。

孤刑天罗——娇声有妇人态者，称为孤刑天罗，乃孤独之兆。

破败天罗——鼻准斑点如尘者，称为破败天罗，乃败业损财之兆。

凡犯天罗气色者，与个人的才能、学问及相理、命理的好坏无关。如欲改变天罗气色带来的厄运，就必须坚持四修，即修身、修心、修德、修行。舍此四修，别无速效之法。

第四章　病人生死气色辩证法则

人死亡的原因除内疾外，还有其他外在因素，例如刀刃、枪击、车祸、火厄、水厄、产厄、兽伤、自吊、中毒等。内疾者包括五脏、六腑、骨骼、脑组织等先天不足或后天失调所引发的各种急性慢性疾病，或因传染而患的各种疾病。重症者必卧病在床，轻症者不久痊愈康复，其神情气色必有明现。

第一节　辨五色吉凶

青色——青色欲如苍碧，不宜青蓝。青如翠玉者生，青似靛蓝者死。

红色——红色欲如桃红，不宜火红（火红即赤色）。红如鸡冠者生，赤似鱼血者死。

白色——白色欲如猪膏，不宜枯惨。白似油润者生，白似枯骨者死；白似白雪者生，白似尘垢者死。

黑色——黑色欲如黑漆，不宜如炭。黑如鸟羽者生，黑似烟煤者死，黑似油抹者死。

黄色——黄色欲如蟹黄，不宜土黄。黄如蟹膏者生，黄似李杏者生，黄似土色者死。

紫色——紫色现于四正（即印、准与两颧）不死，因紫色乃阴骘气色也。

第二节　辨主要部位气色

天庭——天庭黄气盈莹者生，黄气如黄铜者生，黄如螃蟹腹壳者死。天庭黑气如水者生，黑气如铁皮者生，黑气如尘埃者死，黑气如灰湿者死。天庭白气如霜雪者生，白如银彩者生，白如石粉枯骨者死。天庭青如柳叶者生，青如靛者死。天庭红气如宝石者生，红如红花者生，红如火焰者死。

福堂——包括印堂、金马玉堂一带部位（金马玉堂位于两眉尾），黄气色嫩者生，青气色重者死，青气色中现蓝黑者死。

两眉——包括福堂一带部位，现紫气黄光者生，黑气如烟雾者死。

驿马——包括山林、吊庭、巷路一带部位，现黄气者生，青蓝色者死，黑如烟雾者死，枯惨无光者死。

山根——包括精舍、光殿、龙宫、三阳、三阴一带部位，现黄气者生，现白枯、黑惨、蓝重者死。

泪堂——凡泪堂五色并起者，主死；泪堂黄润红润者，主生。

鱼尾——包括奸门、鬓角一带部位，现黄气者生，现青黑枯白者死。

年寿——包括泪堂、金甲（即两鼻翼），亦谓金甲位在年寿两旁一带部位。年寿现黄光者生，黑惨、骨露者死。

两颧——包括正面、命门一带部位。两颧黄润透红者生，青蓝、黑惨、白枯者死。

准头——包括两颧、正面一带部位。准头黄润光亮者生，白枯中现焦黑色者死；若准头现惨黑色者，朝发暮死，盖土星已无生气也。

鼻翼——包括准头、法令、地库一带部位。现黄气者生，现青气、黑气、枯白者死。

腮部——包括下库一带部位，黑色不忌，青蓝、枯白者死。

地阁——包括地库、两颐一带部位。地阁现黄红色者生，现青黑、枯白色者死，现青蓝色者死。

人中——包括食禄、仙库、井灶一带部位。人中现黄红色者生，现重青气色者死。

口唇——口唇现鲜红润泽者生；口唇黑黄、焦枯者死，青气入口者死。

承浆——包括陂池、鹅鸭、颂堂、奴仆一带部位。现黄红色者生，现黑惨、白枯者死。

两耳——两耳现白润透红气色者生；赤色从耳内出，色似马肝映于满面者死，黑色入耳者死。

头发——头发直立、发根干枯者，半月内死。

四正——即印、准、两颧均现黑色者，三日内死。

五窍——五窍即耳、目、鼻、口、舌之孔窍。现黑色者，三日内死，惟舌濡润者主生。

十指——十指红润、黄润者生，指甲黑者死。

明堂——掌心明堂黄润者生，明堂焦黑者死。

肥瘦——肥而无血色者死，有血色者生；瘦而不枯悴者生，枯悴者死。

第三节　依气色辨五脏休咎

心脏——心善者，眼下气色光亮闪闪；心病者，年上发赤、三阳青暗、满面浮陷；心绝者，唇红焦裂、白睛青红又现乌黑。

肝脏——肝好者，眼下气色明朗黄润；肝病者，两眼现红丝、满面浮青、怒气嘈嘈；肝绝者，两眼无神光，或白睛凸露头低。

脾脏——脾安者，鼻准气色黄明；脾病者，满面青黄、体瘦、食不甘味；脾绝者，两眼、两耳、鼻、指爪均现干黄枯黑，唇青而缩。

肺脏——肺清者，年上气色光亮黄润；肺病者，两颧火红或黑朦，鼻塞，年寿暗滞；肺绝者，眉发和肌肤枯槁，鼻黑窍露。

肾脏——肾足者，耳轮气色红润明亮；肾病者，耳轮及额黑如烟雨，两眼昏暗；肾绝者，满面枯黑如墨水泼壁，齿牙干焦，耳黑

周易相学精粹

又聋。

第四节　依气色辨病症类别

哮喘——两颧气色黑乌兼唇黑。

痰多——眼下气色浮白兼黄，白睛泛黄。

肺痨——脸上青筋浮露、形瘦，腰弯背曲。

肝燥——眼有红丝，额印发暗。严重时，眉、颧赤红（肝机能破）。

胃绝——口唇青色，胃无消化能力、饮食或药物中毒。

气亏——满面气色淡白无莹色，或虚劳瘦弱，此为元气不足之症状。

阴亏——满面气色青黑，皮肤枯干，唇黑，眼神衰，此为血红素不足之症状。

血热——白睛及颧骨呈赤红色，血浊之症。

血痔——年寿气色暗黑，内出血亦同。

盗汗——满面气色枯白，唇青发黄，乃寒虚且元气不足。

风邪——眼白睛出现蓝色，体内元气不足，又有神经衰弱症。

颤抖——末指不能屈伸，乃血不通筋之故（即帕金森氏症）。

色痨——眼神昏，眼下暗，为夹色伤寒。妇人则眼神昏、雀斑多。

遗精——满面气色有时青暗带滞，有时红艳如火。

酒伤——鹅鸭部位黑暗，满面通红，准头有红白筋。

经逆——妇人眉毛纷乱，颧额发赤，唇白且面青。

白带——妇人满面气色惨白兼黄，肉浮、气虚、疲劳。

产厄——妇人临盆前，颧红似火，发枯，掌心暗黑，眼下赤黑防产厄。

死产——妇人唇黑睛呆，面蓝，眉枯，命门黑，防死产。

第五节　依气色辨小儿疾病

山根——包括山根、年寿部位，微青、微黄色，主疾病之象。山根、年寿重青、枯黄且双目失神，主病情严重，若命门口唇亦重青枯黄，主死。

命门——包括天仓、奸门部位，微青、微黄色，主疾病之象。命门重青、枯黄，再双目失神，主病情严重，若山根年寿亦重青、枯黄，主死。

印堂——包括天仓、奸门部位，现微赤色，主病疾之象。印堂重赤色且双眼失神，主病情严重。

人中——人中呈现黑色，主病情严重，若口唇再现青色或枯黄色且双目失神，主死。

地阁——地阁现滞黄色，再双目失神，主病情严重；若地阁气色变为枯黄者，则主死。

口唇——青黑二色同现，再瞳孔放大者，主亡在眼前。

痊愈——凡小儿疾病时，若命门、人中俱白润，印堂、天仓赤褪，口唇现白气，主十日内病愈得生，虽山根、年寿微青或微黑，亦无妨。

痘疹——凡小儿出痘疹时，耳轮、耳珠及耳后根灵骨部位气色明润，主平安；若耳轮、耳珠及耳后根灵骨部位的气色暗黑再加头皮赤色，主十有九死。

第六节　内五行与外五行

双耳——耳为采听官，内通肾脏。耳的质地和长相，反映一个人先天和后天的体质和健康。例如耳垂部位与脑部、眼睛及上焦的心肺系统相关联；中耳部位与中焦的肝、胆、脾、胃等脏腑相关联；

上耳部位与下焦的肾、膀胱、大小肠以及子宫、卵巢、睾丸、精囊等生殖系统相关联。

双眉——眉为保寿官，内通肺脏。眉的前端部位与心肺系统相关联，眉的后端部位与肝脏、小脑相关联；整个眉毛及眉棱骨部位，又与脊椎、骨髓、中枢神经系统相关联。

双目——眼为监察官，内通肝脏。眼与思维系统（脑组织）、运作系统（五脏六腑），均有密切的关系，也可以说眼是思维系统及运作系统的交汇点，故称为灵魂之窗。

鼻部——鼻为审判官，内通脾脏。山根部位与心脏血液循环系统相关联，年寿部位与肝胆代谢系统相关联，准头及鼻翼部位与脾脏、肠胃消化系统相关联；鼻中膈及鼻孔周围部位，与生殖、泌尿系统相关联。

口部——口为出纳官，内通心脏。上唇与大肠及排泄系统相关联；下唇与胃及消导系统相关联；唇外缘与脾脏相关联；唇内缘与肝脏相关联；人中与生殖、泌尿系统相关联。

额头——额头与血液循环系统、脑组织、上呼吸道相关联。

颧颊——颧颊与肩胛、胸肺、肝胆、肠胃、颜面神经、上肢系统相关联。

颌腮——颌腮与腰腹、臀股、生殖、泌尿、下肢系统相关联。

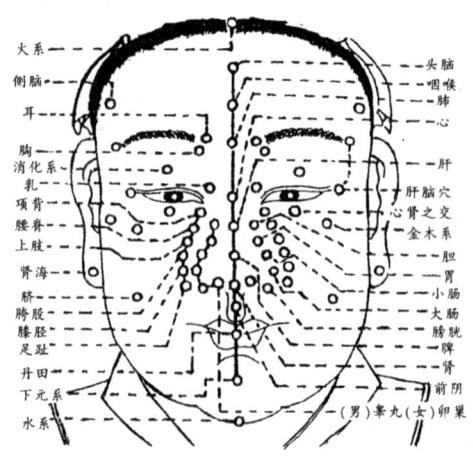

第七节 内外五行与健康命运

凡大富大贵之格局，男子必体格魁梧，气宇轩昂，或矮小精悍，精神抖擞；女子大都凤脸凤体，身材适度，气质安详、端庄、娴雅、涩默。无论男女，凡大富大贵之格，其面相必五官俱佳，部位均匀，此乃内五行先天发育正常、机能允当。脏腑之清浊秀恶，必流露于颜面百骸，有诸内必形于诸外；内有充足之精，外有澄澈之神；内有充足之气，外有松柏之肤。此乃万世不变的真理。

体健如牛之人并非大富大贵，这是因其内五行过于不及，导致外五形配合不当。例如耳朵特长特大而口型小，此乃肾脏先天发育过强，心脏先天发育劣于肾脏所致，此种人身强体壮，同时生殖器的机能旺于常人，必好淫，旺盛而心蒙，眼神不足，故其不贵亦不富。耳不忌长大，但要与口型及天庭相配。耳厚，虽身体强壮，但眼不秀，不富亦不贵；鼻梁挺直，身体虽强壮，但耳无垂珠相配，不贵亦不富；虽口型端好，身体强壮，但鼻不截筒，不贵亦不富；虽眉毛扬，身体强壮，但眼不秀，不贵亦不富；虽眼秀，且身体强壮，但口唇不鲜红，不贵亦不富。

内五行的强弱平衡，必印证于外五形的优劣均匀。五官俱佳，五形得配，形神相配，一定能大贵大富。如形过于神，虽拥有魁梧之身躯，但仍属贩夫走卒之人；如神强于形，虽身材矮小，亦属富贵之人矣。

世间之人，外五行无缺憾兼神强者甚少，大贵大富之人万不得一，大凶大灾之人亦万不得一。将相本无种，男儿当自强，原本没有将相之貌，而有人怀将相之志，此人终必钻入牛角尖，弄得焦头烂额。知命认输者尚可迷途知返，把握最后机会；不知命又不肯认输者，必怨天尤人，含恨于终。时势造英雄，英雄造时势，此诚属英雄贵格之相也；一般人只能随波逐流，焉能创造时势，即使时势

周易相学精粹

临头，但由于格小福浅，亦不能趁时适势。

　　研究相理之目的，在于认识自己的健康、智慧和个性。只有认识自己后，才能把握人生方向，不致于盲目奋斗，迂回奔波，徒耗时间和精力。过了知命之年的中年人，失败者并非全属无学无术之人，或好逸恶劳之人；心怀大志之人，或积极奋斗、聪明好学之人，也会陷入失败之中，但他们必有健康、智慧不足的共同特征，尤其个性必有瑕疵。个性与生俱来，是构成命运的主要因素，不经重大挫折或超然觉悟是不易更改的。面相可以印证个性的优劣，故人欲知命，欲认识自己的健康、智慧、个性有哪些优缺点，必须认真研究人的相理，为人生寻找最好的机会，取得最大收获。如果人已知命，即应把握运程之顺逆时机，趋吉避凶，发挥所长，改正所短，不强求，莫等待，尽其奋斗前进；如人已知命而听天由命，一味心存侥幸，或贪多冒进，亦不可取。先知命而后乐天，恪尽人事才是正途；如既不知命，亦不愿知命，或恐惧知命，或故意与命运相违拗，乃智者所不取也。内五行之善恶，可以印证外五行之优劣，这是有科学根据的，物理学中的"有诸内必形诸外"，乃是最佳的、最符合科学的印证原理。

第五章　气色辨证经验谈

凡气色只宜纯一色，不宜有多色混杂。虽然是新明气色出现，但有众色混杂一起，尚不可言吉，必待混杂之暗色褪尽才为大吉。气色辨证经验，是笔者数十年阅读古籍的心得，内容包罗万象。凡士、农、工、商、军、政、男、女、老、少各界人士，所遭遇到的有关竞选、求官、求职、求财、投资、创业、买卖、迁徙、旅行、家宅、人丁及六亲否泰、结婚生育否泰等疑难问题，均可在本章寻找答案。

1. 二颧喷火。即两颧红润，天仓地库光明，两眼神光如星，主其人正值盛运，家运隆昌，妻（夫）子同沾福泽。

2. 印堂、年寿、准头，此三处为性命之根本，不可一处暗滞，否则破财失官。三处气色明润，虽他宫气色不佳，亦主小吉。

3. 印堂、准头、双颧，此四位气色如有黄光，主此人运途可渐趋顺境，必兴家计而立根基。此种气色最宜一般农商庶民。

4. 五星者，即左耳为金星，右耳为木星，额为火星，鼻为土星，口为水星也。两耳宜白过于面，额宜润中透红，鼻宜黄润透光，口四周宜明亮，口唇宜红润，此为五星本色，主官途兴旺，商贾获利。

5. 三阳、三阴即上下眼胞一带部位，喜黄明红润，主时运通达，家运隆昌，妻（夫）子平安；若青暗枯干，定主不吉。

6. 天仓青暗不宜远行，年寿赤色不宜见官，印堂暗色不宜修造，地库暗色不宜用人，满面红白光粉不可与异性交往。

7. 太阳穴、命宫、准头，合称面上三阳，若此三处气色明亮，主财星高照，不求自得。

8. 眼下气色黄明乃阴骘色，即使其他各部气色不佳，亦主趋吉避凶。如印堂、准头气色明润，主少劳多获，再耳色白过于面，主此人名利双收、身心两健。

9. 勾陈部位即山根两旁。勾陈气色呈现青气色或青黑气色，称为勾陈煞动，主人内心有忧疑或压力感。

10. 凡二十五岁以下之人士，气色宜浮，光宜淡，否则主破祖败家、离乡飘荡。五十岁以前之人士，必须神、气、色三者俱佳，方可言大吉大利。五十岁以后之人士，如欲发达兴旺，神、气、色及血皮均应兼好，方能兴旺发达。七十五岁以后之人士，则只看血皮即可，血皮即头皮、脸皮、项皮、颈皮、手掌，血润即可；若老年人血弱皮枯即死，血过旺者亦不宜，乃高血压之症。

凡六十五以上之人士，气色宜素不宜太嫩太鲜，否则主刑妻（夫）克子，同时劳碌辛苦。

11. 耳为外学堂，不宜暗滞蒙尘，最喜白亮鲜明。耳白于面，主名利亨通；如耳轮廓不分明，命门气色不开，或眉尾垂且耳珠有青气，不为寒儒亦属无才学之人。

12. 凡内气如枯骨白粉，外色虽华明，即使侥幸发达，不出一载又复贫穷。

凡内气虽足，外色不开，尚需忍耐，待一年后外色开朗，自然福禄并至。

气色乃神之苗，神若不壮，气色虽好亦不发达，即使发达亦难于长久；神衰者，主促寿，应注意保健。

凡初看气色昏蒙，久观才见明润，此乃皮外膜内的正色。根木坚实，枝叶必旺。

13. 耳轮黑蒙，气不足，色不鲜，再加准头赤如色血，如逢春季现之必死无疑。如耳前命门气色黑重，为病入膏肓之象，乃死亡之预兆。久病之人，口唇气色淡白乃属正常，如口唇气色赤红似朱，象征病重。

14. 天庭、中正、日月角部位黑气笼罩，滞色未开，而驿马部位出现枯白色，象征此人连年霉运透顶，必然破败或失官，甚至丧命。

15. 边地泛指迁移宫，悬壁泛指奴仆宫，此二宫不宜赤如朱砂或赤黑如墨，或赤黄如灰朦，俱主大凶。

16. 重病之人，口角青者主死，若边地明润还有救。两者俱暗，必死无疑。

17. 天仓、地库光明，若地库色暗，秋冬不忌，春夏则不妙。如天仓暗滞，不损钱财也卖田宅，天仓地库相理再不佳者尤验。

18. 罗计即双眉（左为罗喉、右为计都），罗计内的肉色白润成翠色，乃开运的象征，烟朦乃败散之象。

19. 前额气色昏暗者，运程连年蹇滞。如边城、驿马一带气色不莹洁，亦主其人运程欠佳。

20. 山根乃天人之交，为面相之根基也，喜黄明红润。如山根暗滞、赤青、干枯，均主破败凶灾；山根忽现重青黯黑气色，为催尸煞动，主死；山根常有青黑气色，主非疾即灾。

21. 印堂为命宫，年寿为疾厄宫，准头为财帛宫，三处地位重要，凡看气色，先看此三位而定吉凶。年寿赤，准头再暗，主家破人亡。仅年寿部位赤，主血光之灾。年寿青暗，主疾病、口舌、破耗。年寿青气一条，主官事重忧。女性年寿青气，主不利夫婿或自身灾疾损财。年寿为流年大运之位，如年寿气色明润，至低限度主一年平安。印堂赤暗，主破家败业。准头赤重，主奔波耗财。

22. 井灶乃库门，又名金甲二匮。若井灶明润色鲜，虽满面气色不开，亦主运程转吉，有劳有获，渐趋顺境，尤以一般庶民最验（官员以天仓气色为准）。如灶门（鼻孔内沿）黑蒙，主运程蹇滞，谋事难成。

23. 三阳（即下眼胞）如黑色重者，主心肾二经病情严重，半年内有死亡之危。但仅左眼下有轻微黑蒙气色，则断其子有病；仅右眼下有轻微黑蒙气色，则断其女有病。

24. 太阳即太阳穴，若见黑气色如靛墨，主死，黑气色成斑点者亦主死；黑如鸦翎者主生，黑气散者主生。

25．口角青气者主死，但忌春夏而不忌秋冬，忌成片而不忌散乱。口角青气色忌滞泥，但滞中现白光者不死。口角虽青，但边地气色明润，亦主不死。

26．黄色虽佳，但欠红色相应，仍不可言大吉，如天庭黄亮，印堂透红，则其验如响。黄红内外相应，方可言吉。内外相应者，即有气有色也。

27．凡见青气色必有忧惊。如青色中透黄光，则忧变为喜；如青气色侵颧者，则主兄弟（姐妹）口舌是非。

28．白色如粉末，赤气似朱砂，色重者主倾家荡产，刑伤丧命，色轻者主轻则破败失官，病灾官非。父母宫出现白气色如粉状，主刑伤父母。

29．满面气色虽好，但口唇色白，亦不应吉。因口唇白，乃心血欠畅旺，血不旺则气不充也。

30．凡天生唇红齿白之人，一生衣禄丰厚，虽遇运途不顺、事业失败，亦不致于沦为乞丐。

31．印堂为命宫，乃人面相之本，印堂黄明透红大吉。若印堂光明如镜光照人，则主谋多遂意，病人不死，官讼得胜，百事大利；若印堂黄气如珠如钱者，主官升职、利考试，庶人能得大财、生贵子。如印堂见紫点紫丝，官员主越级迁升。

32．准头（中岳），若见黄气色如蒸气上贯司空（南岳），主此人日内必被直属上司以上的高级上司或元首召见。

33．年寿为疾厄宫。如寿上出现指头大小的黑气色，此为鬼印，主人不死于病亦死于灾。如年上黑气如油抹，主人病入膏肓，死亡在即。

34．准头为财星，喜明润，忌晦暗之色。如准头出现针头状的黑点气色，主此人已破财败业。耳边命门气色喜白亮，忌暗色，如命门出现暗黑气色连接鱼尾，主应防水厄，切莫下水。

准头为财帛宫，喜白亮，忌赤暗；眼为面相之主体，喜神强，忌昏昧，准头赤且眼昏浊，定主劳碌虚花，运途不顺。

35. 眼下气色以黄明为吉，如眼下常年见青气色，主人三十五岁至四十五岁破财。鼻为土星，如出现青气色，乃木来克土，主人四十一岁至五十岁金钱虚耗。

36. 面如水洗者面无华色，脸似抹灰者满面朦尘，两者均主霉运当头或贫病交迫。

37. 眼下卧蚕、泪堂部位，出现青黑气色或赤黑气色，为腾蛇煞动，主人多忧惊，也象征家宅不宁、家人不和。

38. 神光射人者眼神充足，红黄满面者黄中透红，主人官财两旺、身心两健。

39. 印堂为面相命宫，掌心为手相命宫，此二处气色黄明血润，象征时运平顺，虽无大财可进，但有劳有获，小型投资可以成功。印堂黄明中透红透白，适宜做远地生意；如黄明中仅透红色，则适宜做近地生意。

40. 眉为兄弟宫，广义为兄弟、朋友及社会关系等意义范围。眉尾气色明润，象征人际关系良好，合伙或求财可获成功。

41. 六畜之位，位于十二宫（即子、丑、寅、卯、辰、巳、午、未、申、酉、戌、亥等十二生肖宫位）的边位。气色黄明者六畜兴旺，红润紫色者因畜得财，青色黑色者六畜有失；气色发于某宫就应某宫所代表的牲畜，独辰宫不宜白、子宫不宜黄。

42. 凡购置房地产之前，须先看山根及迁移宫气色，二处俱现黄光红色，主购置房地产顺利成功。若现黄赤暗色，主招口舌是非而难成，即使勉强成功，亦难长住久安。

43. 地库指六十二、六十三岁部位，广义上应包括六十五至七十五岁各部位。如欲从事土木建筑生意，地库未明前，不宜轻举妄动。

44. 左右山林及左右井灶气色黄明润者，主吉；如现青暗色者，则不宜动土修造。下库部位包括虎耳、归来、奴仆一带，若现白色者，主修造期间工作人员恐有损伤。

45. 凡凿池养鱼或经营钓鱼池，天仓一带气色光明者，主成功可期，必可获利；暗者不宜。

46. 种竹造林包括果园、栽桑等业，中正横列十位气色光明者，主成功可期，必可获利。

47. 山林、边城气色青黄者，主劳师动众狩猎，空手而回；气色赤暗者，慎防猛兽毒蛇侵扰。指甲起白点，准头发暗色，即使登山游玩亦不宜。指甲起白点，准头发暗色，乃象征人有心脏病。

48. 捕鱼钓鱼人士，在起程之前，如子亥二宫忽现黄光，应中止行程。如虎耳、归来、奴仆一带白润光明，则主大有所获。

49. 凡欲转行改业之人，天仓、迁移宫气色黄明红润，主转变成功；若三阳三阴红润、命门光明，主加倍吉利。

50. 迁移宫为一切变动的信号台，若欲改变生意行业，如原生产五金、机器，现欲改营塑胶制品等，俱看迁移宫气色。

51. 印堂黄明时，可获长官上司的赏识，但若欲长期获得长官上司之信任提携，则龙宫（山根两侧眼头下方一带部位）气色黄明才可。印堂、龙宫现青色时，万万不可触怒长官上司，以免影响前程；亦不宜有求于长官上司，否则必遭拒无疑。如向长官有所进谏，则天仓、边城、驿马气色必须现红紫气，方可获得宠信。

52. 官员欲升迁晋级，庶民欲求官求职，先看掌心气色是否红润，再看官禄官及驿马部位气色是否黄明红润。各部位气色俱佳，官员定主升迁、求官求职如愿，庶民求财顺利。如官禄宫气色佳，驿马未见动色（黄中透红），则官员原职不动；如天中、驿马、颧骨、准头气色暗滞，又天仓、印堂枯白如粉，则官员有失官降调之象。如印堂、山根青，准头赤，则主所调地区欠佳。

53. 凡断官吏升迁，命宫黄润透红，鼻部黄润贯印，眉心光亮，眉尾及天仓部位透红透紫，必主高升无疑。断公务员升迁，如全额透紫气点点，如花似豆，此乃喜庆气色，或全额有青紫气色，再得九州黄润明亮，必主组阁拜相或竞选元首成功。

54. 准头有黄光上透印堂，主可得官位，可得贤妻，可得贵子。

55. 耳主名声，如耳部气色白润过于面部之气色，象征其目前的健康、智慧、个性正处于巅峰状态，其所作所为蜚声朝野。如老年耳白，不但自身有声名，同时子女亦有成就。

56. 驿马、眉心、福堂一带为贵人宫，各部位气色光明白润，必主贵人得力。

57. 国家举办的文官资格考试或高等院校升学考试，耳轮、命门、泪堂、印堂、年寿五位俱黄润白亮者，方能中第，如有一位暗色亦主不中。大专联考等各种入学考试，如两天仓、两地库部位气色黄明红润者，主考运顺利。一般升学考试，或学期考试或期中考试，如眼角气色佳，主考运好，能顺利通过。凡应考，如两眉头出现青气色，主人在考试时文思不畅，下笔艰难；考试时，面上各部位黄红气少，而青黑之气居多者，考试成绩必差；考试之时，面上青黑气少，黄红气多，考试成绩必优异，榜上有名。

58. 面似膏垢，面无华色，此为灾情惨重，将破败至一贫如洗。两耳朦尘浮青，人时运不济，信用名声扫地。

59. 警察人员如欲侦破大案，其鱼尾贼门必见红气隐隐，同时印堂、准头、天仓、边地、驿马各位均黄明红润；如以上各位气色青暗，则主失职。

60. 部队将领气色佳，象征其目前的健康、智慧、个性三者均处于巅峰状态，主用兵可取胜；部队将领气色恶劣，象征其目前的健康、智慧、个性三者均处于倒霉状态，主用兵不利而战败。将军出征，命宫、印绶（印绶在命门之下）、四杀（四杀在眉上一寸）气色明润，主用兵顺利，战场得胜。若命宫、印绶、四杀暗黑色，宜谨慎用兵，注意攻守时机。若命宫暗、印绶青、四杀黑、项皮赤，喉头起红丝，主用兵不利。

61. 行军之际，凡部队长官驿马、边城、唐符、国印（唐符即眉上辅骨一带部位、国印即双颧）气色红润透紫，主挺进顺利、一路披靡；若各部位现暗、滞、朦色，应妨奸细刺探军情。若各部位现赤青二色明显，应暂停前进，以免中伏。

62. 凡额暗之人，除非疾病在身，否则必破败或牢狱之灾。轻暗色则破财败业，重暗色则牢狱破家，如下库光明主有救星。若额暗又年寿赤色，应防血光之灾或见官不利；如再见印堂赤，井灶赤，边地青，必主官刑。刑狱暗，额角青，主下狱之兆。

63. 赤色一来必有口舌是非。如赤色发于夫妻宫，主夫妻口舌是非；命宫赤，主因口舌而肇官非；年寿赤，主因口舌而有血光之灾；边地赤，主因口舌而有灾厄。

印堂、眉头赤点，亦主官非口舌。奸门赤点，主因色情而招官非；天中、天庭赤点，主火厄兵灾；司空、中正赤点，主横事破财；山根、年寿赤点，主血光火厄损财；准头赤点，主是非损财；人中赤点，主失财失物；地阁赤点，主因田产涉讼或小口有病；田宅赤点，主防牢狱之灾。

64. 盗门亦名盗贼，此处青气现，再加准头赤丝或赤黑，或年上赤丝，天中再见青气，必主官非在身。

65. 司空有赤气色，主被人侵夺财物或因财物被侵而争讼。口角生白色，主与人争吵怄气。

66. 地阁赤黑交加，主其人损财并有是非，如印、准再出现暗黑气色，主盗贼损财。如地阁出现黑气色连腮，主其必损大财。

67. 眉下为田宅宫，亦谓青龙，左为家，右为宅。如田宅宫气色黑蒙，主其家宅不宁，如印、准、颧再见晦气者，则主失官、破财、凶灾。眼下为子女宫，如出现黑暗气色如煤，主其子女有灾厄。

68. 眉为兄弟宫。凡眉心（即眉内之肉）气色明润，主分家后必富；眉心气色暗滞，主分家后必贫；眉心气色带赤，主争产口舌。如满面喜容，眉心紫红，主三代同堂共炊有利。田宅宫及双颧青色，仓库、眉心暗色，主兄弟间多生奸计、争权夺利。

69. 印堂、山根均与六亲有关。凡山根黄明，印堂黄明透红透紫，主家中大小人口俱安；若井灶见赤暗，主家中大人不安；山根、卧蚕见青赤，主小孩不安；山根暗色侵年寿，主六亲中有久病之人；仅年寿暗，主自身有病。

70. 眉内现赤色或白如粟米或黄若尘封，必刑克兄弟姐妹。准头上有点点白光，主兄弟姐妹孝服；鬓内生暗色，亦主手足刑伤。

71. 配偶有病，男看左边夫妻宫气色，女看右边夫妻宫气色，青暗者主不死，白润者主不死，红紫色即愈，白如枯骨者主死，赤色主刑伤。但卧蚕气色不黑，仍主不死。

72. 眼下高弦为卧蚕，卧蚕之下为三阳三阴之位，统称子女宫（男左女右）。子女有病，卧蚕气色黄明红润者不妨，青者生，枯者死，黑黄者死。白色起三阳三阴主克子，但奸门不暗不黑仍主不死。三阳三阴气色明润，主其人子女好养而又聪明。

73. 凡年寿、三阳、三阴、命宫、命门、准头各位俱赤色，主人病灾。若仅年寿青、三阳、三阴发白，主肚腹之疾；若仅年寿赤，主有血光之灾；印堂明、年寿暗，主有下元之疾。各气色一旦褪开，自身疾病痊愈、灾气散尽。

74. 病人喜唇发白色，地库光明，自有良医验方来救。若唇青、舌黑紫如猪肝色，主十病九死。

75. 不论久病还是新疾，只要天仓、地阁气色明润，口角不发黄，必不致病死，迟早必愈。皮肉干枯，项皮皱缩，主死。

76. 病人鼻梁（疾厄宫）气色如黑雾上贯天庭，象征其病入膏肓，主必死无疑。

77. 凡病人诸位气色俱佳，独喉头上起赤色或黑色，主速死。朝发暮应，暮发朝应，但掌心血明者主有救。喉上起赤色，吊庭起青色，主自杀。

78. 凡观看小儿疾病，先看山根、年寿，次看命门、口唇，俱有青色者五日内丧亡，俱有枯黄色者三日内丧亡。人中黑，休想再活；印堂赤，难于退灾；天仓赤，不是好色；地阁枯黄，主死无疑；瞳孔放大、唇多青色，即刻死亡。若命门人中、口唇润白，印堂润黄，天仓赤褪，十天内病愈。小儿麻痘，看耳根、耳轮、耳珠各位，若三处暗黑再加头发、项皮赤色，主十有九死。

79. 老年起斑，曰寿斑（黑亮为佳），乃老年健康福寿的象征。斑色白、黄者，虽高寿亦主贫贱。三十岁前起斑主促寿，少年起斑多因色痨或内脏不坚引发，男女同论。

80. 年上起青色连三阳三阴之位，宜防雷击、电击；鱼尾青色连耳边命门，宜防水厄。人相带暴亡或水厄格，验在眼前。

凡满面气色黑白花点混杂，再加命门起黑气入口，主其人水厄立见。

81. 喉结之处忽起赤丝上升入口，主其人自缢轻生，人相带暴亡格者验在眼前。

82. 眼尾青气入口，饿死他乡，人相带饿死格者验在眼前。边地现赤气，游魂不归，人相带外死格者，外出旅游应防发生意外。

83. 奸门、鱼尾乃夫妻宫（夫妻宫即婚姻宫，左为妻位，右为妾位）。凡少男成婚之前，夫妻宫及印堂气色黄明红润，婚后夫妻恩爱，妻性贤慧而又帮夫；若夫妻宫及印堂气色暗，主婚事虽成，亦难长久恩爱，终必离异；若夫妻宫及印堂气色暗滞，则主婚事难成，阻碍重重。

84. 鱼尾红润者，主其即将娶得美丽贤慧佳人为妻。卧蚕黄明，即诞贵子。

85. 凡少女出嫁前二十天的气色佳（以印堂、鼻及夫妻宫为准），主婚后幸福美满，旺夫益子。若黄色满面而又欠润明，主不旺夫又不益子。若满面枯白，婚后定主刑伤。

86. 天仓、奸门、鱼尾统称夫妻宫。夫妻宫黄明红润，主夫妻恩爱；如现青、白、黑、赤之色，定主配偶灾疾或感情欠睦。若天仓现青黑之气，奸门黑气如云，鼻部或准头亦有黑气，则主夫妻离异分居；仅天仓有青气色，主夫妻争吵；仅奸门有赤气色，主夫妻争吵。天仓青气，亦主恋爱不顺。

87. 凡准圆眉长，奸门丰满无疵，无论男女，必配贤夫良妇。配偶双方感情是否恩爱，以奸门及口唇气色为断。

88. 凡妇人鼻上突起青气或赤气上贯印堂、天庭，主其意欲谋害亲夫，人相带谋夫格者验在眼前。

89. 妇人满面白中闪红，称为桃花煞，必红杏出墙；如再眼眶上下乌黑，主其人既淫又妒。妇人满面红艳眼眶乌，是任意招淫的象征。如男人愚妻外遇而甘愿戴绿帽，此男眉毛像抹了一层黑油膏。

90. 凡夫妻一方鱼尾现青气或奸门青白二色同现，其配偶眼圈或夫妻座暗黑，可定论其配偶有私情外遇。

91. 夫奸门有重青气色宜防妻灾厄，妻奸门有重青气色宜防夫灾厄。奸门青气色直下颧骨，主配偶病危，应期在六十天内。

92. 妇人额上凸显且过于光亮，为照夫镜，不利夫婿。若再眼下青气盈盈，乃夫妻离散的象征。印堂为火星，鼻为土星（女人之夫星）。妇人印、鼻两处常年黄明红润，主旺夫兴家。妇人唇红多诞男，同时贤慧又重感情；手掌色似喷血，乃身心两健、持家有道的象征。

93. 妇人天中部位紫气点点，主其旺夫运至。定为一品夫人，寿高期颐。

94. 凡妇女眼睛陷、泪堂暗，再加唇青唇黑或唇无血色、满面惨白，定是孤寡妇人无疑。即使有夫缘，亦不合和，此为刑夫克子格。

95. 妇女经血来潮期，眉头之毛必散乱上竖，处女更验；因少女未接触男性以前，眉势多聚附不散、舒畅不乱，鱼尾气色必莹净。如妇女有妇科疾病或红白带下，眼眶必色灰而湿，面部气色必见黄黑色。

96. 凡子女成功立业，三阳三阴（子女宫）气色必定红润黄明。若老来得子或生贵子，则眼下定有阴骘纹或阴骘色（紫色或黄明色）出现。老年人耳白于面，主子女有成。

97. 凡丈夫奸门气色黄明主妻六甲平安；如奸门暗惨，卧蚕又青，主妻有产厄；如奸门鱼尾原有痣斑，准头气色再暗滞，则主克子刑妻；卧蚕气色紫红，主生男；颧位色红，主生男；准红印红，主生男；如卧蚕气色黄明，主生女；或三阳三阴青色，主生女；面无红色，主生女；脐红黑，主生男；脐凸露，主生女。以上气色，须在妻子妊娠前观看。

98. 凡妇人妊娠期间，有四喜和四忌。四喜：一喜命门红润，二喜耳白于面，三喜双眼有神，四喜声音清亮，可保胎儿平安顺利分娩。四忌：一忌天庭命宫暗色，二忌面多青光耳如矇，三忌唇青口暗准头赤，四忌音哑眼无神，只犯一忌即产厄。

99. 孕妇（怀孕满五个月为准）人中气色青黄，眼眶气色亦青黄，主其怀有双胞胎。人中有双黑子者尤验。

100. 不论水路、陆路或乘飞机旅行，还是出国经商、公干或郊游、踏青，驿马位一定要黄明方可启程，否则旅行途中定不吉。

旅行中驿马定要黄明，才可言旅行平安。在旅行途中，如有白气色自驿马位横贯天庭，其人应半路而回程；如驿马位呈青暗色，应防灾厄；如驿马位呈赤色，主旅途中有口舌。

101. 凡乘船出航，不论军、公或庶民，俱看承浆气色。若承浆白润光明，则可保一帆风顺；若承浆现黑色，主有虚惊；呈白色，防水兽惊扰；枯黄赤筋或青色如靛，暂不出航为宜。承浆部位有深纹或常现青筋，则一生均不宜入湖海深渊。

102. 凡迷恋花酒之人，如满面光浮，眉尾命门青暗，主败家损财并招灾凶。年寿赤红如朱点，主因嫖奸宿娼而传染性病。

103. 眉心即眉内皮肉。眉心赤色不宜交新友，眉心枯白不宜交新友，眉心白中现青色更不宜交新友，否则必交恶毒狠奸之友。若眉心色明或眉心气色如紫霞，主容易结交贵人或有益朋友。

104. 眼内有赤筋赤砂，再睛凸或睛黄，主其心毒险恶。面庞瘦削而又满面青蓝二色交加，主其心怀阴谋。这两种人，均应小心论交。

105. 观气时，应头面、四肢、腰背、胸腹一体观看，不分各部位各宫位，也不要考虑四时节令之因素。但观看色时，应就各部位各宫位分别观看，并注意四时节令之因素。

106. 虽面部有死亡气色或有破败气色，但眼内白睛与黑睛光彩有神，亦主此人不死不败。

107. 十二宫或三十六宫气色明润，而印、准、五岳有晦气，均主吉中有凶。如十二宫或三十六宫部位有晦气（即青、白、赤、黑气），而印、准、五岳气色明润，均主凶中有吉。

108. 满面气色不开，只有一二处气色明润，仍应保守，绝不可轻举妄动。又面部暗内初现明色，三阳三阴青、黑、蒙、赤色未褪，准头发红色，亦应保守前进。

109. 凡人有远虑深忧，眼尾（眼梢下方）气色必青黑凝结成条状。如青黑色浮在皮外，主忧在眼前，急迫之至。如眼头青黑者，主思虑过度。

110. 人相带横财格，再加附耳气色白中闪红，山根黄气拖曳两颧，主横财偏财即将到来。

111. 地阁出现红黄气色，主此人必购买房地产或雇请下属佣人等。地阁赤燥生，定损牛马。地阁出现赤气色而燥者，现今城市居民应防损交通工具或损钱财。

112. 凡从事农业生产者，若天仓现赤色，应防水患之灾；若下库现黄色，应防干旱之灾。若四库明润，主丰收；若井灶赤色，主歉收。夏收时，山根现紫色主吉；秋收时，井灶明润主吉。

113. 边城、山林，天仓、福堂一带部位统称为驿马，闲散之人，忽有一日驿马发动，各部位现黄红气色，应立即计划创业或求财求职。若依然困守不动，则反招病疾、口舌，因马不宜困也。

114. 额角包括日月角、龙角、虎角，若黄色常居于日月角、龙角、虎角不散，一年内官运亨通。额头出现红黄气如蚕丝，主官员即将晋级加官。

115. 天中出现青紫气色，三台又见黄气，主其四十九天内必加官晋级。

116. 天庭黄气盈盈，主军公人员十天之内必荣调。职位是正授还是兼代，以鼻准、廷尉、法令气色为断。如鼻准、廷尉、法令黄气夹鼻又上贯印堂，主官职正授，否则兼代。

117. 凡涉讼民事或刑事之人，如目有神采，下库（地库）光明，主官司胜诉。如神散光弱，下库青、暗、黑、赤，主官司败诉。久缠讼累之人，眼现神采，四库一明，官非即解。

118. 凡气色宜黄润中透红点、红丝，若满面火色（赤色），则主官非难逃。如满面赤点，亦主官讼、火厄或血光之灾。

119. 凡看家宅平安否泰，以天仓、地库为准，赤色防火烛，白色防肖小（坏人），黑色防毁损，枯黄防家人或邻居是非妒害。各位气色黄明红润者，主家宅平安。

120. 印堂出现白气色如丝，主有六亲孝服，若不见六亲孝服，则主自身死亡。

121. 父病看日角，色重暗忽明即死，色轻暗忽明即愈，白色如雪点即死，色浮者孝服立见。日角黑若烟朦，父伤身损财；若黑烟变为红润，父灾即日减轻，自身亦顺利。

母病看月角，月角青暗，主母病重；赤斑疹或白色小疱，主母有刑伤；白、赤变为红紫，母灾即消。日月角黄明润红，主父母安康。

122. 华盖若有黑气来侵，须防急症凶亡。若天庭部位出现青气色，应防流行病侵袭。

123. 道路气色昏惨，应防跌扑之灾。宫室气色火红，应防烫伤、烧伤。

124. 眼起赤脉主恶死，赤脉自眼尾起并贯穿瞳孔者才验。眼睛黑白混浊，不但运蹇，亦主不善终，身肥项短者更验。

125. 满面气色似朦尘或污浊满面，再加眼带斜视，眼光外露，眼眶盈泪，精神恍惚，主作偷儿。

126. 凡人五官俱佳，但气色未开，还不能发达。人有富贵相貌，待气色一开，必主富贵；人有普通相貌，待气色一开，必主平顺；人有一官成一府就的相貌，待气色一开，必发一官一府之流年；人有刑克灾厄相貌，届期气色自变，主凶反吉，此乃阴骘变相所致也。凡满面气色光润，必主发福；凡满面气色红黄，必主发财，神清气爽，必主升官；凡气宇轩昂，万事亨通。

第六章　三停气色赋

骨格定一世之荣枯，气色主流年之吉凶。凡观人头面，必先观三停。

上停法天，主贵，自天中至于印堂。中停法人，主寿，自山根至于鼻准。下停法地，主禄，自人中至于地阁。

上停天中、天庭、司空、中正、印堂，凡此五部旁连目之上下，眉之左右，并主贵，主父母，主君上，主早年。中停山根、年上、寿上、准头，凡此四部，旁连目下颧面，耳前，并主寿，主财，主妻子兄弟，主中年。下停人中、水星、承浆、地阁，凡此四部，连口中上下，左右腮颐，并主禄，主田宅，主奴仆，主畜，主末年。

三台行运主限，自一岁至于期颐。三台即三停，详前《行限歌》、《流年部位歌》。

十三部之界限，各有所司。十二宫之分野，俱宜细别，详前总图。命宫（印堂），财帛（准头、天仓、地库）、兄弟（两眉），男女（两目上、下人中），田宅（地阁），奴仆（颐），妻妾（眼尾），疾厄（山根、年寿），迁移（两太阳），官禄（额），福德（耳前及额颧颐），父母（日月角）。

地有南北之不同。南人气清稍厚，北人气厚稍清，淮人气重少响，秦人气沉少韵。

人有老少之各异。老年不宜色嫩，少年不宜色枯。

明中有滞，水宜逢风。滞中有明，云开见日。部位有黄气，面印准五岳有暗气，必得意中不足。青主病滞，白主忧孝，赤主口舌，黑主死亡，吉中有凶也。部位有晦气，而印准有黄气明润，必反有喜事，凶中有吉也。

有一分精神，则有一分之福禄。有一日气色，则有一日之吉凶。

非管辂之神通，岂能悟此？须天纲之鬼眼，乃可传焉。

一、论上停吉气

离位为官禄之宫，横连坤巽，宜高广而有角。额为南方，离位。左为巽，右为坤。上起天中，下止印堂，旁连日月角、龙虎角、尺阳、武库、华盖、福堂，两眉上通为官禄宫，主贵。

驿马乃迁居移动之地，通号太阳，要丰而无别。两太阳乃边地、驿马、山林、郊外部位，故为迁移之宫，主远出。

并宜润净红黄，主官禄财喜，出入吉。

不喜昏尘赤黑，赤主口舌争讼，白主丧服折伤，青主忧惊降黜，黑主牢狱死亡。

庆云现于官禄，三台八座之尊。黄气中有紫气点点如花如豆者，为庆云，见于额上，更得九州黄明，必主大拜公侯将相。浓厚者，应在三旬，迟则六旬，或一年。若紫气如钱如月者，五七日必应。若无紫气，止于红黄者，但转资而已。盖紫乃贵气，主钦命诏敕，乃面君。惟四品以上有之，以下难得。天中部，主王侯极品。天庭部，主二品。司空部，主三品。中正部，主四品。印堂部，主五品。

紫色临于印堂，五马诸侯之贵。黄气中有紫气如仰月，上应天庭眉上边驿，下应准头者，六旬有敕命之喜。或见荐举及生贵子、进田产、得大财、罪人遇赦。若上见红黄光润者，常人得财，喜新生子而已。

天中见圆光，七旬内加官进级。天中有黄白圆光如钱，发从高广，兼三台有黄喜气，七旬必拜封，得紫气必面君。

黄气余从高广，一季中必转官资。

祥云拥照内宫，旬日中当膺天宠。凡黄气一二点如钱如月，或寸许，或如丝路，自天庭高广，下接印堂眉上，旁边两太阳及准头悬壁相应者，官必迁转，士必登科，常人得财进产。浓厚者，应在一月。稍薄者，六旬。若气如桂花，如鱼鳞，其中有紫红隐隐如丝如豆者，此为祥云，兼印堂有此气者，官必超升，大则拜侯拜相，小则钦取科道，致仕官起用，士子高中，白衣得官，僧道命服，战士得胜，常人获珍宝大财。浓厚者，应一七。稍薄者，二三七也。印堂有紫，虽小忧，不为害。若印堂无此气，但循资迁转而已。

丝路显于上停，官职急急而进。额上有红黄丝路者，三十日内加官，凡人百事大吉。

红黄见于诸部，财源滚滚而来。

奏书瑞气光浓，吉祥可想。两眉头为奏书，一部黄光，与准头相应，百事吉昌，赤色不宜。

罗计黄光发耀，财喜频增。眉为罗计，眉上黄莹，左主添人进财，右主娶妻进产，在一月。赤气妨讼，白气妨父母，青色忧病，黑色牢狱死亡，刑克兄弟。

九州黄色，喜从天来。扬州额，冀州颏，豫州准，荆州左太阳，徐州右太阳，青州左颧，梁州右颧，兖州口左，雍州口右。满面黄莹，必迁官，登科，进财，若黄点如桂花粟豆，祥云中有玉纹者，必超升高第，常人获珍宝大财，白衣僧道皆得官，非常之相。

满面紫花，禄随日至。紫气点点如豆如月，或丝路如玉纹，上连天中，下贯准头，并正面边驿诸部者，主封拜财禄，士人登科，宜东南西方，不宜北方。紫气诀云：“天中川字将军禄，天井圆钱享贵荣。山根忽见应加职，中正如逢定面君。悬壁福德皆有要，奸门鱼尾定妻娠。法令如钱迁美职，忽来地阁广频增。”

三台喜气应三场，不喜光如油抹。三台即三停。士子入三场。上主头场，中主二场，下主三场。但有黄气成花，如九州黄莹者，必中选。若见黄白光如抹油者，必下第。

一部黄明占一等，惟防火点胭脂。士子考试，三台黄莹带红丝红点，天中有圆光，必上等道选。若眉下黄如结茧横抹，及准头黄明，印有红绿气者，中等也。但眉上黄色，印有红气，而目下准头有火气者，又次之。面无黄气，而眉头额上有红点，而准粉红有暗点，兼勾陈、螣蛇、玄武发动青气者，下等必退黜也。官员见此，罢斥。庶人见此，官讼破财。

桂花黄九有，文占高魁。九有，即九州。黄花点片，印有红紫丝点，应速。龙虎角紫气，亦妙。

蜡色映三台，等居上列。士子考试，但眉印颧准天中地阁皆有黄气，虽不满面，而印有喜红者，亦居上选。

科甲紫黄，策名天府。科名玉润，独步文场。眉上为科甲，眉下为科名，入场二处黄紫连印堂横发，必主大利。

黄气少面滞气重，功名来又不来。面上虽有黄气，而印准边驿之气暗，为明中有滞也，凡人行事进退，饥寒切身者，为形滞。似醉似睡，似哭似愁者，为神滞。言语无力，举止似病者，为气滞。似明不明，似暗不暗者，为色滞。形滞十年，神滞八年，气滞三年。滞气开则运气通矣。如不开，即一生偃蹇。兼形相看。

青气少而明莹多，喜气至而运至。玄武勾陈虽有青气，而三合准印明堂，乃滞中有明，反化为吉也。

二、论中停吉气

印堂为命宫，最宜平阔。年根系疾厄，亦要丰隆。

土星为财禄之宫，直大为美。罗计为兄弟之位，长秀斯良。

子女居于龙宫，眶宜丰满。妻妾属乎鱼尾，肉忌陷枯。最宜光莹清明，总忌暗昏滞晦。

耳高朝海，福寿可知。颧广侵云，威权必重。

天仓地库丰肥，富贵齐猗。天仓在日角后，地库在地阁旁，并主田财。

印绶命门高莹，福比陶朱。命门即耳珠前，印绶在其下，主福寿。

月孛光隆，平生少疾。年宫润泽，一岁平安。

印堂黄点如珠，祯祥叠见。紫气祥光如豆，贵禄齐来。紫气即印堂，四时黄明，发财称意，病人不死，官讼得赦，百事大利。若黄气如珠如钱者，官迁职，士利考，庶人得大财，应七十日。若黄中隐隐见紫丝紫点者，官超升，士高第，生贵子，得大财，尤宜南方，或有小忧，不能为害。

阙中忽见仰月紫，章服应颁。鼻柱横拖柳叶黄，钱财横发。黄色向山根年寿，横过眼之上下，至发际，或自准头过两颧，至命门，状如柳叶横拖，并主大财。

奏书黄气斜侵驿马，必高迁。两眉头为奏书，黄气横至边驿者，必迁官得远财。

岳中金光上贯司空，须赴召。准头黄气如蒸上至司空，必赴召命。

就选铨曹，细察二台黄色。凡印堂黄明，贯奏书，入边地、驿马，及准头明莹者，宜就选得美职，或上中二台，眉上眉下，边地、驿马、印堂、准头、两颧有黄色如碎米，中有紫点者，必除要位。若印上红黄，山根青点，准头赤色者，必地方不美。若命门悬壁暗黑者，地阁必不美，且防路途病险。

欲除正授，但看夹鼻印光。凡准头法令廷尉有黄气夹鼻上彻印堂者，官必正授。不然，皆假授及闲散杂职者。

三阳喜色黄浓，进财进职。博士祥光紫发，生子生孙。眉下为太阳中阳，少阳外阳谓之博士。常要明净，若常黄色，有财喜新婚，忽黄浓带红紫气，必生子进职。切忌暗黑并印准两颧俱暗者，必失职破财，家宅不宁。

黄气山腰边日角，大振才名。紫金根上贯天中，高升爵禄。山根年寿常光润，主无灾疾。黄色，安乐，病人即愈。若昏暗，多不遂。赤面，白光丧服，青忧患，黑灾厄。若黄色上贯眉下者，百日财喜迁官。上秀额角，中有紫气者，必超升，白衣得官。

准头金光透印堂，得禄得妻得贵子。准头至印堂有黄色上透天庭者，三七四七日有财喜进产，娶妻生子等事。更得三阳诸部相应，大贵大财，只有一部有之，亦得财喜。

鼻尖紫气如偃月，进财进马进田庄。五十日应。

禾仓生黄，秀才及第。禾仓在颧下，又主喜信至及移动。若带紫点，尤速。

兰台见紫，贵客迎门。主贵人相访。

明堂一点光生，云开见日；甲匮两旁黄润，财旺称心。凡四方有滞未开，但得半头一点开发，即渐渐亨通也。鼻乃明堂，为一面之主，其上下左右可候五脏六腑之病，为最要。《灵枢经》云："明堂者，鼻也。阙者，眉间也。庭者，颜也。藩者，头侧也。蔽者，耳门也。其间欲方去之，十步皆见者，必寿也。明堂骨宜高起平直，五脏次于中央，六腑挟其两侧。庭者，首也。阙上者，咽喉也。阙中者，肺也。主官（即印堂）。心者，直下肝也。肝左，胆也。再下脾者，准上，胃也。中央大肠也。挟大肠肾也。面主以上下肠也，面主以下膀胱子脏也。五色名出其部，部骨陷害，必不免于病。但外邪乘袭者，病虽甚不死，黄赤为风，青黑为病，白为虚寒。察其浮沉以知浅深泽大，以观成败，以知远近上下，以知病处。从外部走内部者，病。从外入，从内部走外部者，病。从内出，其色沉，上行者如云聚，病益甚。其色下行如云散者，病方已。其色上锐上向，下锐下向，左右亦然，男女易位。甲匮在鼻梁两旁，黄润，旬日有财喜。"

金匮光明，诸吉鼎至。金神黄紫，百福履祥。眼角天仓神光天门玄武之部，通谓之金神。

鱼尾贼门红隐隐，捕盗有功。武官，捕盗官宜见之。此处有奸贼游军诸部故也。须印准三阳边驿皆明莹，应在二七，万不失一。若青黑色，玄武动，印准暗，必因公失职。

天中妇女紫斑斑，诰封益福。妇女天中左右有紫点如花，必受诰封。紫色常见者，寿长。

鱼尾半钱红润，定配佳人。卧蚕半点金明，决生贵子。

龙穴黄润生贵嗣，凤池红绕产娇娥。左目为龙穴，右目为凤池。

有黄红润紫色围绕眼胞上下，印准亦红黄者，主生贵子。眼下青黄，则生女。还主进财升官。若印无色，主生子不育多。二宫青色，忧病。眼黑色，克子女。

阴骘纹生，佳气盘旋，阴德厚。子孙起，印堂排列，子生成。目下红黄为阴骘纹，上微福堂边驿三阳泥沙，左生贵子，右生贵女。语曰："目下紫气，儿女主贵。"印堂有肉痕隐隐直下者，一条一子。

三、论下停吉气

下停部位，专主暮年。地阁为田宅之司，宜朝鼻准。颐部为仆马之地，喜应天仓。口如角弓而须如戟，衣禄无穷。沟若破竹，而唇抹丹，福寿自有。

双生紫气夹兰台，一月中定迎敕命。食仓，在法令内兰台外。忽有紫气如虫行者，一月内必有敕命，兼至印准额上看。

两道黄光来口角，百日内必转官衔。士子必登科，兼额印准头看。

帐下紫钱现，逾科成名。准头明镜光，神仙有分。帐下，在兰台下人中旁。有紫色如钱，二十日成名，有阴功，遇灾无咎，兼准头看。准头色如镜光，冬夏不绝，三年内必遇仙。

内厨黄如半月，必获珍馐。内厨，在法令下，主百人进美食。

法令紫若破钱，当添姬从，三月内应，又主得敕命。若黄色进人口，左进男，右进女。

地阁红黄，主进田园奴马。学堂明净，必逢贵人。四学堂，目为官学堂，额为禄学堂，齿为内学堂，耳为外学堂。又有八学堂，天中曰高明，司空曰高广，印堂曰光大，眉曰班笋，目曰明秀，耳曰聪慧，口曰忠信，颏曰广德。悬璧色明，家宅宁而吉利。地阁红莹，晚景泰而安闲。

四、论上停凶气

光岳清明，则太虚晃朗。烟雾蒙暗，则六合弥漫。

神清者，霁月秋波。气滞者，浓云薄雾。

醉不醉而睡不睡，定非发达之形。

暗不暗而明不明，岂是飞扬之色。

神宜藏而不宜露，露则促年。神宜光而不宜短，短则无寿。

上视者傲，而下视者愚。斜视者奸，而怒视者恶。

眼光如水，男女多淫。目炬如火，奸雄嗜杀。

睛有赤纱赤缕，决不善终。眼或如鹊如蛇，皆含毒性。

昏眸白露，恶死奸人。赤眼金睛，凶亡暴客。

目尾下垂，夫妻生别。眼弦三角，骨肉刑戕。又主心毒。

有浓发之健儿，无小头之贵客。

行摇头而坐低头，岂不贫穷！卧开眼而食露齿，自然贱恶。

形如土偶，寿算难延。貌若烟尘，行藏必滞。

面带悲容，定然寒苦。血不华色，多是贫酸。一名沥血头，主不善终。

怒面青蓝，心奸如鬼。喜容红艳，寿短如花。

白如枯骨，不久人间。黑湿灰，行归泉下。

青如点染，晦气时侵。青色主忧惊疾厄，或如珠点，或成痕路，天中青而光润，必被诏命。若枯燥，则死于诏里。秋发乃应。额上青，六十日忧惊。眉下青，旬日内虚惊。印堂青点，灾厄损财。山根年寿青，疾病。准头青，乃木克土，百不称意。人中青，破财。地阁青，水厄。勾陈、腾蛇、玄武动皆有青，见后。

黑或冥蒙，凶灾日见。黑主死亡、牢狱、破财。额上黑露，百日内非常之病，死亡罢斥。脸上黑雾，七日死。印堂黑暗，耳门黑气入口者，死。山根年寿黑，大病。准头黑，停官，疾病，枷锁牢狱至死，二三七应。人中黑，急病。人中口唇黑绕七日死。承浆黑，醉溺死。地阁黑，水厄，牢狱，损奴畜，百事不利，冬月稍可。

粉色变容，丧必应。团团片片，各宫妨。面白如涂粉，无光润者，必主丧服。若白片白点如梅花梨花，团团而见者，随宫分断之。

额上忧父母，六旬应。印堂白气如丝，主父母。连鼻口耳者，七十日，无父母则本身。山根主孝服，一百二十日见。目下主子女。目尾主妻妾，三七应。颧上主兄弟伯叔。耳下边地，姊妹姑姨又主伤折。年上主重丧及祖父母，应速。寿上主一年哭泣。准头主父母，甚则自身破财。人中防毒及产厄。地阁损奴畜。

火光照面，讼频遭。点点丝丝，诸部畏。凡人满面火色，主官讼。若有赤点赤丝发露，决主官事，火殃，恶病，血光之厄。天中天庭赤点，火殃兵厄。司空中正，横事破财。印堂眉头，门讼械系。山根年寿，血光火殃，损财畜。准头，刑厄争讼。赤带丝路如蛆者，血光破财。人中赤，失物。围口上下，口舌。承浆，酒祸。地阁，田讼。小口舌病。目上，牢狱。目下疝气，疽产厄。

焰里点烟，外主官，家主夭。满面火光，而毛孔中针点之青乃赤丝路者，名火里烟，主人命厄。至验。

薄纱染皂，肥主疽毒，瘦主劳。额准颧颏有火气带青点，名白纱染皂。而印堂眉下悬壁皆红者，肥人必发疽痘恶疮，瘦人痨病，与火里烟同。

赤横眉上，九十日必至凶亡。火点额头，一月中须防人命。

满面绛霞，应有讼，二七日应。贯天青气，岂无忧？青气贯天庭，九十日有不测之忧。或云青气自发际接印，不论疾病深浅，六十日死。于鼻梁，一月死。至人中，一七死。满面，即日死。

天庭青点注，可虑瘟疫。华盖黑朦胧，须防卒病。

年上乌云应天岳，尫狂难逃。天岳在天中旁，二处皆有黑气，甚则瘦死。鼻梁黑雾上天庭，阎罗必见。准头有光，可折一生。

太岁临门，额上昏昏，常蹇滞。边地晦气，耳边点点，定迍邅。两太阳边，驿下耳前，悬壁一带，气色不甚光明者，作事不遂。若有黑气，则破财失脱，牢狱也。

黑斑点额，死症难医。黑点如麻子。

赤气入边，游魂不返。主外亡。

四杀青可见祥，临危救命。眉上一寸名四杀，黄润则行兵得胜，有黑气，凶。赤主口舌，白气横贯天庭，则半路丧也。

庭前梅粉团团须忧父母（额上）。堂上梨花点点必丧弟兄（正面为堂）。

眉上白光如练，左损父兮右损娘。

印中粉气如丝，非丧亲兮即丧已（并详粉色变容下）。

满面雀斑白面，孝服上身。天仓雪色连边，折伤凶命。

天仓白气连太阳驿马边地，主有伤折。

丧门光如锡，有哭泣之哀。泪堂白痕如锡光，名丧门。

白虎气环唇，主死亡之厄。耳前白气朝上，名白虎。

五、论中下二停凶气

印陷坎坷有乱纹，则刑复不免。三二三限至。

眉交破荡点黑子，则羁旅而亡。

眉迸弟兄不睦，棱高情性多刚。

山根断或偏，孤贫疾厄。鼻梁斜或曲，奸狡贪婪。

耳上乱纹，家破败。鼻腰生节，主子离。又主妻离。

鼻如鹰嘴，心藏毒。窍似针筒，性必悭。

土星缺陷，孤克可知。灶孔昂露，钱财难降。

鲇口播闻乞祭，鸟喙转后无情。

结喉露齿，客死他乡。引舌舔唇，中藏淫毒。

发繁似草是愚夫，声破如锣名大杀，主刑克。

赤符破印，火厄官非。朱雀临堂，凶灾囚禁。印堂有赤色如钱，名赤符朱雀，百日内有官讼，火厄，失血，失职之应。赤色如丝如麻者，三年官讼。赤色连年，受械系之厄。

年寿赤光，多生脓血。眉头红血，定有横非。

山根赤过两眼，防血光火烛之灾。

命门红贯山根，有囚禁法场之厄。命门赤色发到眉下，贯于山根，主法死，应六旬。右耳应一年。

准赤为肺病，亦主奔波。鼻掀乃酒徒，常招雀角。

赤蛆聚于准头，火刑为厄。赤纹如蛆如草根，主官事火灾。

红缕垂连法令，奴仆虚惊。下连法令，奴仆虚惊。上聚准头，火殃官事。

兰台侧畔有红丝，遗精白浊。兰台侧红线，主病。

年上眼睚横绛气，疝气疼。

飞廉见于颧鼻，男痔疮，而女产厄。年寿横连两颧有红点如火，名飞廉杀。

朱雀动于准颧，官降调而家伴斗争。准颧红于胭脂为朱雀发动，若兼勾陈发动，玄武生连，但印堂三阳有黄气者，官必降调。无黄气者，必罢斥，或讼，就选及考试见此，皆不称意，居家则兄弟不睦。

桃花染颊，痨病行尸。痨病颊红名桃花痊，必死。小儿疳劳同。

红粉涂颧，腰俞肾病。肾阴虚，腰痛。

太阳红黑面如桃，应遭毒痢。两目后红烟色，面上红者，必毒痢。

额上赤青唇带白，恐致中风。面上红气中有青点而唇带白，瞳黄者，防中风死。

赤虫游目下，妇人产厄又防刑。妇人目下有赤虫，防产厄、刑罚及牢狱。

红艳映眼睚，女子淫且妒。女子满面红艳为桃面煞，兼眼上下乌黑，必淫而且妒。

孕妇准颧发火，产厄难逃。妊娠沟洫带青，双生可验。孕妇眼睚上下青黄，人中亦青黄，必双生。或云人中黑子，双生。

面色熏黄，经水不调之病，眼睚灰湿，崩漏中带之灾。

鼻柱青筋直贯，谋杀亲夫。女人鼻柱有一青筋直上贯颧，必害杀夫。面青主淫。

鱼尾微黄，因奸得利。微青则妻妾有灾。

奸门显赤，为色招非。显黑，则房帏失偶。应六十日。

太阳青黑，夫妇常争。脸下赤珠，阴阳反目。目下太阳有青色及目下有红点者，夫妻常争斗，或年寿赤色如豆者，亦然。

奸门青白连外阳，婢妾逃走。中央青痕接年上，水府厄危。

印上点青，官财休损。秦书现碧，文事淹滞。

勾陈独动，小小忧疑。两大背夹，山根青色，名勾陈杀，主忧疑，无大害。

玄武色青，常常妻病。

玄武动而损牛马，不利出行。玄武有三，其青痕见于鱼尾，生连上嫔门，主妻病。玄武黑加白，克妻；见于鱼尾，斜上驿马者，车马有惊。见于眉毛，直上牛角者，损牛马而已。

腾蛇发而多惊忧，或伤于色。目下青色为腾蛇杀，主疑惑忧惊事，犯欲后亦有此色。

二神动于两眦，鼻头赤，则官罚戒而庶破财。勾陈动于大眦，玄武动小眦，而准头赤者，官有戒伤罚俸之事，凡庶破财。四杀发于一堂额间暗，则犯械锁而系牢狱。大眦小眦眼下皆有青色，而朱雀不动，额间不青，但休官破财等事而已。

眼下常青，三五岁破财不了。

土中有木，十年间虑耗何堪。准乃土星，最怕木克，若见青色，名为天罗。久不退，主十年虑耗，百不称心。若更青黑暗甚者，必主克子。

土星薄而山根重，滞气多灾。月孛昏而青暗频，沉绵短寿。山根为月孛，昏沉青黑常不散者，主多病，难过四九前后也。久病曰沉绵。

色青横于正面，号作行尸。气黑暗于耳前，名为夺命。青之气多来自于准头，黑之气多来自耳前。耳前为命门，属肾，色宜白莹，乃金生水。黑乃肾之色气现，则主病。若横过面鼻口者，必死。

金门黑纹蟋蟀脚，号作鬼书，左耳前有此纹大小号鬼书，兼人中黑者，必死。

准头黑点蜘蛛身，名为破败。主破亡身家。

黑白耳边入鱼尾，莫渡江河。凡此纹见，主水厄，有病者死。

黔从寿准下归来，须防禄命。归来在法令边，有黑气自年寿下至此，必有酒食色欲之厄，自兰台下者，失官失财。

黑烟蔽印，性命所关。病轻亦死。暗雾障根，财官俱失。山根如暗烟者，休官破财，又防盗劫，三十日应。

寿宫鬼印，死不待时。年寿有黑如指大者，名鬼印，若鼻有冷气出，即死。

年上黑油，生应无日。年上黑气初起，如猪油抹者，初不伤生，过半年不散，必死。

家宅不宁，盖是青龙黑暗。眉上为青龙，三阳为家，三阴为宅。黑色昏昏淡淡，或如线者，家宅不宁，奴仆灾厄，兼印准颧上不明，罢官破财横事。

子宫有厄，但看眼下黔黑如煤在何处。眼下黑黔如煤，在左男，在右女。

眼眶黑煤如炭，痰饮生灾。眼胞属脾，若黑炭煤灰者，停痰冷饮之病，兼天中年准有黑者，死。

金匮黑气如弓，财货失利。在目尾下，应九十日。

力士黑者，遭配遣。颧上为力士，若黑青兼印有晦气，必发配，女主产厄。

黄幡旋漆黑，有灾殃。鼻柱两旁为黄幡，豹尾常要洁净，有黑气，主火灾。

眼角青筋，缠口腾蛇，命死在他乡。目尾有青红筋，下缠颐口，为腾蛇入口必外死，或饿死。

下停赤色交加，大耗损财，防劫盗。下停一部干燥有赤黑气纹，为大耗。兼印准有暗气，必主盗，损财及奴畜。

地阁黑气连腮，名为五鬼，应五十日。

耳下乌云入海，是为游魂。黑气自命门入口，防水厄。应一七日。

蒙蔽悬壁，人奴不旺。悬壁有黑暗气入口，奴婢不旺。

仓库黑低，难存田宅。天仓地库，为财帛，兼地阁准头看。

灶厨红焰，必损血财。灶厨在法令边，有红焰，必损血财。

鼻门黑燥，谋事难成。

赤口黑燥，谋事难成。

赤口红掩，招非不免。口之上下有赤气，或赤点，主招是非。口角白干，病临目下。

耳轮焦黑，死在眼前，耳属肾，肾绝则耳焦黑。兼命门年寿俱黑者，死。

久病朱唇，不可医。

少儿弄色，须知险。小儿病，面色时青时白，时赤进黑，曰弄色。

法令入口，梁武饿亡。必病哽噎，或因事饿死。如梁武帝、周亚夫之类，虽贵不免。

乱索锁唇，邓攸绝嗣。乱纹入口，男女皆主无子。

鱼尾短纹，克妻可知其数。鱼尾有短纹一条，克一妻。若长纹，但主劳碌也。目尾下乱纹多，主生子忤逆。

奸门长纹入鬓，不死于家，必外死。

揣骨而知贵贱，似不资于眸子。

听音而知吉凶，又何待乎形容。

圆机之士，不泥于文，通变发之才，自符于古。

第七章　各类气色分析法则

第一节　升学及科甲气色

一、升学气色

1. 凡一看相貌，精神饱满，眼神澄澈，并满面气色莹洁，象征升学考试或毕业考试顺利成功。

2. 印堂为脑组织的总开关，亦与心、肺、呼吸系统有关联。印堂气色黄润中透红透紫，此乃阴骘气色，象征此人目前脑组织的灵敏度及心、肺、呼吸系统的健康状况均处于巅峰状态，同时周身骨髓中的紫色质素亦异常活跃，参加考试可获顺利成功。

3. 鼻准气色黄润透白光，直上印堂，象征此人目前内脏的健康及脑组织的灵敏度均处于巅峰状态，升学考试可获顺利成功。

4. 鱼尾部位气色黄润光亮，象征此人的小脑和内分泌系统健康正常，升学考试可获顺利成功。

5. 太阳穴饱满且气色黄明红润，象征此人头脑灵活，富第六感，故利于考试。但天仓部位气色必须黄中透红才验。

6. 凡看考试气色，须先看两耳、两颧、印堂、年寿、准头各位，如有一位呈现半点青色、赤色或枯暗色，均以衰败气色论，故必文字有失，考试不中。

二、科甲气色

1. 满面气色黄明，或凌云、紫气二位连印堂一带，出现白润如珠光一样的科名星气色，有利于参加高等考试。

2. 耳珠、命门、年寿和考试当年的流年大运部位相理佳，应试当时又呈现黄润中透紫气色，必发科甲。

3. 罗计（即罗喉和计都）是左右眉毛的别称，三阴三阳是上下眼胞的别称。如眉内肉色白润，上下眼胞均黄润明亮，象征此人目前身体健康精神状态均处于巅峰状态，故能考试及第。

4. 天中、天庭为官禄宫，如有青紫气色出现，乃大大上吉之象，定能发科甲。天庭有黄气色成块，象征官运、考运均佳。

5. 科甲是眉上（含福堂）连接印堂之位。若科甲透出青紫气色，则大吉大利，考试顺利，并且可在京城金榜题名并且任官职。

6. 科名即眉上下（含眉内）连印堂之位。如气色似珠玉明润（青紫气色），则大吉大利，考试顺利且名题榜首。紫花紫点为纯紫气色，若科名部位现紫花紫点，乃大吉大利的象征，读书人考运佳，能通过科举考试而出任官职。

7. 天庭现黄紫气色，乃大吉大利之象征，可在会试或殿试（皇帝亲自测试）中考得第一名。

8. 天仓出现黄紫气色如鹏鸟翅，乃大吉大利之象，可借科举考试而晋身仕途。

9. 准头出现黄紫气色直上天庭、天仓、驿马各部位，乃大吉大利之象，参加科举考试时，成绩名列前茅。

10. 山根、准头、地阁为面相十三部位的紧要关限部位，若出现大吉大利的黄紫气色，参加各阶段科举考试均可连科及第。大学毕业后，又参加公费留学考试或研究生考试，或参加专门职业人员考试，均能通过。

11. 年寿出现鲜艳成群的黄紫气色（以黄色为主），为桃花色，乃大吉大利之象，二十五岁即可登科入仕。

12. 两福堂（两眉上）一带出现黄紫气色，乃大吉大利之象，可登科入仕，任官得禄。

13. 额、耳、口及上下眼等四学堂部位，以及太阳穴、准头等面上三阳部位气色鲜明，象征目前健康、智慧、个性均处于巅峰状态，入学考试或科举考试均可顺利过关。

14. 龙角、虎角二位，出现青紫色或黄紫气色，乃大吉大利之象，参加科举考试可顺利成功。

15. 印堂连眉上下及眉内出现青紫色或红紫气色，乃大吉大利之象征，科举考试及第而入仕。

16. 黑睛神光逼人，显露出英年早发之气概，白睛白润莹洁中隐约透出黄蓝明亮气色，两者均象征人的健康、智慧、个性处于巅峰状态，参加科举考试可获顺利成功。

17. 印堂出现黄紫气色，乃大吉大利之象，可登第入仕而富贵。

18. 参加科举考试（高等文官考试时），天庭、驿马气色明净（即青紫气色），再加凌云（即印堂眉毛一带）部位有黄紫气色，则必考试顺利，成功无疑。

19. 人中为阴骘出入之神路。若人中出现黄紫气色成圆块，象征人自身或祖先积有阴德，能在科举考试中获取顺利成功。

20. 天庭现黄紫气色，印堂现纯紫或红紫气色，天中再见青紫气色，乃大吉大利之象，故科举考试时能考中第一名。

21. 人相学用"云行""龙形"形容黄紫气色的气势，意为龙在云中翻腾。若日月角有黄紫气如"云行"或"龙形"，乃大吉大利之象，参加科举考试可名列前茅。

22. 眉内及眉下的上眼胞有黄紫气色，天庭亦有黄紫气色，印堂又见红紫气色，主参加科举考试可名列中等。

23. 福堂、印堂有红紫气色，本属善色，有利于考试，但眼下泪堂及准头二位有赤气色，赤气色象征内脏相火，会导致心情不宁静而影响考试成绩，也不利参加科举考试。

24. 面部各重要部位气色均佳，参加科举考试时，可考中首榜。

25. 翰林乃古代考取进士后，再出任宫廷官吏的官衔。天庭、日月角出现红紫气色时，必能考中翰林。

26. 参加科举考试时，三停、驿马、四库各位的气色俱要气足色明，才能考试顺利成功。若有一位气色不佳，象征其目前的健康、智慧、个性必有一差，参加科举考试时难于顺利考中。

27. 凡参加科举考试后，放榜之前，若颧骨下方出现黄紫气色，则主参加科举考试成绩优异，不久即会有及第信息传来。

28. 满面气色不佳时，报名参加科举考试，主其人考试成绩不佳或退场，或缺考、弃考。

29. 满面气色虽好，但唇色不鲜红，亦难登科及第。因唇白象征人的气血不足或血液循环系统有隐疾，必定会影响考试成绩。

30. 满面气色滞黄又透出青气，参加科举考试难于登科及第。因满面滞黄透青色，象征人的消化、代谢系统有隐疾，考试时情绪不好，会影响考试成绩。

31. 兰台、廷尉、边地、前额各部位尘封色暗，象征人的消化系统及脑组织运作不良，在考试时，头脑一片空白，文思闭塞，久久难以下笔成文，必影响考试成绩。

32. 两眉头及印堂、天庭部位有青气色，主考试时文不对题，或文章中有错字、别字、白字，考试成绩不佳而落榜。天中有赤气色，主考试作文时，会意批评时政或作人身攻击，引起是非或官非。青色、赤色，均象征人的内脏相火，情绪不稳定，心情浮躁。

33. 面相有色无气不验，有气无色不灵。黄色无光亮之气乃虚色，参加科举考试难于及第；浮光如油抹乃滑艳色，象征内气不固，外色不变之色，考试不利，须防灾祸发生。

34. 面部粉红光泽、内白外焰，乃光浮色。光浮色是精神浮泛，即将变凶之色，青少年得光浮色，必为败家之子，此人也必散财寿促，参加科举考试必落榜。

第二节　财官气色

一、官员气色

1. 古代官制中的一、二品官员，相当于现在部长职位以上的官职。官员大运气色要看天仓，庶民大运气色要看年寿，如某官员天仓气色黄润中透红透紫，主其官运亨通，高升可期。相当于司、处、局长级的三四品官员，要看双颧气色是否有国印气；如有国印气，则主官运亨通，高升可期。

2. 主管教育行政及从事教育工作者的大运气色位，在于六府（即上二府、中二府、下二府）。如六府气色佳，则教育行政人员高升可期，从事教育工作者受到敬重或调教育行政工作。

古代的御史大夫，相当于现在的监察委员、司法、检察、警察、宪兵、调查、纪律整风人员，其大运气色位在两颧；如两颧气色佳，主官运亨通，高升可期。

3. 天中出现黄紫气色，主十天内可加官晋级；高广出现黄紫气色，主十日内可转任高阶职位官吏。天中、天庭部位出现如珠玉般的青紫气色，主十日内必定升官。

4. 准头出现黄紫气色直上司空，主此人会受到皇帝（国家元首）或上司召见，委以重任。

5. 印堂及两眉出现红紫气色，两腮及两颐白润，主人的官位有升迁之象。

6. 额上出现黄润气色透出红色如丝，主官运亨通，荣升可期。

7. 气色虽佳，但部位有亏，仍不能以吉论，因骨骼部位定一世荣枯，气色只看行年（流年）之休咎。骨骼部位为先天，气色为后天，表面先天占七分，后天占三分。后天气色的好坏不能改变先天遗传的优劣，先天遗传好，人的健康、智慧、个性自然好。

二、发财气色

1. 凡财来之前，黄润气色必先聚准头，且连年寿、山根拖曳于印堂左右。观看发财气色，首先须看准头是否聚有黄白光亮气色。如有黄白光亮气色自准头直上印堂再拖曳于印堂左右，则可肯定有财即将到来；如有黄白光亮气色自准头直上印堂且拖曳于印堂左右，外财帛宫（太阳穴）及福堂等位气色也佳，则财星高照，不求自得。

财来得迟，金额必大；财来得快，金额必小。

2. 财到（入库）手时，眼下卧蚕及泪堂气色必呈黄润气色。如眼下卧蚕及泪堂黄润气色浅，主到手之财金额不大；如眼下卧蚕及泪堂黄润气色深，主到手之财金额必大。

财到手后，准头的黄白光亮气色，会由黄白光亮气色变为黄润气色。如黄白光亮气色不褪，则仍有财可到手。

3. 一般庶民，印堂气色黄润透红，准头气色黄润，两颧气色鲜艳成群，即将行吉运，可振兴家庭经济。

4. 眼睛上下出现紫气色，眼睛亦充满了神光，财喜将至而多福禄。

5. 满面气色黄润，印堂、天仓、双颧等重要部位又黄润透出鲜红气色，象征财星高照，大财即将到来，同时家庭成员安康快乐。

6. 两天仓、两地库均出现黄紫气色，象征财帛即将临门，待准头黄润白亮时，财即到手。

7. 年寿是观看一般庶民大运气色的部分。庶民年寿一年四季均黄润，主其财帛非常旺。

8. 耳朵气色白于面部气色，称为耳润。耳润象征人目前的健康状况良好，人际关系良好，工作顺畅，业务发达，财帛广进。耳朵呈枯焦气色，象征人目前健康状态欠佳，人际关系欠佳，工作不顺畅，业务不发达，财运不佳甚至财产有损。

9. 托人代为求财、理财，须眉尾黄润方可。托人求财，即托他人代为操作股票或购买彩票，或托亲朋好友代为买卖货物等等。

10. 合伙求财，必须眉内肉色白润成翠色，因眉内肉色白润可遇贵人，并得贵人助力。

11. 九流之人即从事自由职业（异路行业）人士，医术之人即从事医药业人士。九流、医术人士问财气，准头气色要黄润，耳朵气色要白润。

耕种稼穑的平民求财，地库气色明润，可望丰收。

12. 受雇打工何方有利，须看方位仓库（含五星）气色后才作决定，明润者为有利之方。例如额头气色明润，去南方较为有利；如左天仓（男左女右）气色明润，则去东南方较为有利。

13. 计划作小型投资创业时，印堂、准头的黄润气色应"内外通明"，方可达到微本求利的目的。

14. 空手求财即指不用金钱投资，而是以中介的身份赚取钱财，如介绍房地产生意等等。空手求财必观看印堂和准头气色，只要外表光润即可，不必内外通亮。

15. 外地求财，驿马气色光明莹净、无暗气，才有利于出外求财，途中平安、一路顺风，会遇贵人帮助。

三、横财气色

1. 横财即意外之财，计划外所得之财。例如在路途中拾获钱财，或赌博赢得之钱财，或意外得到某人的馈赠遗赠，或意外中了彩券所得之钱财。黄润气色拖曳鼻子的两旁，可得意外横财。

2. 印堂出现黄润气色成一线，主可得横财。

3. 两天仓、两地库出现横向黄润气色，主可大发横财。

4. 山根出现黄润气色拖曳至两颧内，主大发横财。

5. 山根出现黄润气色直下准头及鼻翼，主可得横财。

6. 两眼下卧蚕、泪堂一带出现黄润气色，主可得横财。

7. 鼻准出现黄润气色横向成一线，主可得横财。

8. 正路财是指正常营业收入。印堂出现黄润气色，指节也出现黄润气色，主正路财变横财，例如批发货物时，价格上涨了十倍或数十倍，即正路财变横财。

贪污、强盗、勒索、诈欺、侵占所得之财，是非义之财，不是横财与偏财。横财和偏财是指在侥幸和意外的情况下所得之财，人必须具有横财格面相才验。

第三节　刑克气色

一、刑兄弟气色

1. 山根出现枯白气色，眉内皮肉呈现赤气色，或眉内白气无光如粉末，主因兄弟姐妹有厄而服孝。

2. 准头出现枯白气色，眉内皮肉呈现赤气色，或眉内黄气无光如黄泥，主因兄弟姐妹有厄而服孝。

3. 眉内肉出现赤气色，或白气无光如粉末，或黄色无光如黄泥，主因兄弟姐妹有厄而服孝，或因兄弟姐妹遭受口舌官非之祸而受连累。

二、刑妻妾气色

1. 奸门部位出现赤气色，或枯白气色，或黑气色，主妻妾丧亡。男性左奸门为妻位，右奸门为妾位。奸门部位气色旺，皮肉内外均有，象征丧妻妾之事即将到来；奸门色沉者，隐于皮肤之内凝滞无光，象征丧妻妾之事已经过去。

2. 悬壁、鱼尾二位如出现白花、白点气色，眉内皮肉及准头再呈暗色，主妻妾丧亡。

3. 左眉头出现赤气色，又见奸门赤白二色同现，主丧妻。奸门青白二色同现，主妻有灾厄。

4. 左奸门出现青气色，主因妻之事而忧烦；左奸门出现赤气色，主与妻争吵甚至打斗；左奸门出现白气色，主刑妻；左奸门黑白二色同现，且满面气色暗滞，主丧妻。

5. 年寿出现赤气色，主男人与妻相处不睦，互不服输。

6. 奸门、鱼尾一带赤白二色同现，再加年寿赤白二色同现，主丧妻。

三、刑克子女气色

1. 三阳（左边眼下泪堂部位，男左女右）出现白气色如花如点，主刑子。

2. 三阴（右边眼下泪堂部位，男左女右）出现白气色如花如点，主刑女。山根出现青暗气色，且人中出现白气色如点，主其人损子或损女。

3. 人中出现青暗气色，且泪堂（子左女右）出现白气色，鱼尾出现暗黑气色，主损子女。

4. 满面出现花杂气色，鱼尾气色暗淡，主损子女（子左女右）。

第四节　疾病气色

一、人体部位疾病气色断法

1. 山根为人体运作系统（五脏六腑）的总开关，凡人体患大小疾病，山根气色先起变化。山根有青气色，乃将患感冒之征兆；有暗滞气色，象征五脏六腑有隐疾，血液循环及心、肺、呼吸系统要特别注意保健；有赤燥气色，象征五脏六腑相火或发炎；有赤黑气色，象征五脏六腑可能有肿瘤；有赤黄气色，象征肠胃消化系统有湿热现象。

2. 额、准、颧、颊出现赤红气色再见青点，印堂、眉下、悬壁亦出现赤红气色，肥胖之人会生痈疽（皮肤疮疖）病，瘦削之人会生肺痨病。

3. 天庭部位出现青气色，主人目前之疾病抵抗力差，要特别注意流行病症侵袭。

4. 印堂为命宫，亦为思维系统（脑组织）的总开关。印堂发黑气色，象征人的脑组织或呼吸系统有病变，或严重运作不良，故非死即病。

5. 印堂气色好，但年寿气色暗，象征人的下元系统（即消化及泌尿系统）有疾病。

6. 山根部位低陷，象征其人幼少年时期多疾病。

7. 年上出现黑气色下至法令部位，象征人有酗酒暴食恶习，并色欲过度，要注意保健。

8. 山根、年寿为疾厄宫。如年寿部位出现黑子（大者为痣，小者为斑），或有暗黑气色，象征此人常有小病小疼。

9. 年寿出现青气色，象征其人有疮瘰病；如年寿青气色隐约浮散，则系消化系统有隐疾，或金钱有损，或家运不佳。

10. 年寿出现重黑气色，象征有老毛病在身。

11. 年寿出现赤气色，象征人身体某部位有化脓出血现象，或痔疮出血等。

12. 寿上两旁出现赤气色，主人的胆囊相火或发炎。不论寿上出现青气色还是赤气色，均应注意预防癫狂症。

13. 鼻为肺之灵苗。久咳或严重咳嗽之人，准头会出现白气色如珠。鼻部的下半截出现赤气色，主肺脏火热。感冒时，人鼻子的下半截会出现红气色。

14. 脾脏与准头内外五行相关联，若脾脏生病，准头会出现血色斑点。

15. 准头常常出现赤气色如丝，又见黑色象征人不是有痔疮病就是脾脏有病。

16. 两颧骨出现赤气色如丝，象征男人有痔疮病；女面相是产厄相格者，则有产厄之危。

17. 怀孕妇女眼下出现赤气色如虫，应防产厄。

18. 青气色自颧颊而下进入口角，象征人的病情已严重至极点，有即刻死亡之险。

19. 耳朵及命门气色黑似烟尘掩盖，象征人的肾脏病变已到达非常严重的地步。

20. 白睛长期赤色如朱，象征其人有疯癫症。

21. 眼弦（眼弦即卧蚕、非上下眼胞）上下长期出现黑气色，象征人工作忙碌，睡眠不足，有体力透支的现象。但眼弦临时出现黑气色者，则主桃花。

22. 眼头与心脏有内外五行联属关系。如眼头部位肉陷而无弹性，象征人常多远虑深忧，心情欠开朗，气血循环不良。

23. 上眼胞与脾脏及消化器官有内外五行联属关系，凡思虑过度或劳累过度引起失眠的人，其脾脏及消化器官气血循环不良，而导致上眼胞下陷，皮肤黑色。

24. 下眼胞与胃有内外五行关系，为心肾之交。如下眼胞出现枯白气色，象征人的胃弱胃寒，有泄泻之疾；如下眼胞出现赤气色，则象征胃腑相火。

25. 眼下龙宫、卧蚕、泪堂等部位肉色枯黑，并眼睛凹陷，象征其长期忧虑过度，导致心血不足，眼下血液循环不良。

26. 黑睛周边出现赤气色（即红丝），象征人的肾水不足。白睛部位出现赤气色，象征人的心脏及肺火旺。黑睛暗昧不明亮，象征人的心气不足，心脏搏跳不顺畅。

眼前眦部位呈现赤色，象征人的心脏火旺或心脏有疾病。眼尾后梢部位呈现赤色，象征人的内脏有毒素未消或肾脏过滤功能不良。

27. 两眼下出现白气色，象征人的肠胃消化系统有疾病。如肝脏有病，则眼下有青气色浮现。

28. 鱼尾部位出现黑气色者，象征人的肾脏衰弱，要注意保健。

29. 耳朵气色既青又黑，象征人有重病在身，尤其肾脏功能不佳。

30. 两眉头皱缩，象征人患有头痛或心脏血管方面的疾病。

31. 眉尾、天仓及山林等部位出现青筋，象征人患有头风病。头风病是指见风头痛，或头内有风邪引起头痛，或头脑疲劳等。

32. 面部呈黄色，象征其人消化系统（含肝胆）有病。

33. 面多青气色，又面无笑容者，象征人长期有暗病在身。

34. 满面笼罩一层有如烟雾的气色，象征此人即将患重病。

35. 两腮出现黑气色，象征此人已病入膏肓，鬼怪前来索命。

36. 鼻部出现黑气色直冲天庭，象征人的病情严重，但准头气色光仍为有救。

37. 中风病患者，若额部出现赤气色夹杂青气色，再加口唇气色惨白，黑暗又呈黄色，应防猝死。

二、患病生死气色断法

1. 印堂出现枯白气色，同时口唇出现枯黄气色，主病入膏肓，七天之内死亡。

2. 满面出现枯白气色，主即将死亡。满面出现青气色如死尸，主病入膏肓，必死无疑。

3. 口角出现青气色，此人即将死亡，即使请到扁鹊神医来治病，也是枉然。

4. 太阳穴部位出现黑气色，主此人已病入膏肓，即使请来扁鹊医治，也是枉然。

5. 满面出现如湿炭一样的黑气色，主其病入膏肓，终必死亡。

6. 印堂部位出现有如黑烟一样的黑气色，主人有性命交关的凶厄。

7. 印堂出现黑气色，同时准头部位出现暗黑气色，主此人病入膏肓，三十日之内死亡。

8. 耳朵旁边（即命门）出现黑气色延伸至鱼尾部位，主此人有水厄之险。

9. 耳轮气色成焦黑状，主病入膏肓，日内死亡。

10. 耳珠耳轮出现重黑气色，主病入膏肓，不久就会死亡。

11. 耳朵、上下眼胞、口唇、鼻等部位气色均暗，主身患重病，不久人世。

12. 正常人的眼神突然消失，黑睛黯然无光，形容如木偶人，虽然能行、坐、饮、食，没有生病，亦会在一年之内或一季之内死亡。

13. 眼神已脱并张开口睡觉，再加颈椎歪斜或颈椎前倾，主此人大限已至，将不久人世。

14. 寿上出现黑气色加指头大，是阎罗王差使索命鬼作记号的，应注意外出车马安全或其他急症暴毙；若已有重病在身，则死亡在即。

15. 准头出现黑气色如点状或蜘蛛网状，乃为死亡之兆。

鼻孔下方的食禄二仓部位出现黑气色如指头大，且食禄二仓又沉陷，主其人因重病急症或不测之灾祸死亡。食禄二仓沉陷且出现黑色，同时人中部位出现黑气色，主此人因重病急症或不测之灾祸而死。

16. 生病之人，如口角出现青气色，主必死无疑。口唇出现青气色，舌头再出现黑紫气色，十个病人中有九个会死亡。

生病之人，口能紧闭，并且眼神强，即使面部气色不佳，但亦不死。

久病之人，口唇必然无血色。如久病之人，口唇现朱红色，主此人病情严重，内脏结热，难以治愈。

17. 奸门及上墓同时出现黑气色，主此人父子（女）二人会因不测之灾而同时死亡。

18. 地阁和两边腮部出现黑气色相连，主此人在四十九天内会因病或意外之灾死亡。

19. 命门部位出现黑气色如蟋蟀脚，是阎罗王捎来的索命书，主人的病情严重，离鬼门关已不远了。

20. 人的气色常年明亮，忽然变为暗黑，或气色常年暗黑，忽然变为明亮，此乃不正常之变化，应防暴毙。

21. 七十岁以上的老年人满面出现枯黄气色，主此人有严重内疾。

22. 婴幼儿生病时，在一天内脸色多次忽明忽暗，主此人病情严重，有死亡之危。

第五节　外出惊险气色

1. 整个额头出现赤气色，主火灾或发生官司诉讼事件。

2. 青气色自印堂直上天中，主将发生不测灾祸。

3. 三十六宫的驿马部位出现青黑气色，主出外旅游时，容易发生车马安全意外之灾。

驿马部位低陷且有黑子（即黑痣）、纹痕，主出门在外会发生忧惊之事。

驿马部位气色明亮，主其人远行时，不会发生忧惊事件，反而可获得利益。

4. 边城、山林等部位出现暗色，应暂时中止外出旅游或营生活动，以免发生不测之灾。

5. 眉头部位出现青气色者，外出旅游或营生时，要注意车马安全或其他意外之灾。

6. 眉尾出现青气色斜冲驿马，出外旅游或营生时，要注意车马安全。眉毛内肉色暗，主兄弟姐妹有忧惊事件。眉内肉色现赤气色，主须防口舌是非及官非之灾。

7. 两眉头、两眉尾出现白气色如弓如刀如点，外出旅游时应防血光之灾。

8. 印堂出现青气色，主会受到亲友牵连而损财或招官非。印堂青气，亦主疾病、败业，或外出旅游容易发生意外凶险事故。

9. 山根出现青气色，主日内会有忧惊事件发生。

10. 年寿部位出现赤气色，主要预防发生口舌或官非之事。

11. 准头部位出现青气色，主要预防惊险之事发生。

12. 两颧部位出现赤气色如豆，主应防因口舌而争斗受伤。

13. 两颧出现青气色，主应防兄弟之间发生口舌。

14. 两眼下出现赤、黑气色，主即将发生官非事件。

15. 左眼（男左女右）下出现青气色，主内心惊恐，即将发生不幸之事。

16. 口上下出现赤气色或赤点（即赤斑疹），主应防口舌是非之事。

17. 两边口角出现白气色如鸡爪痕，主与人发生口舌或诉讼之事。一百三十部位中，道路部位，如出现赤、黑气色，主会在自己居所附近的道路跌扑受伤。

18. 地阁出现黑气色，主应防水惊甚至水厄。

19. 两天仓、两地库出现暗色，主人出远门时，应防路途中被奸人所害。

20. 满面出现朦胧气色，再加命宫昏暗，应防不测之灾祸。

21. 满面如白粉，且有灼灼之感，主不宜结交朋交，否则易交损友。

第六节　家宅人口吉凶气色

1. 日角部位出现青气色，主其父亲生病（男左女右）。

2. 月角部位出现青气色，主其母亲有病（男左女右）。

3. 日月角部位和眉头部位出现青气色和白气色，主应防父母孝服。

4. 两天仓、两地库及准头部位均出现青暗气色，主本人或家人近日内损财。

5. 两天仓、两地库有先天凹陷，待出现枯暗气色时，主此人正值困境，只有出卖田地、房屋才能渡过难关。

6. 天仓出现赤燥气色时，主应防家中因盗贼或意外灾祸而损失财物。

7. 印堂部位出现枯暗气色，地库部位出现黑气色，主应防家宅不安，小心火烛和门禁。

8. 泪堂部位出现青气色时，主应防子女生病。

9. 鱼尾部位出现青气色时，主应防妻妾生病。

10. 三阳为家，三阴为宅。三阳即左眼上下眼胞，三阴即右眼上下眼胞，均为观看家庭人丁（左眼看男丁，右眼看女口）是否平安及家中是否有结婚生育等喜庆的部位。气色青黑者，主家中人口不安；气色隐红者，主家中有喜庆之事。

11. 悬壁气色润明，主家中有喜庆之事；悬壁气色暗黑，主家庭发生变故，甚至家破人亡。

12. 奴仆宫出现暗黑气色时，主本人为下属及佣人之事忧愁。

13. 下巴一纹一处田庄，二纹二处田庄。不论男女，有双下巴者，主此人拥有二处地产。

第七节　祖坟风水美恶气色

1. 前额上墓部位（一百三十部位）出现黑气色，主此人祖坟内有潮湿现象。

2. 前额上墓部位低陷，或上墓部位皮肉有破损情形，主此人的祖墓有损毁。

3. 上墓部位出现赤气色，主祖坟有塌陷之象，或已经塌陷。

4. 山林部位（七十五部位）出现如浮云的青气色（左右山林均看），主祖坟破孔透风，应加以修复。山林部位如出现枯黄气色，主祖坟有破损现象。山林部位气色明润，主其祖坟风水好。山林部位骨隆肉丰，主其祖坟风水好。

山林部位及冢墓（含丘陵）部位出现白亮明润气色，主祖坟山明水秀、林木茂盛。

5. 丘陵、冢墓部位（七十五部位）骨陷肉削，主祖坟风水不美。

6. 头皮气色白润，主祖坟风水好。

7. 头顶上的头发疏而不密，同时发质润而不燥，主祖坟风水好。

8. 头发青而不乌（发质黑中透青），鬓毛润而不粗，主祖坟风水好。

9. 头发和鬓毛如乱草，主祖坟风水不好，同时象征祖先父母遗传不良。

第八章　气色吉凶与应验时间综合断法

第一节　职场气色及应验时间

天中紫气直下印堂，主五十日内组阁拜相。

天中黄润又现红点，主五十日内越级调升。

天中黄气直下准头，主三十日内武职兼领政事。

天中黄润透红光，主五十日内荣调。

天中黄润透紫光，主三十日内高升。

天中连中正黄气，主五十日内求官得官。

天中白润透光，主武职调升主帅。

天中左右黑白，主五十日内失职失官。

天中青暗，主五十日内失职失官。

天庭紫气，主四十九日内荣调要职。

天庭黄气，主五十日内荣调升迁。

天庭黑朦，主十五日内失官。

天仓红紫，主三十日内晋级加官。

天仓枯黄，主五十日内易与长官、同事间发生是非不和。

天仓黑蒙，主五日内宦途欠顺。

天仓黄润透紫，主二十一日内荣升加官。

天仓、福堂白润透光，主三十日内晋级加薪。

天门青黑，主六十日内失官。

司空紫点，主三十日内获上司召见颁勋。

司空黄气如方印，主三十日内授官职兼重任。

司空黄气，主五十日内晋级。

中正黄气横贯天仓，主当年晋级加薪。

中正红如钩状，主五十日内武职领兵镇边疆。

中正印堂青暗，主五十日内失职失官。

印堂黄润，主当年官运亨通。

印堂黄润透红紫光，主三十日内获上司召见授勋加官。

印堂连辅角黄亮明润，主三十日内武职高升，兵权在握。

印堂及刑狱黑蒙，主十五日内失职失官，平日德行俱差者，有牢狱之灾。

印堂青气，主三十日内失官或降调。

日月角黄中透红，主三十日内晋级荣调。

日角黄中透白如刀剑弓形，主三十日内官位不保。

福堂黄润透红透紫，主三十日内升官晋级。

福堂黄润，主职务胜任、愉快，并主贵人提携。

福堂青暗，主三十日内失官。

边地红黄，主六十日内升迁。

边地紫光，主三十日内升官晋级。

边地、驿马黄气，主十五日内荣调升迁。

边地白润兼赤色如刀剑，主五十日内武职加官。

驿马青、黑气，主三十日内失职失官。

驿马现滞暗，主半年内升迁无望，荣调不成。

驿马、五官、四渎滞暗，主三十日失官降级。

辅角黄气，主六十日内荣调副主管。

发际黄气如蚕下垂，主三十日内荣调。

额部红黄相间，主三十日内加官晋级。

额部黄润透紫，主三十日内荣要职或委于重大使命。

山根黄气，主六十日内晋级加薪。

山根青气，主即日易犯官场小人。

山根黄润透紫光，主三十日内加官授勋。

眼下黄润透紫，主六十日内记大功、授勋奖、加薪。

眼下黄润，主当年官运亨通。

眉眼之间黄气穿贯，主二十日内获上司召见。

两眉、两耳光润，主当年官运亨通。

两眉心黑气如烟，主三十日内失官降调。

奸门黄润透紫，主十五日内获上司召见嘉勉。

鼻部润白，主即日起官运亨通，晋级加薪。

鼻部赤气，主六十日内易犯刑厄官非。

年寿黄润透红，主二十七日内晋级荣调。

年寿常年黄润，主官运亨通，年年晋级加薪。

准头黄光地阁透红，主三十日内荣调。

准头黑蒙，主即日有重大失职失利之事。

两颧内黄外紫，主三十日内迁调地方要职，官运亨通五载。

两颧内黄外红，主三十日内委于重任或有新使命，官运亨通三载。

两颧赤、仙库黑，主三十日内失官。

两颧黑蒙，主即日退职罢官，否则三十日内官场失利见灾。

命门黄气，主五十日内晋级。

耳色白润过于面色，主官声好，受人崇敬。

两耳青暗，主五十日内失官。

人中黄润透紫，主仕途顺利。

法令黄润透紫，主三十日内掌大权。

法令赤色，主二十日内失职或文书错误。

唇红润，棱黄润，主三年内官运亨通。

双颊连地阁黄气盈盈，主三十日内升任县级官职。

地阁黄润透紫光，主三十日内高升要职。

十三部位黄气贯通，主三十日内受于重任荣调要职。

十三部位连法令黄润透红透紫，主五十日内文职组阁拜相，武职威镇边陲。

五岳红润，主三十日内晋级加薪。

冬季满面润白透光，主三十日内得长官提拔。

明堂红润如豆（明堂即掌心），主三十日内荣调。

第二节　进财喜庆气色及应验时间

天中红黄，主半年内添丁进财或开创新事业。

天中紫气，主四十九日内进财或开创新事业。

天庭红黄贯满额，主三十日内进财置产或婚嫁生子开创新事业。

中正黄润透紫光，主三十日内创业或喜庆。

司空紫点，主三十日内创业或获颁勋奖。

司空黄气，主三十日内进财。

印堂透紫，主三十日内获横财偏财或进田宅或开创新事业。

印堂黄润光亮，主当年财运亨通。

印堂黄润透红，主三十日内进财喜庆或开创新事业。

印堂黄中透青气，主即日防喜事变忧事。

福堂、印堂黄润红紫，主三十日内进财、喜庆，大吉大利。

福堂黄气如环，主二十日内进财。

日角黄气，主三十日内兄弟姐妹喜庆。

天仓、地库黄润透紫，主六十日内可获大利。

天仓春季润青，主五十日内有外财可进。

天仓福堂一带白润透光，主二十日内进财。

额部黄润透紫，主三十日内重大财喜到来。

额部紫气，主三十日内重大喜庆或开创新事业。

眉内四周黄润翠光，主三十日内进财喜庆或开创新事业。

眉眼之间有黄气穿贯，主二十日内进财喜庆或开创新事业。

眼下黄润透紫，主三十日内喜庆或开创新事业。

三阳三阴黄润，主当年生意兴隆。

山根紫气，主二十日内进财或开创新事业。

山根黄气，主三十日内进财喜庆。

山根连年寿黄气盈盈，主六亲进财喜庆。

准头黄润，主生意人日日进财。

准头黄光透红润，主六十日内置产喜庆。

鼻准黄润透白光，主二十日内进财。

鼻部及鼻翼黄润透光，主三十日内进财。

鼻翼黄润，主生意人日日进财。

鼻翼红润（非红筋或红斑或赤色），主日日进财。

年上春季润青，主十日内进财。

年寿黄润透紫，主二十日内进财喜庆或开创新事业。

颧黄润透红，主四十五日内进财喜，全家吉利平安三载。

颧及面，常年黄润透红，主连年进财喜庆；家宅平安，人丁兴旺。

命门黄气，主六十日内喜庆进财，一年内平安吉利。

命门虎耳一带白润透光，主三十日内进财。

耳白珠红，主生意人日日进财。

人中紫气，主七日内进财喜庆。

人中黄气，仙库紫气，主五十日内得意外大财。

仙库连食仓禄仓黄润透红，主五十日内置产。

唇红齿白，主生意人日日进财。

唇红润，棱黄润，主日日生意兴隆。

法令黄润透红，主五十日内喜庆进财或开创新事业。

承浆春季润青，主二十一日内喜庆。

承浆红润，主日日进财，受人尊敬。

承浆紫气，主十五日内进大财或勋奖。

金缕黄气，主三十日内进大财或开创新事业。

地阁紫气，主十五日内进大财。

地阁黄气，主十五日内进财。

地阁黄润透紫光，主六十日内开创大事业。

秋季面部有润白气色，主四十九日内得异性钱财，或与异性交易获利。

冬季满面润青透光，主四十九日内父母有喜庆。

第三节　谋求财官与考试气色及应验时间

天中黄润透紫，主三十日内求官、求职、考试、竞选、创业如愿。

天中黄气直下中正，主三十日内求官、求职、考试、竞选、创业遂意。

天庭黄气，主六十日内求官、求职、考试、竞选、创业如愿。

天庭赤黑或青黑直下准头，主一年内诸事求谋不遂。

天庭红黄直下准头，主三十日内求官、求职、考试、竞选、创业遂意。

司空黄气，主六十日内求官、求职、考试、竞选如愿。

中正黄润透紫光，主三十日内求官、求职、考试、竞选、创业遂意。

印堂黄白光，主三十日内考试及第（国家大试）。

印堂黄润透红透紫，主三十日内求官、求职、考试、竞选、创业如愿。

印堂滞暗，主当年不利开业、求官、求职、考试、竞选。

福堂、印堂黄润红紫，主三十日内考试传捷（国家大试）。

发际黄亮，主即日求官、求职遂意。

驿马滞暗，主一年内诸事求谋不遂。

边地黄润透紫光，主三十日内求官、求职、考试、竞选、创业如愿。

日月角红黄，主即日时来运转，可求官、求职、考试、竞选、创业。

日月角紫气如云行，主三十日内考试及第（国家大试）。

天仓黑蒙，主三年内求官、求职、考试、竞选、创业不遂。

天仓红紫，主三十日内求官、求职如愿，竞选获胜。

眉头及山根两旁滞黑，主求官、求职、考试、竞选、创业不利。

额部黄润透紫，主三十日内创业、求官、求职、考试、竞选、创业如愿。

额部黄红相间，主三十日内求官、求职、考试、竞选、创业如愿。

山根红润，主秋至后求官、求职、竞选、创业遂意。

鼻部青气，主即日起诸事求谋不遂。

年寿红白色相映，主四十五日内考试及第。

鼻部润白，主当年求谋遂意。

准头黑蒙，主即日起不利求官、求职、考试、竞选、创业。

两颧透紫透红，主当年竞选县市级官员或民意代表获胜。

两颧黑蒙，主当年不利求官、求职、考试、竞选、创业。

耳色白润过于面色兼唇红，主当年求官、求职、考试、竞选、创业遂意，并有功名可得。

唇部赤青又暗，主一年内求官、求职、竞选、考试、创业不遂。

双颊连地阁黄气盈盈，主当年竞选县市级官员或民意代表获胜。

金缕黄气，主六十日内求官、求职如愿。

周易相学精粹

地阁赤色，主即日起时运蹇滞，诸事求谋不遂。

地阁黄润透紫光，主三十日内求官、求职、考试、竞选、创业遂意。

五岳红润，主三十日内求职遂意。

满面黄润透光，主三十日内求官、求职、考试、竞选、创业如愿。

满面青黑，主一年内诸事求谋不遂，色明转运。

十三部位连法令黄润透光，主三十日内求官职、考试、竞选、创业遂意。

四渎五岳滞暗，主一年内求官、求职、考试、竞选、创业不遂。

秋季，耳珠、命门、眼下及天中至鼻准，俱黄润透红透紫，主当年大试及第联考必中。

冬季，满面白润透光，主四十九日内求官、求职遂意。

第四节　男女婚姻顺逆气色及应验时间

中正黄气，主当年夫妻恩爱倍增。

印堂黄气，主当年婚嫁可定局。

印堂暗滞，主婚后夫妻互克或感情不睦或婚姻有变。

天仓黄气，主当年秋冬，有婚嫁喜讯。

天仓、奸门黄润透红透紫，主五十日内遇婚嫁良缘。

天仓、奸门青黑之气，主即日起须防夫妻感情破裂。

奸门青暗，主当年配偶有灾。

奸门黑气如云，主即日起夫妻离异。

鱼尾黄润透红，主六十日内有婚嫁喜讯。

鱼尾及夫妻座微青，主配偶或自身有外遇。

山根红润，主当年婚嫁结良缘。

夫妻座连眼头青气黑气，主夫妻争吵失和。

夫妻座连眼头黄润透紫红，主三十日内婚嫁良缘。

夫妻宫润黄透润青，主当年婚嫁。

鼻生赤斑疹，斑消褪前，不宜嫁娶，否则必招灾厄。

鼻翼黄润透红透紫，主六十日内婚嫁良缘。

准头黑蒙，主三十日内防夫妻离异。

右颧青气，主五十日内防夫妻生离死别。

人中红润，主当年红鸾星动。

口唇红润，主当年夫妻恩爱有加。

承浆枯白，主十日内配偶分居离异。

承浆黑蒙，主十五日内配偶分居离异。

奴仆宫有纹入口兼色恶，须防部属或奴仆与配偶有私情。

第五节　生育怀孕气色及应验时间

男性天中黄润透红，主半年内添丁进口。

男性天门黄润透紫，主半年内生贵子。

男性中正黄润透红，主当年妻室怀孕。

男性印堂紫气直下龙宫，主有孕育子孙之喜。

男性福堂红紫贯玉堂，主六十日内生贵子或子孙大试及第。

男性额部及地阁黄润透红，主九十日内有弄璋之喜。

男性眼头上下黄气明朗，左主生男，右主生女。

男性眼下三阳三阴之位有赤黑色，主有产难。

男性田宅泪堂黄润透青，主一年内添丁进口。

男性鱼尾奸门黄润透紫，主当年妻孕生子。

男性鱼尾奸门青白黑枯，主当年防妻产厄恶疾。

男性三阳黄润透紫，主一年内生贵子。

男性年上黄润透紫，主三十日内生贵子。

男性人中黄气，主九十日内生贵子。

男性人中红润，主当年妻室怀孕。

男性准头黄白光亮，主六十日内添人口或进财。

男性鼻翼黄润透红，主六十日内添人口。

男性五岳红润，主当年生贵子。

孕妇左掌心青红，三阳红中带青润，面色憔悴，主必生男婴。

孕妇人中紫黑，主必产双胞胎。

孕妇右掌心青红，三阴黄明红润，面色明润，主必生女婴。

孕妇艮震坤兑四卦位黄润红润，主必生男婴。

孕妇艮震坤兑四卦位青润白润，主必生女婴。

孕妇震位暗黑，主临盆时须防产危，面相有产厄格者尤验。

第六节　意外灾祸气色及应验时间

天中赤点，主三十日内防火厄。

天中黑气，主三十日内防严重灾殃。

天庭黑蒙，主七日内防意外灾祸。

中正司空黑气，主三十日内防车马灾祸。

印堂赤气，主七日内防火厄。

印堂黑蒙，主七日内防意外灾祸。

印堂连鼻部准头枯白，主三十日内防意外灾殃。

福堂印堂赤气同现，主二十七日内防血光之灾。

日月角青暗，主二十日内防灾殃。

月角赤色，主即日防火灾。

月角黑，主三十日内防配偶灾殃。

发际赤暗，主即日防战伤阵亡。

边地黑气，主五十日内防意外之灾。

额部黑蒙或青气，主五十日内防意外灾祸或败业。

眉上赤气，主三十日内防意外灾祸。

眼下青暗，主十日内有虚惊忧虑。

眼下暗惨，主三十日内防灾祸。

鱼尾暗黑，主三十日内防水厄。

鱼尾连耳边青黑气，主三十日内防火厄。

奸门青白混杂，主即日防配偶灾病。

山根年上青色如烟，主即日防水厄。

山根赤气，主二十七日内防火厄或血光之灾。

山根黑蒙如烟，主三日内防重大意外灾祸。

年寿赤气，主即日防意外血光之灾。

年上赤色连两颧，主二十日内防火厄。

年上赤黑，主三十日内防灾病损财。

鼻部青色贯耳门，主二十日内防凶险。

鼻部赤色，主六十日内防血光之灾。

鼻部连准头灰尘蒙蒙，主三十日内防官讼破家。

准头燥红直上年寿，主即日防火厄之灾。

准头枯白透青气，主六十日内防兵灾血光。

鼻孔青色分八字下垂，主十日内防被毒害。

鼻翼赤黑，主即日防血光之灾。

鼻翼黑蒙，主即日防意外灾祸。

颧赤如朱，主即日防意外伤病疾兽伤。

命门枯白，主三十日内防疾病灾祸。

命门连地阁白气蒙蒙，主六十日内防意外灾祸。

两耳赤暗，主十日内防车祸伤亡（肾病患者例外）。

两耳命门赤暗，主五十日内防意外忧惊。

耳青珠黑，主三十日内防宿冤寻仇索命

耳边连鼻翼赤色，主二十一日内防意外灾厄。

人中赤色，主三十日内防意外灾病。

口唇枯白，主四十五日内防饮食服药中毒。

口部连鹅鸭陂池黑蒙，主十五日内防水厄之灾。

口部连地阁黑蒙，主三十日内防中毒水厄。

口角青暗，主三日内防车马灾祸。

口部青暗，主三十日内防灾疾或水厄。

赤筋入口，主三十日内防血光之灾。

承浆青暗，主即日起防饮食中毒之灾。

地阁地库青黑枯白，主三十日内防灾殃刑伤。

颈项赤，主即日起防不测之凶灾。

五岳青黑，主三十日内防兵亡。

第七节　损财破败气色及应验时间

天庭黑如尘朦，主十五日内防事业破败损财。

天仓枯黑，主三年内均应防破财。

太阳连边地赤色，主三十日内防小人破财。

边地赤气，主即日防破败凶灾。

额现黑色，主凶多吉少，夏季尤忌，防损财破败或病灾凶亡。

奸门青，眼圈暗，主即日会因桃花破财或损名誉。

眉头赤色，主即日破财。

山根或眼上下黑蒙，主三日内破财。

山根青气，主即日防小人破财。

鼻部赤气，主二十日内防意外破财。

年寿青气成条状，男人主三十日内败业、损财、官非、诉讼；妇女须防夫或自己败业、损财。

寿上青暗，主三十日内败家，或家庭财产虚耗。

鼻翼青气，主即日失财或财物被偷盗。

鼻翼黑蒙或赤气，主即日破财。

鼻翼枯白现青气，主二十日内失财。

准头火焰，主即日损财、破败。

两颧黑蒙或青蓝，主二十日内破财。

耳珠暗黑，主即日防损财、破败。

口唇紫黑，主破财运蹇。

口角腮部赤，主三十日内失财失物。

人中青气，主三十日内败业、损财。

食仓青气，主即日防失财。

法令赤色，主即日业务差错损财。

法令青气，主即日损财。

法令暗色，主当年损财破败。

地阁黑蒙，主十五日内破财。

地阁地库青黑，主三十日内防大破刑伤。

秋季满面火红或冬季满面滞黄，均主二十一日内破财。

第八节　牢狱官讼气色及应验时间

天中赤色，主三十日内受极刑。此项尚须配观他宫气色。

天中黄润透红紫，主官讼胜诉。

天中青气直下入口，主三十日内有官刑、牢狱之灾。

天中左右黑色，主三十日内有牢狱之灾。

天庭赤色，主十日内有官非。

天庭黑如尘蒙或印堂两侧黑蒙，主十五日内有牢狱之灾。

印堂青暗，主十五日内易招惹官非。

印堂枯白带青，主十五日内易犯官非。

印堂白色赤色同现，主三十日内受极刑。此项尚须配观他宫气色。

印堂紫气直上司空、天中，主七日内可获减刑、大赦、假释，或无罪判决。

福堂、印堂赤气，主二十七日内易犯官非。

刑狱赤，主徒刑、牢狱之灾。刑狱位于印堂两旁接近眉头处。

刑狱烟朦，主即将入狱服刑。

边地赤，主须防官非。

驿马山林烟朦，主四十九日内会因牵连而招官非。

眉心及印堂、边地赤色，主二十日内有官讼，黄润即解。

眉下连眉尾、天仓黑蒙，主牢狱。

两眼下青黑，主极易犯官非。

鱼尾青色，主即日奸事败露而招官非。

额部青暗，主三十日内会犯口舌官非。

山根黑蒙，主三十日内公扰官非。

山根枯白透蓝青，主二十一日内防死于狱中。

年上赤或年寿青黑，主三十日内防官非。

鼻部赤气，主一百二十一日内防官非。

鼻部连准头黑蒙，主九十日内防官非。

鼻翼赤或黑，主三十日内防是非官讼。

准头赤筋，主三十日内防官讼。

准头人中青黑，主三十日内有牢狱之灾。

准头现青筋青气，主十日内防官讼。

准头赤色如散麻点，主二十七日内防官讼。

命门赤，主即日防文书、契约错失而惹官非。

两耳命门赤，主三十日内防官讼公扰。

两颧青黑兼蓝，主徒刑在身。

春季左颧白色，主三十日内防牢狱官讼。

法令赤色如筋，主二十七日内入狱。

承浆黑蒙，主三十日内防官非。

承浆连地阁黑蒙，主三十日内有牢狱之灾。

满面赤光，主即日防官非。

五岳青黑，主三十日内防官非。

秋季满面火红，主六十日内防官非。

冬季满面黑气蒙蒙，主二十七日内防官非。

第九节　口舌争斗气色及应验时间

中正赤色，主十五日内有口舌是非。

天仓奸门青气，主即日起与异性口舌或夫妻争斗。

两眼下及年寿白点如梅花，主十日内防父母兄弟口舌争斗。

山根青气，主三十日内口舌争斗。

年上黑气或鼻翼赤筋，主即日起防口舌争斗。

两颧赤色或青色，主即日起防兄弟相争、口舌。

左颧白色，发于春季者，主即日起有口舌。

命门青气，主三十日内易遭异性伤害，应避免与异性争斗。

人中赤气，主即日内防口舌争斗。

法令青黑，主三十日内防口舌争斗。

法令、陂池、鹅鸭一带枯白，主即口起防口舌受辱。

承浆赤色横扫，主三十日内防口舌争斗。

驿马赤色，主十日内防口舌。

五岳青黑，主三日内防口舌争斗。

第十节　孝服刑克气色及应验时间

天中至印堂枯白，主六十日内防父母病亡。

天庭枯白如粉，主四十五日内防父母孝服。

司空黑中透枯白，主三十日内防叔伯孝服。

中正青气直下印堂，主三十日内防配偶病灾。

福堂白气如粉或印堂枯白，主十五日内防父母孝服。

印堂左右赤色，主三十日内防父母灾疾。

印堂连鼻部枯白，内六十日内防父母病亡。

日月角赤色，主即日防父母病灾。

月角黑蒙，主三十日内防配偶病灾。

驿马枯白，主四十五日内防六亲孝服。

额部青暗，主三十日内防长上孝服。

眉内枯白，主三十日内防六亲孝服。

眼下青暗，主即日起防配偶病灾。

两眼下白气如云行，主三十日内防长上孝服。

两眼下及年寿白点如梅花，在六十日内防六亲孝服。

眼上下青黑，主亲戚或朋友孝服。

左眼头下青暗，主防一个月内丧父。

右眼头下青暗，主防一个月内丧母。

奸门鱼尾青暗中透枯白，主即日起防配偶病灾孝服。

奸门鱼尾青气下垂，左主父母孝服，右主配偶孝服。

山根春季黑色或山根秋季赤暗，主三十日内防兄弟姐妹病灾。

山根黑蒙，主二十七日内防六亲病灾。

山根白色，主二十七日内防六亲孝服。

年寿赤黑，主即日起防父母或家人病灾。

年上枯白，主三十日内外亲孝服。

寿上枯白，主十五日内防父母病灾。

右颧青气，主三十日内防配偶病灾。

右颧命门枯黄，主十五日内防兄弟孝服。

两颧枯白，主三十日内防六亲孝服。

两颧赤气，主即日起防六亲灾疾。

口角浮青，主即日起防孝服。

人中枯白，主二十一日内防孝服。

地阁枯白，主三十日内防内外孝服。

秋季满面黑色，主十五日内防兄弟孝服。

十三部位全枯白，主三十日内防六亲孝服。

第十一节　疾病死亡气色及应验时间

中正、印堂常年黄润，主健康长寿。

天中白色直下印堂，主三十日内防父母丧亡或自身丧亡。

天中、天庭常带青气，主防促寿早夭。

天庭枯白，主六十日内因横祸而死。

天庭黑气蒙蒙，主三十日内防病灾。黑如尘埃煤烟者，主死。

天庭黄滞如蟹腹壳，主六十日内病亡。

天仓、福堂一带枯白，主即日起防疾病。

天仓枯黄，主四十五日内防疾病。

天仓、奸门黑蒙，主二十日内防病亡。

太阳、天仓黑气，主即日起防疾病。

太阳、命门、准头黑蒙如烟，主当年自身或家人有自杀倾向。

印堂连准头枯白，主五十日内重病亡身。

印堂赤色命门青气，主三十日内防中风猝死。

印堂赤中带黑气，主三十日内病亡。

印堂黑蒙，主十五日内有疾病或验意外灾祸。

日月角枯黑，主三十日内病亡。

边地、驿马及眼下黑枯，主三十日内病亡。

山林青暗，主死亡之象，病人尤验。

额耳五官满面严重滞黄，主十五日内因肝脾疾病而亡。

额部黑蒙，主即日防疾病。

眉内赤斑，主即日防暴猝。

眉头连眼头黑气，主四十五日内防病亡。

眼下及鼻翼枯白，主三十日内防冤死。

眼下青黑蒙蒙，主即日起防疾病或忧惊。

眼下黑色如尘，主一年内防病亡。

奸门青白混杂，主即日防配偶灾疾。

山根枯白，主即日防疾病。

山根连年寿暗色，主家中有久病之人。

年寿赤色，主即日起防血光之灾。

年寿暗黑，轻者主病，重者主死。如准头光亮减轻论。

年寿青暗，主当年疾病。

年寿黄气，主当年身心两健。

年寿枯黑，主二十日内病亡。

年寿上白气如粒，主二年内病亡。

年寿连准头微赤色，主即日起防重病。

鼻部全枯白，主三十日内防病亡。

鼻部全枯黑，主二十日内防病亡。

鼻翼黑蒙，主即日起防疾病。

鼻孔内有青色直下仙库，主中毒，准黄者可免死。

准头黑枯，主三日内病亡。

准头惨黑，主当日病亡。

准头紫色紫点，主即日防肺疾肝病等内疾。

准头青白二色冲耳贯顶，主二十日内防刀刃兵死。

左颧黄白，即春季病人左颧发黄白二色，主有死亡之危。

右颧赤色，即秋季病人右颧发赤色，主有死亡之危。

两颧枯白，主三十日内防病灾。

两颧连年寿赤色横贯，主即日起防重病。

命门紫黑，主即日起须防病灾。

命门青黑，主死亡之象，重病人尤验。

命门连年寿白气横贯，主三十日内防身亡。

耳下枯白，主即日起防病灾。

左耳白气横过右耳，主三十日内防灾凶病亡。

左耳连福堂黑蒙，主七日内防自杀死亡。

左右耳连地阁黑枯，主七日内防病亡。

耳腮连地阁黑色如尘，主三十日内防病亡。

人中黑气入口，主二十日内防病灾。

地库赤色，主即日防酒伤。

地库黑气，主即日防噎食。

地阁青黑，主一年内丧亡。黑色连腮者，主半年内丧亡。

黑气入口或青气入口，主四十九日内丧亡。

口四周枯黄，主即日起防病灾。

承浆赤色，主即日起防腹疾。

法令赤褐，主一年内因酒色而亡。

老人两颊嫣红贯天仓，主死亡之兆。

满面浮青，主四十九日因恐惧而成疾。

满面枯黑，主半年内防病亡或大病。

秋季满面白点，主当年秋冬之交须防因病而亡。

项下黑尘蒙蒙，主三十日内防病亡。

十三部位均黑蒙，主即日起防因惊恐暴毙。

十三部位全赤，主四十五日内防丧亡。

第十二节　配偶病灾气色及应验时间

天中枯白，主三十日内防配偶病灾。

奸门青暗，主即日起防配偶病灾。

奸门青白，主即日起防配偶孝服。

鱼尾枯白，主三十日内防配偶病灾。

眼上下青黑，主即日防配偶疾病。

两眼鱼尾一带黑蒙，主二十日内防配偶灾疾。

鼻部青气贯耳门，主即日起防配偶争斗有凶。

准头人中青黑，主三十日内防配偶死亡。

两颧青气，主即日起防配偶有灾或失官败业。

年寿青气，主即日起防配偶或自身失官败业病灾。

第十三节　子女病灾气色及应验时间

三阳青暗，主防子有病灾。

三阴青暗，主防女有病灾。

三阳赤色，主防子有病灾。

三阴赤色，主防女有病灾。

三阳三阴黄润，主当年子女健康乖巧。

三阳三阴中央白色，主七日内防子女灾殃。

眼下暗黑中现枯白，左边主子孙孝服，右边主配偶孝服，二旬内应验。

眼下黑色或青暗，主即日起防子女病灾。

寿上枯白，主十五日内防子孙灾病死亡。

准头人中青黑，主三十日内防子孙有灾疾。

人中枯白，主七日内防子女病灾。

人中黑气，主五十日内防子女病灾。

地阁枯白，主五十日内防子女，内眷或部属病灾。

第十四节　家宅否泰气色及应验时间

天中赤珠，主三十日内防火灾。

边地青气，主夫妻子女远别。

山林、边地黄润透红，主三十日内有乔迁之喜。

福堂暗滞，主家宅不安。

眼下黑蒙，左眼主子女病灾，右眼主配偶病灾。

眼上下胞俱赤色或山根年寿青暗色，主家中有久病之人。

奸门重青，主即日起须防女眷灾殃或有女祸。

鱼尾连耳边青黑气，主二十日内防火灾。

年寿赤黑，主即日防家人病灾。

年寿黄气，主当年家宅平安吉祥。

年寿黄润透红，主连年家运昌隆吉庆。

鼻部连准头灰尘蒙蒙，主三十日内防破家。

两颧赤色，主即日起防兄弟姐妹发生争斗。

两颧黑蒙，主即日起防家宅不安、夫妻争斗。

两颧黄润透红，主三年内家运隆昌、大小平安。

命门连地阁白气蒙蒙或命门连年寿白气蒙蒙，主六十日内防全家病灾。

仙辅、食禄二仓黄润透红，主当年乔迁新居。

承浆地库枯黄，主四十九日内防失窃或佣仆离去，子女争吵。

地阁青赤，主三十日内被迫迁居并损六畜。

地阁黑赤，主三十日内家宅被窃。

地阁枯白，主三十日内防家人病灾。

第十五节　旅行远游气色及应验时间

驿马枯白，主即日起不宜旅游，否则半路折返。

驿马黄气，主当年旅游吉利。

驿马黑气，主二十日内不利远行，且须防破财丧身。

山林黑朦，主二十日内不宜爬山玩水。

印堂青色，主即日起不宜旅行，否则途中有灾。

印堂黄润透紫，主当年远游旅行遇吉。

额部青暗，主旅游途中有凶信。

天仓连边地赤色，主三十日内不宜旅游，否则途中会有不吉祥的事情发生。

山根黑蒙如烟，主三日内旅行遇险。

山根赤色，主即日起不利长途旅游，否则会遭恶人谋害。

命门黑蒙，主即日起防旅游中发生病灾。

命门连地阁白气蒙蒙，主即日起不宜全家大小外出旅游，否则会遭遇灾险。

五岳青黑，主三十日内防水路遇险。

地阁润青，主外出旅游吉利。

第十六节　远地音信气色及应验时间

边地赤如圆珠，主有远方凶讯。

驿马、准头黑气如草根，主十日内有远地凶信到达。

山林驿马黄润如笔锋状，主十日内有吉信到达。

印堂红润，主三十日内有远地吉信到达。

辅角青润，主隔月行人可回或有喜人音信。

官禄宫黄气，主有功名，或考试及第、求官、求职佳音传来。

山根、年上黄气，主三十日内有远地吉信到达。

眉尾黑暗，主当年无吉信到达。

金缕白润或归来枯白，主三十日内有远地吉信到达。

第十七节　品德修养气色及应验时间

额部、鼻部、眼下常年黄气，主被人喜爱，求谋遂意，应把握目前机会投资创业或求职就业。

额部、鼻部、眼下常年滞暗，主为人卑贱、运途多舛，应忍耐屈就，不宜贪多急进或好逸恶劳。

眼上下黑气蒙蒙，主即日起须防生邪淫贪盗之念，应注意道德品性修养。

年寿黑赤连法令，主酒色过多，应注意身心保健，即日起戒酒戒色。

左右金缕黑蒙，主即日起须防生不仁不义之念，应注意品德修养，否则终遭天谴。

满面青色蓝色（青鸡面），主应摒除毒害朋友之心，不可忘恩负义以怨报德，更不可恩将仇报，否则终遭天谴。

满面白嫩红色（郎君面），除僧道外，年老之人应摒除毒心，否则必受孤独之苦；年壮之人应摒除淫心，否则必受刑伤之苦。

满面重赤火色（朱雀面），主应注意修身养性和言行品德，否则是非官讼难逃。

眼光流露且斜视，主应摒除奸盗之心，不可心存恶念，贪财好色，否则难逃牢狱之灾。

满面气色欠佳，主应默默行善，辛勤耕耘，修身养性，知天乐命，气色自然会慢慢明朗。若傲僻躁急、好逸恶劳、贪心淫念、害人利己，则其祸更速，其贫困加倍。

第九章　辨男女相面左旋右旋真诀精义

第一节　论五官与七门

五官者，耳、眉、目、口、鼻是也；七门者，奸门、命门、阙门、庭中是也。山根位，男为妻座，又为疾厄，又为怪部。鼻为官星，口为禄堂，颧为权柄。印为印堂，又为命宫。头额日月角为父母宫。头角为风水、祖业、福德。天仓上为驿马。眉毛为昆玉，左眉为妻，右眉为妾。眼尾为妻妾生产位，眼下卧蚕为子嗣。左耳头为寿堂，右耳头为福堂；左耳孔为人门，右耳孔为鬼穴。鼻佳妻贤，颧佳妾胜。山根纹为妻妾宫也，为母座。书云：额角岩崭先丧父，山根低陷损亲娘。少年克母者，多主山根断也。

面之正面为城，面之旁边为廓。廓包城，主富贵。城掩廓，主贫困。若有纹冲缺陷，定主劫财。古语云："田面人多富，盖因此也。"枕骨无论何形，以丰隆俊大有肉包者为贵，无肉包者为平常，耳窍大主聪明多寿，耳窍小主淫愚多夭。耳上轮飞廓反，少年必定先见刑克，中年必劫财身死。

对面不见耳，借问谁家子，善相也，富贵之格。

对面不见腮，此人何处来，凶相也，贫贱之格。

两耳反，名曰飞轮廓反，多见颧鼻虽好而不反，耳无珠者亦然，又多主死于他乡。

额上华盖纹，主破祖业，克妻子。印堂悬针纹，主无祖业，克妻子。山根年寿有横纹，主刑妻。隔角有纵理纹，主养他人子。奸门有暗色及黑痣者，主妻产厄。直射印堂及羊刃眼，主自缢。年寿有纹而纹过两边者，主刑妻。缺陷亦然。山根有八字纹，主克妻。

法令破兰台，主刑冲破财。奸门有十字纹。主妻妾不得其死。鱼尾纹大多亦然。泪堂有纹，主刑子。眼下罗网纹，主养螟蛉子。颧骨破纹，主破产。面纹太多，主鳏寡孤独。口外有纹如撮来，主贫困无子。眉中有破纹，主刑兄弟。两颧纹，主寿而无子，印堂有纹二三条者，主一生劳苦担忧。

额有黑痣，为官主降谪而死，印上有痣也然。相凡自发际至印堂左右，俱不可有黑痣，为官最忌，主官非囹圄，刑克父母妻子，破产身灾；庶人亦然，且主文星退晦。又印有黑痣主二十五岁前后定必刑妻也。驿马有黑痣，为官到任不久降谪，商贾主破财，在外身亡或途中遇盗，庶人破产。泪堂有黑痣，主克子女。奸门有黑痣，主妻产灾厄。山林有黑痣，主蛇虎伤。法令、地阁旁有黑痣，主水厄。鼻上有黑痣，主宿病。颧上有黑痣，主破产，为官失职。眉内有黑痣，主克刑兄弟，若眉过粗浓，又主水厄。眼白内有黑痣，主淫。人中有黑痣，主刑克子。

红痣有吉，无论何处生红痣，皆以吉断，若黑痣旁有红痣者，乃半吉论。红痣在头上，主寿，在龙宫，主子贵。在奸门，主妻贤。在颧，主有权位。在地阁，主厚禄。在印、在额、在鼻，主身贵。在眉，上兄弟贵。

额上多青筋，主少年刑克父母，本身灾祸缠绵。

奸门多青筋，主生子愚蠢；地阁有青筋，主妻妾多病有刑。

两眼下多青筋，主水厄。年寿有红筋，主火厄。

准头红，主火灾，或官讼，名曰："朱雀动"也。

准头兰台有红丝，主贪酒色。

颧有红丝筋，主命夭。

眼白内多红筋，主性狠，若红筋贯睛，主不得其死。

发尖冲印，发闭日月，皆主刑克父母。眉反生带箭毛，眉尾交反皆生刑兄弟，纵有参商不睦。连眉主刑克兄弟、父母，本身多病命夭。婆娑眉，主妻妾多女，眉毛下垂亦然。左眉低，定克妻。鬓过命门，主中运多刑克，官非、破财，灾病，子嗣稀迟，为官失职，降谪。鬓锁喉，主刑克，破财，灾病，老来忧。须连发锁喉，主老来鳏寡孤独贫寒、刑克、官非、破产、囹圄、桎梏、噎食、饿死、为官大忌，主降谪，有此鬓及须者宜改不可留也。

面上多毛，忧疑贫困。须、髭、髯三者，凡有逆生，主子不孝。皆太浓厚粗大者，名为重罗叠计者，不出嗣，定主刑克父母及兄弟也，纵有兄弟，反为独一之相，若出嗣无妨，重罗叠计，原为出嗣过房养育之相也。

眉毛粗浓杂乱，主性刚暴。不忠、不仁、不慈。

凡胡连鬓过命门者，总宜通顶早，发际高，头发疏，乃能出得此劫，否则，兄弟更难上。眉太寒，须太稀，子嗣微弱。

第二节　三停成坑断

上停：额横过中正位或坑，主少年劳碌，求财塞滞，求名文星退晦；有祖业者防劫耗，有父母者防刑冲。此运主三十岁前不发。

中停：泪堂、龙宫、两颧位下陷成坑，眉横者，主中年妻子刑冲，财帛耗劫，此运主五十岁前不发。

下停：法令成坑，或两颊凹陷，或口反，或地阁不朝，主晚年刑克，破耗，孤苦饥寒，此运主六十岁前不发。

印堂成坑，主一生忧劳事多逆志。

眼眶如槽，一生财丁塞滞。

第三节　看男相诗诀

妻宫鼻准子宫颧，肉体丰隆端且圆。

仓库明充眉秀艳，口朝唇厚尤尊贤。

凡看男相，以妻、财、子、禄四件为最重要。妻宫在鼻，宜丰隆正直，忌薄削，起节、冲反、有斑，麻痣瘰，尚能光润无瑕，丰隆端正，主得内助贤能。

生产位在奸门，亦号鱼尾，宜光润无瑕，饱满无纹，主妻妾生产无灾；若有斑麻痣瘰，主妻妾有小产及产厄；若低凹如槽而眉骨高露，眉尾反冲，多筋多纹主刑妻欠禄，又生子息难；若鱼尾多十字纹，交加纹，主妻妾死于非命。

子嗣宫在泪堂，亦名龙宫，宜光满平润，无暇无浊，不陷不露，眼眶不深，卧蚕不枯。额无华盖纹，人中不平满，法令不破，兰台、地阁朝天，两鬓不过命门，定主子嗣易生易养，否则必虑刑冲。

财帛宫在六府五岳，六府五岳宜丰，不冲、不破、不孤、不露，定主富豪，若有缺陷，行年至此必有灾劫。

禄堂在口，宜唇厚红大而齿朝齐，舌大红厚，唇纹多，定一生禄厚福大。

凡相贵乎清，惟清要秀，清而不秀谓之贱相也。不忌于浊，惟要厚，浊而不厚谓之贫。清而不寒必贵，浊而得厚必富。书云："清贵乎秀，清不秀则贱；浊贵乎厚，浊而不厚则贫贱哉。"是言也。

第四节　看女相诗诀

夫星丰正子宫平，地库天仓满又明。

安乐印堂颐晚福，一生贞洁不流睛。

凡看女相，以夫、子、财三件为重。夫星在鼻宜丰隆端正，不偏不倚，色明润，不起节，便是旺夫。子宫在颧，宜明润平满，无冲、无破、无斑麻痣瘰，是益子。财星在六府，宜丰满润泽，无冲无瑕，便是旺财。三者俱美，是为女相可嘉者。至如瞻视端正，寡言端庄，且能贞洁自守，印堂宽广无冲，面无愁态，无忧常叹，且能一生安康永享荣华。妇相如此，定能富贵康强，旺夫益子矣。

秘诀云：妇女最怕犯孤神。何为孤神，眼圆露白，鼻仰露孔，唇掀齿露，耳反轮飞，耳缺额削，额凸颧高，发低额纹多，鼻节鼻梁鼻剑脊，头过大，颧过大，露喉，破锣声，法令深，发粗秃，眼竖、眉竖、鱼尾纹多，鼻大高，面大长，面方面黑，口外多纹，面纹多，皆谓之孤神妇女，有一犯之，定然孤苦。

第五节　看富相诗诀

五岳丰朝四库充，家财万贯禄千钟。

祖业在耳兼头角，拱护峥嵘赛石崇。

凡看富相，必须五岳丰隆而朝，天仓地库圆满，头角峥嵘，耳轮拱护，口大唇红厚，大而红，口棱朝上，眼眶不深不露，土地清洁，而井灶有栏，不仰不冲，如得全美，则少中晚运皆得其富。稍有不如，定遭破败。富贵之相，总宜边地四起，乃无劫瑟。又诀云：登鼻而望八方成，不相倾为良也。如此便是五岳六府皆全壁也。

享祖业断：耳轮不反，头角峥嵘，天仓不陷，额堂丰满，无筋无纹，印堂平满，山根年寿丰隆是也。

发横财断：两颧丰满，色泽光彩，无纹，无冲，无痣瘰，颧骨直插天仓是也。

无祖业格：耳上轮飞廓反，一也；悬针破印，二也。头尖无角，三也；山根折，四也。有一犯之难享祖业。

第六节　看贵相诗诀

官权印禄四般齐，驿马丰满两眼威。

帝座巍兼辅职弼，天仓地库总如围。（此诗为任仕途者言）

天仓饱满福堂高，额似覆肝顶骨豪。甲第眼清眉秀艳，唇红舌

大紫罗袍。（此诗为科甲者言）

凡看贵相，以官、权、印、禄、威五件为最重要。官星在鼻，宜丰隆耸直。印堂在眉端，宜丰满阔平。权势在两颧，宜丰圆高拱。威煞在眼睛，宜土地清洁眼秀长有神。禄堂在水星，宜红厚朝元。阔大容拳，须清不黄，舌红厚而长，牙齿坚白而齐，声如洪钟。如能件件齐美，定主大贵，永无风波。一有不足，行年至此，定主困滞。如应试求名，总要印上黄明紫气均可，主文中试官。额如覆肝，或有伏犀骨起者，定主出人头地，或案元、拔元、解元、会元、状元者有之，以相之厚薄定其大小可也。又口为文章之府，如口大唇红，有棱唇厚，舌大而红，长而有纹者，定主文章贯世。又耳白面白如冠玉者，主功名显达，天下闻名也。准头丰隆，梁柱端正，定言为官得子民赞颂，声誉流传。

席座驿马两处宜黄明，发现紫色临官，定主大显，稍有暗气色侵，定防降调。舌长而红，多主食天禄而贵。

经云：相得四渎者贵。四渎成者，贵人也，不成则贱（此诀宜谨记）。又如少年发甲第者，定然眉高耳高，额堂饱满，眉清秀长，色如冠玉，眼有真光者。书云：天仓饱满福堂高。又云：眉居额中，额如覆肝，皆土早发者。福堂，耳头也。官宫不宜缺陷，部部务要丰隆，缺陷痕纹，皆不吉，黑暗总成凶。鼎甲之相，眉居额中；翰林之相，品极潇洒；进士之相，神刚性介；举人之相，神和气清；秀才之相，浊处含清。

相心法，男看天庭，女看地阁。天庭广阔，少年发达。地阁圆厚，晚年享福。男女皆然。眉浊，额运不发；颧突骨，眼运难行；口反，晚运必败。

或问：富有大小，相从何辨？

答曰：五岳丰隆而朝，天仓地库饱满，掌厚如绵，腰圆背厚，唇红口大，舌厚红大长，牙齐，须润而疏软有索，口角有棱朝上，四渎不露不劫，不冲不破，形如苍松，色如冠玉，声如洪钟，此乃

周易相学精粹

大富贵也。如若神强，兼主大贵大福寿也，何止大富也。

中富之相，颧丰准隆。地阁圆厚，口唇红润，两角相仰，双珠朝海，准窍圆收，掌背丰厚，神清气爽，此中富之相也。小富之相，清而不寒，厚而不浊，四库凝丰，四渎不深，口角不垂，两颧有势，鼻孔圆收，眼睛不露不陷，此小富相也。

诀曰：五岳欲耸竣圆满，四渎欲深大岸开。五岳成者富人也，不成则贫。四渎成者贵人也，不成者则贱。又云：额为天，颐为地，鼻为人，左目为日，右目为月，天欲张，地欲方，人欲丰长，日月欲光明。天好者贵，地好者富，人好者寿，日月好者茂。上停为天，主父母贵贱。中停为人，主昆玉妻子仁义。下停为地，主田宅奴婢畜牧饮食也。又云：天仓满天禄，地仓满酒肉。又云：登鼻而望八方成，不相倾，为良也。

问曰：能享祖业之相如何？

答曰：耳上轮廓包裹分明，头圆额丰，山林冢墓饱满，鼻梁丰隆广大，不露鼻节，掌厚肉厚，不露筋骨，此享大祖业相也。有一不如，亦当耗劫者。又山根有纹直射印堂者，主无祖业。

诀曰：轮飞廓反，头尖额削，掌薄鼻薄，天仓缺陷，皆主祖业有劫。

又云：额有纹破，少年破家。颧有纹冲，中年破家。地阁纹破，晚年破家。眼陷中年破财，口反晚年劫财，脐不容针也然（不容针窍小之极也）。

或问：早年行运与中晚年发财者，相从何辨？

诀曰：早年行运在上停，如头额丰隆，无筋无纹，天仓饱满，耳高照额，眉秀弯长，此则早年发财者。中年行运在中停，如两颧丰满，端拱鼻中，两眼秀长，不陷不露，鼻孔圆收，梁柱丰隆，此则中年发财者。老年行运在下停，如地阁朝元，口阔唇红，两角朝上，重颐丰颔，须疏而润，不困不枯，不秃不浊，此则晚年发财者。

诀曰：一官好贵十年，一府好富十年。五官六府皆好，富贵无比。头尖额削，三十岁前贫夭。天仓陷眼睛凸，四十岁前贫。颧泻准泄，五十岁前贫。覆船口，须困口，法令深，地阁削，六十前贫。又云：三尖六削贫苦终身。又云：限深家内乏资粮。脐小不容针者亦主老来穷也。

或问：白手兴家之相如何？

答曰：两掌红如喷火，或断掌，或八卦丰满，或掌软如绵，掌缝不漏，面上仓库成就，鼻孔丰满平收，驿马隆而不陷是也。

诀曰：手足如绵，富贵终年。手足厚好，立使在旁也。

或问：偏财之相如何？

答曰：两颧圆丰，高耸佐鼻，颧旁直透天仓，指缝纹不溢掌背，定主大发横财。赌博得财者亦此类。

或问：吝啬之相何如？

答曰：掌厚指短，鼻窍圆收，四渎小而不溢者是也。

诀曰：鼻主义，收藏聚饮者，吝啬悭鄙之情是也。又云：美眉目，好指爪者，庶几好施人也。

又云：指长缝疏者好施舍，指短缝密者必贪婪。又云：弥猴掌好施舍，蛤蟆腹好贪婪。

又云：四渎窍小，其人必吝。大凡吝啬太甚者，主子嗣艰难。

或问：寿考之相何如？

答曰：头骨耸起，枕骨强起，耳后骨高起，鼻梁骨隆起，地阁骨朝起，两颧骨丰起，颈有肉，耳有毛，项如涤，腰背高挺直耸，声洪神强，此大寿之相也。如能骨肉均匀，背如负物，腹似垂箕者，兼主寿而贵，且能享子孙福矣。

头象天，骨胜于肉，是谓阳胜阴，虽主寿考而子孙定多刑克也。

诀曰：喘息长而慢者，长命人也。喘息急促，出入不等者，短命人也。又云：骨肉坚硬，寿而不乐，体肉软者，乐而不寿。又云：项后皮宽有纹理者，主寿。纹而乱，皮色黑枯者，虽寿而孤寡贫寒，势不可免。

或问：夭折之相何如？

答曰：耳薄而小，神寒气促，眼露光浮，面上多筋，面皮光薄，红如桃花，枕骨不成，头倾颈小，山根折断，口薄唇掀，两耳低垂，轮廓不成，牙疏齿小，法令太深者是也。

诀云：肥人肉浮，气速者夭。瘦人筋骨露，气速者亦主夭。又云：额削眉骨现，兼以山根折者，主三十前后而亡。结喉露齿，眼突者，主四十前后而亡。面如桃花，光亮闪灿者，主二十前后而亡。耳头下垂，面白神衰，面筋多现，面皮青薄，连眉发低，额陷筋冲，纹冲，色脱神短，主三十余岁前后而亡。

又云：满面如桃花色者，主少年因色欲身亡，断非寿相。若老人有此色，定主刑克子孙，耗散家财，官非口舌，常遭盗贼。

或问：发贵之相，何以辨其发之大小，发之早晚也？

答曰：大贵者，必须内相外相俱佳方为尽美。譬如五岳、四渎、手足、身材、须眉、鬓发谓之六外相；声音、牙舌、眼神、举动、饮食、坐卧谓之六内相。一有不及，定主美中不足。则所发当以全局而定其小，以部位而定其早晚，则庶乎其不美矣。

譬如早发之相，耳必高耸配颧，眉必清秀高长，额必广阔高隆，无纹无筋，无瘰无破，头角峥嵘，学堂光明，色如冠玉。所谓天仓饱满，福堂高。又谓：额如腹肝者，皆主早贵。前有《贵相图》一一列明，宜细心体认可也。

诀曰：额角高耸，职位优重。虎颈圆粗，富贵有余。牛顾虎视，富贵无比。天仓满天禄，地阁满酒肉。凡早年发贵者，多主天仓满也。又云："四渎成者贵人也，不成则贱。"

或问：文贵与武贵相从何辨？

答曰：文贵胸藏其气敛束，武贵胸露其气发扬；文贵举动优游稳重，武贵举动坚实急速；文贵骨格纯和，武贵骨格刚露。以此而辨，知其八九。再将手掌按摩，察其掌中之纹理粗细与指形之大小尖秃，便可得其详也。

诀曰：武贵以眉形如帚，颧插天仓，面方眼威，口大鼻丰，虎头燕颔者，定主武功大显。至若面黑赤，须赤须密，须秃须困，兰台廷尉破者，定主阵亡。

又云：有文贵而颧骨直插天仓骨，他日定参武功，威震远方。有武贵而眉目清秀纯和者，他日定兼文才大振，声名四方。文武相以虎头燕颔，龙眉凤眼者为大贵。文相有此，定主文武统属，如能颧骨直插天仓，口大唇红，舌大红长，声雄气壮，上停长者，是公侯伯子男之相也。

又曰：颧骨高耸，官主正印，不耸偏印。

第七节　相骨论贵格

驿马骨起主贵，鼻骨冲印主贵，颧骨直插天仓主大富贵，地角骨丰圆主大富贵，额角平圆主大富贵，颧骨插天庭主大富贵，此格皆主封侯。男人主贵，至一品，得爵，文主伯子男爵，武主公侯爵。

或问：常有大富贵相，及至晚年，或遭刑戮，或遭饥寒冻馁，或遭绝宗断嗣者，其相何如？

答曰：此相必泪纹深，或须髭困口，或下须锁喉，或须开燕尾，或须秃如帚，或须连困面，或面色如炭，或声如破锣，或面如丹赤，或口角反弓故也。否则，断不至此。

或问：忠臣之相何如？

答曰：忠臣之相，面貌庄严，骨格奇峻，颧骨直插天仓，五岳相朝，饱满，鼻准丰隆，直贯印堂，睛烈神强，头昂腰直，指甲健厚。若此，乃能胆足气壮，见难不避，准尽节当年，正具尽善尽美之运，因名垂竹帛，万世流芳故也。但斯年之气色，必定如煤炭也。

诀曰：好相而骨气逆生者，主有忠臣不怕死之勇，恶相而骨气逆生者，定是谋反叛逆之徒。

又云：眉骨陡者名为九反骨，庸人有此定主叛逆。又云：面大鼻小断非忠臣之相。又云：五岳以鼻为主。凡鼻形不正，三弯三曲，薄削无肉，则其人之心肠已不可问矣，尚能望其为忠臣欤！

或问：庸臣之相何如？

答曰：庸臣之相，为官食禄也，同一是其相，何尝不佳？不过尸位素餐，全无忠肝义胆尔。故当临大节时，偷生苟免，骨气全无。食肉者鄙，然察其相貌，临难苟免，畏死贪生者，其人多畏死。

或问：一生为官屡升屡降，相从何辨？

答曰：山根位断，面色、唇色不鲜，两耳欠耸，印堂晏暗冲陷故也。

或问：为官一生，不能高升者何也？

答曰：或头尖，或颧泻，或口反，或印陷，或鼻小，或鼻折，或口小，或眼小，或须泻，或眉泻，或声焦，或齿缺，此类之相，皆不能上达高升也。

或问：暮年始发大贵，而少年贫贱非常者，何也？

答曰：此必额纹过多，或骨胜于肉，或面色苍老，或骨法宕逸，是以少年部位难发，及交暮年，行下停运，定必口如丹赤，口大唇厚，舌大红厚，牙齿齐全，须如丝软，上不困口，下不锁喉，疏细软滑，光润有索，地阁朝天，双珠朝海，声如洪钟，腰腱如松，此乃主晚贵。

或问：身列科名而终身贫寒者，何也？

答曰：此人能获得科名，定必眼有真光，其神必清，其口有棱，其额必耸。至于终身贫寒，定因形貌过清而寒，过秀而薄，兼以仓库不丰，面色不泽故也。

或问：贪官酷吏之相，何也？

答曰：颧骨横生，须连声雄，双轮喷火。如此形格，定然苟酷不仁。鼻孔藏收，七窍圆小，眼深神烈，喜怒无情。如此形格，定然贪赃剥民，兼而有之，贪酷并断。

或问：开国功臣之相，何如？

答曰：其头骨肉奇俊，颧两骨必露，眼睛必烈，眼神必急，眼白必多红筋，骨气类反生者是也。

或问：眼有红筋，神急眼烈，是为恶人，何以反为功臣？

答曰：开国将帅皆以兵戈戮杀为是，故其未定鼎时实为乱国贼寇，反其既定鼎后，乃为开国功臣，眼为凶恶相当有者。

或问：地方官城池失所，何以相见？

答曰：满面乌云，颧满暗滞，边城、印堂、天庭皆现乌暗之色，是以至此。

或问：官员降谪，相从何辨？

答曰：上停者为帝座，乌暗主降谪；中停为官星，鼻暗颧暗主降谪；至如天庭、印位、鼻准、两颧有黑痣者，主官星降谪。退晦色现在额上，主大凶，市死，或主落难为奴也。

或问：曾见有人相貌魁伟者，亦复面如国字，何以不为官长，反在公门服役，或做门印账房，或做长随侍者，何也？

答曰：其人虽相貌堂堂，然细察其五官六府，定多缺陷，或须眉鬓发定多浊气，或眼无真光，或囟大鼻小，或准向前低，或颧冲印冲，或六禄堂不朝，或齿缺唇薄，或颧塌头尖，或声音雌散，或身胖无臀，或须髭困口，或举动轻浮，类此者，难言福禄之贵。

或问：父母荣耀，于相何辨？

答曰：日月角丰圆明亮，额堂高广，头角丰尉，耳上轮廓分明者是也。诀曰：上停主父母贵贱者也。

或问：少年骤发大贵而天年不永者，何也？

答曰：其人额必广阔，耳必高耸，面色如玉，故主功名早发。惟其眼露筋浮，色若油光者，或红如桃花，严紧光薄，故主天年不永也。诀曰：桃柳不姿，即发即败者。

或问：一生贫贱者何也？

答曰：五岳四渎不成就，三尖六削，神衰色焦，须眉发鬓皆浊，背薄腰厚，眼肉枯黄，足薄手薄，鸡胸狗肚，面生尘垢，纹名破祖，面皮百折者是也。又云：眼深家内乏资粮，主少年贫也。头尖早年多困滞，主少贱也。又云：脐窍小不容针者，言其极少也。又云：两眉竖起如刀剑者，谓之罗计夺命，定主一生所求多不如意也。诀曰：人有六贱，头小身大为一贱，目无光泽为二贱，举动不便为三贱，鼻不成就、准前向低为四贱，脚长腰短为五贱，文策不成、唇细横长为六贱。又云：额角缺陷，天中凹下为一贱，胸背俱薄为二贱，声音雌散为三贱，眇目斜视为四贱，倾鼻曲为五贱，多言多语为六贱。

或问：早年刑克父母者何由？

答曰：其人轮飞廓反，鼻梁起节，发尖冲印，中正筋冲，头骨过大，翘唇齿露，地阁尖削，天占于地，阳胜于阴，连眉锁印，重叠罗计者皆是也。诀曰：额削刑父，颐削刑母。又曰：左眉低先刑父，右眉低先刑母。又曰：额有旋毛亦然，皆防于少年行额运也。

或问：娶妻不贤之相如何？

答曰：其人鼻形酷劣，鼻梁清削，准头尖小偏歪，奸门缺陷是也。如得内助贤能，其人梁柱丰厚端正，准头圆如悬胆，奸门饱满光润无瑕者。

诀曰：鼻之梁柱名为妻座，凡有黑痣及痧纹冲破或色暗者，皆主妻宫有病刑冲，无缘欠力。又云：奸门低陷，主生死离别；奸门多青筋，主妻多病而死；奸门有痣，主妻妾小产及产厄；奸门有纹冲，主刑妻；有交加十字纹，主妻妾死于非命。

或问：俱内之相何如？

答曰：眉毛婆娑，下须拂口，两颐侵颧，雌雄眼，两颧低，眉压目，数者皆主俱内之相。

第八节　刑妻断

面大鼻小，无颧准大，眉骨如指粗，头过大山根弱，山根有八字纹，眉毛粗硬形竖似刀剑，左眉低垂，连眉，眉毛反生，鼻上起节，剑脊鼻，准头垂，鼻太大，额有痣，鼻偏斜，鹰嘴鼻，华盖额，颧骨如拳，单眼，眼小面大，鼻大口小，鱼尾纹多深现，悬针破印，山根印堂有痣，山根有折断纹，奸门梁柱有黑痣，奸门及眼尾有暗色如斑。以上之格皆主刑妻妾。

奸门低陷，妻妾无缘。奸门低陷，常作新郎。悬针破印，妻子两刑。鼻小面大，刑妻。山根左右为妻妾，若有损破痂痕，主妻当破相，暗病防刑；有黑痣，主不贤。奸门有十字交加纹，主妻死。奸门有黑痣，有痂瘰，主妻妾小产之厄。山根左右为妻座，有黑痣，主克妻。凡鼻部有痣，主刑妻。

第九节　面相综合问答

或问：妻妾死于非命者，其相何如？

答曰：鱼尾纹多，妻防恶死。又云：奸门有十字交加纹者，定主妻妾死于非命。

或问：男无妻，女无夫，终身不偶者，其相何如？

答曰：其人面上必无喜容，令一见若生畏惧者是也。有如面色青蓝，形如鬼脸，或红赤如丹，面如神像，或面皮百折，或深睛突额或竖眉鹰嘴，或三颧面，或破锣声，或蜂目狼顾，或仰露白，或尖突眼圆，或挺胸鼻节，或耳缺额削，或拗面掀唇，或圆口虎牙或发如胃皮者，皆是也。

或问：男女正配，或主有情，或主无情，其相何如？

答曰：眉如新月，准头有肉，奸门饱满，无瑕无纹，唇红齿白，定主多情相爱，无情者无此。诀曰：眉如新月，意气可人。又曰：准头垂肉，贪淫不足。又曰：唇红齿白，男女相怜。又曰：鼻梁薄削，不仁不义，面皮青白，面上无肉，性僻心毒，如此之相联系，定主薄情人也。

或问：女多子少，其相何如？

答曰：眉尾眼尾下垂，眉毛婆娑压目者是也。若此薄相，倘多生子，也主刑伤。诀曰：何知此人多女不多儿，皆因眉眼两头垂。又云：乳头好而龙宫位不好者，主多生女，女作虚花论也。又云：乳头好而脐破者，多女则可，多丁必见虚花。又云：山根纵理纹，主养他人子。又云：眼下铺罗网，主养义子螟蛉。

或问：得子发贵，能享子福者，其相何如？

答曰：两颧光润圆满，并无暗色侵占，地阁朝拱，须疏而润，背如圆物，腹以垂箕者是也。

或问：克子之相何如？

答曰：两颧冲破，龙宫黑痣，或色暗纹中，或华盖纹多，或人中平满，或乳头带破，或脐窍下覆，或腰陷如槽，或面如油光，或面带桃花，或面色烟煤，或形容酷烈者皆是也。诀曰：眼尾下有青黑色如指类者，定主克子无疑。又云：脐窍下覆早子不育。又云：人中平坦，长子难成。又云：腰陷如槽，虚花不寿。又云：两鬓过命门，或胡或须者，皆主子嗣刑冲稀少延迟也。

或问：无子之相何如？

答曰：无子之相甚多，我举刑格列后，以便观览。

或问：奴婢之相何如？

答曰：终身为奴婢者，定必耳低而薄，其色黑暗，轮廓不成，额必太窄，鼻必短小，两颧尖削，掀唇露齿，唇薄齿疏，形容卑屑，面上尘垢故也。若少年为奴婢而中年不为奴婢者，不过少年行耳运，或轮飞廓反，或耳低而薄，或额削头偏。至交中运，定有可取地步也。诀曰：鼻柱薄主立诺。又云：腰短脚长，为人所使，此则终身奴婢者。

或问：兄弟或多或少，或贵或贱，或得力或不得力者，相从何辨？

答曰：两眉舒长，秀而有彩，软而不坚不乱，定主兄弟众多，若有竖毛乱毛者，虽众多亦主刑克，或彼此性情各异。参商不睦；若有彩色豪光者，主有富贵同胞；若短促不反目者，主欠得力而稀少数；若粗乱浊逆者，主刑冲隔角，被此寇仇；若幼软疏秀者，主兄友弟恭，家庭和睦。诀曰：眉长过目，兄弟五六；短不及目，反为孤独。纵有一双，也非同腹；反弓带箭，阅墙不睦；新月弯长，贵器金玉。

或问：交友得力，相从何辨？

答曰：眉高有彩，驿马丰隆者是也。若问眉毛散浊而丑目者，主见损有劫财也。或问：奴仆得力，相从何辨？

答曰：两颧有势，两眼有威，悬壁饱满，地阁丰朝，口角朝天者是也。或脑后见腮，胡连须锁喉，须困口，兼以无颧者，定主奴仆反悖不义也。

或问：在桑梓得族人钦敬，在官宦得子民颂扬者，其相何如？

答曰：鼻准大而有肉，耳高耸而色白，边城起，边地朝者是也。诀曰：耳目主名扬，鼻大主声誉。

或问：读书聪明者，其相何如？

答曰：额丰脑耸者必聪明，额窄脑塌者必鲁钝。

或问：人以文章名世者，其相何如？

答曰：口为文章之府，人以文章名世，定必口大唇厚，色如丹赤，口角上朝，牙白而齐，舌红大长厚而多纹者是也。诀曰：毛发光泽，唇口如朱者，才能艺人也。

或问：劳碌之相何如？

答曰：面长如驴马，兼以脚长腰短，面纹太多，筋骨太露者是也。诀曰：骨肉坚硬，寿而不乐，体肉软者，乐而寿之。

又云：颈干枯，面多纹，腰背薄，面坑深，手脚筋骨尽露，定主一生劳碌辛苦。

或问：安逸之相何如？

答曰：肌肤肥白，面如满月者是也。

或问：多喜之相何如？

答曰：印堂宽广，平满无冲，颜容常如悦者是也。

诀曰：无忧面乐，乐必还之。

或问：多忧之相何也？

答曰：额纹多眉心皱者是也。诀曰：无忧而成戚，忧必及之。又云：富贵在于骨格，忧喜在于容色也。又云：印堂有纹，主一生忧勤惕厉，刑劫颇多，又主为人一生心杂，每多妄想。

或问：忠厚信实，局量宽大，其相如何？

答曰：准头有肉而光，面皮宽润而明，齿齐而大，舌厚有纹，唇色艳厚，四渎成就，印堂宽阔者是也。至若眼眶深，面无肉，颧尖露，颈筋粗，咀如雷公，睛深睛酷，皆主刻薄寡恩，反面无情，不忠不孝，不仁不义，背信。

或问：不忠不孝、不仁不义、不信实之相何如？

答曰：其人眉逆、骨逆、颧逆、耳反、眼露四白、面肉横生，如此之相断不善终。

或问：好杀戮，无慈心者，其相何如？

答曰：眼突眼黄，旁多红筋，颧高横竖，面肉横生，或面皮绷鼓，神急眼恶，或口如雷公，挺胸仰面，目露四白者皆是也。

诀曰：颧尖面横，断非良善；眼圆睛突，狼心狗肺；心窝骨尖，蜜口蛇心。皆非良善者。又云：面凹鼻折，眼深额突，咀翘如猪，脑后见腮，亦主恶毒。

或问：狐窃狗偷之相何如？

答曰：眼光眼神露，斜视不定，诈若惊疑者是也。

或问：为非作歹，阴谋害人者其相何如？

答曰：其人眉棱骨竖，眉如反弓，两颧粗横，眼突四射，声粗骨细，形神凶恶，面色青蓝，骨气逆行，鸡胸蟾口是也。

或问：奸狡阴毒之相何也？

答曰：鼻头无肉，三弯三曲，面皮青薄，眼深咀尖，行则垂头，独坐言笑，隐睛藏目者是也。诀曰：转睛无情，咀如雷公，面皮紧急，舌短尖小，其心多毒。又云：心窝骨起棱者，主毒害杀人。

或问：走卒之相何由辨？

答曰：此与奸戮杀无慈心之相同观。其人必定额高耸粗而横，眼恶神速，挺胸背陷，眼露四白者。

或问：谗谄阿谀之相何如？

答曰：耳孔小齿辨细者，邪谄奸佞人也。

或问：好说是非，言多妄诞者，其相何知？

答曰：口大唇薄，齿露牙疏，口角不朝者是也。

或问：淫欲花柳之相何如？

答曰：眼光流露，唇红齿白，准头垂肉者是也。

诀曰：眼光流露定贪淫。又云：齿小面白主淫。又云：准头垂肉，贪淫不足。又云：老人须黄，多好色。又云：金蜂腰，柳叶眉，画眉眼，樱桃口，桃花脸皆主好色。又云：眼湿咀红者好色。又云：腰软而行偏者，亦主好色。又云：贪淫人妻女者，主无子报。又云：兰台有红白筋者，主贪酒色。又云：唇红齿白，多得妇人怜。

或问：多招小人暗害者，其相何如？

答曰：眉浊压目，四方边地不朝者是也。

或问：为人无功，恩施反得怨报者，其相何如？

答曰：人中无须，地阁尖削，悬壁不成是也。

或问：因食生灾者，其相何如？

答曰：口为食禄部，又名乐部。若口小唇薄，棱角歪斜，上唇伏下唇似蟾蜍，口如撮束，若此等之相，定主因食生灾。因此相格原少食禄，止司常淡斋素而已，俗之斋公斋婆每多此类，若兼以须锁口，锁喉胡连，及冻馁入口者，定主饿死。有白气入口者，主服毒死，妇人口旁皱纹，亦主饿死。

或问：曾见僧道相亦清秀，何以不贵而为僧道者？

答曰：过清则寒，过秀则薄，故为僧道，理必然也。

或问：僧道之相，有归于清高，有流于污下者，究何以分？

答曰：骨格清奇者归于清高，骨格庸浊者流于污下。清高者像仙像佛，有如头骨耸突，睛慧准隆，声亮神强是也。清高归天堂，污下归地狱。

或问：俗人相似僧道者，其结局何如？

答曰：相似僧道，定主孤寡贫寒，不利后嗣，断无好结局者，像仙佛者亦然。

或问：肥胖而一生贫寒不发，其相何也？

答曰：此系背肉尸体，徒有其形，而色无神无气者。

或问：曾有清秀之相，而一生安享荣华者何也？

答曰：此乃骨格清奇，鼻准丰隆，头角峥嵘，精神强壮，气色清华，声音清亮，唇色鲜艳，眼有真光，指尖掌软，须发疏润。所谓昆山片玉，桂林一枝香也。

或问：医卜星相，无不乏人，有扬名与不扬名者，究何发分？

答曰：医卜星相虽属小技，然必有慧心者，方能洞察入微。故术士之相，贵于清高，眼贵于灵秀，口贵于宽大，耳贵于润，鼻贵于丰隆。能兼此数种，定必名扬天下。

诀曰：身白主名扬，鼻大主声誉，术士亦然。

或问：小旦小官，面也清秀，何以不贵，而反为污下者？

答曰：眼含秋水，额削腰软，面皮青薄，色若桃花，唇薄而红，齿白面小，面滑身涩，掌指粗秃，其相俱入淫贱之极，直与娼妓同视。

或问：官非缠绕，常遭囹圄，相从何辨？

答曰：其人眉浊散乱，眼白红筋缠绕，山根跌断，鬓困命门，印堂有痣，两颧乌暗故也。如山根丰隆贯顶，水星红润而朝，纵有官非不能为害。又云：面上及准头红赤，为朱雀色现，主有官非干连也，或主火灾，火灾色亦为朱雀也。面大鼻小，官非不了，桎梏宜防。凡老人面红者，主劫财刑子；若过于赤色者，主官非而死。

或问：死于牢狱之相何如？

答曰：此与不善终之相同断。其人定必眼旁鱼尾纹太多，额上华盖纹太多，及眼突睛黄，或眉乱锁印，兼以山根折断，或面色太赤，皆主启刑有犯者。诀曰：眉毛乱浊，连锁印堂，兼以山根折断者，谓之图圄相也。

或问：冤鬼之状何如？

答曰：面如烟煤，两眼如泣状，口角歪斜，眼尾歪斜，俨如庙中泥鬼也，如此之相定难逃劫。

或问：恶人不善终之相何如？

答曰：面肉横生，眼睛黄突，红睛贯目，面纹太多，苦泪纹深，两颧冲陷，或倒眼单眼，及四白俱露，焦声赤脸者是也。又有五官不相拱护，俱反出外，面仰如伏竹状者，亦主不善终。山根有纹直穿印堂及羊刃眼者，主自缢。又鱼尾交加纹太多者，亦主善终之相也。

或问：死于刀剑之相何如？

答曰：此亦与不善终同断。然细察其人，鼻上有刀剑纹，分月纹，及面肉横作画，气暗眼黄，神如醉态，或肥不称体、形如猪狗牛羊，眼寒睛黄，色耗无神，如痴如醉，皆遭兵死。

或问：溺水之相何如？

答曰：法令地阁旁有痣者，主水厄。口角歪垂，法令纹深，面色暗黑者，定然溺水身亡也。

或问：火灾之相何知？

答曰：准头赤，面色赤，赤为朱雀动，故主火灾。眉毛疏散，其色枯焦，眉毛反生向上，形如火象者，亦主火灾。

又云：朱雀现于面，或火灾或官非，或刑克破财。眼神太急者，亦主火灾官非。面上生斑点如火屎烟煤者，兼有赤色，定然火上劫财也。

或问：死于他乡之相何如？

答曰：眉骨陡高，或兼眉竖印陷，耳上轮飞廓反，结喉露齿者也。诀曰：项露喉，齿露龈，鼻露节，眉露骨，耳反棱，合而有之，定主死于他乡。又两腮骨撑开如风字，定死于他乡。

或问：童孩法令太深者何如？

答曰：童孩法令太深，名为苦泪纹，定主夭折。二三十岁有此纹者亦然，老人有此纹主无子送终，刑克破耗。

或问：寿年将尽之相何如？

答曰：神衰色槁，耳枯眼定，头俯唇青者是也。诀曰：行如雀步来侵我，唇如隔岁侵生羡。又云：眼定为望路眼，老人定，其命将危。

第十节　察疾病心法

或问：心经受病，相从何见？

答曰：眉心皱，悬针破，山根断，眉连印，眉毛垂，皆主心经受病或心痛病。

或问：肝经发病相从何见？

答曰：眉骨强起，颧骨高竖，人瘦筋现，眼红多筋，面皮紧瘦，颈筋多粗，骨垂肉轻者是也。若鼻脊露骨，纤小无肉，定主肝病阴虚见血者。

或问：脾经发病，其相何如？

答曰：面色青黄无光，唇色青蓝不鲜者是也。又云：面色过于青，则脾虚；青而兼黄，则脾虚受湿，若茶黄色，则脾有湿热；若唇色青蓝，则脾虚而寒，且主饮食不节，宜补脾为佳。又须红者是脾不统血，或衄血吐血有之。

或问：肺经者受病，其相何如？

答曰：准头红赤，主肺火；颧色黑暗，主肺寒。肺火病燥热，肺寒病哮喘。

或问：肾经受病，相何如？

答曰：眼下青暗，两耳生尘，额上乌赤，面烟煤者是也。

或问：伤手之相何如？

答曰：鼻子年寿部位有似折断者，主跌折手；有似刀痕纹者，主刀伤手。

或问：足病之相何如？

答曰：山根折断主足痿，山根狭削主足疼。折断似蜂腰形，削狭似剑脊形。痿者，脚筋酸软也。疼者，火燥脚筋也。又人太瘦而须发白，面色深红者，主骨疼病。

或问：蛊胀之相何如？

答曰：面色无光泽，或惨黑如灰，或枯黄而焦，满面尘垢，乌云者是也。

或问：痰病之相何如？

答曰：眼胞浮肿，满面油光，肉不粘骨者是也。诀曰：浮光而肥主痰饮，防中痰病；颧黑主痰喘，防寒痰为患；筋现露骨气速，主阴虚痰痨。

或问：痨病之相何如？

答曰：形瘦如病鹤，背薄鼻削，肩寒气速者是也。

或问：血病如何？

答曰：年寿有暗色斑黑者是也。上行则吐血，下行则病血瘟血。须红者，多主病血。眼露四白，其声破金声者，防中血。又面黄暗滞色者，主失血或肠风下血等症。

或问：阴虚之相何如？

答曰：鼻脊纤薄无肉，如露枯骨状，年寿部位青暗，满面青暗，如生尘垢寒毛者是也。

或问：宿疾缠身，经年不脱服药者，相从何见？

答曰：年寿为疾厄宫，又名怪部。口为承浆，又称药部。定必年寿位露脊无肉，色枯，兼以唇色青白，棱角下垂之故。诀曰：凡鼻梁低小，薄弱无气，定主一生多疾病，仍防中焦之上，或喉症，或心病者，总在肝肺胃经之间受病也。

或问：暴亡之相何如？

答曰：其人眼无神，露白，面无蔼容，性情怪僻，行止不定，皆主暴亡之相也。又云：面如丹赤，眼神急露，四白，皆然。

或问：眼疾之相何如？

答曰：眉骨陡高如指大，眉浓压目，眼眶太深，奸门太陷，山根折断者是也。

或问：耳疾之相何如？

答曰：轮廓不成，薄削低小，其形丑陋，其色焦枯者是也。

或问：腰疾之相何如？

答曰：鼻形不端，三弯三曲，露节而尖，无肉包裹，偏斜歪曲者是也。

或问：服毒而死者，其相何如？

答曰：水星斜歪薄小或蛤口鹰咀，及唇色青蓝不鲜，或口角反弓无棱，或胡连须，困口锁喉之故，是以主因食生灾者，或被人毒死，或自毒死，或误服毒死，皆同。白气入口，主服毒而死。

或问：邪侵鬼魅之相何如？

答曰：两颧为阴阳堂，又为家运，年寿为疾厄宫，又为怪部。凡有邪侵鬼魅者，定必年寿两颧皆生乌暗之色，额上印堂亦然，又为眉浓粗乱，压目，三阳位上无光耀，是以致此。

或问：因燥热而呕血者其相何如？

答曰：额上起焦浓血色，满面有干浓焦皮，毫无光泽气色者是也。

或问：阳虚之相何如？

答曰：眼眶黑暗，眼昏无神，眉浓压目者是也。缩阳症亦类此。

诀云：面光如镜，其色如桃花者，必主阳虚。或阳痿不举，或缩阳。面黑如灰，其色枯槁无光者，主寒极而缩阳。

或问：噎食之相何如？

答曰：上须困口，下须锁喉，面色蓝黑，毫无光泽，口如撮唇，须生相连，法令太深长，或入口角者，皆主噎者，或主咽喉，为膈内受病也。

或问：遗泄之相如何？

答曰：相水遗泄者，面颧皆红色，油光发亮者也。肾虚遗泄者，面皆黄白，毫无光泽，兼之卧蚕多暗蓝色者是也。妇人遗白带者亦类此。

或问：疯癫之相如何？

答曰：眼四白，扬目视人，定不转睛，或常自言笑，满面暗滞色，眼胞浮肿，虚惊眨眼者是也。诀曰：颧高眼竖睛突，四白俱露，性急性烈者主疯癫。

或问：瘫痪之相如何？

答曰：面皮浮肿，色无光泽，山根断狭，末指偏曲不伸者是也。

或问：驿马动否，相上将如何？

答曰：两颧头角及丘陵冢墓位为驿马方，如其人自眉额至奸门位皆黄明色，绝无一点暗滞，便是主动，动而得财，且主有贵人相遇者。若暗滞色，便是主不动，动则必凶，或因动劫财，或途遇贼，或本人疾灾者。故云：明财动吉，暗财动凶，青暗定惊恐。劫财宜不动为宜也。

或问：印额气色如何断？

答曰：黄明印额主加官，得利还须准及颧。若在三阳生贵子，命宫紫气利名声，白主孝服红生讼，疮痨破财为赤红，青惊黄病黑死亡。

第十一节　五官总论

五官者，一曰耳为采听官，二曰眉为保寿官，三曰眼为监察官，四曰鼻为审辨官，五曰口为出纳官。大统赋云：一官成，十年之贵。一府就，十年之富。于五年之中，但得一官成，可享十年之贵也。如得五官俱成，其贵到老。耳须色鲜，高耸过于眉，轮廓完成，贴肉敦厚，命门宽大者，乃为采听官成。眉须要宽广清长，双分入鬓，或如悬犀新月样，首尾丰盈，高居额中，乃为保寿官成。鼻须要梁柱端直，印堂平阔，山根连印，年寿高隆，准圆库起，形如悬胆，齐如截筒，色鲜黄明，乃为审辨官成。口须方大唇红，端厚角弓，开大合小，乃为出纳官成。眼须要含藏不露，黑白分明，瞳子端正，光彩射人，或细长极寸，乃为监察官成。

夫眉者，媚也。为两目之华盖，一面之仪表，且为目之彩华。主贤愚之辨也。故眉欲清而细，平而阔，秀而长者，性乃聪明也。若夫粗而浓，逆而乱，短而蹙，性乃凶顽也。且眉过眼者，富贵，短不覆眼者，乏财穷逼。昂者，气刚。卓而坚者，性毫。眉尾下垂者，性懦。眉头交者，贫薄妨兄弟。眉逆生者，不良，妨妻子。眉骨棱起者，凶恶多滞。眉中黑子者，聪贵而贤。眉高居头中者，大贵。眉中生白毫者，多寿。眉上多直理者，富贵。眉上多横理者，贫苦。眉中有缺者，多奸计。眉薄如无者，多狡佞。是以眉高耸秀，威权禄厚。眉毛长垂，高寿无疑。眉毛润泽，求官易得。眉交不分，早岁归坟。眉如角弓，性善不雄。眉如初月，聪明超越。垂垂如丝，贪淫无子。弯弯如蛾，好色惟多。眉长过目，忠直有禄。眉短于目，心性孤独。眉头交错，兄弟各屋。眉光细起，不贤则贵。眉角入鬓，为人聪俊。眉有旋毛，兄弟同胞。眉毛婆娑，男少女多。眉覆眉仰，两目所仰。眉若高直，身清职。眉头绞破，迍遭常有。

诗曰：

眉是人伦紫气星，棱高疏淡秀兼清。

一身名誉居人上，食禄皇家有盛名。

眉浓发厚人多贱，眉逆毛粗不可论。

若有长台过九十，愁容蹙短少田园。

第十二节 论八限

眉、耳、额限为初主，耳限为八限之先。不欲焦黑及有粥衣，主肾脏有疾而不贵。如猴人，有者不妨。世人只知无珠者不贵，如贵珠何也？轮廓分明，红润有刀环也。大抵耳不欲向前，不欲低于眉。谓耳低于眉，不要反轮必破祖也。风门不欲小，无学之人也。不欲上广下狭，父母早亡也。虎形上尖下阔，猴形人亦上尖，熊形人上下匀停，兽形下狭上正也。如反轮不破祖，下狭迟亡父母。风门小而有学者，何也？看其高于眉，红润有气也。主初年驳杂，当细辨之。如行运，男左女右，交生日后起。有缺者在褓襁中有疾，验也。十五生日，交额十年之限也。额有长理，主早年不遂心；有乱纹如波者，小贵；前三日不似熨者，不贵也。如贵者何也？必是日月角分明及伏犀高显，天仓骨入两府边地，吊庭辅角，此数骨为之刚骨，有一于此限至，亦贵。重额正者入庙堂，阳人有三骨，额上面边有者是也。川字骨正者五品，人如有克陷及瘢疵黑痣者，八九品，官须自立，谓早年无可得之势。妇人额有骨者贱。天中有圆骨，主弃前夫，就后夫，此乃无德，主残疾。于老年要日月角分明，男人若两眉角上有山林字者，主二千石禄，妇人有者，国夫人。有山水字者，主少年荣显，年迈必有求道之志。大抵要广平有骨。不欲鬓侵于马，主初年多滞，山林缺者子孙稀。妇人亦如此；子孙多者，老年亦不得力也。男人两额角有立纹，主杀妇；妇人有者，主杀夫。天庭远无纹，黄老之徒也。天庭短者，主夭。《清鉴》云：有天者贵（头是），有人者寿（鼻是），主富贵两全。有地者富（颏是），丰满重者亦富贵两全。二十六生日后交眉限。眉者，左为紫气，右为月孛，不欲相败如小角散者，男妨妇，女妨夫。如一字者，主有学。竖立者，不善终。两眉如八字，男客亡，女不正；如断者，及不光泽，粗破者，不等者，有瘢痣者，谓之眉杀，斯人也无德。阳眉者，疏而秀有彩，若男子得之，平生多乐也；阴眉者，黑浓细者，女人得之为正妻。妇人得阳眉为正妻者，何也？必是墙壁平正及额好者为贵。男子得阴眉，平生多乐者，何也？必是有青彩之色。男有阳眉而覆眼者，主荣；妇人有阴眉极浓厚散者，主身不荣，此贱相也。有角者是正妻。如无应验者，何也？必是峻高山林缺也。以上三限者是初主。眉上辅附马，高食外财禄。重眉者，主身闲有财帛。妇人有者必伶俐。眼限鼻限上为中主。眼者，人之瞻视。欲藏神而白睛少者贵。眼神忽然出散者，七日内身亡。上下睑相逆而塌者，四七日亡也。如定者不妨，止于大病。如有红线贯睛者，不善终。正虎形人不妨。下视斜视偷视者多阴贼，女不贞烈，孤淫之妇也。男子眉眼相近，颜色黑者，嫉妒奸滑之人，不可与交。妇人如眼有乌及湿者，谓之寡妇，守空床之象。妇人若神光不散，顾盼有常，精神不乱，主贵，有夫人之称。眼偷视，斜视，下视，看人不休者，及言语多笑而媚者，主娼妓之材也。眼不欲露，印不欲深，卧蚕要明润，此全相也。若卧蚕无光，尘土色者，更乱纹交侵者，不贵，孤独之人也。男人龙观，虎望，鹰视，富贵两全。交三十六生日后，鼻限山根为始，鼻梁平正准圆者贵也。如鼻不耸直贵者何也？必有明润之气。梁曲者男女俱淫。山根若有纹者，初年遭苦，立三十六有灾也。年上纹者，主门户成败。寿上有纹者，身多临灾。准头有纹，主作事无成。年上白者忽而见，主伤财。寿上忽而见白者，主狱亡；准上有白色者，主人相斗有伤损。虎形人鼻露窍者，不妨。鹰鹤形人准尖，年高。其余露窍者，四十五大破也。

如两郡有库者不妨。临年亦伤财。有仙库富贵双全。兰台红润者是也。净库者减半，右廷尉是也。仙库者，兰台廷尉如润，似见不见纹者，伤子。虽有亦不孝。四十六生日后交上唇，人中欲深长者，主衣禄不缺。人中上广，主初年得子；下广，晚年得子。人中匀停深长者，主生贵子发祖。人中下阔者，少闲；上阔者，老鳏。许负云："人中深长，一世吉昌；人中广平，养子不成；人中漫漫，无子可怜。"如不正及瘢痣者有妨，此乃上唇之辅助也。上唇红润者贵，纹理缺者，定有灾；掀露齿者，不睦六亲，好说是非，无德之人也。欲得下唇相，应有气不掀露为贵相。唇红齿白，富贵之苗。若不言而自动者，是非之人也，妇人亦如此，为人不和。此二限为中主。下唇颏为末限。下唇欲红，上下唇相应，无缺陷乱纹者，上唇为君，下唇为臣，相得为洁净，言四海方圆者是也。开要圆，合要方，承浆润者，衣食不缺。世人只知露齿不贵，露齿贵者何也？必是人中深长，齿白唇红故。举一隅不以三隅反，斯之谓也。颏者地也，丰满及两仓不陷，主庄田奴仆金帛，成家之象也。若尖薄者，主末年贫贱也；无仓库奴仆者，不全相也。若有乱纹侵者，主失所移落也。此二限为末主，共十五年也。耳起不倒高如眉，鼻不昂，准头齐，二处皆应，少年名播天下。

诗曰：

> 金木双全廓与轮，风门容指主聪明。
> 端圆耸准朝罗计，富贵荣华判令名。
> 金木生衣一世贫，轮飞廓散主艰辛。
> 于中亦有为官者，终是区区不出群。

耳珠朝口贵。

诗曰：

> 轮廓分明格外奇，耳珠朝口禄无亏。
> 常常红润主清贵，年少登科众共知。

耳内生毫贵。

诗曰：

> 耳白观来胜面容，多才饱学禄盈丰。
>
> 当为扶助朝中相，孔内生毫贵不同。

圆耳损寿。

诗曰：

> 耳耸圆珠有数般，若然轮薄不须观。
>
> 极嫌轮廓无分晓，六月炎天也道寒。

耳反无珠孤独。

诗曰：

> 耳反无珠福禄悭，更加黧黑祸绵绵。
>
> 木星若得无凶陷，却许将来寿数坚。

耳轮枯淡。

诗曰：

> 枯淡轮翻贴肉生，耳珠无坠少精神。
>
> 一生作事无成就，唯有文章未显荣。

兔耳耸起无禄。

诗曰：

> 兔耳常高卓耳舒，上尖下大薄皮肤。
>
> 妻儿兄弟多无力，财禄宫中不至余。

平坦耳寿富。

诗曰：

> 耳如平坦喜非常，家道兴隆有吉昌。
>
> 可与石崇彭祖并，富而必寿寿而康。

齐眉耳寿福禄。

诗曰：

> 耳生轮廓耸齐眉，此相如逢总不亏。
>
> 实利虚名皆有分，一生福禄享耆颐。

小坠耳无禄孤。

诗曰：

耳珠小坠又何如，东奔西走百事无。

命浅可怜福禄薄，刑妻害子一身孤。

反珠耳末主好。

诗曰：

人如两耳反生珠，历尽风波没坦途。

富贵少年谁敢许，老年佳景属桑榆。

坠轮耳有福。

诗曰：

耳若珠垂号坠轮，更兼气色与精神。

一生衣食长温饱，便是安闲享福人。

佛耳性善。

诗曰：

耳名佛耳不堪言，性善心慈极好闲。

一炷名香经一卷，自然清福乐平安。

反轮少福。

诗曰：

凡人有此反轮耳，平生劳碌无休止。

因何心地不安闲，招得相形能若是。

小珠中平。

诗曰：

小珠耳相本风流，也有欢娱也有愁。

终是喜多愁却少，知机平稳老来休。

方耳。

诗曰：

方耳原来相貌奇，耸白生毫寿不亏。

细小色鲫命短薄，若还坚厚足丰衣。

额其峻如立壁，其广如覆盂，明而泽，方而长者，贵寿之兆。左侧者损父，右侧者损母。其上欲得不蹋不尖，无乱纹，无凹凸，反此者屯蹇。日月棱角而起者二千石，印堂至天庭有骨隐然而见者，少年荣达。边地山林皆欲丰广，坑陷者贫贱。

额有黑气显者，横灾。于旬日内面若涂膏，主狱亡。两地仓有黑气者，噎食，病死。承浆、地阁有黑气者，主酒食有毒伤死。七日内显青色在承浆者，主酒食而争斗。青合有红色者，主七日内有遗灾。奸门有白气者，主妻有私通及伤害自身也。有青红色者，主有祟。日月角忽然红色起者，主十日内得财也。似红不红者也，主百日内得财。鼻直有白气色者，主孝服。井部有黑气者，主犯灾。金匮有青黑色者，主伤财。地阁有青色者，主凶事。入宅有黑色起于两颊者，四十日身亡。

罗计星位。眉欲疏而秀，平而阔，主智信仁义，秀而长者，性聪敏。眉过眼者丰富，眉不覆眼者乏财。左有旋纹者妨父，右有旋纹者妨母，粗浓者愚贱，下压眼者贫贱，斜卓者性豪急，头起尾下者懦弱。眉头交者贫薄，少兄弟不得力。生毫长一二寸者主寿。眉促而愁者孤独。骨棱起多屯否。眉毛短骨起者性刚。一眉为人无信义。眉心有旋毛，兄弟双居，纵有妻儿气不合。又两合恰如一字之状，又得鼻孔不昂，耳孔容指，此乃三处皆应，此人有信义，但执性刚强，中年大发。

人之有行也，积于心而行于眉。眉小角有似曲钩者，父母积德也，自身多有行也。故曰行在眉。取尽者为大煞，或二眉等而促及短破断者，字与紫气有缺者，为取尽，临事当细辨之。

印堂名紫气星，印堂阔而平，二眉不相连，更得兰台廷尉之处，皆朝大贵矣。主子孙显达。若狭而连，主贱，不习好人，专习小辈，祖业破尽，妻子难为，又无实学，碌碌之人也。

鼻为中岳，其形如木。暗黑仄薄者不贱则夭；隆高有梁者主寿；弱而小者夭贱；山根不得蹙折勾纹者苦穷忙碌。

山根不折，鼻梁不曲，常常明朗，晚年有禄，主妻贤淑。若是无肉，与人不是，可宜善守，不可与人交接。

人中立纹及有黑子，主养他子。光明润泽，富贵来逼。纵横纹者，不利子孙。其小如线，贫寒下贱。

五岳及有小气所管属者。衡如满月，南岳；泰如鸡卵，东岳；华若方银，西岳；嵩若高发，中岳；恒如倒提，北岳。五岳全者及余皆好无克陷者，食禄主贵。乾，雍州，陷者无地宅；艮，兖州，陷者无食禄；震，青州，陷者少仁德；巽，徐州，陷者缺信义；离，扬州，陷者多官灾；坤，荆州，陷者妨妻；兑，梁州，陷者孤苦；戌，觔州，陷者无田土。此九州如有缺陷者，限至必应。雍州白色常润，冀州青黑色，主酒色上亡；兖州青红色，主吉昌；青州青色吉；豫州黄色吉。其次常改，青忧，黑横，白凶，赤官事，黄吉，随四季观之。

虎头龙脑，将军辅相之形。额上有七星之纹，理合乾坤之道，龟鹤体，官职富贵之资。雀豺身忘家，破宅之兆。头尖脑薄，浪走他乡。露齿结喉，失于乡井。女要唇红齿白，举动去就低回；男要耳鼻肥圆，举措祗敬严畏。

见男貌似女，女作男形，眼光彩大而雄声，皮肤粗而行大，女人穷相也。眉小眼细，面白声雌，软弱语话，此男子之穷相也。有威可畏，贵人相也。

有形可敬，福人也。有色可重，媚人也。骨格隆峻，道艺人也。拥肉肥光，徒使人也。面貌凹凸，庸贱人也。眼多紫气，刚烈人也。眼多赤色，恶性人也。眼多白色，淫邪人也。眼多黄色，疾病人也。眼多青色，真贵人也。眼目低垂，离别人也。眼带雌雄，百般人也。

第十三节　论兽形头面

神者藏于目，男子有者贵。骨在额，天仓有气色者贵。马在两天仓，两颊骨耳边，谓之贵人。有四马垂其驷马车。若求进之人，四马不肥。尘暗者终身不贵。纵有成立，亦不多时。马有白色者，主行人半途而回。有红黄色主吉昌。有青黑色者，主道路死亡之象。

正猴人建节，单猴人万贯。像猴人足富贵自主。耍猴行贫贱。正牛形人二品。熊形人四品。偏熊人万贯。行熊、败熊贫贱。正虎形人建节。象虎形人七八品官，画虎形人十万贯。权虎形人万贯。卧虎、病虎形贫贱心乖。凤形人作宰辅。猴形，仓库陷者，身背向前合，齿细青唇，高耳不分明，鼻高年寿低，眼上轮覆下，眉如角弓，天圆而短，颊高耸肩行掉臂。单猴有克陷，像猴，耍猴人笑语无度，行不依径。虎形人上尖下阔，头短而圆，项粗背骨高，有肉髻。眼白睛带红，黑暗带黄，鼻山根微，低年寿，阔鼻头露窍，口阔红润耸肩行，颏方，指短脚短，腰背微曲；食如连雷，睡乃哮吼，秉生杀之权。像虎人有克陷者，有一于此不为像虎人也。画虎人腰长睁目，手足发有威，风中行爱低头，坐握手，视物不转睛。权虎人减半。饿虎、病虎面肥身瘦，眼无神，貌不光泽，牛形人面长、项秃、鬓稀，额有肉角，行步似蛇有心谋；眼有红缕，鼻耸直，颏微尖粗也。正熊人面方，头圆，项粗，行不掉手，腰软，身上毛发多，爱拭唇，鼻准圆，颏方耳耸，上下匀停故也。行熊、败熊气清身瘦，不识纲常，少信实也。凤形眉细长发鬓清疏，每有凌云之志，鼻冲直身细长。余外形当细求之，不出乎此类矣。

声至喉而沉响者贵。在喉而出响者须自立，发于中年。先响面后破者，无朋友独强，主先富后贫。先低而后高远者，主不得祖力，中年贵。发于千人之上，善相也。前后匀响者，无破也，主长富贵。

妇人有此声音，欲清而轻，气欲调而不急，主荣贵旺夫，自身守郡国夫人。先高后低者妨前夫，多淫。先低后高，克子妨夫。不高须自立，亦妨前夫。重浊远振者主富，妨夫多矣。重浊而短者主身贫贱。若破者斗乱之人也，主夫不和。若八限中无气，终身贫贱，不令相也。前言千尺之索者行也，穿满者大贵，取尽者为大杀，行在眉。钟吕真人为证也。

夫形以养血，血以养气，气以养神。故形全则血全，血全则气全，气全则神全也。孟子曰："今夫蹶者，趋者，是气也，而反动其心。"是知神能养血与气，神托气而安也。气不和则神暴而不安，能安其神者其惟君子乎。宜细而辨之，乃为善也。寤则神眼游于眼，寐则神游于心，是其神出于形为形之表也。亦犹日月之光外万物，而其神固在于日月之内也。夫眼明则神清，昏则神却，清者贵，浊者贱，清者寤多而寐少，浊者寤少而寐多。能观其寤寐，则知人贵贱也。

若面状上耳有圆珠，额似熨平，眼中秀有神，初年及第。额要圆，眼要神，或有秀。若鼻耸，至中年及第。眼要神秀，鼻要附耳，四海方圆，末年及第。三齐必正，四品官也。四齐人，入庙堂。若四齐有一缺，必建节。三齐之下，二齐之上，定难立也。若虎形人必建节。偏虎形人四五品。权虎人主十万贯。睡如哮吼，食如连雷。画虎万贯，饥虎贫贱。正熊人七八品官，偏熊人三万贯，行熊败熊主贫贱。猴人入庙堂，正猴人建节，象猴人足富贵，偏猴人三万，单猴人万贯，要猴人贫贱。依此五行之理推其富贵贫贱。以类推之，触类而长之，其他一切飞行之状皆可知也。所以举一隅而不以三隅反。母猪肥人，肥在二十年以下，十五以上者，不过三十七八亡也。如食不林漓者善终。棕猪肥人，肥在二十年以上，二十五以下，如不食肉善终。若食肉者，不过四十五六亡也。若四十以上肥者，谓之福肥，长寿。如妇人骨头尖者，必弃前夫，后宠富夫，此人无德，主残疾，夭亡及绝嗣，积德减半。又注马在左右仓，肉高彩虹色，如小钱大是也。刚骨如指甲红润在天中是也。又人有五象，南人似北人贵。北人似南人贱。南人面如鸡子，北人面如斗底样是也。

男有五十一孤，犯一件者难言子息。

水形有发。木形有发。卧蚕低黑。判官形。眉疏发疏。蠢肉生。头尖额削。睛黄发赤。乳头白小。乳头不起。鼻上生纹。口角纹多。阳上无毛。阳毛逆生。眼陷成坑。罗汉形。独颧生面。独鼻狐峰。头大面尖。面大鼻小。额上三纹。面色如粉。阴囊无纹。光华白粉。肉重如泥。肉浮又软。肉滑如丝。肉多骨弱。血不华色。面似橘皮。内宫形象。蛇皮蛇眼。雷公嘴。马面龙睛。皋目雊睛。鹰腮。蛇行。骨圆。（手骨）三关无脉。骨脉不起。

男有十克之格，犯一件者，无一子送终，乃老困之相。

须分燕尾。鬓直无索。牛须。卧蚕低暗。乳头朝下。蠢肉朝下。眉毫交上。须多无发。一面皱纹。眼下生毛。

十二件刑妻之格。

开仓生纹，为开库纹，克五妻。须多鼻小。须多无索。颧骨高，天仓陷。山根断，鱼尾低。罗汉判官。三尖六削。奸门深低，鱼尾纹深。鱼尾一纹一妻。

第十章 实用面相法则

第一节 情妇的相理

一、颊尖颐薄

颐颏统称地阁，定晚景之规模，姻缘之深厚。地阁宜丰厚，不宜尖削，宜前朝，不宜后退，男女都主家运丰盛，晚年福禄绵绵。若颏颐尖薄，大多十居九移，一生漂泊，命途多舛，女命更难安于室，骨肉相害；地阁主家，女性地阁相理不佳，难作正室，宜作填房继室。若再加眼如含露，只作小情人，难成正配，可享富，难享乐。

二、鼻扁芙蓉面

鼻为财帛宫，观人之财势，女命更主夫星。女性鼻高隆，金甲饱满者，称为猪胆鼻，旺及夫子。鼻尖、鼻削或成剑脊，难以旺子，更难旺夫。女性若鼻梁低扁，多无主见，眼光短浅，易满足。书云：鼻小头低，不作正妻，纵有衣粮不入正房。而且情感过分丰富，敢爱而不敢恨，易受人唆摆和利用其丰富的感情。

芙蓉面者，形似瓜子脸，头脸似芙蓉，下巴若无，皆薄情寡义，虽相貌端美，亦有红颜薄命之叹。尤其土星（鼻）要得地阁相顾，方得美好姻缘，否则亦难得天喜、红鸾，没有自己温暖的家庭；故只宜作妾，方可避免飘零。

三、眼有浮光露，鼻上横骨起

有贵气之女性毋须娇媚，端庄神正者皆能得良人为夫，夫妻恩爱，相依终老。若无端庄仪态，只得娇媚容貌，则难登大雅之堂，难得明媒正娶，只可做小老婆。其次，鼻为夫星，若鼻上有骨横张，夫妻隔角难以终老，虽主观好胜亦难免命硬三分，此相多得硬配为妾或作偏房。

四、步行八字，小脚无肉

步行八字，小脚无肉，为鹅行鸭步姨婆相。妇人若八字步，小脚无肉，则不作正室，即使已作正妻，将来亦遭遗弃；若妇人脚底平直无桥梁，亦难入正房。

五、言语如结涩，声音涩不扬

声者，心之根也；音者，声之余也。声音前后响亮而无破，主富贵。妇人声音欲清而轻，气欲调顺而不急，主荣贵旺夫。若声音先高后低，妨夫而淫；先低后高亦妨夫、须自立。若声音重浊远振，妨夫频频；重浊短促，终生贫贱。女声以清响、霄润为贵，主旺夫益子；若言语不流畅，似欲言欲忍，言语重叠者，则多为情妇相格。另外，声音过分阴柔有造作成分者，皆不安于室，对婚姻是可有可无，甘愿作人情妇而不愿作正妻，此亦为情妇之相格。

第二节　风尘女子的相理

相书云："女人端脸好容仪，缓步轻移出水龟，行不动尘言有节，终须约是贵人妻。"又云："良妇有威而无媚，娼妓有媚而无威。"此指贵妇重端庄仪态，举止温文，不宜气浮神急。

带有风尘味女性的举动、行为、言语、饮食，总有一番矫揉造作的媚势。现代的风尘女子与古代的风尘女性大有不同，古代的风尘女子大都是一些知识分子、名妓，琴棋书画无所不精，诗词歌赋朗朗上口，弹琴歌唱，吟诗作对，吸引文人雅士慕名而来。现今社会笑贫不笑娼，因此为娼的亦不胜其数，当中亦不乏品性敦厚、仪容端庄的女子堕入风尘。堕入风尘，或为生活所逼，或是误入歧途，或是本性所致。不论何种原因，都是有迹可寻的。

一、面细身粗，桃花满面眼流光

身体有衣物遮盖，少受日晒风吹，故体肤必然比面部幼嫩，此乃常理。若体肤比面部皮肤粗陋，必为劣相，纵身居富屋亦不受福荫，甚至破败离家。若桃花满面，再加眼带泪光，更有堕落风尘之倾向。

二、颧面低平，鼻气失冒

女性以鼻为夫星。若鼻梁曲突，结节段鼻，则称为夫座不佳，难得美满婚姻。再加中二府的颧骨低陷，颧颐不丰，以至颧相与鼻相不能互相配合，一则难言贵气，二则难得好夫婿，纵有良夫亦不长久。山根鼻梁低陷，眼光短浅，意志薄弱，易受欺骗及被人唆摆而堕入风尘。

三、女带桃花摇膝坐

带桃花者，身如风柳，眼光如醉，斜视望人，见人掩口或掩面而笑，都心带邪情，不安于室。麻衣曰："女人摇膝坐，蜂腰口大垂，如斯衣食薄，背婿却为非。"又曰："女带桃花摇膝坐，虽为良妇亦私情。"此女性相格，虽有夫婿亦会不安于室，会出外兼职秘捞。

四、声粗浮浊，皮滑如油

女人声雄，终身不荣。女声浮浊，皮白如粉，肉软如绵，皮滑如油，不为娼妓亦为姨婆。

五、眼阔眉高，胸高臀翘

眉眼高阔，作风有胆识，敢作敢为，行为开放；神醉、色润、情意浓，十居其九花街柳巷青春；胸高、臀翘、黄蜂腰，必然情欲炽浓，私情深似海，再加与人摇膝说话，必经常终宵不回家。

第三节　好老板相理

　　凡当老板的人，都想找一些勤奋、能干而又尽忠职守的伙计，但往往可遇不可求，这主要是看老板在这方面有没有福气，双方是否有缘分。打工仔为了生活，用精神、时间、劳力和青春来换取薪金，当然希望找到一位英明豁达、黑白分明、以德服人的好老板。倘若你任劳任怨，勤奋忠实，又学富五车，经验丰富，那么可真的不要愁找不到工作。但你是否能得到一位好老板的赏识，你是否有机会一展所长？能否得到应有的、合理的公平待遇？那你就要对你老板的面相特征进行分析，做一个明智的选择。

一、两目藏神，眸子端正

　　眼神端正，神采飞扬及带有威严庄重，眼睛黑白分明。这种老板心地善良，光明磊落，黑白分明。眼内黑睛，主聪明豁达而智慧高，健康良好及贤明，能分辨是非，不会随意听那些用是非作人情的小人逸言，更不会笑骂不明是非的盲从，而是以德服人的。

二、鼻梁不可露骨，鼻头不可尖削

　　鼻梁高而露鼻脊，事业运多阻滞，难服下属与伙计。鼻尖削而无肉的人，有刻薄性格，会过分计较雇员得失，自私，损人利己，对下属利益有剥削行为，工作上有鸡蛋里挑骨头的坏习惯。

三、天庭高广，鼻正四顾，五岳朝拱

　　天庭额部是事业宫位。天庭高广、饱满，是指额形宽广、高隆，是事业亨通的象征，而且分析力强，处事有计划，不会志大心乱。鼻，主事业及财源正部，若鼻子丰隆有肉，主平生正财丰盛。鼻形以截筒鼻、悬胆鼻及虎鼻为佳，事业能有大成。

　　鼻正四顾，是指五岳之额、鼻、颔及左右两颧不可有高低大纲之分，双颧要在鼻左右作照应，额与地阁必须在鼻之上下，形成三停不败气势。最重要的是两颧要丰满有肉，对鼻的气势有护应的辅助力量，"宁可有颧无鼻，不可有鼻无颧"就是这个意思，若老板颧鼻相配，丰隆有肉，主事业稳定，不会有大成大败，更不会有倒闭的危机，对雇员有一定的保障。

四、鼻头圆厚有肉，地阁方圆朝拱

鼻头有肉心无毒，且能宽宏豁达、慈良有信，对下属有亲切及仁爱，能论功行赏。地阁高圆朝拱，处事稳重，量大而和平，能容小恶，这为好的老板相。

五、垂首低言

常常垂首低言，必是好贪之辈。垂首指常低头沉思，低言是指言语不正直，心藏淫邪之念及私心杂念。这些人极度自负，只顾及自己利益，不顾员工福利。

六、颜貌温和，言谈及度

稳重的老板，大都能在言谈上达到谦恭入微。品性富而不骄，脾性上怒而不躁。这是有修养的老板，其运必能持久。愁容满面，眉头短缩，这是败相，其对下属易动肝火，常有怨恨之声，处事亦不能与卜属有商量讨论。做老板的纵使现在面光，但面容忧虑凄惨，亦会先得而后失。书曰："得意中面容凄惨，先富后贫，遭窘处颜貌温和，卑穷晚发。"

第四节　好伙计的相理

当今社会里，工商业繁荣，各行各业发展迅速，有很多赚钱机会。赚钱除了靠自己的实力与才华外，得力伙计更不能少。三国时期的刘备三顾草庐，是为了聘用一个好伙计。果然不负所望，诸葛亮用他的聪明才智，协助刘备开创基业，又帮助后主刘禅治理国家，忠心耿耿。作为老板，除了个人实力与才干外，若能得到忠心耿耿的敬业好伙计辅助，简直是如虎添翼，更上一层楼，大可能把事业推向高峰。

现在，社会上失业率高，人力市场涌现大量待聘的优越人才，但要挑选一个称职的伙计，除了要看学历和工作经验外，观看面相特征也是十分重要的。

一、眉精眼灵，目光正视

眉眼必须相配，眉要首尾丰盈，眉尾收紧不散，这样的人做事有计划，有始有终，责任心强。眼灵者，主神藏而不露，有活力及洞察能力，是内心斗志强烈。眉眼相配者，必是智勇双全，精明能干，对工作充满信心。

二、眉丘显露，轮廓分明

眉丘丰满，学有专长，有分析能力；耳部轮廓分明，言行一致，有实行力，做事认真积极。

三、忌鼻大眉散

鼻大的人过于主观，自尊心强，缺乏服从性，不易接受批评，很难改正缺点，易与同事发生意见分歧而影响工作。眉散的，除了本身财运不顺外，做事亦缺乏耐性，做事有始无终，缺乏计划。

四、鼻忌鹰嘴，结节耳反

鹰嘴鼻即指鼻尖向下弯曲，如同鹰嘴般，此鼻形虽善于理财政，但常怀野心，注重个人利益，为人多心计。书云："鼻如鹰嘴，啄人脑髓。"若鼻梁中段有骨节隆起或左右横张，有破坏性，固执、主观而不易妥协，性格偏于自负；若是面型较大鼻形较小，亦难走好运；再加耳廓反，更易犯上。

五、口形不正，唇齿不盖

口为出纳官。出者，为言语之门；纳者，为饮食之具。在相学上，口主衣禄、官阶与人际关系，口形不端正或成撮聚似吹火口形，运程阻滞及不容易相处，人缘欠佳，难得他人助力。若口形偏斜、偏薄、露齿，更会招惹是非，会给你增添是非及容易受其连累。

六、眼目上翻或下翻

上翻者，眼神上视之态，其人多才而骄傲，多智而负气。目空四海，言大面夸，每有以言招妒忌，以色生嫌疑。下翻者，眼神下视，其人多阴毒，常怀嫉妒之心，不能容物，奸诈百出。

七、脑后见腮

脑后见腮的人，通常做事都较认真、谨慎，但自私心重、心地狡诈、忘恩负义。在处于困境或有利害冲突时，就会翻脸无情。

雇主与雇员：若你雄心万丈，希望用自己的智慧、热情及双手去创造自己的未来，只靠着一股热诚、冲动和一颗急切的求谋心，但缺乏相人之术，便很容易遇到商场骗子或扮猪食老虎的坏家伙，落得生意失败，惨淡收场。

以上重点介绍如何选择老板及伙计，亦可作为选择合伙人的依据，因为合伙人可能既是老板，亦是伙计。

第十一章　从面型分析人物的特征

第一节　各面型家婆的相格特征

一、长面型

面部狭长的家婆都有着较固执的特性，而且会啰唆、易怒。在家务上，她本人没有过人之处，但却要求别人顺随她的心意，否则便会整天抱怨。只要你摸索她的脾性、习惯与喜好，对症下药，就能捉正她的心意且适应她，她与你之间便会建立和睦的婆媳关系。

二、圆面型

面部较圆的家婆，性格外向，为人慷慨，性情偏于懒散，是爱舒适的享受型。虽然为人不拘小节，人缘不错，但可惜较情绪化，常常感情用事。这类型的家婆较容易相处，在她心静时，就投其所好，抽空请她到茶楼喝茶，冲些糖水给她喝，或在劳动的时候，你替她去做，在享受的时候，你与她齐分享，她对你就会另眼相看。

三、方面型

方面型的家婆，对人及处事往往原则化，在理想中亦求实际。在这类家婆的面前，要表现踏实一点，处事要认真、实际一些，处理家务时，不可太马虎，务求表现实际、有原则，她便会欣赏。

除了从面相去认识家婆外，还有一些相学上的特征可以反映出家婆的特性和心态。

1. 面部青筋浮现

额面、口角或在鼻梁间出现青筋，表示她脾气刚烈，易动肝火，极度心急。预防胜于补救，要学会看风头火势及眉头眼额，每事快她一步，她便会赞赏你的能干、聪敏过人，更会赞赏她的儿子有眼光娶着醒目的你。

2. 眼睛突露，唇不盖齿

此类人极度健谈，说话滔滔不绝，而且喜欢表达内心，向人倾吐心意。有两个方法应付：积极的方法是，你要学习能言善辩，善于聆听她的倾诉及安慰她，更会成为知己；消极的方法是，借助聋耳任由她讲，不论有理没理，都不要理睬她。

3. 昂面兼眼尾翘，眉骨露

俗语说，昂面姑娘恶商议。昂面奶奶，更加难顶。如果你的家婆，眼尾翘起或有上视习惯，每事诸多挑剔，天生白鸽眼看低人。这类家婆，千万不可以给她示弱，否则一世给她看不起，永不翻身，尤其是外家的事，任何问题都不宜讲太多，因为好与丑都会被弹被唱。

4. 鼻头勾垂，伸头缩颈

鼻头勾垂，伸头缩颈的人十分吝啬，若想在她身上打金钱主意，或有急事向她借钱，相信很难，如同向老虎谋皮一样。

第二节　慈善好施的相格特征

人伦何处定枯荣，先相心田后相形；心发善端诸福集，时藏毒害祸须生。善乃福之基，恶乃祸之兆。故人必须有慈善之心。慈善之心发于恻隐之心，即《孟子论四端》之首："恻隐之心，仁之端也。"大抵相人之心田，从五官及容貌分析，须多观察及留意方可掌握。慈善之相有以下的特点：

一、龟眼、婆娑眉

眼者，人心之窗也，可观人之善恶、贤愚。龟眼者，眼睛呈圆形，内藏秀气，目光缓而不散，上眼帘有纹理多条，主福主寿、身心康泰。"龟眼睛圆藏秀气，上有数条细纹波；康宁福寿丰有足，悠远绵绵及子孙。"若配眉毛婆娑，必主心地善良，有好施乐助的慈善心地。此类人会因同情心过炽，往往易被人利用或受诓骗。

二、鼻准圆，两颧丰，眉中有长毫

鼻头浑圆有肉，为人心地善良。书云："鼻头有肉心无毒"。倘若再加两颧长相大而丰，必藏恻隐之心，慷慨乐助。眉中长出长毫一两条名为出彩，主有仁心善相，可称为慈善家。

三、佛耳及耳门宽

两耳轮廓分明，两耳垂肥厚、长大，俗称两耳垂肩，主多福禄。耳垂肥厚而长，主信仰意念强，多有慈善好施之德；若耳门宽，亦疏财近义，为善不甘后人，必能慷慨解囊，人求必助。

四、鹿耳

鹿耳壮如莲瓣，红润鲜明，耳门宽，有轮无廓。具有鹿耳之人，多半聪明而善良，最重友谊；胸无城府，不重视物质生活质量，缺乏金钱观念，是轻财仗义的侠士奇人。鹿耳之人有慷慨助人的心地，故是慈善的象征。

五、天阳骨突

正气生人，神爽形秀，端正威严，为富为贵，为寿为慈，性必正直好善。气者，秉于阴阳而成，注于骨法。头无贱骨，头顶骨有平、圆、尖、突之分，可察祖先风水地之美恶。若头顶的天阳骨尖突，主福禄寿全，亦主心善好施乐助，光明磊落。

第三节　贤慧女士的相格特征

《诗经》云："关关雎鸠，在河之洲。窈窕淑女，君子好逑。"男士若能找到一位端庄、稳重、贤能的好太太，在事业上必无后顾之忧，可以勇往直前，专心发展。俗语说，成功男士的背后必定有一位贤内助就是这个道理。虽然贤内助在工作上没有直接的助力，但她在精神上的支持、温馨的勉励，却能使你排除万难，迈向成功。

女性以端庄持重为贵，以能助夫旺子为福，因此要选择一位好太太，必从相格上看其是否有福及潜藏贵气。鬼谷子："有威无媚精神正，行不动尘笑藏齿"，这是妇人贵相格的基本条件。

一、眉高配目神清秀

眉毛及眉宇间清润、光彩，主夫妻感情细腻。女性眉毛清疏、细润，能对丈夫体贴入微，感情细腻而且脾性温柔，慈和而有智。眉为一面之威仪，若配合眼神秀丽，望之令人敬爱，接谈令人适意，必是聪明而灵，夫缘深厚，且旺子息。"眼秀神安福无穷，富贵日丰隆。"神清主贵，神秀主慧和德，故眉高且神清秀，能旺夫益子，多福寿。

二、凤头龙瞳

凤头者，指额上天庭部位饱满，项部端长。项部为头颅和身躯连接的关键部位，故以长大为合格，"女人凤头，必配君王。"凤头必项颈长，肥胖者不忌头短而忌项小及肉不均匀。《何知歌》云："何知此妇杀头夫，左颈肥大右颈枯。"龙瞳者，眼明而亮，眼大而神藏。

三、鼻如悬胆，双颧有情拱照

悬胆鼻亦称猪胆鼻，特征是鼻圆厚，左右鼻翼对称，没有高低大小之弊，更不仰露鼻孔，鼻梁中段高而不露，圆骨而无鼻节，主财产丰盛，享受衣禄尤厚，亦主贵名。能得美满姻缘，可享厚禄清福。

女性以鼻为夫星，鼻好夫星得力，必能旺夫，夫运畅顺，事业亨通；再加两颧饱满相配拱护，更得丈夫宠爱，夫妻恩深情厚，中年更能助夫荣显。

四、唇红齿白，双耳朝海

麻衣："牙齿名参差，青黄黑不宜，若如榴子样，富贵是贤妻。"女性牙齿最宜齐而洁白，不宜黄黑、疏落或参差不齐。白而光莹者主贵，白面枯黑者贫贱。唇红主晚运佳，健康良好，无大灾疾。唇齿与口部为水星主子息，故唇红齿白，儿女易养且长大后能成才；若能配上双耳垂肥大、饱满，定能晚运亨通，夫妻和谐终老。

第四节　四方招财的相格特征

观人运势及一生得失，必须从面相上的基本部位着手。古籍《神相全编》中的相人五法谓：择交在眼，问贵在眼，问富在鼻，问寿在神，求全在声。鼻在面部中央，称为中岳，又名土星，主财富的多少。鼻形端正丰厚、明润，财运必佳。

一、准圆甲丰，鼻如截筒

鼻为土星，主财禄。若鼻头圆大，左右两旁的鼻翼兰台、廷尉亦丰满，不破辅助土星，必能财运亨通。鼻头主财来的多寡，两旁之鼻翼主守财的能力，若二者互相配合恰当，则为积少成多的富相。《相理衡真》："鼻准主盈似截筒，兰廷不缺井灶丰，虽然未享千钟粟，也是人间一富翁。"所以，鼻子主财，不可有破，若有黑痣、纹痕也主退败、破耗，钱财难聚。

二、天丰地广，天庭饱满

鼻虽为财帛之主，但鼻必须与太阳穴及眉尾上的天仓、下巴两侧的地库相配，才能成为完美的财帛宫。故鼻如悬胆，井灶（鼻孔）不外露，天仓饱满可早享财禄，地库丰盛晚运亨通。若天仓饱满，地库贫弱内缩，称为有天无地，先富后贫；若天仓不起，只得地库丰满，称为有地无天，先贫后富。金甲匮丰，富贵不穷，若鼻上现红黄气色，主进财禄。白黄气色贯鼻，主得横财。金甲丰厚而明润、清和，居官者面受常赐。

三、边地四起，五岳丰朝

凡论富相，须五岳丰隆而朝，天仓地库配合，头角峥嵘，耳轮拱护；富厚之相，宜边地四起及五岳俱成，相书曰："五岳成者富人也，不丰则贫"，"边地四起，故主富厚无疑"，又云："天仓满，天禄；地仓满，酒肉。"天仓、边地皆在上停额部，所以额要高广、明润、无筋无纹；印堂平满，福禄自天来。

四、眉尾紧抱，眼存神采

眉毛清疏，眉尾收聚，财运佳而善于理财及守财，否则散财败业。眉尖部位的天仓亦属福德、福堂之位，故眉尾收聚，财气、福分皆不气散，可成富。眉眼相配方可发挥力量，因眼为心之窗。若心志不够，缺乏斗志及上进，一世糊里糊涂，则无能致富。俗语说，赚钱讲精，剩钱讲命。心志缺乏上进岂可言精，眉不收聚更难言得财、剩钱。

五、两颧丰圆，色泽光彩

两颧称为国印，主地位、权势与名望。若人的两颧丰满，色泽光润，则财运顺遂，禄重权高；可因权或从商致富。颧插天仓，而又无纹冲，无痣痕，不带晦暗气色，因妻致富，运通四海，财来八方。

虚虚子曰："贫穷之相，其人本属恶类，如能顿悟前非，立心为善，功德广布，则贫穷之相可变为富贵之形。"这是有心无相，相随心生之理。"富贵之相，其人穷奢极欲，无恶不作，逞其厉性，出于不觉，则富贵之相将变为贫穷之形。"这是有相无心，相随心灭之理。

第五节　寡妇的相格特征

寡妇之相，必然带有夫妻缘薄的特征或有生离死别之征兆。相书歌诀云："何知此女老无夫，颧骨横面声又粗，地阁尖削性情戾，鼻梁露骨眼多泪"。妇人老无夫，视乎流年部位凶吉而定，上停不佳者早婚有刑；中停带煞，中年化离；地阁亏陷，应于下停岁运。其次，颧、鼻、眼及声音亦有相当大的影响。

一、额突睛深眼多泪

男主刚、女主柔。妇女以柔为本，如额太方、太大、太突，皆主性刚而克夫；发际太高，为火焰上炎，未垂即募；日月角太高，为杀气过重，亦主克夫。因此，额虽是官禄之地，对女性而言亦主姻缘及夫运，若额突露骨须迟婚，四十三后更理想，可免刑克，否则早年守寡。妇女的突额称为照夫镜，若再加眼睛深陷，性格孤僻怪异，难与夫婿沟通，大多难享夫福；若眼似哭泣或带泪光，则也主生离死别，独守空床。

二、鼻梁露骨，口大齿乱

鼻主财帛，女性以鼻为夫星。鼻如悬胆者，多能旺夫益子。女鼻丰满有肉，金甲相扶，婚姻必能美满；若鼻梁不丰隆兼露骨成结节鼻，在年寿位上有明显鼻骨隆起，或山根至准头尖削无肉，鼻骨成剑脊高起，则夫缘必薄，刑伤叠叠，纵然有夫亦不近身旁，不享夫福。口形对夫运亦有影响，口大女性好与夫争长短，妻夺夫权，不论在内在外都有想凌驾丈夫及支配丈夫的倾向及力量；女人口大有妨夫的缺点，若加上牙齿疏乱，参差不齐，色泽黑黄，便是克夫之相。

三、颧骨横张，语言声粗

颧者，权也。颧骨横张者好弄权，故颧骨横张必与鼻相背，必多暴戾，多不尊重老公，甚至有欺凌老公的现象。若缺乏颧肉，刚过于柔，而成克夫相。相书曰："杀婿三颧面，离夫额不平，欲知三度嫁，女作丈夫声。若然有此相，终见不安宁。"三颧面，是指两面颧大颧高而无肉，颧骨外张，加上额骨突起是也。女人三颧面，离夫克夫。额不平，是指额有偏斜，边高边低，不平满或坑纹多，必然夫缘淡薄，终要与夫分离。倘若女人有此种颧额相，再加言语调粗，声带沙哑，刑克更甚，有数度婚嫁。相书有云："声似破铜锣，三刑六害多。"故声音甚为重要，不可轻视，若有声破，切不可沉迷烟酒及辛辣食品，以免损声带而败婚姻。

四、额上纹多，丘冢低凹

丘陵与冢墓在左右太阳穴位置，可从这部位观察一生的感情运及姻缘运的好坏。若丘陵、冢墓低陷，肉薄，则视为额窄，必然一生姻缘欠缺顺利发展，即使能早结婚，亦难得终老。额为官禄宫，对于妇女亦主夫缘，故额上纹理多，更会破坏姻缘。相书曰："妇人额窄真为害，额上横纹更妨夫；眉中黑子夫遭害，眉里三纹再嫁郎。"眉中黑子亦为妨夫之相，眉内纹痕更影响婚姻。

五、眉不盖棱，发重耳反

眉主感情，若眉毛不盖眉棱骨，以至眉骨突露，此为"白虎眉"，则主刑克丈夫甚重，一夫不能终老。妇女头发忌粗、忌硬，除运程蹇滞外，亦主刑克、命刚、讼狱。耳是辅助鼻运的，若耳反露骨，则妨夫害子，中年婚姻有破。

第六节　可以放心交往的人

一、面容欢悦，眼神诚恳

面容常带欢悦、眼神诚恳的人，必然运气相当好，会给人带来喜悦及启发性的影响，这类人的心地必定善良，是个乐助、可靠的老实人。与这类人多打交道，必然可达到互相照应及守望相助，同时也能像孩子般表现出爱心。

二、眉成八字，唇红齿白，谈吐风生

眉尾部分稍稍低垂略成八字形的人，一般人缘甚佳、好客，喜爱助人。虽然会是有点儿内向，亦会谈笑风生，言谈温文而有序，不妄语，也可做好朋友；若言语急快妄言，未语先笑，亦会是非之辈，必有争吵，口舌收场。

三、耳垂肥大，鼻准丰隆，正直心慈

耳珠可反映人之心态。若心地慈祥，好善乐施者，则其耳垂肥大，厚而坚实，绝对不会伤害朋友。耳垂肥大，加上鼻准丰隆有肉，亦是心存正义的一等好人，其有爱心，不会唯利是图，有互助精神，并不会施恩望报。耳垂厚大者心多善，鼻准有肉者心不毒。这类人可结交为好朋友。

四、口角上挑，地阁方平，亲毗睦邻

两口角微微弯上，形如仰弓，唇棱端正，是有口德之人，少沾是非口舌，言而有信，人缘亦佳。地阁方圆或方平者，家庭观念重，亦能推己及人，有互助精神，多能达到"老吾老以及人之老，幼吾幼以及人之幼"，可以深交成为好朋友。

第七节　不可论交的人

一、眉骨突露，耳廓反骨

眉棱骨高耸突露，耳朵内廓外张反骨的人，心性暴戾，好勇斗狠，绝不宜得罪。此类人易与人结仇，若你偶然得罪他，他就会怀恨在心，寻机向你报复。与这类人交往，必须小心，但并不会太麻烦，只要不与他争长短，能作适当的忍让，日常生活中不会受到他的伤害，但不宜深交。

二、鼻头尖薄，对人偷视

鼻头尖甚至勾曲，为人阴险，攻心计，刻薄，难以相处，更难信任。偶然碰面，亦不敢正视或目光不端正，或作偷视，须防此人有恶毒心肠，心胸狭窄，是奸佞之辈，切不可交往。

三、鼻头垂肉，唇厚色暗

唇主情欲。唇过厚者，情欲过炽；若唇色暗淡，更有好色之嫌。若唇厚色暗，再加上鼻尖有垂肉向人中冲下，便更明显是个好色之徒，可能是一个色狼，家中有妇孺，要小心提防。鼻头垂肉，贪淫不足。

第八节　男子大丈夫相格

古今中外，茫茫人海中寻找一位终生伴侣，确实不容易，亦最震人心弦。俗语云："男人最怕入错行，女人最怕嫁错郎。"对于女性来说，找到一位宠爱自己及顾家的好丈夫，就是幸福的开始。因为丈夫是一家之主，自然亦当负起一家之重任，故要有家庭观念，宠爱妻子及儿女，又要有上进心及才干。以下几个法则可以助你寻找一位能与你偕老到头的另一半。

一、地阁方圆，朝拱有气

地阁既可观看晚运，亦可代表一个人对家庭的重视程度。地阁方平或圆厚有肉，就是一个理想的下巴。若男士拥有这样的下巴，多能重视家庭，喜共叙天伦，不会是猫头鹰之类的夜归人；若下巴尖削，多不喜爱守在家中，自然夫妻感情会受影响而起纷争；下巴尖削且下巴中间有一裂纹，像把下巴分成左右两半的，亦是追求浪漫感情的，易有第三者出现。

二、奸门平满，无纹冲痣破

女性以鼻为夫星，男性以眉眼外侧为妻宫，俗称为奸门或魂精。奸门部位是观看男性之夫妻缘分，平满者可得贤内助，凹陷者妻缘有损。相书曰："奸门低陷，常作新郎"，意思是指男性奸门位低陷或过度凹下，多会刑克配偶，不能一妻终老，而有多次婚姻的机会。

即使奸门不低陷，但有太多鱼尾纹或有黑痣，亦对妻子有不利的影响，例如妻子病痛多，运程反复，起落不一等。鱼尾纹看法要小心，凡在眼尾之纹理统称为鱼尾纹，是指人缘佳，交际手腕好，向上弯起的为佳；若横纹一条直冲奸门妻妾宫位，便成为克妻纹，可应妻子有疾厄或血光手术，甚至会有夫妻仳离的可能。若有纵纹在奸门或与鱼尾纹交接者，更有生离。

三、腰圆背厚，肩膀平阔

腰圆背厚者，胸腹骨肉均匀，主福相，若配合土形人更为理想。两肩平厚有势为吉，主厚禄而多福，能负重任，承担家庭重任不怨不怨。男子肩膀尖耸，主恶疾而孤苦劳碌，量狭而气躁；男子肩膀下削者，主百事不成，寒苦度日。

四、中岳有气，两眉双分入鬓

中岳即鼻。男性之鼻主财帛，故鼻不丰隆，准头及金甲（小鼻翼）不起，主财运不顺。男性鼻不宜太小。相书曰：面大鼻细，终身艰辛，会使妻子劳苦奔波。中岳梁高准有肉，一生财运丰盛；若再两眉双分入鬓，则其有远志而谨守大义，多预谋而事业有成。男子鼻亦为辅助妻妾宫之部位，鼻头尖削无肉的男性诸多挑剔，为人性格尖酸刻薄，对妻子有诸多埋怨，对金钱太吝啬。若鼻梁骨凸露，更刑伤配偶。

其次，两眼之间的山根位置低陷，鼻梁（年寿）气势弱而不起，主身多病痛，败业克妻。经谓："何知此人杀头妻，但看山根年寿低。"

第九节　鳏夫的相格特征

一、颧骨生峰，华盖骨重

鳏夫即无妻或丧妻的无依无靠的孤独男人。

颧骨生峰是指两颧高耸，颧位横张而欠缺丰满，以至肉削露骨，眼角低陷而成颧迫奸门。此种相格，纵使不伤妻损儿，亦早有刑伤之悲哀伤痛，早婚夫妻缘薄，聚少离多，否则亦有生离死别之叹。相书曰："两颧骨突露，主克妻。"

天庭额部的官禄宫，主事业凶吉造化，若华盖骨过于凸露，虽有聪敏才华但妻缘薄；若华盖纹显著地横跨福堂至妻宫，更克妻刑子，此为一妻不终老的孤独相格。此相只宜独身寡居，否则亦难免有鼓盆之叹。

二、奸门深陷，鱼尾干枯

眼睛尾端的少阴少阳处、鱼尾之下，称为奸门，主配偶的贤愚、健康及凶吉。若奸门深陷，则主妻妾不康泰且易有凶险，相书曰："奸门深陷，常作新郎。"可见其刑克之重。若鱼尾位无缺陷，且色泽明润，则可保妻妾安康；若鱼尾位色泽暗然，干枯无润泽，必是克妻之鳏夫相。

三、奸门青惨，鱼尾相侵

奸门低陷固然克妻，而奸门青惨与奸门色泽灰暗亦大致相同。青惨者较为严重，有死亡之象，而鱼尾纹深长直侵奸门位，即称为冲破妻宫。鱼尾纹多，妻防恶死。若在鱼尾纹上有细小纵纹相接，主妻逢兵刀血难或恶疾身亡，故此纹理亦主鼓盆之痛。

四、羊刃破家纹

印堂有上穿的纹理，主别祖离家；鼻露尖薄，鼻梁剑脊，亦主杀妻子的刑克相，孤单终老方可免刑克悲伤。山根有横纹，亦名妨妻纹，一纹为一举，主损一妻，三皱为三举，主损三妻；印堂有羊刃纹，又山根有举纹，刑克甚重，一生姻缘难觅，纵有妻亦主刑克悲痛。

五、孤峰独耸，四尾低垂

《神相全编》云："孤峰独耸，骨肉参商，四尾低垂，妻儿隔角。"意思是指两眉垂下成八字眉型，而两眼尾又向下垂，称为四尾低垂，主夫妻仳离。孤峰独耸就是鼻高而两颧低下，面部骨肉不相称，亦犯孤神，难免妻缘不久。

六、眼突睛露，罗汉眉

眼大睛突露者，为杀气重，刑克叠至，寿元不高。眉毛浓密有旋毛及乱生眉间，称为罗汉眉，主妻儿无缘，亦为寡宿相格。

七、眉弓三角，眉头常蹙，不哭常泪

眉弓起三角而浓密，已有三分克妻之相。若再眉头常蹙，主早年刑伤、孤单，妻妾早有刑冲。面容不哭常泪，亦必犯克妻伤儿，晚年孤寡。

八、兰台倾窄，人中缩

鼻准两旁小鼻翼称为兰台、廷尉，若端正丰厚拱护鼻准，可得财运顺遂，更主妻缘良好。倘若兰台薄窄，小鼻翼向两旁缩高，再加人中浅而卷缩，亦主中晚年克妻。此相配上黄睛及苦脸，更早见刑伤。

《神相全编》克妻妾之相记载：两颧骨凸露，主克三妻。山根有横纹，克三妻。鱼尾枯陷，克头妻。眉重压眼克妻。山根陷，克妻。结喉露齿克妻害子。

第十节　深受欢迎的相理特征

一、耳轮红润，圆满

耳朵的轮廓分明，色泽黄明、白润或黄中透红，再轮廓形圆优美，必能机巧灵活，交际手腕好。

二、田宅宫高广，眉居额中

眉眼之上眼睑位置称为田宅宫，不受眉低压又配合眼神充足之人，则开运早，能早置物业，运气极佳，得人缘，贵人也多遇。眉低压目者，多受人嫌。

三、眉形奇秀清长，眉心宽阔

眉形不宜浓浊及带有逆毛，否则易交损友及被朋友所累。眉形清秀、弯长者，必多才多艺、性情中和、善解人意及心境开朗。

两眉间之印堂部位不被两眉相侵，多能得朋友信赖，易得知心朋友和忠心部属。所谓："快乐无穷，只因眉生额角，多愁常虑，皆为眉锁印堂。"

四、鱼尾纹

两眼尾部位称为鱼尾，出现微微向上弯起的细小纹理之人，异性缘分更理想。拥有此眉者，男士易得红颜知己，女士易得男性知心朋友及上司、长辈的助力；男女皆受欢迎及异性亲近。

五、仰月口及欢待纹

口为出纳官，主饮食及言语。饮食与言语要谨慎，否则病从口入，祸从口出。口形与交友、人缘运有极大关联。口形端正，两角向上，唇红齿白，称为仰月口，主事业成功而可得留传声望，受人敬仰。

上下唇相合匀配、牙齿端正，唇上有细小而排列整齐的纵纹，为欢待纹，主有口德，能负重任，深受朋友信任和爱戴，可为中心人物。二者除人缘理想之外，更受异性垂青及敬仰。

第十一节　实用的相格特征

一、前途光明相格

凡面型方圆，额形饱满又无恶性纹痕冲破，耳大而有垂珠，鼻梁挺直而准头圆满，鼻翼不露孔，即有权威斗志，目光正大而有精神，声音响亮如洪钟，更是智谋兼备。形体上下相称，步履稳健而有力，形态有威而不猛，且又和蔼可亲。处事公正严明，个性精明干练。有此长相之人，官职显，事业运途顺利，前途一片光明。

二、内心奸诈相格

眼突露，面目露凶光，眼赤如酒醉，眼露三白，有此面相的人已有奸邪之心。若再见眉粗面浓，鼻斜口歪，说话不老实，以是为非，以曲为直，巧言令色，鼓舌如簧，常自鸣得意，好出狂言，自高自大，都是有勇无谋、奸诈之人。这种人残忍、居心狭窄难防，应远而避之。

三、处事谨慎相格

疏眉朗目或眉形呈三角，田字或国字脸，神藏而不露，形体相称，鼻梁直如截筒；恕以待人，不在背后论人长短及过失，与人相处从不发谬论妄言；做事踏实，不作投机取巧之事，没有侥幸之心。若能配合深长人中及单眼皮的特征，就是一个处事十分冷静，不受人左右的谨慎人，其一生中绝不会因疏忽或不小心而误事或招致破耗。

四、糊里糊涂相格

鼻梁低扁，唇掀齿露，眼睛黑白漆混不清，眉低压眼又无神采，言语有头无尾，或胡言乱语，不通人情，大多是糊里糊涂之人。即使其他部位长相端正，也难以久享福禄。若基业丰厚，亦容易受人欺骗。

五、不能患难与共相格

脑后见腮，眼睛突露，鼻低颧高，或鼻勾曲而无颧，蛇头鼠目，口大无收。有此等相貌之人，自私心重，损人利己，一旦言语不合，即会翻脸无情，甚至忘恩负义，恶毒，会谋财害命。

六、严明正直相格

眼神炯炯有光，不怒而威，精神充足，言语清朗，颧颐丰满或颧高而骨露，鼻梁端正，下巴方圆。部位配合适宜者，能严以律己，公心处事，明心待人，见善必赏，见恶必罚，此必是性情正直无私，行为正大光明之人。

七、聪明灵活相格

双目有神，眼睛黑白分明，眉宇轩昂，言语清晰，此必是聪明之人；若见耳朵轮廓分明，耳形厚大，整齐端正，垂珠坚厚而耳的肤色白过于面，性格温和，亦为聪明灵活之相。相反，如其人眼睛无神，又黑白不分明，必是愚昧之人；眼睛虽有神，但流光四顾，眼球常无故转动，此人虽灵活，但必近于邪淫，不宜赋于重任也。

八、忠厚老实相格

目光纯正而藏蓄，眼神内敛，头面圆正而不偏，鼻形端正准头肥圆，与人交谈时，和蔼可亲。反之，若初看某人时，容貌似忠厚，而心术轻薄，当其与人交接之际，天性流露，会巧言令色或矫揉造作，稍一细心观察，则真伪立辨。

九、刚愎自用相格

眉毛过于粗浓，发粗而硬或逆乱，眉棱骨高，眼大而突露或露四白，眼红筋绕，定是刚愎之流。凡有此格者，自尊心特强，不易接受别人劝告，如任用此人，必害多益少。若再见耳廓外张，耳轮尖薄者，则六亲亦难协调，更不能和睦相处。

十、心地善良相格

人之良善，观看双目至为重要。盖眼为心之苗，可窥人之智、愚、善、恶。心地善良，目光必表现之，故眉清目正之人，视物则上下不露白，其善良之态，自然流露。眼神亦为神志之表，眼睛清朗必是贤良之辈，有君子作风，有善良之心；眼神浊、眼光浮露，其心莫测，为贪淫之辈。若目光善良，再配以鹰嘴，则其性亦不免贪鄙。总之，善良与否，须以目为主，因为目之表情，对方若稍微留心，最易辨别。

十一、难赋予重任的相格

鼻为一面之威仪，颧为人的责任心及处事能力。凡颧骨低陷而无肉，颐骨不起，两腮无肉，则难有成就。语云："面无四两肉，神仙养不熟。"若颧与面形大小不相配，口大无收，唇不盖齿者，皆难赋予重任。若两眼神昏如醉，眼后鱼尾纹多，鼻头尖，未语先笑者，则应防酒色误事。眼目有神而流光四顾，眼常无故转动，人虽灵活，但必近于邪淫，不宜赋予重任也。用人者，皆宜小心细查，方能赋予重任。

第十二节　不实用的相格特征

一、缺乏领导才能相格

眉骨低陷，眉低压眼，眉尾低垂，双眼无神，神昏如睡，左右两眼距离过于宽阔，此种人处事缺乏主张和恒心，散漫，往往给人懦弱无能的感觉。有以上所举一二项，再加眉宇间毫无威严气象，皆为缺乏领导才能之相。

二、重情义相格

妻妾宫平满，气色红润，鼻梁端正而准头圆满，目光慈和，眉毛虽浓而清晰见底，地阁方圆，口有棱，嘴角上弯，举止稳重，出言不急躁，此人性格必是柔顺，家庭观念重，有责任心，重情义。反之，耳后见腮为反骨，眉棱骨高，眉粗而逆，或有旋毛，面上常带青气，鼻高大而额面无肉，上下唇薄，语言急速，目中红丝不脱，此皆为无情无义之象征。

三、克妻相格

鱼尾纹多而乱，鱼尾纹直侵奸门，或有斜纹冲破奸门，额及奸门气色青暗，印堂被恶纹冲破，山根有黑痣，鼻梁弯曲或起节，山根、年上、寿上有横纹，颧骨尖露，手掌婚姻纹向下弯至感情线，皆主克妻格。

四、畏妻相格

眼尾下垂，眉弯而疏，目神昏朦或目光呆滞。又眉低压眼，双眼无神，右眼大而左眼小，处事缓慢，言语声音细小，性格柔弱。鼻过小或鼻过大而无颧，皆是畏妻如虎或被太太欺凌之相格。

五、多子女相格

人中深直，泪堂平满，而且色泽明润，两眼神藏不露。口角朝上，唇红齿白而口形端正，发际整齐不压眉额，肚脐深大，臀部丰满。若再配以形体相称，则必是旺子之相。

六、贫寒相格

耳小且黑，眉薄如无，发际过于下垂，鼻尖斜曲，唇掀唇堕，鼻梁塌陷且小鼻露孔，口大不收，肉粗骨硬，井灶有黑子，或纹理破兰台。脸容不哭常似哭，此乃贫苦之相。再见天仓、地库低陷薄削，则一生难有际遇。

七、好食懒做相格

身短腰长，眼长，口大无收，眉毛疏薄，耳朵轮廓不显，精神萎靡，目光如醉，常伸懒腰，面容不整，皆为好吃懒做之相。

八、精明能干相格

眼睛炯炯有神，眉紧面秀，精力充沛，有坚强意志，做事谨慎，有洞察事物之能力，能察他人思想感受、行为等。若鼻梁端正有气势，具权威斗志，富实行力，处事英明，不妄交朋友，两耳贴面，垂珠轮廓分明，色泽润白，此人必聪明豁达，可享声誉。

九、庸俗无能相格

耳低于眉目，目无神采，眉浓浑浊交差，颧面肉厚而臃肿，颧面大而鼻小，不相称。此人多是愚昧、难辨对错之流，最易受人蒙蔽欺骗。若再鼻梁扁平，则更是智力低下，头脑简单，反应迟钝，缺乏进取。

十、胆小怕事相格

眉毛浅薄或眉毛下垂，眼头圆，眼尾下弯，眼神柔弱，耳朵有轮无廓，处事缺乏主张，保守，内向，怕事，怀疑心重，此都为胆小怕事之辈。

十一、善于交际相格

面圆耳圆，耳朵轮廓桃红，待人和蔼；眉目清秀，眉毛如新月，眉秀有彩，此人必有智慧，领悟力强，善于处世。若再说话头头是道，人见人爱，性情耿直，为人忠厚、不轻浮，做事认真负责，此人有交际天才。

第十二章　财运旺衰相理分析

第一节　面相部位与发财机会

人的一生中，起起跌跌，财运时好时坏，但总会有一段时期的财运特别好。每个人应该好好把握这段黄金时间，争取每一个赚钱机会。

在逆水行舟的败财时期，强求赚大钱，结果必然白费心机，甚至会因财惹祸。下面讲解面相部位相理与人财运的关系。

一、额高饱满，鼻子高挺且丰厚

鼻子管财富，额头看才智。额头高广饱满的人，聪明机智，思想进步，记忆力强，读书成绩好，早年能打下良好的根基，少年时期就有好运。

若再加鼻子高挺而丰厚，气势贯通额和印，少年时期就可将鼻运优势引发，运气便能加倍地发挥起来。具备这种相理的人，其发财黄金期必落在青少年时期，这是十岁至廿八岁间青少年得志的佳相。

二、印堂广阔，鼻子高挺且丰厚

面相的印堂部位十分之重要，印堂生在两眉之间的中心处，主要看人胸襟气概，也可看人做事顺利与否。如果印堂宽阔平满和色润有光，必然有宽广过人的胸襟，凡事看得透彻，而且读书有成，学问和知识广博，因此事业较易成功。如再加鼻子生得好，高挺有肉，廿八岁起便已入运，金钱随之而来，财运行到中年也十分顺利。

三、眉清目秀，耳厚垂珠

除鼻子可以反映财富外，面上还有眉、眼和耳朵三个部位可以观看财运的，若这三个部位都生得好，则能够拥有很强的聚财作用。耳朵乃财源，是一个人的根基所在，童年若得到良好的培养，必从耳朵反映出来，其耳必大而厚，色润白兼轮廓分明，且肉厚垂珠。

眉眼反映人的内在智慧和学识，若人的眉清目秀，耳又好，就能在三十至四十岁间创造出骄人的财富。

四、嘴厚唇红，人中深阔

在现实生活中，并不是每一个发财的人鼻子都是生得很好的。有些人的鼻子生得不是很符合标准，准头无肉，鼻翼倾泻，但其他部位长得好，亦可发挥出赚钱本色。

例如那些嘴唇厚而微带方形，色红润，且人中深阔，形如水滴的人，其财运也十分不错，尤其在四十岁至六十岁间，依然财运畅通。

五、地库与地阁丰满，且鼻型好

在面相流年部位里，鼻子是代表着中年四十至五十岁的财运，鼻子高挺有肉的人，中年财运必然良好，但其财能否积聚，是入多出少还是出多入少，还须看地库与地阁相理。因为地库与地阁两处，均属于面相下停范围，主掌着晚年运，只要鼻子长相良好，地库和地阁丰厚有肉，又饱满色润，晚年财运一定会很好。若再加上鼻好，从四十岁开始，财富便能囤积起来而甚至还会有很多不动产，直至晚年，便成了大财主。

第二节　商场上应提防的竞争对手

在现实生活中，群体赚钱的现象是相当普遍的，当一班人聚集在一起做生意时，不久便会因为利益问题发生纠纷。原因是当初聚在一起，只是以金钱作为出发点，当某人想单独发财的时候，就会因为利字当头，独吞所有财富了。

下面向大家介绍一些生意场上的高危人物，请大家慎防！

一、有鹰咀鼻相的人

长鹰咀鼻的人，攻击力很强，是赚钱时第一类要提防的对手。最有攻击性的鹰咀鼻者，都是金钱的猎鹰，每次出击大都一击即中，善于追击，且甚狠辣。如果遇到这种对手，还是先避其锋，随后再迎上为佳。

有鹰咀鼻的人有其最大的缺点，就是贪心。若要战胜他，只要首先给他一些甜头，使他放弃提防心，消减其冲击力，到时一举而败之。

二、有下三白眼的人

下三白眼的人是个野心家，其眼白多、眼珠小而上浮，攻击力强，为达到目的做事会不择手段。当他小有成就时，便会狂妄自大起来，令人难以忍受。遇到了这种对手，最重要是保持冷静，因为他最擅长的就是捕捉心理，攻击人的弱点，并以踩着别人来抬高自己。

这类人最大的弱点，是感情脆弱、心灵空虚和狂妄自大。实际只是一种掩饰，无非是以此来填补其心理弱点而已，因此只要能够捉住他感情脆弱的几件事情，就可以扭转局势了。

三、眉散且眼斜视的人

眉散且眼斜视的人，是地地道道的一流狡猾之徒，在跟这种人打交道时，一不留神就会吃亏上当。因为他的心里分秒都在算计着别人，就算是亲朋好友，也不会留情，毫不手软，因此若想在发财路上平平安安，就必须提防身边有这类人存在。

对付这类人，首先要揭穿他的虚假，毫不留情地将其拒于千里之外，千万不可与其亲近。

四、有四白眼的人

四白眼是各类眼型中最可怕的眼睛。有四白眼相的人，其对外攻击力非常强，攻击力度可达到百分之百。不懂得看相的人，见到了四白眼的人也会畏惧三分。其眼露白多而黑眼珠小，性格偏向于暴戾凶悍，对于身边的赚钱对手，他更加不会留情，必以非常手段来将对手清除，方肯罢休。

这类人最大缺点就是经常会疑心生暗鬼，甚至产生幻觉，因此与其周旋时更须提防和小心。就算你侥幸击败了他，也得不到多少好处，还是避免接触这种人为上策。

五、颧骨与腮骨横突的人

这类人最喜欢斗争，贪恋权势，行为往往采取最激烈的手段，争强好胜。如果遇上这样的对手，就应认真地提防他随时反叛你，因为他为了权力可以不顾任何道义的，所谓"耳后见腮人反骨"，就是用来形容这类人的。

沉不住气和太冲动是这类人的最大弱点，只要你懂得善用激将法，就不愁无法将其击倒，占尽他的先机。

六、口反唇薄的人

遇上了口反唇薄的人，是最不愉快了，因为这种会把种种不合理的事物说成合理化，用他的口来作武器去攻击别人，这是他的强项。生活中遇上的这种人，要是不小心给其捉住了话柄，不快乐的事情马上来了，如果被他占了优势，那他更不会饶人，且手段颇绝。

这种人衰在口，容易得罪人，迟早会自食其果。

七、缺叉眉、眼神闪缩

眉毛近尾处有天生缺口（分支）的人，性格十分怪僻，对人虚情假意，是"奸"相。如果眼神再间缩不定，其对于金钱和现实利益将永远要抢尽，如果你自问有点手慢，便少与之相争，因为输

"硬"的。

这类人的最大缺点，就是太过善变和疑心太重，如果你以一些似是而非的假消息吸引之，那么其必然上钩。

八、面皮青薄且眼下视的人

用翻脸无情来形容这类人最为贴切，面皮薄者其情也薄，眼常下视者心中必有很多不可告人之秘密，当你以为他是好人的时候，可能已经被其暗中加害了。因为这类人表面骗人，甚为阴沉，脑子尽是想着对付别人的计策。

"明枪易挡，暗箭难防"，他会在暗角中忽然出手，可轻易地战胜你。不过他亦有弱点，就是贪慕虚荣，只要给他挂个虚名便可以控制一时，可惜一不留神，仍会被他反咬一口。

第三节 容易因财招厄运的人

人人都想发财，很少有人想过自己是否适宜发财。这话说起来，都会觉得奇怪，怎么发财也要讲适合和不适合，难道不适合发财的人，有了钱便会招来恶运。正是如此，有一些人，因为相格、性格及行为等问题产生了一种负面影响，不知道福祸之性致使得不偿失，损害了人生中比金钱更可贵的东西。

一、双目无神的人

双目无神者，眼皮无力地低垂，眼珠浮起。这类人只宜安分，不宜发财。

为何要说这类人不适宜发财呢？原因是他不善处理金钱，也欠缺努力和艰苦的奋发精神；就算一朝富贵，也只是从投机或诈骗的方法中取得。最弊的是，这类人在三十至四十岁之间，会因为骗人或被骗，招致很大的失误，损失大财不在话下，更甚者会导致破产收场。

二、目光闪烁不定或眼浮泪光的人

眼睛要有灵气，但不能过于闪动和带浮光，这是一种不安的异常现象，无论在性格，心态和环境上，这类人都是处于不安的状态之中。

在金钱方面，其起落是相当大和相当快的，当他穷困时，会用不正当的手段去取得金钱，到了有钱的时候，人家亦会用非常手段来向他夺取。因此便经常地引起种种纷争与突变，财来财去，到头来富贵只是一场空。

三、鼻梁扁平的人

做人要自量，自己明明不是发财的材料，却天天在发横财梦，期望一朝大富大贵，甚至冒险犯难。但又不够别人狠，争不过人家，反而会招来祸患，到时便悔之已晚了。

鼻梁生得扁平，好像没有鼻似的人，他们只适宜安分守己，乐天知命。因为他们财运佳运，只能承受小量的金钱，钱一多了便会引来身体上的毛病或别人的垂涎，反令精神紧张起来。此外他也很相信别人，金钱容易遭人全部骗去。总之，金钱给他带来风险，自己是承担不起的。

四、鼻孔仰露的人

有些人只懂得用钱而不会赚钱，即使有很多的钱，也会给他败得精光，这即所谓的"财散人安乐"。钱败光了，他不会不觉得如何大不了，不到山穷水尽之时，他仍是不知悔改的。

生有仰露鼻孔的坏处居多。相书有云："鼻孔朝天，家无隔宿之粮"。如果鼻孔仰露的人染上了赌瘾，那更加不堪设想了，中年运将会破败不堪的。

五、眉尾散碎的人

人的眼眉尾部渐渐变得疏落和散碎，又叫"扫帚眉"，是财散的象征。有很多很多的原因，会令他把自己辛苦得来的金钱散去。

眉尾散碎的人，心绪不宁，凡事杞人忧天，愈是担心自己的钱财有失，便愈容易失去钱财。

这类人会经常地自作孽，令本身的金钱大量散去。

六、眉心太窄的人

大家都以为有了钱，人便会开心。但事实却非如此。一个人拼命抓钱的时候，绝对是件辛苦的事情，当钱抓到了，但却已失去了很多很多，包括感情和健康。

眉目心生得太窄的人，本身因器量较小，气魄不大，因此更容易犯上述的毛病。也因为他愈去刻意争取，反而是弄巧成拙的多。

七、眉低压目的人

一个人快乐与否，不能单纯跟金钱挂上钩。事实上，可能有些人甚至会因为金钱而招来很多不愉快的事情，这到底是何原因，可以从这个人的眉眼相来作判断。如果眉低压目，便会出现上述问题，起初可能是因为没有钱而苦恼，但抓到钱后，另一层烦恼却又紧随而至，包括感情、家庭、工作上烦恼的问题会由各方涌至，形成了无穷的压力。

八、下巴内收的人

健康就是财富，人若是失去了健康，任凭他有多少富贵，也是吃而无味的。反而只会觉得天天受尽煎熬，内心很不安乐，家财万贯又有何用。

下巴是反映晚年运的一个重要部位，同时也是看身体强弱的观察点。若下巴凹陷、细小而内收，像无下巴一般，则其人有钱都无福消受了，因为钱只会带给他病痛和苦恼，主要原因是他不懂得运用金钱。

九、鼻歪不正的人

行得正的人，就算没有钱也能心安理得。那些有钱佬，内心长期枯竭，会经常地疑心生暗鬼，以致没有半刻安乐过，这主要是其心不正所至。

看一个人的心正与不正，可从鼻子着眼。鼻子端正不偏不倚自然是个正直的人，而那些鼻子偏歪向两边的人，思想常出偏差，行为也常有越轨，乃其心不正也。手里有钱，便会产生歪念。

第四节　容易因财惹祸的人

"有钱使得鬼推磨"、"金钱万能"等话，都是引发人们要去拼命赚钱的金句。可惜在金钱的背后，往往隐藏着杀机的，而且是一个可怕的陷阱，会令人一失足而成千古恨。

有很多暴发户忽然间摇身一变，步入了上流社会阶层，但不久又忽然急速滑落，打回原形，这种情况是常见的。近年来，很多人赚了千百万的钱，由于承受不了，而变成了超级负资产，使自己走上自毁的歧途，所以这类人对金钱掌握和运用须要特别小心。下面列几种容易因财惹祸的人的相理特征。

一、三角眼的人

年轻人充满理想和热情，好动而乐观，他们像初生之犊，很少看见现实和势利问题，但长有三角眼的人便不同了。他们很早便会很现实，世故和势利异常，完全不像个小孩子，到了少年时期便已处处算计着别人，引来很多是非和仇恨。步入中年更会行险犯恶，以巧取豪夺来取得金钱利益，使人防不胜防，可惜三角眼者只"知胜不知败，知放不知收"，最终招来严重后果，以破败告终。

三角眼者改善人生的方法：立心向善，不妨忌，处处表现大方，可免破财。

二、鹰咀鼻

如果论赚钱头脑，手段高明，非鹰咀者莫属了。因为长有鹰咀鼻的人，善于抓住别人的弱点进行攻击，还善于利用人贪婪的心理来实现自己的目标，为了成功而常常会不择手段。当他得到了利益后，并不会因此而满足，反而会贪求再大的利益，其欲望会无限地膨胀，直至所有人的利益全归他所有为止。但他的行为亦会自己带来恶运，因为"强中自有强中手"，结果害人又害己，最终还是破败收场。

鹰咀鼻者改善人生的方法：凡事不要贪，避免抢夺他人财物，安分守己。

三、蟹目的人

长有蟹目的人性格暴戾，手段霸道，出手时都是把对手彻底打倒才肯罢休。不留情面，不留余地。往往是商场上"霸主"式人物，会垄断整个行业及市场，唯我独尊。到头来他将会受到很多敌人的围攻，惨败商场。

长有蟹目者改善人生的方法：心平气和，有容人之量，不要时常暴躁、减少暴戾。

四、鼻突面窄

鼻突面窄者是以自我为中心的人物，一切都以自己为主，以自己的本位来作为出发点，总之他是个极主观的人物。他亦有超乎常人的能力，由于不重视旁人的关系，因此会遭到手下的反叛或出卖，亦易惹起小人是非，金钱会因不善处理人际关系而遭到损失。

这种人改善人生的方法：积极听取别人意见，凡事客观些，不要钻牛角尖。

五、面大鼻小颧骨突的人

面大鼻小颧骨突的人非常圆滑，任何事情他均能处理得面面俱圆。在商场上，这类人是很吃得开的，至于有失败的机会，主要是不够自我，处处逢迎，够圆滑却欠权威。最终被别人所操纵，任人摆布，以致于身不由己，在险恶万分的商场上迷失了方向，导致中年破财惨重。

这种人改善人生的方法：要真诚待人，不要太过虚假和表面化，要有骨气。

六、蒜鼻及法令冲破兰廷的人

蒜鼻者，山根低窄，鼻梁平小，两边鼻翼和鼻头均大，而且鼻孔很小。这种人很重视兄弟手足之情，心地好，中年后会有大发展。但商场上危险重重，感情用事便会给人有机可乘，招致破败。

类似的鼻相是，法令纹冲破了左右两边的鼻翼，使兰台、廷尉部位被划破，这是中年遭遇到严重破耗、劫夺之劣相。

这种人改善人生的方法是：处事应明朗些，不可太过盲从附和，要有自己的个性。

七、三白眼、眼神浮露的人

三白眼及眼神浮露的人，出手会达到准、狠、劲的绝对要求，有着很大的野心。其目光锐利，无人能够招架，但当他事业进入最高峰的时期，会有戏剧性的急跌，且受身边的众多敌人攻击和出卖，以致一无所有。

这种人改善方法：不要太狠不饶人，有必要重新了解自己，别再自欺欺人。

八、犹太鼻的人

犹太鼻的人，天生最会利用人，更有做生意的天赋，有着惊人的创造力和创造金钱的本领，但也有着失败的危险。因为他的手段太强硬，也太狡诈了，得势后绝不会饶人，于是便种出了无穷祸根来。正因为他拥有大多的金钱和利益，这必然会引来各方的劫夺和争霸。

犹太鼻者改善人生的方法：信仰宗教，修善心，清除一切贪得无厌之欲念。

第五节　容易发财的相理特征

"问富在鼻"，鼻长得好的人，便有财运、有财气了。对鼻子基本上的要求是：1、鼻要有肉；2、鼻要挺直；3、鼻高有势；4、鼻头丰圆；5、鼻翼横张丰满；6、鼻孔不露；7、山根宽阔且高挺。

一、贯顶鼻

第一种发财鼻子名叫"贯顶鼻"，又名"伏犀鼻"贯顶鼻子除了外形特殊、鼻梁挺直且有肉外，最重要是山根比一般人都高隆，气势直通上额。这种鼻子的人，不但大富，还会大贵，身居高位而操大权，所做的都是大事情。如果长有这种鼻相，就不用担心自己的前途，必有功成名就的一天。有这种鼻子的人，绝对可以放胆去创业，即使失败也不可怕。

二、悬胆鼻

悬胆鼻型是天生富贵之相。这种鼻子的特别之处，在于鼻头生得丰隆圆大，山根略窄，活像一个悬吊挂着的"猪胆"一样，因此有些人称这种鼻子为"猪胆鼻"。生有"猪胆鼻"的人，多数先贫后富，先苦后甜。

其人际关系良好，踏入中年便会发迹，开始积聚财富；金钱运绝非不劳而获的，往往是要经过一番努力、艰辛开拓之后，才有收成。其诚实正直的性格，是他的财富及成功的根源。

三、牛鼻

鼻子生得很大的人，通常自信心亦很强烈，而且有魄力，而牛鼻就是其中大鼻子的代表者。牛鼻的特色，在于鼻头和鼻子连在一起且鼻体很大的，鼻孔完全不外露。此牛鼻之人，来日必定能够富甲一方，但这也绝非轻易得来的，同样需要经过默默耕耘，才能够获得成果。这种鼻子的人善于储蓄金钱，于是便渐渐创立他的事业，取得第一桶金。他平时也很节俭，往往给人很吝啬的感觉。

四、犹太鼻

犹太鼻子的人，是做生意的天才，外形生得非常特殊，鼻梁又高且鼻子大又勾，很似外国人的大鼻子，因此给它命名为"犹太鼻"。有犹太鼻相的人，其与犹太人的性格有着很密切关系，他们很懂得赚钱且手段狠棘，更有点侵略性，支配欲十分强烈，喜欢控制一切事物，因而他们的性格及行为也会倾向于自私自利的一面。

五、颧鼻相配

人人都以为愈有钱愈好，更希望自己成为超级首富。事实上，无人会嫌钱多，但钱太多了反而会惹来很多烦恼，还不及一些中富的人，不用每天辛劳，却衣食无忧，更能享受天伦之乐，尽情地做自己想做的事情。在面相上，中富之人都有一个共通点，就是颧鼻相配，虽然鼻子长得不很高挺，但正直且有肉，再加两边颧骨微微隆起，不太高且有肉包，衬托着鼻子，这便是颧鼻相配了。如颧高配鼻高、颧低配鼻低，也都属于颧鼻相配，只不过前者位高权重且能得大财，后者地位微小而只得小财罢了。

六、眼鼻配合

有人说金钱是万能的，但也有人说金钱是邪恶的。其实，金钱有着正负两方面的作用，如果金钱运用得恰当，就可以帮助很多受困的人和建设社会的。一个人的鼻子生得好，便要有一对好的眼睛配合，才能产生最佳的效果来，因为眼睛是反映一个人内心的一面镜子，眼睛生得黑白分明，眼神藏而不露，眼形秀长，必定是个心地善良且有高超智慧的人。他在获取金钱的同时，也会考虑到适当地使用它，而且必定会用正当而不伤害别人的方法取得金钱。

七、天仓与鼻子配合

在社会上，有很多人都天天不停地打转脑子，挖空心思去赚钱，这是一件很辛苦的事情。但比此更苦的是财来财去，今天赚到大钱，明天又尽数失去了，于是又要想办法赚钱。这类人都是"天仓"部位生得不好，如果天仓凹陷或多纹、筋脉，就算鼻子生得很好，财运也很好，亦会把赚来的钱从各种不同渠道散光，而且自己也不能安静下来，最终成为金钱的奴隶；若鼻相好，天仓又很饱满，其手头上的流动资金经常地有所盈余，用之不完，取之不竭。

八、地库与鼻子的配合

"地库"就等于一座地下宝库，人们每天拼搏赚得的金钱，都是靠地库来收藏的。如果一个人的鼻子生得好，那么其赚钱就会很多，愈需要一个饱满丰厚的地库，否则钱财便没有地方安放，容易流失了。

如果地库凹陷无肉，就算鼻子长相很好，也是个朝不保夕的人。因为地库代表不动产，地库愈丰厚物业财产便愈多，并且其在创造财富的时候，也能把赚来的钱转为不动产。其人身价愈来愈丰厚，正所谓水涨船高了。

九、鼻子与口的配合

人的一切福禄尽归于口，口为五官之一的"出纳官"。人们每天辛劳工作，赚取金钱，就是为了养家糊口，享受生活。可惜大多数人却本末倒置，为了赚更多的钱费尽了脑筋，在赚更多的钱后，又要赚无数的钱，结果被无止境的欲望所吞食了灵魂。当初只希望得到享受的生活目标已忘得一干二净。

如果鼻子长得好，又能配合一个又阔又方的口，且嘴角微翘、色红润鲜明，便能够运用金钱为自己创造出很多的快乐来，也能给别人带来快乐。

十、天仓与地库相配

有些很富有的人，虽然他的鼻子不是很高挺有势，颧骨也非高耸丰隆，但是颧鼻相配，天仓和地库也生得丰隆平满。这类人不够别人那么主动，但他懂得以静制动，当口袋子里没有钱的时候，可以利用别人的金钱来为自己赚钱，所以一生中不会为金钱烦恼。如果一个人有好的天仓与地库，又能配合一个好的鼻子，那么他可创立超常的财富，拥有较高的地位。

第六节　生意场上难以真诚合作的人

这是一个心理相理方面的课题，如何应付面对工作中的主管、生意谈判桌上的商家、合作伙伴、老板甚至朋友，是其生命途中成功的关键。如果对本专题作细心的观察及研究，必可在人生路上收到事半功倍的效果。

一、不断眨眼的人

在谈话时，对方不停地眨眼，表示他的精神极度紧张，且正在自欺欺人，骗人骗己。

一个人脑子里有很多念头涌现时，也会不停地眨眼的，因为他想借此令头脑清晰一些。但他却不知道自己这样做会影响别人的情绪。

遇着这类人，可以不重视他，也不要过分专注他的言谈，眼神要随时移开，但千万不能被他带动你的眼神，否则便会被误导而头脑不清醒，最后错误地判断事物。

二、目不正视的人

在正常情形下，一个正常人跟你说话时，眼睛不会老是斜视着你的。如果出现这种情况，那是由于你的眼神太恶或地位太高的缘故，致令对方心理恐惧，否则对方是不会这样的。除非对方心中有问题，谈话时目光不与你眼神接触，极有可能他是一个正在说谎话的人。因为其心不正，怕被你从他眼神中识破一切，故而尽量不与你的眼神接触。

也有些本身完全没有信心的人，很害怕与别人有眼神接触，因此不敢与人正视。

三、目光下垂的人

人在谈话时，目光下垂视地，表示这个人没有诚意、兴趣和信心。

如果自己经常目光下垂，就表示自己失去了自信心，消极而欠斗志。

自己与人谈话时，如果对方心虚或心亏，也会在无意间有目光下垂的表现。当对方有如此态度时，便不能委以重任或寄以厚望了。

四、左右张望的人

如果自己与别人谈话时，对方没有受到身边事物影响的情况下，却左右张望，这种表现反映出对方心不在焉，根本没有把你的话放在心上。

一个人的眼神不定，平时也是左顾右盼，若不是做贼心虚，则正在酝酿着奸诡的企图，须要小心提防。

五、未说话而先开口笑的人

一个人在说话前开口哈哈笑，往往是说话不认真的表现，虽然对方说得很认真，但他却当做开玩笑而已。那种假笑声最能遮掩他内心的轻浮，这样子是不会有好的交谈结果的。

别以为见人就笑的人便是好人，要看看对方笑得是否真诚，是否笑里藏刀。

六、说话时不停点头称是的人

如果人跟你说话时不停地点头，好像很明白或很认同你的见解，其实他是个处事轻率大意的人，他的承诺往往是做不到的。

另一方面，也显示出他的被动性很强，有时并不是他不想做好，而只是他不敢否定或惯性地认同对方，但事后又觉得很不合自己的做事方式，结果便把事情做得一塌糊涂。

七、说话时不停摇头的人

这是表示对人不尊重的表现，他本身是个心高气傲的人，对自己自评价过高，却轻视别人。因此，如遇着这类对手，就不要寄以太大希望了，除非你比他更加骄傲。

这类人一旦遇到了挫折，便会一跌不起，因为他消极和悲观情绪必会使他做任何事情都会摇头叹息。

八、说话时常望天的人

遇着了这样的对手是不好过，因为他根本对你有偏见，甚至仇视你或看不起你，你讲什么也没有用，甚至有理说不清，愈说愈糊涂。

最容易发生这种情况，就是你要求人的时候，遇到一个不可一世的人时，他必定会给你报以这种态度。此时你便应该知情识趣、知难而退了，以免白费唇舌。

九、说话时坐不定，常转位置的人

这类人的立场不定，见风使舵，内心里充满着不安，而且有点迷信，所以时常变换位置。如果对方是你谈判桌上的对手，可能你会被他转到头晕。

一个人最好是安静地坐立，这种坐不安定、一分钟换三五次姿势的人，必定是个善变者，头脑是够灵活了。但他的千变万化，往往会使人无所适从，招来别人对他的反感。

注：说话时眼神坚定，对话后全神用力点头的人，最忠直勇敢，是最值得信任的人。他有责任感，你托付的事情绝不会掉以轻心，必定全力以赴，而且意志坚定，绝不轻易放弃。因此要请员工，必以此类人为首选；要交朋友，也以这类人为佳。虽然他性格上有点过于刚直，但其坦白和热诚，能够真诚交往和合作。如果是合作伙伴，就大可以放心、坦诚合作，必收事半功倍之效。

完全、专心地听完你讲的话才会动身子的人，对你有充分的专注、信服和重视。与这种人合作，你大可放心了。虽然对方性格有点保守，但做起事来很认真，并且做事有头有尾，不会半途而废。他是个很懂得尊重别人的好人，是交得过的好朋友。

第七节　生意场上最差的搭档

一、牙齿疏落、参差不齐的人

牙齿生得疏疏落落的人，都是爱说是非、难守秘密的人。生意场上碰着这类人，任何商业计划都会给他外泄出去，结果眼看着别人把利益抢先夺去。这就是牙齿疏落的人明显的缺点。

此种人又好说人的是非，多说少做。如再牙齿大小不一、参差不齐，更会因说话得罪人，而给你添上不少麻烦，根本没有办法开创发财之路。

二、目光流露、眼现锋芒的人

双眼同时浮光，且闪烁不定，即为"目光流露"。如果眼睛的光芒并非闪烁，反而定于一点之上，且似跳出眼外，有点刺眼的感觉，甚至会令人心寒，此即"眼现锋芒"。

目光流露者的最大弊端是他的情绪容易波动，做事往往只凭着一时冲动和喜好，不加思索地盲目去做，结果不单自己招至损失，更令眼前的合作伙伴受尽苦头。这种人本身的运势反复不定，与他结成搭档，随时都会担惊受怕，历经风险。

三、双目无神的人

双眼好像昏昏欲睡，眼睛难以张大，眼皮又低垂着。这类人的缺点是做每一件事情，到最后关头便会有退缩心理，因此要跟他合作，须要小心他在最后一刻会反悔，或者做出一些不利于大局的事情来。

这类人在三四十岁间运气不好，浮浮沉沉，做任何事情最终都

周易相学精粹

会半途而废，并以失败者居多，而且很容易拖累别人。往往感情和事业都牵扯在一起，拖泥带水，因而容易造成很多恩恩怨怨、纠缠不清的结果。

四、鼻孔大而外露的人

大鼻孔的人，是个挥霍无度的人，经常会用未来钱，且做事有头无尾。如果自己跟大鼻孔的人合作，就必须特别提防他的盘算，因为随时会在不知不觉下给其败个精光。

这类人的命运，中年破财厉害，就算在合作之初赚到大钱，到头来都会一朝散尽，不可不防。

五、眉心太窄的人

眉心生得窄小的人，是斤斤计较又小气性格的人，不但与别人难相处和合作，更会将一件芝麻绿豆的小事情化大，造成重重障碍，以致败多于成。

眉心太窄的人，内心也不快乐，事事过于执着、计较得失，因此令自己在发财路上出现层层障碍，同时也会给别人带来烦恼。

六、眉毛竖起、疏落的人

眉毛是观察一个人的人际关系的重要部位，因此你的搭档如何，只看眉毛便可知一二。眉毛最好是柔顺，且向两边缓缓伸展，微微弯曲，这种眉相的人很有修养，头脑清晰。眉毛不柔顺，而是竖起来，又疏疏落落，此人便没有什么修养，做事马马虎虎，还好高骛远，不脚踏实地。如果再个子长得矮小，那么会太过保护自己，事事都以自己的利益为大前提，因此是一种麻烦搭档，最要紧的是留心他的情绪变化，保持着自己的冷静，只要不被其影响分毫，即可与之合作。

七、眉目散乱、眼皮浮肿下压的人

眉散也代表着财散，三十至三十五岁间更会出现很多经济上的问题，引致心绪不宁，脑子里十分混乱。眉毛散乱之人，很难守住财气，用"财散人安乐"来形容这种人是最合适的。

跟这类人合作事情，首先需要有心理准备，因为他会影响你，使你也乱起来，令事情失败，引起金钱上的损失。如果眼皮浮肿，压着眼睛，更是脾气暴躁的自私鬼，为了钱财问题，经常会与人反目成仇，甚至会以武力解决问题。

八、鼻骨起节的人

鼻子挺直的人较有骨气和义气，自信心强，能领导别人。但鼻子挺直却肉薄，便会过分刚直而令人难以接受，性格倔强，脾气很暴躁，经常惹上小人对他群起攻击。做他的搭档，首先要为他抵挡一切不利因素，又不计较得失，而且时常受他的气，挨他的骂，少与这类人合作为妙。

鼻骨起节的人，每因小事跟身边的人过不去，如果你不能迁就他，就不要与他合作为妙。

九、面部狭窄平坦而鼻大突出的人

面部狭窄平坦而鼻子粗大突出的人，古相书形容称为"孤峰独耸"相格。是一个很孤立的、超级的唯我独尊的人，欠缺良好的人际关系。他那独断专行的性格，经常会引至别人的非议，若跟人合作事情，将会只许他讲，没有人讲。在其独揽大权后，任何人都不愿意跟他合作了，如果你真的不幸跟他合作，保证时常争吵不休。此类人是会步步进逼的，而且要求特多，往往令人透不过气来，因此第一步你不能退让，他会知难而退的。

十、鼻无肉包、露骨、歪斜的人

鼻子反映人的财运，如果鼻子无肉见骨，那么这个人虽有骨气，但没有财气，经济方面容易连累他人。因为这类人多数是命带刑克，个性刚烈，树敌无数，他遇到困难时往往以他的死板方式去乱打乱撞，碰得焦头烂额。如果你是他的搭档，便陪他乱闯，到头来可能会为他背上黑锅。

周易相学精粹

鼻子有歪斜的情况，即代表其心术不正，与其合作时须小心防止他随时出卖你。用激将法对付他最佳，会很容易把他激走。如果你要跟他讲义气，那么只好陪他疯了。

十一、嘴形尖啄的人

嘴长得尖尖且向下形成啄状，嘴形尖而小者为"鸟嘴"，尖而大者为"雷公嘴"，二者同是麻烦一族。他们会胡乱说话，且句句刺向别人，如果你是他的搭档，当然会首当其冲地成为他的攻击目标，千万别以为你是他的好朋友能够幸免，即使你是他的好朋友，他也会在不自觉间说出一些话来伤害你。

为了避免被这类人啄中，就不要飞得太高，风头不可太劲和太当眼，尽量飞低一点，在他的面前要懂得隐藏自己实力。

十二、颧骨横突、鼻头尖小的人

这类人好玩权力，又不知道自己讨人厌，乞人憎，往往恃势横行。他会掌一点实权，可惜死性不改，连上司都会顶撞，以下犯上，就算暂时有令箭，但很快便会变成鸡毛的。

与这类人搭档，可能会有一时急升，可惜很快像陪他坐升降机跌落地面一样，结果还是一场空。

他是个见风使舵的人，跟他作对绝对没有好结果，只好表面上顺从着他，暗地里想法子摆脱他。

十三、八字眉、眼神不定或眼小的人

如果一个人生八字眉（两条眉尾下垂），眼神又不稳定，眼睛细小，那么他一定是个左摇右摆、举棋不定的家伙。既胆小又心多，做事多成多败。命运走到中年三十岁至四十岁期间，就会像大海中一条小船那样漂来漂去。如果你选择他做搭档，就等于搭上了这条船，要跟他一起勇敢地面对大风大浪了。

一般地说，这类人都很有魅力，外表骗得人，令人信任，因此你必须看清楚他的背景，了解他的底细，不要随便相信眼前事物。

第十三章　言行坐卧相理分析

第一节　言语相理分析法则

人的言语相理非常重要，即听其言就可知其人的心性，也能知其人呼吸器官是否健康，肺的呼吸量和中气（含丹田之气）是否充足，心胸是否宽广，气量是否宽宏；也可知道其人一生的荣辱，成就的大小，收获的多寡。因此古代人相学将言语归结的"心之声，肺之表，福祸之门。"

男性言语不妄发、不妄陈，言中有节有序，明达事理者，即使非富贵，亦为有道之人；女性则为贤妻良母型人物。

男性言语简洁有条理，声音清朗又润畅者，主一生有大或小的成就；女主嫁有成就之夫。

不论男女，言语有力，眼不斜视，主性刚正直。

男性言语有余音，主一生有或大或小之成就；女主能嫁有成就之大。

不论男女，言语暴急声高者，主个性急躁，缺乏修养。

不论男女，言语声低平，主个性冷静，外柔内刚。

不论男女，言语声急，个性亦急，主热情爽朗，无害人之心并有侠义精神。但男性中年事业有波折，女性婚姻不美满。

不论男女，言语粗野者，主个性鲁莽。男性一生少成，女性婚姻欠美满。

不论男女，言语时有羞态者，主其身有隐疾而促寿。

不论男女，言语时气实神和者，主其志向远大，前途光明。

不论男女，言语时歪理邪言，又轻信他人之言，此人必是小人。

周易相学精粹

言语时未语先笑，男性生性奸诈，事业少成；女性好色淫意，婚姻欠美满。

不论男女，言语时语无伦次，若非有精神疾病，则心藏毒计。

言语时语急声破，男性一生难有成就，女性婚姻不美满或刑夫克子。

言语时出言轻薄忤逆，男主个性粗暴，女主不孝翁姑。

不论男女，随口附和他人之言，主其知识浅薄。

不论男女，唇薄舌亦薄，其人喜言是非，喜占便宜。

女性言语声高音破，动作粗俗，定嫁贩夫走卒为夫。

第二节　行止相理分析法则

在人相学中，有坐相、卧相、食相、言相和行相等动态相理，诸类相比之下，言语相理和行走相理较为重要，古代圣贤们对此二者十分重视。例如，曾国藩的相人标准："邪正看眼鼻，真假看嘴唇，功名看气概，富贵看精神，寿夭看指爪，风波看脚跟。若要看条理，尽在言语中。"亦特别强调行相与言相。

人的行相可表现人的进退节度，反映人的健康、智慧、个性的优劣。凡进退有节、周旋有度的人，自然比不知进退节度的人成就大，收获也多。

行如水流或如云浮，犹舟遇水可载重物，飘飘然而脚不动（稳固）；气则下降胸背，力聚踵履之间；头不低，脚不重，身不折，手不摇，发足急，进身直，起步宽，俯然前进，身重脚轻，不凝不滞。此人一生必有或大或小的成就与收获。男女同论。

疾行而抬头挺胸身不摇动称为龙行；起步宽阔，气势有威，称为虎步。男性似龙行虎步，可大贵特贵，或贵为一国元首。

男性似鹅行鸭步，主大富特富，或富可敌国。

牛行时，身体魁梧，头广项粗，眼睛黑亮，心性缓慢。男性似牛行，主可致大富。

男性似象行者，主既贵人又享高寿。象行时，天庭隆起，印堂宽平，眉长眼小，鼻长鼻仰，唇反牙长，身大肉多，耳大无轮。行走时身躯不稳当，不贵不寿。

马行走时，面长，眼大，口阔腰长，齿大而疏，腰长性缓。男性行似马奔，主贫穷一生，如贵则一生劳碌。

蛇行行走时作三折状，昂头侧视而摇动。男性行似蛇行，主其心性狠毒，恩将仇报，虽贵亦不善终。

麻雀行走时，有跳跃之象。男性行似雀跃，主其个性不良，难作朋友，并主一生辛苦，多劳少获；女性行似雀跃，主婚姻不美满。

人行走时脚跟不着地，男主一生事业少成，女主婚姻不美满。

人行走时头低或摇头，不论男女，均主个性不良，狡猾奸诈。

人行走时步欹貌愁，不论男女，主其目前运程欠佳，如非事业不顺利，即为婚姻不美满或健康状况不佳。

人行走时东张西望、急躁匆促，不论男女，主其心性狂乱，运程却将转坏。

人行走时频频回头视后，不论男女，主其个性奸滑，狡诈异常。如人行走时回头视后而身体不转动，则称为"狼顾"，此人常怀杀人害物之心。

人行走时频频自言自语，不论男女，均主精神错乱，一生贫贱，老年孤独。

人行走时头先过步，不论男女，主初年运程尚可，晚年贫寒孤独。

第三节　静坐相理分析法则

行属阳，坐属阴，阳主动而阴主静。人行如龙行虎步，坐如磐石山踞，象征其健康、智慧、个性三者均优良，一生收获必多，成就必大。

人坐如磐石如山踞，凝然不动，称为"坐德"优良，男性主事业有成就，女性主婚姻美满。

人坐仍能胸腰挺直、神定气闲，不论男女，均能富能贵、可享高寿。

人坐时频频摇膝，无"坐德"，男性主事业破败，难聚钱财；女性主好逸淫贱。

人坐久即卷曲如狗、不端不正，男性主事业难成、一生贫贱；女性主身体衰弱，刑夫克子。

人坐时恍然如猿猴，不论男女，均主一生贫贱。但此人为猿猴形者另当别论。

第四节　躺卧相理分析法则

卧乃晦弦之候，休息之时，故人卧宜安然而静、怡然不动，才为福寿之人。假如人睡不安于席，辗转难眠，主其健康、智慧、个性三者必有一差，福寿减半。

人卧相如龙曲舟，主其一生必有大小不等的成就与收获；女性可嫁有成就之夫。

人少睡易醒而精神充足，不论男女，均主健康优良、智慧甚高、头脑灵敏、个性优良。男性一生必有成就与收获，女性必嫁有成就之夫。

人多睡难醒而精神萎靡，不论男女，均主智慧甚低、头脑混沌。男性主一生难有成就，女性主难嫁有成就之夫。

人卧如狗之蟠，不论男女，富胆识而有远见，高寿。男性主一生有大小不等的成就，女性主嫁有成就之夫。男女均主高寿。

人喜侧卧，不论男女，主其先天遗传优良，后天身体健康。

人睡时喘息调匀而缓，仪态安静安详，不论男女，主富贵而高寿。

人睡时出气少而入气多，不论男女，均主高寿；反之，短寿。

人睡时气息自耳出，谓为"龟息"，不论男女，可修仙正道，并主高寿。

人睡时两手合掌、两足盘膝、安定似坐，谓为"佛卧"，不论男女，不是出家人士，就是宗教信徒，均主一生平安而多福多寿。

人睡时半曲半伸，半侧半卧，气息从耳出，谓为"仙卧"，不论男女，聪慧异常，可修仙正道。男性从事异路行业，必有大成就，享大名、大寿。女性可为贤惠夫人。

人睡时愁容满面，似哭非哭，手舞足蹈，谓为"鬼卧"，不论男女，一生贫寒劳苦，刑克六亲，并孤苦促寿。

人卧时喜双手抱头而眠，不论男女，主其心绪不宁，多忧疑愁思，多口舌是非，一生事业难成；女性婚姻欠美满。

人睡中口出气如马喷槽猪吼气（即鼻鼾），不论男女，均象征其心肺系统机能有先天或后天障碍；男主难有大成就，女性刑夫克子、婚姻不美满。

人睡时口不闭合，不论男女，均主脾胃或呼吸系统机能有先天或后天障碍。男性主难有大成就，女性主刑夫克子，男女均难享高寿。

人睡时咬牙，不论男女，均主肝肾火旺。

人睡时眼睛张开，象征其脾脏异常虚弱。无论男女，均主难得善终。

人睡时面带怒容。男性主恃勇好斗，常处险境，做事有始无终，一生事业少成；女性主刑夫克子，婚姻不美满。

人睡时双手捧腹，男女均主天性愚鲁忠诚，无烦恼，一生事业少成；女性多为帮家人。

人睡时双手或一手遮阴，不论男女，虚浮，喜怒无常，个性倔强偏执，又吝啬好色。男主一生多败，女主刑夫克子、婚姻不美满。

就床便睡，男主个性顽劣愚鲁，一生难有成就；女主难嫁有成就之夫。

人睡时多辗转而不能安于席，不论男女，均主多忧疑愁思，心绪不安宁，男主一生难有大成就，女则难嫁有成就之夫。

人在睡中叹气，乃非吉兆，主灾厄即临。

老年人嗜睡，不论男女，均主其死期不远。

少年人嗜睡，不论男女，均主其愚昧不聪。

常人伏卧而睡，不论男女，消化机能有先天或后天障碍，有因脾胃消化功能不良而饿死之虞。但虎豹形人不忌。病人伏卧而睡，主其疾病即将痊愈。

第五节　饮食相理分析法则

人饮食时吞噬有声音，此为庸俗之人，男主一生难有成就，女性婚姻不美满。

人饮食时高谈阔论，象征其人未受善教。

人食相如牛、如羊、如猴，象征其健康、智慧、个性均佳，男主一生有成就，女主可嫁有成就之夫。

人食相如虎，象征其健康、智慧、个性均佳，男性可从事军职，并且有或大或小之成就；女性可成为巾帼英雄。

人食相如猪、如鼠，象征其健康、智慧、个性均欠佳，男性主一生贫贱，难有成就；女性主难嫁有成就之夫。

人的食量大乃有大福，体形魁梧、腹大有托者必验；人的食量大，但体形矮小且腹又无托，乃庸俗之辈，其一生狂乱愚鲁、难有成就；无论男女，食多而体形消瘦者，男性主辛苦劳碌，难有成就，女性难嫁有成就之夫。

人食量少但身体强壮，象征其心宽性慈。男性一生必有大小不等之成就；女性能嫁有成就之夫。

人饮食牙齿露显，男性辛苦寿促，女性形夫克子，婚姻不美满。

人饮食时暴饮暴食，象征其个性不良，急躁刚烈。

人饮食，食物淋漓散落，男性将会饿死，一生无成；女性刑夫克子，婚姻不美。

第十四章　富贵与贫贱相理综合分析

第一节　相骨法

相人必先从头起。头居人体之上，象征着天。天是高而圆的，高指头顶耸立峻拔，有如山峰，而且要不侧不摇；圆指饱满，整个头部十分厚实，不缺不陷。这就是好相。

头小了，固然不好；过大，也不好。这是从大体上来说的。

人的形体实为外界自然宇宙的缩影，头圆象天，足方象地，眼目象日月，声象雷霆，血脉象江河，骨节象金石，鼻额象山岳，毛发象草木。骨为人体的主干，凡人之禀气、结胎、贤愚、贵贱、修短、吉凶皆定于骨，骨是人的命缘的根本，所以相骨为相术之先。骨在肉下，骨和肉的关系至关重要，如同阳与阴、君与臣的关系。骨为阳，象天，象君，主刚；肉为阴，象地，象臣，主阴。阴阳协调，万物乃生。君臣得其位，功名富贵可求。因此肉要丰满，但不能累赘；骨要坚瘦，但不能不足。肉过于骨，如同阴胜阳；肉弱于骨，则如同阳胜于阴。这都是不利于命禄的劣相。

头无异骨，终难入贵。异骨，即指九骨也：

（1）颧骨。即颜面骨中形成颊骨的骨骼，左右各突起一面，它关系到一个人的权势。

（2）驿马骨。即颧骨势入天仓之外的骨骼，它关系到一个人的地位。

（3）将军骨。即与耳相齐的部位，它关系到一个人的武职。

（4）日角骨。即左眉上方隐约而起的骨骼。

（5）月角骨。即右眉上方隐约而起的骨骼。日月角骨都关系到一个人的文职名望。

（6）龙宫骨。即绕眼圈的骨骼，它关系到一个人的官勋。

（7）伏犀骨。即由鼻上一骨直线向上，至额部的天庭，再由天庭直贯到头顶的一段，它关系到一个人能否官至公卿刺史。

（8）巨鳌骨。即耳两边沟出的骨骼，它关系到一个人能否位至尚书。

（9）龙角骨。即两眉毛入边地稍高似角的部位，它关系到一个人的官位品级。

以上九骨丰隆耸起者，是高品级的大贵人。

论九骨还须参照人的精神、魂魄、形貌、气色、动止、行藏、瞻视、才智、德行九类精神气质方面的特征。九骨既清，加上九类，就构成九成：精彩分明为一成，魂神慷慨为二成，形貌停稳为三成，气色明净为四成，动止安详为五成，行藏合义为六成，瞻视澄正为七成，才智应速为八成，德行可法为九成，九骨与九类相匹配，就可判定人的命禄等级了，凡符合一骨一行为一成，九成八成巨中尊，五成六成臣中臣，三成四成五品人，一成二成有徽勋。有之不成不自身，无成无骨永沉沦。

人的头面上九骨，基本上都可以从前面看得出来。还有必须从脑后去看才能看得出来的一种异骨。相书上说："人之骨法。贵者莫不出于头额之骨。头额骨之奇者，莫不出于脑骨成枕，人之有此，知山石有玉，江海有珠。"相书称脑后为"星台"，脑后有骨的话，其骨名曰"枕骨"。枕骨如有三骨成形者，名为"三才枕"。如有五骨成梅花形者，名为"五岳枕"。梅花形周边高，中间凹入者，名为"车轮枕"。两骨尖起成一形者，名为"双龙枕"，一骨向上弯曲成形者，名为"偃月枕"。向下弯曲成一者名为"覆月枕"。此外，"三星枕""四方枕""圆月枕""垂露枕"。"玉樽枕""象牙枕""山字枕""杨枕""十字枕"等，或曰一十八般，或曰二十四枕。

玉枕是至关重要的骨相。它位于后脑突起之部。其骨法还可细分为"车轴型"、"仰月型"、"覆月型"等二十三种，每一种都有不同的命运含义。如"一字型"，代表人的性格刚强，为人诚信；"回环型"，代表人的祖父、父亲、自己三代皆贵。一个人的玉枕骨凡符合其中之一种，就是富贵之相；如果平塌不见，摸着感觉不到的人，即世俗所说的"扁头"，则禄寿难逢。

头额上的骨都称为"异骨"。由于形状不同，有各种各样的命名，而且骨亦有大有小，隆起与高低都有差异。"凡人有异骨者，皆贵相"，生无"异骨"，尽属平庸。相术以头骨论，主张"头"与"身"相称，"头不应身，先贵后贫。"一般说来，头大身小或头小身大，均称为"头不应身"。有的人的头像"牛头"，有的人的头像"虎头"以及兽类。相术有记载"牛头四方，富贵吉昌"、"虎头高起，檑禄无比"。其余"豹头""鹿头""蛇头""狗头"等等，或贵或贱，说法很多。

相术认为，头为人的一体之尊，百骸之长，群阳会集之府，五行正宗之乡。就同天空高峻清朗，能得日月星辰普照万物一样，头形应像天的形状，具有天的德惠，高峻而起，丰满而圆，才为富贵之相；尖薄缺陷者为贫困之相。

"头"与"面"紧紧连在一起，不可分离，相头相额固然当先，相面尤为重要。好头不如好面，好面不如好身。

第二节　相面法

面部是人最重要的仪表，故它为相术区分得最为细密、法则最为烦琐的区域。它的对象既包括五官七窍，又包括整个面部的十三部位。从相法来看，它又分为面部结构与器官关系的命禄格局以及具体的命禄部位两大类。

相术关于面部结构及与器官关系的部位论述，主要可概括为以下几种。

一、五官五行生克论

五官分属五行，五行相生相克。也就是说，五官彼此关联，互相制约，如果孤立地仅仅从某一官去做出的论断，还不一定准确。

人的面部五官与自然五行性情相通。眼为甲乙木，木配仁，主精华，定人贵贱。眉为丙丁火，火配礼，主威势勇烈，定人刚柔。鼻为庚辛金，金配义，主刑诛危难，定人寿元。口为戊己土，土配信，主载育万物，定人贫富。耳为壬癸，水配智，主聪明敏达，定人贤愚。

（一）五行相生歌

耳为轮珠鼻为梁，金水相生主大昌。

眼明耳好多神气，若不为官富更强。

口方鼻直人显贵，金土相生紫绶郎。

唇红眼黑木生火，为人志气足财粮。

舌长唇正火生土，此人有福中年聚。

眼长眉秀足风流，身挂金章朝省位。

（二）五行相克歌

耳大唇薄土克水，衣食贫寒空有智。

唇大耳薄亦如前，此相之人终不贵。

鼻大眼小金克木，一世贫寒又孤独。

眼大耳小学难成，虽有资财寿命促。

舌小口大水克火，急性孤单无人援。

耳小鼻蠢亦不佳，性贫心恶多灾祸。

舌大鼻小火克金，钱帛方盛祸来侵。

鼻大舌小招贫苦，寿长无子送郊林。

眼大唇小木克土，此相之人终不富。

唇大眼小贵难求，到老贫寒死无墓。

五官在相术上的重要性，《太清神鉴》中论述："若一官好，则贵十年。"一般相书认为"眉限四年，眼限六年，鼻限十年，耳限十五年，上下唇二十年。"五官如下：

耳为采听官，目为监察官，口为出纳官，鼻为审辨官，眉为保寿官。

二、五星六曜与五岳四渎

五星即指金星、木星、水星、火星、土星，分别代表左耳、右耳、口、额、鼻。

六曜即指太阳、太明（月亮）、月勃、罗喉、计都、紫气，分别代表左眼、右眼、山根、左眉、右眉、印堂。

五岳指衡山（南岳）、恒山（北岳）、嵩山（中岳）、泰山（东岳）、华山（西岳），分别代表额、颏、鼻、左颧、右颧。

四渎指长江、黄河、淮河、济水，分别代表耳、目、口、鼻。

五星、六曜为宇宙间的主要天象；五岳、四渎为自然界主要地象。如此配合，人的面部便成了天地自然、日月星辰、山川河岳的缩影，其结构形态与所代表的物象特点相吻合，就称为祥瑞富贵相，否则便为凶恶贫贱相。

它们具体的命相含义为：

（一）五星六曜

金星、木星为耳。耳的轮廓分明，色白如银，大小均等为富贵、聪明之人；耳的轮廓翻反侧窄，大小不均为损田破财、愚蠢无知之人。

水星为口。口型方正，唇色红润，人中深阔端直通畅。为文章俊秀、少年及第之相；两头垂尖，薄而无棱者注定乞食一生。

火星为额。额头广阔者高贵富足、儿孙满堂；尖陋又多纹理者，一生潦倒，损妻破财。

土星为鼻。鼻准丰厚、鼻梁端正、两孔不露者，为福禄寿俱全之人；鼻准尖薄、鼻梁歪斜者，一生孤独贫穷。

太阳、太阴为目，黑白分明，光彩夺人者地位显贵，做事俱顺；目光黄赤，枯暗无神者损父母，害妻子，多灾短命。

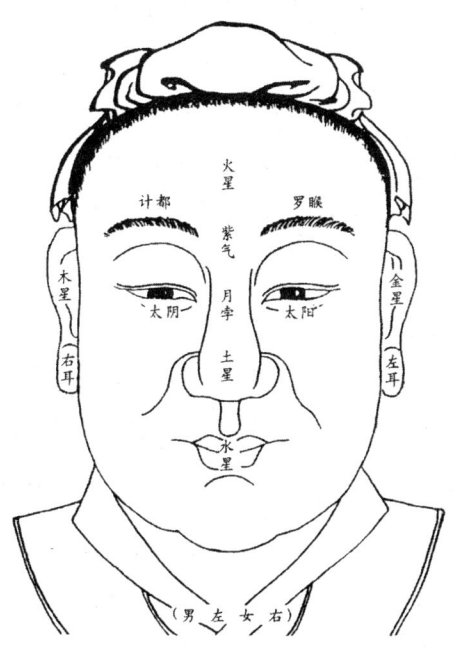

（男左女右）

面相五星六曜图

月孛星为山根部位，贵在端直、晶莹光彩，此为忠臣利家之相；狭而尖者为多灾败家之相。

罗、计二星为眉，粗黑过目者衣禄丰足，父母皆贵；眉毛连横且又短者骨肉多恶死。

紫气星为印堂之部位。印堂分明圆如珠者大富贵；狭小又有纹者不学无术，衣食萧条。

五星的要求是：火星须得方，土星须得厚，木星须得朝，金星须得白，水星须得红。

六曜的要求是：罗喉须得长，计都须得齐，月孛须得直，紫气须得圆，太阳须得光，太阴须得黑。

（二）五岳四渎

五岳者，东岳泰山，南岳衡山，西岳华山，北岳恒山，中岳嵩山。这是人人所熟知的。依相书的说法，人的面部也有五岳，面上

周易相学精粹

额为南岳，面下颐为北岳，鼻居中央为中岳，左边颧骨为西岳，右边颧骨为东岳。

面部五岳，以"穹隆"为贵。《人伦大统赋》写道："五岳必要穹与隆。"穹即是高。古代称天为"苍穹"，就因为高高在上而苍色茫茫。隆为隆起，只有内部饱满丰盛，才能隆起。有诸内之相美者，南岳当如"满月"，东岳当如"鸡卵"，西岳当如"方银"，中岳当如"高发"，恒岳当如"倒提"。

五岳之中，中岳的鼻相最为重要，贵在隆耸，还须得东西二岳（左右颧）呼应方为佳相；不隆不峻便无气势，为贱人，且无高寿。中岳陷薄无势，则四岳无主，即使四岳甚好，也不能大贵。如果中岳尖薄，晚年必定破败。东西二岳贵在挺直，若成倾斜之态便无势，为恶毒之相，且毫无慈爱之心，中年必定破败。南岳贵在广平高阔，此相为少年有成，若成倾倒之状，即破败之相；北岳贵在丰阔，为

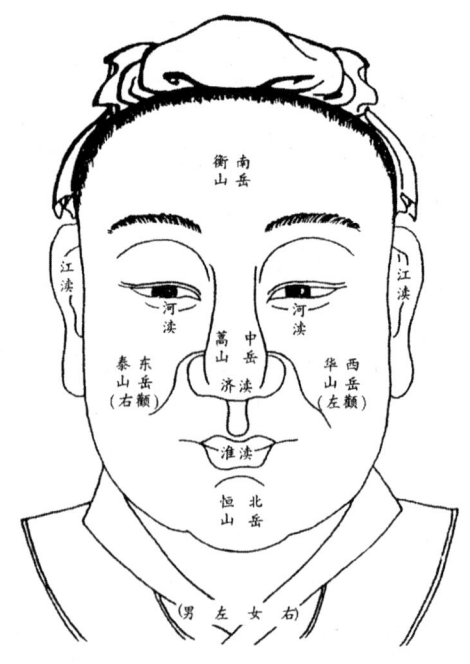

面相五岳四渎图

荣富之相，尖突则最终无成。

总之，"五岳朝拱，福自天来"，其余均为不完满；四渎清朗端直、明净流畅，方能增加财物。四渎混浊短浅万物不长，其聪愚贵贱也可由此而判。

三、四学堂

面部除五岳、四渎、五星、六曜之外，还要讲四学堂。陈抟说："妙相法，在何方？先看骨骼，后看学堂。"又说："无学堂者不贵，学堂备者必能成。"东汉郭林宗说："观人须观四学堂。"

一曰眼。眼为官学堂，有官无官全在眼，要求清秀，黑白分明。

二曰额。额为禄学堂，有大官禄少者，也有官不大而禄可观者，要求方、广、莹洁、峻拔。

三曰当门两齿。两齿为内学堂，主人之德行、内操，要求白而平正，密而大。

四曰耳。耳门之前为外学堂，主人的聪明学识，要求平满莹洁有光。

四学堂之外，有的相书还提到三辅学堂。其实三辅学堂即面部"三停"，以全身言，头部、身躯、肢体谓之全身三停。以面部言，从发际到眉间（印堂）为上停，从山根到准头为中停，从准头到下颏为下停。全身三停与面部三停，原则上要求匀称。

面部三停所主虽各不同，尤其要均匀，《玉管照神》说：上停长，老吉昌；中停长，近公王；下停长，少吉祥。三停俱等，富贵荣显。三停不均，孤夭贫贱。

辅学堂最主要的部位是额。额之正中，有五个部位，即天庭、天中、司空、中正、印堂。这五个部位要求端正、明净、广阔，而又隐隐地显出骨骼耸然，"额大面方，至老吉昌"，"天中丰隆，仕宦有功"，就是这个意思。相反地，如果额部狭小，甚至乱发遮掩，

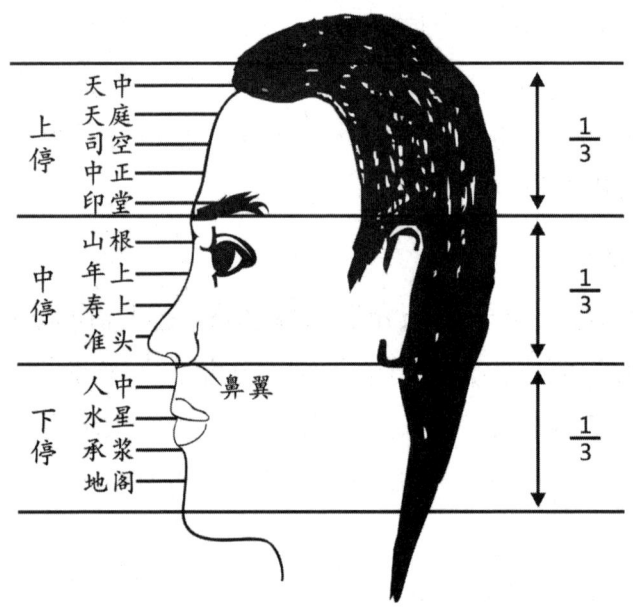

上停　天中庭　天空正堂　司中印　山根　年上上头寿准

中停

下停　人中星水承浆地阁　鼻翼

$\frac{1}{3}$

$\frac{1}{3}$

$\frac{1}{3}$

并非好相。

　　面部三停，象征三才。上停象征天，中停象征人，下停象征地。天主贵，人主寿，地主富。三停俱好为上相。上停宜丰隆，忌缺陷；中停宜峻准，忌偏塌；下停宜方厚，忌尖薄，人有福相，便是"天庭饱满，地阁方阔"这两句的内涵。

　　上停与中停之间，即印堂之下，鼻梁之上，名曰山根，对人的寿命长短关系密切。山根宜隆起，忌中断或下陷，也不宜有折纹，否则纵不短命而死，也一生多灾难。

四、六府三才三停

　　六府原意是指水、火、金、木、土、谷为财货的聚集处。古人认为它们是人类的养生之本，相术家在人的面部也划出个人得以生存的六府的虚实盈亏之位。从辅角至天仓为上二府，自命门至虎耳为中二府，由虎骨至地阁为下二府。六府充实、无缺陷疲痕者，必定财旺田多，反之贫穷。

　　三才即天、地、人，三者和谐方为安泰。三才之说将人的额比

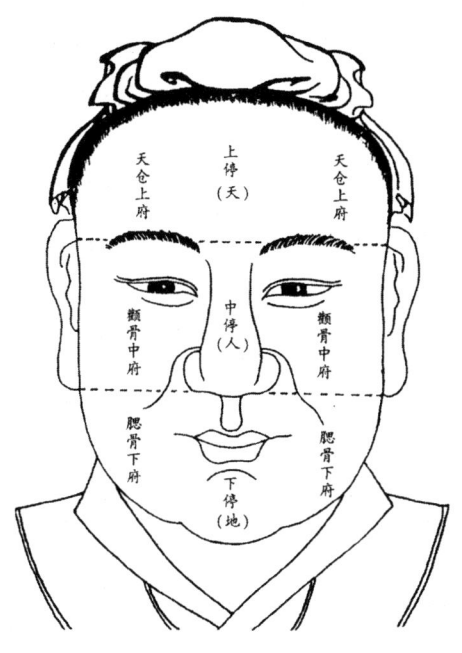

面相三停六府图

象为天，天欲张，故以阔圆者为贵；将鼻比象为人，人欲深广，故以端直者为寿；将颏比象为地，地欲方，故以方阔者为富。

　　将人面由发际至下颏划为三段，称为三停。由发际至印堂为上停，出印堂至鼻准为中停，自人中至地阁为下停（身躯亦分为头、腰、足三停）。上停贵长而丰隆，方面广阔，即俗语说的"天庭饱满"，合乎此相的人吉祥昌盛，少年发达；中停贵隆蔼准峻，端而祥静，合乎此相的人寿命久长，中年有成；下停贵方而满端，丰而厚实，即俗语所说的"地阁方圆"，合乎此相的人富贵无比，晚年安康。总之，三停之间又以均匀平等为佳，即世人所说的仪表堂堂。相反，若上停尖狭，多有刑厄之灾，还克父母，为卑贱之相。若中停短小偏塌，为人不仁不义，而且知识浅薄，中年必定破败；若下停长而狭尖，薄而无肉，家无田室，辛勤一辈子。

五、十二宫

十二宫即命官、财帛、兄弟、田宅、男女、奴仆、妻妾、疾厄、迁移、官禄、福德、相貌。

十二宫主要命相之义为：

命宫，居位印堂。光明如镜，学问皆通，福寿双全；凹陷多纹，贫贱边滞，破尽家财。官财帛官，在鼻准。耸直丰隆，一生财旺富足；偏窄枯削，财帛消乏。

兄弟宫，为眉。眉秀而疏，形如新月，兄弟众多；短粗逆散，仇兄贼弟，互相妒害。

田宅宫，在两眼。如同阴阳，清秀分明，产业荣荣；赤脉侵睛，火眼冰轮，家园倾尽。

男女宫，居于两眼之下。左为三阳，右为三阴，为人精血的表征。精寒血竭，色彩暗淡，男精不旺，女不育，左枯损男，右枯损女，丰厚光彩，多有贵子。

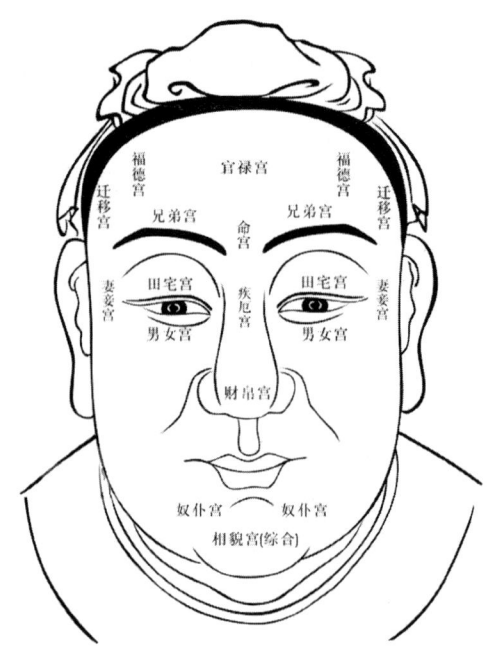

十二宫部位图

奴仆宫，位居地阁。颏圆丰满，侍立成群，一呼百应；陷斜多纹，仆马俱无。

妻妾宫，位居鱼尾。光润无纹，必保妻全，财帛盈箱；深陷多纹，妻多恶死，心好淫欲。

疾厄宫，在印堂之下。隆而丰满晶莹光彩，福禄无穷，一生无灾；低陷尖斜，疾病连年，一生辛苦。

迁移宫，位居眉角。明亮洁净利远行；昏暗缺陷不宜出入。

官禄宫，位居中正之上，光明莹净，显达超群，若缺陷有痕，常招祸事口舌。

福德宫，位居大仓。丰满明润福禄永崇；陷陷昏暗灾厄常见。

相貌宫，即指整个面相骨法，五岳朝拱，三停平均，官禄荣迁，否则便为凶恶之相。

十二宫反映一个人的政治、经济、日常生活的主要内容，通过人的面部结构、生理器官的匹配，来推断一个人与之相关的前途命运。人的面部是大宇宙和社会生活形态的缩影。

六、十三部位

（一）面相十三部位名称

1、天中横列部位为：天岳、左厢、内府、高广、尺阳、武库、军门、辅角、边地。

2、天庭横列部位为：日角、龙角、天府、房心、父墓、上墓、四煞、战堂、驿马、吊庭。

3、司空横列部位为：额角、上卿、少府、交友、道中、交额、重眉、山林、圣贤。

4、中正横列部位为：额角、虎角、牛角、辅骨、玄角、斧钺、华盖、福堂、彩霞、郊外。

5、印堂横列部位为：交锁、左目、蚕室、林中、酒樽、精舍、嫔门、劫路、巷路、青路。

6、山根横列部位为：太阳、中阳、少阳、外阳、鱼尾、奸门、神光、天仓、天井、天门、玄武。

7、年上横列部位为：夫座、长男、中男、少男、金匮、禁房、贼盗、游军、书上、玉堂。

8、寿上横列部位为：甲匮、归来、堂上、正面、姑姨、姊妹、兄弟、外甥、学堂、命门。

9、准头横列部位为：兰台、法令、灶上、宫室、典御、囷仓、后阁、守门、兵卒、印绶。

10、人中横列部位为：井部、帐下、细厨、内阁、小使、妓堂、婴门、博士、悬壁。

11、水星横列部位为：阁门、比邻、委巷、通衢、客舍、宾兰、商旅、生门、山头。

12、承浆横列部位为：祖宅、孙宅、外院、林苑、下墓、庄田、酒池、郊廓、荒丘、道路。

13、地阁横列部位为：下舍、奴仆、碓磨、坑堑、陂池、鹅鸭、大海、舟车。

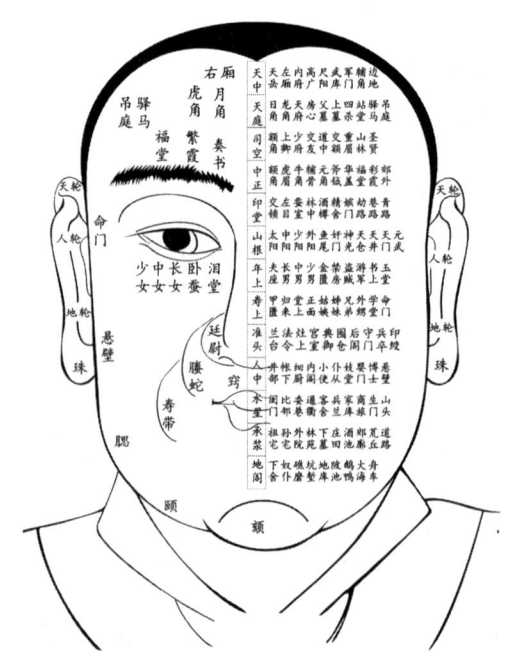

人生虽有善恶的形体，但其贵贱人们未必会区分；虽有吉凶的气色，但其祸福每个人不一定都能详审。所以，圣人把一面的形象分为一百二十部，上应天、地、人三才，下配东、西、南、北、中五岳。俯仰天地位置，辨别内外方圆，看到人的面形，便能知道他的贵贱，看到他的气色，便能验正他的吉凶，无论如何深奥，都没有一样可以隐藏。

天中的部位列于最中间的位置，就像皇帝一样，威制四方，所以刑狱在旁，兵卫在后，公卿前列，府库左右。精舍是神灵的宅所，所以动予眉睫的上面。学堂是聪明的馆所，所以靠近于耳门的前面。眼睛是感受色相的，所以妻子儿女都列在目下。财物是每个人都贪恋的，所以盗贼紧靠于金匮。山林接近于仙路，弓弩落于边方。承浆靠近口，日角高居于天。

上停又为天，是主宰禄俸的；中停又为人，是主宰年寿的；下停又为地，是主宰财富的。这三个部位又为三种主宰，上停主宰少年时的命运，中停主宰中年时的命运，下停主宰晚年时的命运。所以，上停丰满，少年有福；中停隆厚，中年有成；下停缺陷，晚年破败。大体吉凶贵贱没有一样不被统摄的。

从中央山上到下，共有十三个部位。天中主宰所过之事，又主宰官禄。高起直者，为初年得官；平满者宜远行，有官禄；凹陷者，注定死于刀刃。

天庭为主宰高官的部位，若有骨隆起者为卿监；骨起两边，无角与之呼应的，必任审辅；有黑痣缺陷者，注定受刑狱而死。

司空主宰天官、三公的部位。骨起光泽者当任三公九卿，色恶者不吉利。

中正主宰君僚之事，司堂详品人物，也主宰官位的高下和进退。骨隆起色彩润泽者，为仕途无量。

印堂主掌天印，掌印玺之官。方寸之内高起丽光亮者，食俸二千石；方寸之内，面静者，三品之官；方寸之内凹陷者，也有富贵。眉接连又不长者，一生无禄。旁边有黑痣斑痕，凡事可能不吉利。

山根主掌的权势，断绝者多危厄，又无兄弟，狭薄而低者，也无势力。眉鼻上叫"玉衡"，平满或有奇骨伏起者，招来享用国租的喜事；如衡上依稀往上伸展，则名闻朝野；如若凹陷者，则情浅识露，谋事难成。

年上主掌自身的疾病。骨肉高起者，一生无疾患；缺陷者注定恶死，有黑者注定贫苦。

寿上主掌寿命的长短，事情的吉凶。凹陷者无寿，青色、赤色、黑色、交叉，为怪兆。

准头主事富贵和百事的吉凶。端正圆平充实者宝贵有官。鼻准直者性慈，鼻准分者克儿。左为兰台，右为廷尉。深直广者忠信有子孙，长寿；短者短命，孤独，贫穷。有黑者女当自嫁。

水星（正口）主掌信义。充实平正有棱者，有信用；薄弱缺陷者多欺诈；有红者大贵吉利。

承浆主掌饮酒。如有黑者不宜饮酒，醉而当死；平满者一饮五斗。一名药部，主常服药。色暗者服药不得力。

地阁主掌土地屋宅，厚实者多田宅，狭薄者注定贫穷。地阁主掌贫富，圆厚光泽者富，尖陷者贫穷，长者注定克害骨肉。

十三部位说，标志着作为一种社会文化形态的相面术的最后完成。由于这一图说为集千百年来相面术精粹之大成，具有极高的理论性和系统性，代表了相面术的最高成就，所以成为后代各派相术的基本理论和法则，具有法典的重要地位，为历代相士所珍藏。

（二）额

观看额部相理，必然不可避免地联系额纹。随着年龄增长，人的额纹也逐渐增多，额纹与相之优劣关系甚大。《太清神鉴》曰："额之有纹，贵贱可断。若额方广，丰隆而有好纹者，则爵禄嵩高也。若额小狭，缺陷而有恶纹者，则贫贱无疑矣。"

三纹向上弯曲，名"偃月纹"。三纹向上弯曲，另有一纹直贯者，名"天柱骨纹"。还有"王"字形，"十"字形。又有从天中到印堂一纹贯下的"悲云纹"。印堂有两纹作纠缠状，对父不利。一纹横贯而弯曲者，为蛇形纹，主丧路旁。纹不宜乱交，乱交均系恶纹。

头为君，额为臣，所以相学将天庭、天中、司空、中正、印堂这五个关键的部位都列于额部，并由它们各自统帅面部的其他各部位。额头饱满，峻如其壁，宽广如覆，五个部位都端正明净，非但聪明，而且有福气，为尊贵之相；相反，额头坑陷者贫贱，低覆者愚笨，额面窄小者危厄。

由于脸部肌肉会随着岁月的逝去，逐渐失去皮下脂肪，使人的脸部、额部出现皱纹，这在相术中非同小可，它具有命禄的意义。

额方丰隆而有好纹者，命有爵禄；额尖狭缺陷，再有恶纹者，命当贫贱。"偃月纹"者主朝郎，"女字纹"者主荣贵显达，"王字纹"者主卿监。

印堂二纹直上，长达三寸者，名"鹤足纹"，主刺史；"三纹绕"者，早丧父；"井字纹"者，主位至员外郎；"川字纹"者，主宝贵；"山纹"者，主侍从之荣贵；"乙字纹"者，主京朝之官；"水印纹"者，主显达；额上乱纹者，主贫苦多灾；两额角有立纹者，主夺妻。若额纹极为独特，亦为贵相，如据《唐书》记载隋文帝小时候额上有五条立纹、八条横纹，手上纹络呈现为"王"字。相士见后，悄悄对他说："您今后必定为天子。"

（三）眉目

眉者，媚也，为两目之翠盖，一面之仪表，主贤愚之辨。眉疏而细、平而阔、秀而长者，主性聪敏；若眉粗而浓、逆而乱、短而蹙者，主性凶顽也。

眉要细长、稀疏、平正，还要有光彩。黑、浓、粗，而无光彩者不贵。眉有重迭，即有厚有薄，远远望去浅深不同，光彩自现。

白眉，人才出众，主信；眉有白毫，主寿；眉上有直纹，主贵。不必白眉，只需眉有长毫，即谓之寿毫。不过，长毫不宜早生。二十生毫三十死，三十生毫四十亡，四十生毫命方长。

眉有阴阳，阳昂阴覆。所谓阴眉，指眉之低覆者，阳眉指眉之上昂者，重眉是指眉上副骨。男得阳而阴得覆，平生多乐，反之则贱，阳人得重眉，必得阴人累累之财。男人以阳后为顺，眉棱骨高耸者，皆倔强之人；男人眉无棱，其人无志气。"连眉整额，不中其活。"连眉，是说两边眉毛连接在一起。眉交为破印，无寿更无禄。眉交，也是反映连眉，指出它交在一起，破坏了印堂，所以不是吉相。

眉上各有一直理，为公卿相。直理即直纹，这种出现在双眉之上的直纹，俗话叫做"旗杆"。有两旗杆是上相，一枝稍差，又眉中长痣，俗话叫做"草里藏珠"，也是好相。眉散妨妻，眉角盛，妻妾多。眉眼之间的距离靠近，叫做"眉压日月"，不利于子女。

眉为君，目为臣。眉就同日月的华彩，山峦的花木一样，它可以反映一个人的个性、寿命、贤愚、贵贱的特征。因此眉以疏朗、细平、阔秀、修长，形如新月者为聪敏、长寿、尊贵之相，以浓逆、乱短，整促为愚笨、凶顽、横死之相。眉有阳刚阴柔之分，上昂为阳，下覆为阴，故向上者气刚，下覆者性懦。眉毛直上者多为性狠、急躁、好斗、贪杀之徒。在六曜中，眉为计、罗星，眼为日月之象，眉毛紧贴眼者为二星侵犯日月，必然贫穷多灾。眉主掌妻子之事，故眉毛整齐者有妻儿，散逆者弃妻别娶，散在小背者妨害二三个妻子，散在大背者妨害三五个妻子。两眉之间的部位为印堂，是人的官禄宫，两眉相交者称为冲破印堂，此人必定一生无禄无财或夭折。从眉毛的物象的形状上看，眉还可分为鬼眉、罗汉眉、扫帚眉、尖刀眉、八字眉、柳叶眉、剑眉、卧蚕眉等种类。

（四）眼

眼睛是人身上最宝贵的器官。人的精神，全部集中表现在眼珠上。相书上说："欲察神气，先观目睛。"

眼以长且深为贵。最受相士称赏的丹凤眼，首先是长，其次是尾部稍为扬起。但这只属于形方面的，更重要的是眼睛必须有神，即"神"要藏而不露。《太清神鉴》说："两眼藏神，富贵高名"、"鱼尾插额，位至相国。"后面那句话意思说鱼尾向上扬起为吉相。其次，眼睛要黑白分明，黑白分明才能清澄明亮。所谓黑白分明，便是黑的要黑，白的要白。《世说新语》里说杜弘正"眼如点漆"，无非形容他的眼珠子分外的黑，后世把这句话称赞眼睛美丽。王羲之说："眼如点漆乃神仙中人。"其实，神仙眼也仅仅是眼珠要分外的黑，更重要的是要眼神幽静淡泊。

有一种人，瞳仁比较小，而且不靠近上边，就靠近下边，因而瞳仁周围就有三个地方现出白色，俗话叫做"三白眼"。还有瞳仁周围都现出白色的，叫做"四白眼"。三白眼的人，个性特别强，且六亲不认；四白眼，使人见了害怕，尤其是女人具有四白眼更加吓人，这种人很可能健康欠佳。还有一种"蛇眼"，即瞳仁靠近下边不变的"三白眼"，民间传说这种人阴险。社会上许多人看重"象眼"，眼睛虽小，但眼形格外长，往往眯成一条线，和大象的眼睛相似。据说这种人善于思考问题，属于理智型的人物。

又有一种"三角眼"，是指眼眶成三角形的，社会上常说这种人为人狡诈。

眼睛要黑白分明，但瞳仁近于黄色，也是吉利的。如相书上说："眼睛黄润，长亨黄发之期"。意思是这种人往往长寿。

眼宜深。如眼突，即俗话称作"暴眼睛"或"鼓眼睛"，眼睛突出当然不合适，尤其是过于突出，形成"蜂目"，给人一种性情残暴的感觉。此外，眼睛混浊，特别是红丝贯睛，说明其人熬夜过多，将严重影响身体。

目为监察官，因此目最重要的是观察眼睛的视力和视线，正常的是"平视无顾"，也就是正正当当地观察外间一切事物。如果一双眼睛东张西望，眼珠转个不停，这叫做"游目"，小说上称为"贼眼"；如果一双眼睛不正面看，而是斜着看，则名为"斜视"；如果呆呆地盯住不动，则名为"痴视"。相书认为：斜视于别人不利，痴视伤害自己。

还有一些人的眼睛，一年四季好像从来没有睡足似的，叫做"睡眼"；一年三百六十天好像喝醉了酒一样的，叫做"醉眼"；任何时候都像睁不开眼睛似的，叫做"病眼"；时时刻刻都像受到惊恐似的，叫做"惊眼"；眼睛好像在和女人吊膀子似的，叫做"淫眼"。这些眼睛表现，统统说明"神"不显或"神"不正，从相术的角度说，都不足为贵。

长期以来，大眼睛、长睫毛极受艳羡，尤其是小孩和女人。然而在相术上，这种情况不足为奇。

很多人十分重视"鱼尾"的长相，同时对眼皮底下的"卧蚕"表示关注。鱼尾是眼角上的皱纹，会随着年龄的增长而增多的。一般地说，三十岁以内大都是一纹或两纹，三十五六岁时，也许有三纹，三纹以上名为"乱纹"。鱼尾纹过多而散乱的人，对性生活的要求也比较强烈。在相书上"卧蚕"说法不一，有的认为："眼下横肉卧蚕子，知君久远乏子嗣。"有的认为眼下隐隐卧蚕，子息终有贵。但有一点是统一的，即从十二宫来说，这个部位属男女宫，关系后代，这个部位须莹洁光鲜，不宜昏暗。

一只眼睛大，一只眼睛小，俗话叫做"阴阳眼"。这种人主意多，但只要心术正，也不一定都是干坏事。

眉眼之间距离不宜太近，若眉毛眼睛挤在一起，则此人胸怀一定不开朗，人生旅途也一路坎坷。

眼下泪堂有痣，名为"落泪痣"，一生中流泪的日子多。

女子不可有桃花眼。眼如含笑，上下眼皮都是双层的，叫"桃花眼"。

虎眼、龙睛，皆属贵眼。虎眼即眼圆而大，视线具有一种威力；

龙睛即眼圆，眼一张开，便放一种光彩的。与此相反，羊视、狼顾，俱属劣相。羊眼又名狗眼，即"四白眼"。狼眼看人，时常露出凶恶的眼色，好像要吃人的样子，这就叫做狼顾。

（五）鼻

鼻居五岳之中岳，属五星之土星，在医学上它是代表呼吸系统的重要器官，在相术上它是五宫中之审辨官。从整个面部观察，鼻子位居中央，高高耸立，号称天柱山，上接天庭，下临水沟（人中）。它的职能是辨薰莸，别气味，更重要的是吐旧纳新，关系到人的生命存亡。

鼻以准头为主。整个鼻的组成部分有两眼之间的山根，山根之下的鼻梁，鼻梁下面耸起的准头，准头两侧的鼻翼。相书称鼻翼为"金甲"，又称为"财库"，左边的为左库，右边的为右库。准内面是鼻孔，左右各一，直通肺部。

鼻以准头为主，准头要高而圆肥，鼻梁宜直，不宜弯曲。鼻梁扁低者，俗名"塌鼻子"；准头钩曲者，俗名"钩鼻子"或"鹰嘴鼻"。"塌鼻子"主低贱；"钩鼻子"主阴险。

"准头无肉，居心刻毒"，"准头多肉，淫欲不足"。看来准头过肥、过瘦都不好。鼻翼是财帛宫，是仓库，仓库不结实，财帛外漏，因此鼻翼也以肥厚、丰满为宜。鼻孔不宜过小，以大而不露为好；鼻孔朝上，称"朝天鼻"，人虽不坏，但一生奔走他乡，未免过于辛劳。

相鼻歌诀：

鼻似截筒，衣食半隆。

鼻如悬胆，家财万贯。

准头圆红，一生不穷。

鼻小而促，为人奴仆。

鼻梁骨横，致尽平生。

鼻有三曲，一生孤独。

观看鼻相，不能只局限于形状方面，当以颜色为重。鼻以准头为主，因而准头的颜色可以作为代表，准头的颜色宜莹洁如玉，带有光泽，最好的颜色是有如老蚕。蚕子吃够了桑叶，蜕了几次皮，将要吐丝的时候，身上莹洁呈现微微的透明度，准头具有这种颜色为最佳。

古代医学认为金主秋，秋主肺，肺主鼻，鼻主义；鼻为肺之灵苗，代表人的收藏之仓。五星之说将鼻定位为"土星"，五岳之说将鼻取象为五岳之主的"中岳"嵩山；十三部位之说将年上、寿上、廷尉、兰台等至关重要的部位安排在鼻梁、鼻翼之上；五官之说中又将鼻定为"审辨宫"。鼻有这么多的取象之说，一方面说明鼻在命相系统中的重要地位，一方面也决定了鼻具有复杂多样的命相意味。从鼻的结构来说，相术将鼻分为鼻柱（鼻梁）、准头（鼻尖）、鼻窍（两鼻翼）三大区，各有自己的命相名称和意义；从整体来看，鼻为"嵩山"、"土星"，在五行中属"中央土"，山高，土厚，方能生成万物。鼻子挺直高隆丰厚，直贯额头，如同天柱与天庭相应，即相书所说的"鼻如悬胆"；鼻的色彩光明黄亮，得其土之本色，又与兰台、廷尉二部相应，方为吉相，主贵禄，长寿、无病无灾、诸事亨通，否则，均为破相；从各部位来看，鼻梁端正者飞黄腾达，歪者困滞。年上、寿上黄者多有财帛，红、青、黑者贫贱多灾。准头丰大，人忠厚。准头尖细，好为奸计。鼻孔小者，其性悭劣。鼻孔仰天者，内无积蓄。兰台、廷尉分明者，家财殷实，善于理财。

另从形象上分，龙鼻者居尊，虎鼻者大贵，狮鼻者巨富，牛鼻者积财，蒜鼻者晚发，猴鼻者情奸，狗鼻者有义，鹿鼻者福禄，猿鼻者轻躁，鹰鼻者啄人脑髓等各种说法。

（六）人中

在中医学上，人中名为"水沟"，是一个极为重要的穴位。如遇感风、晕倒或不省人事，就针刺此穴，可使人恢复知觉；如果来不及针刺，就用手指掐。"以掐代刺"可起同样的刺激作用。人身上有几个能起死回生的穴位，最理想的是人中，因为其沟道分明，有如破竹之象。

下面是从相书中抄录的人中歌诀：

人中浅，子难求。

人中短，子孙罕。

人中高厚，无寿无后。

人中深长，有寿有郎。

人中深阔最为佳，细小横斜不足夸。

深阔如沟通血水，自然流转福无涯。

人中上阔下头尖，自有清闲福禄添。

人中似线不为奇，细小心肠吝啬鬼。

若见欹斜不足取，早年必定克妻儿。

人中如同山川的沟渠，有人体的沟渠之象，是面部四渎的通道，为人的寿命和子女之宫。沟渠疏畅，则水流不壅滞，所以人中以广端深直者为上，此为长寿多子的象征；人中以短促浅者为下，是短命孤独的象征。

（七）口

口为出纳官，又称为人身上的"海门"。人口生来端止厚实，平日不乱吃食物，也不乱说话，谓为"口德"。如果贪馋无厌，乱吃食物，或毁谤他人，或造谣生事，或信口开河，或口出阿谀奉承之言，讨好上司，都称为"口贼"。

口的形状，以方、广且有棱角者为贵。方，自然指成方形，倘能像一个"四"字，尤为可贵。广，即宽阔，张开口能容一只拳头，闭上口要显得小。所谓开欲大而合欲小，而且上唇与下唇必须吻合，堪称"上相"。相书说："二唇相副好文章"，倘若上唇不能盖住下唇，男必多诈，女为克夫。上下唇撮合或像吹火，或像喷水，都属于劣相。口角下垂者多忧，无故流涎者贱。口像鸟嘴，名曰鸟喙，这种人不可论交。范蠡辅佐越王勾践成功之后，决计和他分手，就因为勾践长颈鸟喙，不可与共安乐之故。

口要有棱角。如果口唇向外翻，不论是上唇或下唇，都为劣相。

人在不说话的时候，嘴巴无缘无故自动开合，俗称为"马口"，其福禄短缺。人在说话或笑的时候，牙龈外露，或不言不笑，也露出牙齿，这都是福泽浅薄的贱相。

相口，也讲究颜色。牙齿外露不是好相，但是社会上有些人牙齿外露而身居富贵，就因为其唇红齿白，颜色胜人一筹，而且人中深长的缘故。嘴唇不但要红，还要润泽，切忌枯暗。唇黑者贱，唇青者毒，唇黄者病，整个口腔呈现一圈黄色者吉昌。无论是花、黑、青都不宜入口。黄色入口多是非，青色入口有灾难，黑色入口处困境。口如含丹，技艺高强。

相口时必须留心上下唇的纹理。纹理相交，子孙必多。口的左右有粗纹者，主凶。纹理入口，主饿死。

齿者，骨之余，以长大、坚实、洁白，排列比较整齐，为贵为上。当门两齿为内学堂，缺则命蹇，全则有声，但也不可过大，过大妨害父母。

一般成年人，牙齿达到三十枚为好，不足三十枚者贫贱。三十二枚，有中等之福。三十四或三十六显贵而寿。舌与齿均在口内，口以开合为用，舌以卷舒为用，齿以咀嚼为用。齿刚舌柔，一阳一阴，齿贵长大，舌亦贵长大，舌还宜方宜厚，忌短小。相书说："舌到准头，必作公侯。"《龟鉴》说："舌以颜色为主，舌以红色者贵，红而有纹理尤贵，广有田园。"但舌上如有黑痣则不利。

古代医学认为，夏主火，火主心，心主舌，舌主礼。口为舌之主，它是饮食、语言、心灵的门户，故被相术称为"出纳官"，主掌人的祸福。口为四渎之一的淮河，水为万物生命之源，故主掌人的贫富。六曜中，口为水星，与一个人的才学相关。唇是口的城郭，口的活动有赖于它的张合，所以唇与口密切相关，同样关系到一个人的荣辱。唇贵在圆合厚润，色彩朱红，此为忠信、孝敬、正直之相；上下唇不覆，薄而露齿，必为不睦六亲，好说是非之人。口的形态，贵在充实、平正，且棱角分明为吉相，"口角如弓，位至三公；口如含丹，不受饥寒；口大容拳，出将入相。"相反，口如吹火，饥寒孤独；口如缩囊，饱死无粮。人的口形与动物口形对应谈命相的，如牛口者衣禄冒隆，如龙口者玉带缠腰，如虎口者积玉堆金，如羊口者贫贱多凶，如猪口者讪谤奸险，如鸟喙者难以论交。

（八）耳

相耳，应先相其颜色，而后相其形状。也可以先从形状相起。相其形状，首先是看整个耳朵的大小、厚薄、柔软程度及其在头部的位置。

整个耳朵形状不拘大小，必须轮廓分明。一般地说，耳大而长，耳轮又带半圆形，如偃月状比较理想。《龟鉴》说：这种人有智慧。

古代历史典古中记载，有一位朝廷大臣，朝见皇帝时，皇帝称赞他有一对大耳朵是天生贵相。这位大臣回答皇帝的话说："龙的耳朵小，驴的耳朵大。"皇帝听后，表示嘉许。从这个故事中，可以看出，耳朵不一定要大。

《西游记》中，猪八戒的耳朵最大，孙悟空的猴耳最小。猪八戒比较愚鲁，而孙悟空却最聪慧。虽是小说，但它充分反映了社会人士对人相的看法，这种看法显然是受了相书的影响。"耳似猪耳不聪而贪"，这说法远在《西游记》成书之前就有了；社会上还有一句话："两耳招风，钱粮两空"，也是针对猪耳说的。猪耳的特点是：虽大而无轮廓，没有垂珠。

耳宜厚不宜薄，"其薄如纸，贫穷早死。"再看猴耳、鼠耳都很薄，却不一定短命，这牵涉到成形的问题。如果其人容貌为猴形或鼠形，他的耳朵虽薄亦无妨。不过，猴耳聪明诡诈，鼠耳既善积蓄却多猜疑。

耳之大小、厚薄，一望即知。耳的柔软程度如何，仔细看看，也可以知道。大抵笔直竖立者必硬，稍为弯曲者多软。相书认为：软不如硬。

耳贵有轮有廓，但是耳轮不宜向外翻。外翻者谓之"反轮"，是劣相。

耳贵贴肉而生，就是说耳尖要紧贴着脑壳，不可向外伸出。对面不见耳者为优相。耳的位置如何，相书上说："双耳齐眉为贵相"，但一般相士都认为耳朵宜下宜上，以双眼为准，耳尖在眼的水平线之下者为好。三国时刘备"两耳垂肩"，两耳垂肩不是仅仅形容他的耳朵长，而且还指出他两耳的耳尖位置在眼睛水平线之下，耳垂近肩膀。总之，耳朵的位置宜下不宜上。

猪耳无珠，耳贵有珠。若耳无珠不贵，那么耳有珠者不贵又是怎么理解呢？耳珠难得正垂而生，叫做"不得地"，"不得地"自然不足为贵。向外垂者名曰"失地"，"失地"者不贵。

最好的是垂珠朝海。"垂珠朝海，必延寿而余财。"既长寿，又富有。耳、目、口、鼻，称为四渎。耳为长江，目为黄河，长江、黄河奔流入海。耳朝着口，便是"耳珠朝海"。

耳不拘大小，但耳孔却宜大不宜小。若耳孔过小，采听官就会"失职"。

耳内生毫，谓为寿毫，主长寿。但耳毫和眉毛上的寿毫一样，不宜生得过早，五六十岁以后方生耳毫为最好。"耳内生毫，寿数愈高。耳有黑子，必生贵子。"黑子即黑痣。世上大多数贵人具有一双贵眼，却不一定有一对贵耳，有不少贫贱之人，往往具有一对贵眼却缺少一双贵耳。这话所说的，是指耳必须从颜色上去辨识，所谓贵耳都是指它的形状而言，徒有形状而颜色不合，不足为贵。这就是说，相耳相其颜色重于形状。

耳朵要比脸色白，耳白过面，声名播于四方。

耳轮莹洁如玉。果真如此，不独主贵，而且其必有高尚的道德，倘若耳轮显出红润，尤其可贵。

耳珠有如夜明珠，这是极难得的，必然家财万贯。

古代医学认为水主冬，冬主肾，肾主耳，耳主智，贯脑通心。耳既是心的司掌之官，又是肾的表候。肾气壮则清脆，气虚则昏浊。耳的形状和颜色，都关系到一个人的聪愚等先天禀赋，因此相术将耳称之为"采听官"。整个外耳称为"轮"，耳孔称为"窍"，轮下端的垂肉称为"珠"。轮廓分明、耳珠朝口者，少年登科；耳门高阔者，足智多谋；耳耸圆环者，命贵；耳相平坦者，长寿多福；耳廓齐眉者，福、禄、寿三全；耳耸过眉者，百岁不死；耳长四寸者，世世封侯；耳轮坚厚者，长寿；耳轮薄者，命贱；耳轮模糊者，短寿；耳轮反者，劳碌终身；耳方者，丰衣足食；上大下小者苦心之人，上尖下大者无禄；耳大无轮廓似猪耳者，愚钝；耳如鹿者，贫穷；耳如兔耳，无禄；耳如猴耳者，有诈；耳小而有廓似鼠者，多疑；耳如箭翅者，贫穷破祖；耳长头短者，贫贱短命。

在四渎中，耳为长江，所以耳窍阔而深者，聪明且有见识，耳孔小骨曲者，愚笨没心智。

耳垂可细分为：耳反无珠者贫穷，耳珠无坠者无势，耳珠小坠者刑妻害子，两耳反珠者命运坎坷，耳小珠者风流，耳垂珠者有福。耳生毫者命贵，耳有黑痣者必生贵子。耳红润者贵达，耳黄白者有名，耳青者贫薄，耳黧黑者多祸，耳内色白胜于面者饱学丰禄。

在五星中，耳取象木星和金星，所以耳的颜色以白、红二色为最贵。"耳白于面，名满天下"，也有以比象来推耳相命禄，如虎耳者贵有威仪，如猪耳者晚年多灾，如鼠耳者偷盗破败，如驴耳者贫苦多凶等等。

第三节　部位气色

人禀天地之气而生，气为人的原生命力，形体为人的物质外壳，气是用来保形的，形是用来安气的。气的外在形式是色，气和色的关系如同油与灯的关系，油清而灯亮，油浊而灯黯，油尽灯灭。人也一样，气舒则色畅，色畅则肤润，肤润则光泽华美夺人；相反，禀气枯浊，其色必然昏暗不明。所以，通过人的气色可以推知人的禀性、聪愚、寿夭，贵贱、吉凶、穷通。气宽质宏神自安，神安则气静，面对人事的得失就不至于动气，喜怒之情也不至于惊神，这便是有德有度的福相；气隘则质窄神庂，面对人事的得失焦躁不安，喜怒皆见于色，这就为贱相。至于气偏色焦、气滞色枯或形如槁木，心如死灰，气促不均，无疑是福气浅薄的凶恶之相、夭折之人。

相气色的地位决不下于相骨、相面、相手的形状种类，尤其进入唐代以后，气色决定吉凶，相气色成了一种既可包容在相术体系之内，又能相对独立自成一家的相术别类。相气色和相面一样，也是一种体系庞大、逻辑严密、层次极为细腻的命学术数。

相术认为，眼有神者生，气脱者死。气正者生，悲啼者死；黑气如散者生，聚者死。黄红如浮云者生，黑气入于耳者死。气宽而长者生，气短者死。人中润者生，干枯者死。病人青气由上往下者易愈，从下往上者难治。凡常白忽然转黑，或常黑忽然转白，常肥忽然转瘦，常瘦忽然暴肥，神魂常静而恍悔似醉，色泽常清忽然昏浊黯淡者，都为猝死之兆。目冥冥妄视而舌卷囊缩者，称为"心沼"，当日死。色惨黄，唇膏短缩者，称为"脾绝"，不出十日死。齿牙干焦，耳黑而聋者，称为"肾绝"，不出旬日死；口张不合，眼睛反恶者，称为"肝绝"，不出旬日死。皮肤枯槁，鼻黑孔露者，称为"肺绝"，不出旬日死。凡人目下五色并起，不出十日死。面色忽如马肝，望着如青黑者，不出三日死。四墓部位发黑者死。年上部位横黑气者死。

长者如飞毫，短者如点粟，细小者如微光，或出于毛孔，或见于脉理，望之有形，按之无迹，非明眼妙视者不能尽见。观看气，首先要辨清部位，然后认其颜色。观看的时间最好是在天色刚晓的起床之际，被看的人不能洗脸，宜空腹，不能接触食品、药物等。

因为气发于五脏，清晨颜面正养于心，不受外界干扰，所以此时所见均为五脏五色中的本分清气。白天也能看，但被看者必须凝神静坐一段时间。至于正逢触事愤怒，或感物忧喜，或酒醉汗颜之时，面部表现的均非人的自然本色，这是无法辨察吉凶的。

第四节　声行举止

一个正正当当的人，站有站相，坐有坐相。人的行、立、坐、卧，必须有一定的姿势。好的姿势就是老一辈教导子弟的几句话：

行如一阵风，坐似一口钟。

立如一棵松，卧似一把弓。

这就是行、立、坐、卧应有的姿势，也是相术中所谓之优相。通过行、立、坐、卧，可以知其人之贵贱穷通。

人之善行，如舟之遇水，无所往而不利也；不善行者，犹舟之失水，必有漂泊没溺之患也。贵人之行，如水之流下，身重而脚轻；小人之行，如火炎上，身轻而脚重。故行不欲昂首而攫，又不欲侧身而折。太高则亢，太卑则曲，太急则暴，太缓则迟，周旋不失其节，进退各中其度者，至贵人也。行而头低者，多智虑；行而头昂者，少情义；行而偃胸者，愚下；行而身平者，福而吉。如虎步者福禄，如龙奔者权贵，如鹅鸭步者累千金，如马鹿之骤者奔波，如牛行富者而寿，如蛇行者毒而天，如雀跃者食不足，如猿躑者苦不停，如龟行者福寿，如鹤步者天禄，如雁行者聪明而贤，如鼠行者疑而贱。行如流舟者富贵，行如急火者微贱，蹭蹬而来者睢行不吉，汇泄而往者财食有余。脚跟不至地，穷而天寿。发行急如奔走者败后人下，行而左右偷视者心怀望窃，行而四面后顾者情多惊乱。行之贵者，腰不欲折，头不欲低，发足欲急，进身欲直，起走欲阔，端而往，不凝滞者，贵相也。

坐，所以安止，欲沉静平正，身不斜不侧，沉重磐石。腰背如有所助，终日不倦，神色愈清者，贵相。若如醉如病如有所思者，皆非善相。

人立于地，要像木桩钉在地下，不偏不动。如若站立不稳，东倒西歪，绝非贵相。站立时头不侧，身不弯，为人正直有天禄、寿考。

气血资之以壮，性命系之以存者，饮食也。食物不宜语，嚼物不宜怒。食急者易肥，食迟者多疾。食少而肥者性宽，食多面瘦者性乱。饮缓者性和，食如啄者贫。敛口食者淳和，哆口食者不义，食而齿出者贫苦短命。嚼似牛者福禄，食如羊者尊荣，食如虎者将帅之权，食如猿者使者之位。边食边顾，终身穷饥。食快而不留，饮而不暴，嚼不欲声，吞不欲鸣。

牛嚼就是闭起口来慢慢地咀嚼。羊吞者如羊之食草。至于狼顾，还有一个故事，即曹操听说司马懿有狼顾相，想试验一下，传令他入见。当司马懿向前步行时，从后呼唤他，司马懿回过头来答话，身子却不移动。于是曹操才相信，对曹丕说：司马懿决不会长居人下。总之，"悔吝生于动作之始"，行、立、坐、卧以及饮食，皆为人的动作。通过这些动作，就可看出人是否吉利。

心动为性，性发为声。声的产生离不开气，声音的大小、长短、清浊、缓急，又与命禄有关。命贵之人声出自丹田之内，它通过心气，发于舌端，根深又表重，故它的声音能够汪洋而外达。这种声音听起来清而圆，坚而亮，缓而烈，急而和，长而有力，大如洪钟。响如重鼓，小似泉鸣，远而不断，深而能藏，大而不浊，小而能新，细而不乱，余音缭绕。小人之声发于舌端，喘急不远，不离唇上，急而又嘶，缓而又涩，深而带滞，浅而带躁，或大而散，或长而破，或轻而不匀，或缭绕而无节。

分辨五声必须与人的形体的五行特点结合起来观察。人的形体五行属性与声的五行特征相符便为富贵吉祥，相逆便为贫贱凶恶，以声音辨人贵贱的术数历史极为久远。

神、气和声连在一起，三者不是随随便便就可以掌握的。对声的要求：一是响亮，二是润泽，三是长远。所谓响亮、润泽、长远，要自然而然的，不是故意装腔得来。也就是说，声音要发自丹田，不是喉舌之间发出来的。

声音要大而清脆，有的金石撞击，此谓响亮。心平气和地发出声音，使听者没有干燥的感觉，此谓润泽。声音出口，传播远处，甚至出声很久，还好像有余响回旋空中，此谓长远。放开喉咙，尽力大叫，并不能达到这些要求。总之，声是内气充足发之于外的一种表现，相术上所重视的正是这种声音。《人伦大统赋》说："身大音小祸所隐，身小音大福所伏。"身大音小，说明人的中气不足；身小音大，说明人的气充神旺。

神浊气促，则有焦急之声，甚至嘶哑，有如马嘶鸣，非出于丹田也。丹田位在脐下，在针灸医学上指阴交、气海、石门、关元四个穴位，属任脉，与生命线相连；从道家修炼的角度讲，此乃精气所藏之府。相术上则认为声音所出的根本所在，喉舌只不过是声音向体外表达时而通过的部位而已。

身小音大者吉，身大音小者凶。

身与音相称为善。

声音干涩不齐者，谓"罗网音"。

一声大、一声小，谓"雌雄声"。

男人说话像女人，一世孤穷。

女人说话像男人，终身妨害。

声细如啼，贫贱孤凄。

声粗似哭，灾祸相连。

声音明快，意象通大。

声音嫩娇，家业冰销。

声如破锣，田产消磨。

声如在铙，一世波涛。

声如破筒者富，如破瓦者贱，如破木者贫，如破竹者贱，如公鸡声者多破散，如公鸭声者多下贱，如豺狼声者多毒害。

此外，形体有五行之象，声音亦有五行之象。即：

金声——和润

木声——高畅

水声——圆急

火声——焦烈

土声——沉厚

假如有个人，生得比较高瘦，面孔、皮肤稍带青色，应属木形。他说话的声音又近于高畅，那么便是声与形相称，主吉。

假如人说话的声音近于圆急，属水，那么水生木，仍主吉。

假如人说话声音和润，属金，那么金克木，就不利了。

以此类推，声之五行，宜与形之五行相应为吉。

总之，隔壁听声如辨貌，吉凶可断，性屡可知，但切实掌握，确非易事。声有长有短，有低有高，有沉有昂，有浅有深，有粗有细，有散有破，须仔细辨别而后知其属于五音中哪一种，方可言吉凶。否则差之毫厘，失之千里也。

进退之节，从中可以看出人的气质和修养是否合乎礼义，所以也涉命禄。具体可分为：行而头低者多智虑，行而头昂者少情义，行而偃胸者愚下，行而手平者福而吉。形象地分，如虎步者福禄，如龙奔者权贵，如鹅鸭者家累千金，如马鹿之骤者奔波，如牛行者富而寿，如蛇行者毒而夭，如雀跃者食不足，如猿踯者苦不停，如龟行者福寿，如鹤步者无禄，如雁行者聪明而贤，如鼠行者疑而残，如流舟者富贵，如急火者微贱。蹭蹬而来者性行不吉，泄泄而往者财食有余，脚跟不至地者穷而无寿，起步急如奔走者贱居下人，行而左右偷视者心怀偷窃，行而后顾者情多惊乱。行步十步在背后呼之，从左回头的有官做，右边回头的无官做。总之，以腰不欲折，头不欲低，进身欲直，起者阔端不凝滞者，为贵相。

行者体阳为动，坐者象阴而静。以身体不斜不侧，腰背挺直，凝然不动，且终日不倦，神色清静者为贵相；以如醉如病，如有所思，或者膝摇腿颤者，为薄劣之人。具体又可分为：坐而头低者，贫苦之辈；坐而转身四面观望者，狠毒之人；坐而摇头摆脑者，狡诈之徒；好动如猿者，贫贱之辈；坐定乱色变容者，为人凶恶愚贱。

睡卧是息歇，安静不动者为福寿之人，反之均为贫贱之相。具体分为：如狗一样蟠者为上等之相，如龙一般曲者为贵人，睡而开口者命短，梦中咬牙者兵死，睁着眼睡者恶死于道路，睡中呓语者贱如奴婢，仰睡如尸者贫穷短命。卧中气粗如吼者愚浊易死，面朝下卧者饿死，爱侧睡者吉庆寿多，辗转反侧者性乱。少睡者神清而贵，多睡者神浊而贱。容易醒者聪敏，难醒者愚顽。气入多者寿，气入少者命短。气出嘘嘘之声者即死丧，喘息润匀者命长，喘息不闻者高寿。

相术认为言为心声，从言谈也可看出人的命禄。人言贵于声平，气平则言有法度，言和则不悖章制，与人交谈贵于讲求信用，待人接物贵于合乎礼义。言不妄陈，有理有序者为贵人。具体又为言厉者刚正，言寡者简静，言格者忠直，言逊者谦恭，言僻者蔽拽，言繁者虚诞，言怒者急躁，言暴者猛烈，言媚者馅谈，言不尽意者狡诈，言而含笑者毒害，言高者好高，高大者好大。

第五节　女性相法

相术源于古代哲学，男象天为阳，女象地为阴，阳以刚为佳，阴以柔为上，一阴一阳之道不能易换。认为男儿不欲带女相，女子不欲带男形；男子返柔而性懦，返雌而弱；女子返刚而性勇，返雄而暴，都是违反中正和平之道的。女相以性柔仪貌秀媚为贵，以性刚形象质野为恶，这是女相的根本。

一、女性寿夭相

凡女性骨正肉实，额颐丰满，颊颧微隆，眼神澄净，黑白分明，天中紫色，法令过口，人中深长，项有双条腹垂皮宽，语声回实轻细，均为至寿之相。但凡蝇面颊高，眉毛压目，大无光，人中短浅，口尖齿露，口边长熏，双纹横于面，耳窄声雄者，均为女子夭折之相。

二、女性善恶相

五岳朝归，三停平等，面正骨开，头圆额平，头皮宽厚，发薄而黑，眼长眉秀，口似含莲，唇红齿白，齿如榴子。骨均骨实，皮滑馨香，平额垂颐。圆背厚脊，胸阔肩圆，背阔胸平，乳大不垂，腹大近下。手如干姜，指如春笋，细细如丝。容貌严整，神气清和，笑不露齿，行步徐缓，坐卧端静。以上均为善相。

颧突面丑，发粗体硬，额上多纹。眉连粗重，眉骨棱起，眉眼竖起。目生三角，羊目四白，眼有赤脉，眼下无肉。鼻曲目深。鼻子尖曲者，鼻梁有节，鼻下钩纹。人中短蹇，上唇太厚，上唇朝前，口高齿露，唇黑口大，口薄而尖。面色乌青，项短结喉，蓬头乱发，声破无韵，蛇行鼠步，女生男相。以上均为恶毒之相。

三、女性贞淫相

额圆耳厚，颧骨隐隐有势，鼻直发疏，润而有光，法令深，目光澄。身柔性正，目不斜视，行缓步轻，声清不散，娇而有威，媚而有态，以上均为至贞之相。

头偏额窄，头大无发，额广鬓浓，五官不正，獐头鼠耳，眼闭眉蹙，两眼浮光，眼角低垂，鼻仰朝天，人中两曲，口角生纹，唇白不厚，唇膏如靛，翘唇无腮，唇掀舌尖，耳反羊目。桃花面容，面多斑点，面带两削，面部两陷，面向堆浮，面大鼻小，面长睛圆，面滑身涩。长身短项，背陷腹小，肩寒腰细，臀翘胸高，背陷腹小，乳头自陷，腹偏指短，凸脐近下。肉软如绵，皮滑如油，皮白如粉，皮皱如纱。鹤腿蜂腰，眼光白露，斜视偷观，未语先笑，摇手摆头，回头频频，一步三摇，鹅行鸭步，见人掩面，身轻如柳，斜倚门前，托腮咬指，剔齿弄衣，声浅气浅，自言自语，一言三语言泛杂，摇身唱曲，缩头伸舌，一唇自动，探身伸腰，坐不安稳，举止痴迷，无事自惊，性情多变，睡梦长啼，眉眼无态，娇而无威。以上六十四条，妇女若犯其中三条，便为淫荡之相，迟早有跳墙之事发生。

四、女性贵贱相

1. 女性贵相：

龙角纤细起，直入发际者，后妃之相。天中、印堂有肉环者，后妃之相。伏犀隐隐而起者，郡主之相。牛角、虎角、辅角隐隐而起至额者，都为将帅夫人之相。头圆项短，额平而方者，宝贵之相。唇长而秀者，贤妇之相。

五岳端重，龙晴凤眼，眉分入鬓，耳厚额白，耳红而圆，耳成轮廓，鼻直如削，口细有棱，唇如莲花，齿如石榴，颐生重颔，腮满颜阔，地阁饱满，发青黑如细丝，骨肉相称，骨细而腻，肉洁体重，肩削项长，腰腹横筋，掌红如锦，端视娇媚，燕语声和等等。均可列入贵夫人相格。

2. 女性贱相：

头尖额狭，头发黄浊，发不满尺，额多横纹，眉毛低垂，无眉不立，双目深陷，目下三理，眼露黄光，鼻子低陷，人中短浅，嘴唇尖凸，龙唇凤口，唇白舌青，口角下垂，牙齿白小，面尖耳小，雀斑满面，头颈粗短，两腋生硬毫，背大而陷，胸大而高，胸口背直，乳房白小，乳头不起，乳平臀高，肚脐低浅，腰削臀高，腿上多筋，股肱无肉，手短指秃，脚阔而薄，肉多虚浮，骨节粗硬，声高洪大，面仰色浮等等，均为贫苦、下贱、孤独之相。

五、女性婚姻兴败相

少女肩圆背厚，发黑项长者，可许贵郎；满面莹玉，眉细目长者，婚姻遂人心愿。命宫紫贯，准头黄明者，必得贵人为夫；眉毛有角者可为正妻，发不及项者难得儿郎，额高眼垂者，初婚便被休。女子出嫁之时望气，以印堂紫色者为宜，白色满面者嫁即刑伤，黄色暗滞者三旬后方能嫁夫。女子之鼻为丈夫位，女相对夫家的旺败，以鼻准圆正者为旺相，以鼻小额高者为败相，鼻准红润者兴家，鼻梁低塌者出嫁必败。

六、女性刑克相

女子的面相不好，会直接克夫损子，给丈夫和子女带来灾难。凡女子天中圆骨者弃前夫，额骨成峰、颧骨高者克夫不已，逆眉者三嫁，眉有三纹者或散乱者再嫁，眉角散者妨夫，眼下干枯者必杀三夫，目下黑枯者克子妨夫，眼下青气者其夫必亡，眼角生纹者刑克，竖纹直上天中者必嫁二夫，发黑无眉或拳眉者再嫁，头发粗糙、眉粗睛大、眉粗而散者妨五夫。另外，发粗生须，少年落发，发黄交眉，目下有壅纹，目下有室肉，目露四白，额有旋纹，额高面陷，鼻内毛长，唇起如龙嘴，下唇过长，唇寒齿露，牙齿朝外，人中有横纹，结喉大齿，面长口大，面大口小，面瘦生筋，面生三角，面大腰窄，耳滞如泥，面如白粉，面如哭形。井灶有纹，命门骨高，年寿起节，地阁不正，耳反无轮，项露角节，骨起腮高，骨破皮紧，肉冷如冰，身小头大，肩背偏斜，骨粗手大，指如蛇头，声大如雷，夜晚多呼，性急如火，女生男相等等，均为刑克之相。女子形象若占以上其中二条，必损害丈夫子女。

七、女性妊娠顺逆与子女贵贱相

人禀气成孕，阳盛为男，阴盛为女。下代的性别及贵贱，决定于父母命相的好坏，生育的顺逆可从母亲的形相气色中表现出来。乳头仰者子贵如玉，乳头低者子贱如泥。乳头大而黑者多子，乳头小而白者绝嗣。右耳厚先生女，左耳厚先生男。腰细者无子，唇多纹者多子，唇青齿白者无子。

生育情况可看虎口。虎口筋纹皆暗，生子必晚；暗青点点，青筋暴露，其子体格强壮且走路极早，青纹不足则其子行动较迟；浮筋不正，则其子难养；纹筋相交，其子必死。另外，左边青色到口者生男，右边青色到口者生女。右边三阴赤色者生女。寿上发黄者母子平安。人中有靥者产厄，有纹者难产。妇女产前，一要命门红紫，二要双眼光彩，三要耳有白光，四要声音清亮，方能顺产且子女也能成人；一忌命官、天庭起暗色，二忌面多青光、耳暗如蒙，三忌唇膏、口角暗，四忌音哑、眼无神，如果符合以上一条，便有产厄。正产时，要看左右手，掌心红润如水者易生，暗黑色重者难产，黄光重者全母不全子，白光重者全子不全母，暗黑青黄者母子难全。子女在胎时，便能看出其贵贱：胎自安者贵，胎乱动者贱。

相女和相男一样，也是从头到脚，无论五官七窍或躯肢手足，以至声行气色，都有一套细密的观看法则为女子看相，也是摸骨、听声，或看面相，或通看全身再谈命局，而不是单就某一命禄内容来定面相的吉凶。

凡女子的骨、面、五岳、三停、十三部位、眉、眼、鼻、唇、嘴、发、额、耳、肩、胸、背、腹、腰、臀、肤、肢、手、声、形、气色等等，都已成了命相的特征，且形成一个严密的理论体系。

第六节 五官相法

在面相学上，五官指耳朵、眉毛、眼睛、鼻子、嘴巴五部，各官都能显示出一个人的个性，也暗示一个人的命运。五官是相互关联的，因此为人看相时，要互相配合观看分析方为准确。要与额、颧、下巴、腮、痣等其他部位合参推算。若任何一官长相良好，必可行十年的好运；若五官均为理想，则可享终生福禄。因此，从面相学可发掘一个人的内在生命，"倘一官成者，可享十年之贵也。如得五官俱成，其贵终老"、"眉紧鼻端平，耳须耸又明，海口仰弓形，晚运必通亨"、"一官成十年之贵显，一府就十载之富裕"。

一、采听官：耳朵

耳朵为采听官，司听觉。耳朵外层称耳轮，内层称耳廓。耳的轮廓必须完整分明，紧贴后脑，高耸于眉，而且肉色黄明、莹白或红润，才以吉断。

耳朵坚实而形状美好，主童年快乐，得到父母及家人爱护；若耳朵形状欠佳，色泽无光，显示幼少时运气不好或有疾病，家庭不美满。

耳朵的大小，对一个人的命运也有相当程度的影响。耳朵大而厚，柔度适当，色泽良好，显示可以成功，财运佳，人品好，一生福禄不亏，容易遇上较好的运气，是健康长寿相。即使运气差时，也会得贵人助力而度过逆境。耳朵细小且与面部其他部位不相称时，幼少时顽固，难以照顾，长大后则缺乏决断力与自信心，意志薄弱，容易感情用事。在正面观看时，若左右两耳高于眉部，暗示其有高超的智慧，财运亦有很大收益；若耳朵的上部介于眉与眼之间，也可获得相当的成就，但不能有显赫的名望；倘若耳朵的上部低于眉，甚至低至眼尾，则暗示其平庸，有偏向性格，智慧低下，缺乏品味；倘若耳形端正，轮廓分明，多在幸福美满的家庭长大，在温馨愉悦的环境孕育，多得关怀或赞美，所以品性温文，理性及悟性高。从耳朵上部天轮与耳垂大小及形态配合，耳外层的耳轮及内层的耳廓强弱程度，可将耳朵分为心性质、营养质及筋骨质三种类型。

1. 心性质：

特征：耳轮上端弧度优美，色泽红润，耳朵中段至耳垂渐渐收窄。

休咎：个性正直、内向，不善与人交际应酬。眼光颇有见地，思考灵敏，但缺乏行动的兴趣。

2. 营养质:

特征：耳朵轮廓分明，耳轮上端至耳垂肥厚宽大相称。

休咎：个性开朗，不喜拘泥于形式主义或传统观念；富同情心，处事较重视现实，缺乏耐性及毅力。

3. 筋骨质:

特征：耳朵内层的耳廓明显外突，皮肉坚实。

休咎：性格过于自信，好勇好胜，大多有冲动倾向。优点在于做事坚韧不拔，不屈不挠。

二、保寿官

眉是媚的意思，是两眼的华盖，面部的仪表。从眉相可观察一个人的健康、血气及一生是否有疾厄及意外等。眉毛粗浓，主血气旺盛；眉毛寒薄，血气虚弱。眉毛间断，易遭凶险意外；眉中长出长毫则为出彩，主福寿，故眉称保寿官。

男眉须宽广；女眉须清长，双分入鬓，或弯如新月，首尾丰盈。女眉高居额间为好，定有美好运程，生平多福而贵。

理想的眉相须宽、长、清、秀，像一轮新月，眉毛饱满且无瑕疵，眉形利落、柔顺、色泽明润，才足以显示一个人智慧的高超，文章及艺术素养高。眉清眼秀的人，必心神宁静、心思细密，善于分析策划；眉粗眉乱的人，则会心思紊乱。眉为八学堂中的班笋学堂，眉毛优美，书缘厚，学有专长，有艺术天分。

从眉的形态可看出人一生中的财运、智能、性格及心理状态。如眉毛疏散，家庭观念强烈，不善理财，为人疏爽，即使财运好，也难得大财富。男性配女眉，大多是女性化，缺乏男性刚强的气质。拥有女眉的男性，大多是小白脸，美少年，一生桃花多，易带来感情烦恼。若女性眉毛如男眉般粗浓，则会男性化，适合从事男性化的工作，做事积极，性格顽固，精力充沛，处事斩钉截铁，不会处于被动地位或逆来顺受。

两眉之间的眉心部位，称为印堂。眉心要宽阔，眉心阔大快活，有乐天的性格与灵活的交际手腕，故人缘极佳，在青年时期就有的运势。眉心宽阔的人，求谋容易成功，开运较早。相反，眉心狭窄，眉毛侵入印堂，运势会受影响，求谋上常会遭遇阻力或被人破坏。甚至因为本身多忧虑或心胸狭窄，缺少容人之量而影响运程，早年常常错失很好的发展机会，四十岁后才可开运。

三、监察官

眼为心灵之窗，可窥视人的智、愚、善、恶。左眼为三阳，右眼为三阴。人的两眼，如同天上的日月，宜明亮。眼睛为监察官，司视觉。眼须藏神而不露，细长，黑白分明，瞳子端正，光彩射人，主有智谋及上进心，心地善良，重仁义，精神饱满，事业上有作为。《相理衡真》

诗曰：

"眼如日月要分明，黑白分明事事成。

若问荣枯全在此，智愚寿考任君评"。

眼睛是最能表达人的内心世界的部位。左右两眼排列高低相等，暗示此人诚实、个性忠良，能适应社会环境，六亲情缘良好。与人交往，可从对方的眼神中了解对方的真实性及其内心的真正意念，即使说得冠冕堂皇，若眼神闪烁不定，露出邪恶目光，也难以让人相信。一个人可以用口中的言词欺瞒别人，但眼睛显出的神态，绝对瞒不了别人。盯着对方的眼睛仔细地看，不难洞察出对方的心意。孟子说："存乎人者，莫良乎眸子。眸子不能掩其恶，脑中正，则眸子了焉；胸中不正，则眸子眊焉！"

论眼睛，眼神最为重要。眼睛清，表示有智慧，具善良之心；眼神浊，为愚贱之辈，性格直率，情绪化，较易冲动；若眼睛炯炯发光，则表示精力充沛，有坚强意志，事业进取心强而持久，凡事容易获取成功。若眼光散发，眼睛混浊，表示精神不专，意志不定，容易受人左右意见，做事漫无目标，处事或谋望诸事不能持久。

若眼睛露神、带杀气，往往容易招来凶祸，这与凸眼不同。上眼皮肉薄，眼球骨碌碌地凸出眼眶，称为突眼，亦有称为金鱼眼。眼球鼓出为活泼形，性格爽朗，好说话，不善思考，不善隐藏事物，缺乏耐性，易对身边的事物生厌，导致做事半途而废。突眼的男女都偏向于早熟。双眼距离狭窄，坚忍力强，做事有耐心，可惜目光短浅，器量不大；双眼距离宽阔，对任何事物都懂却不深入，善交际，人缘不错，但处事缺乏恒心而散漫。双眼皮的人重感情，易感情用事，易受到诱惑，女孩子则爱打扮，男女皆容易轻信别人。眼睛单眼皮的人，意志力很强，行为谨慎，有冷静头脑，善猜忌，怀疑心重。

四、审辨官

鼻子为审辨官，位于面部中央。鼻梁柱须端直，准头圆，金甲起，形状如悬胆，鼻孔齐如截筒，色泽黄明，而且印堂平阔，定可财运亨通。

鼻处于中停，在整个面中央，有主宰性的地位。鼻子主管一生之财运及中年的运气，同时亦显示出一个人的人格、自卑感、自尊心、斗志、自卫能力、健康以及性格方面的事情。鼻的标准长度应占面长的三分之一，如鼻子过长，性格保守而高傲，自尊心亦相继增强；鼻子短，主性格随便，处事粗心大意，自尊心亦不强。鼻端正者，为人正直，也表示意志力坚强，能择善而为；鼻子低陷，自卑感重，意志力薄弱，不容易抵抗诱惑。若山根高耸，必有远见，创造性与洞察能力均强，故称为审辨官。

理想的鼻子是鼻梁正直，不露鼻节，鼻头丰隆圆大，鼻翼收而不露。鼻子相理好，必有好的性格、目光与气量，在事业上也可获得一定的成就。

从鼻子的丰隆程度，也可看出赚钱的能力及财富聚散的情况。

若鼻孔仰露，难以积聚财富，纵有积蓄，亦难以久留。鼻翼紧收，正面不见鼻孔，多是节俭之人，不会胡乱花费，能勤俭致富。若鼻头尖起再向下垂，性格多阴险奸诈，此种鼻型的人多有经济能力，绝对不会放过任何赚钱的机会。若鼻准尖且过分勾垂，则会视钱如命，是个唯利是图的守财奴。鼻根之处为山根，主根基福荫，山根高者一生财从心愿，可兼享名望；山根低者根基浅薄，不受祖荫，男女皆是夫妻缘薄。女性以鼻为夫星，颧鼻不相称者，难得好丈夫或夫妻缘分短暂。

五、出纳官

口为出纳官，在五星中为水星，关系言语及饮食生活。口是强烈表示感情、感觉或意志力的部位。决定重大事情时，人会紧闭嘴唇；开心或吃惊的时候，嘴会突然张大；愤怒时，嘴巴扭曲歪斜。

口须方大，唇红端厚，角弓开大合小，牙齿端正，必是健康口德兼备之人。

口大而口角紧密，定是谨慎及保守秘密之人，不自我夸大。口小的人，定是性格内向，胆小，意志力脆弱。口虽小，但说话时却能张得较大，则有主见，财运亦顺遂。两口角上仰，名为"仰月口"，有说服力，言谈轻松，洞察力强，事业、名望及财运都不错。两口角向下垂，"名覆舟口"，遇事每感悲观，不得人缘，但偶有小成，亦易破败。

口形歪斜者，大多消化系统不良，脾胃不适。左歪妨父，并与父系长辈不协调；右歪妨母，并与母系长辈不合。

第十五章　现代相人准则

第一节　眼睛的大小

判断眼睛大或小，以双眼之间的距离为基准。如果左右两眼的内眦与外眦之间的长度比两眉之间的印堂横向长度大，那么这种眼是大眼；如果左右两眼的内眦与外眦之间的长度比两眉之间的印堂横向长度小，那么这种眼是小眼。

大眼睛的人，好奇心旺盛、具有丰富的感受性与表现力。尤其是男性，对女性的态度，十分积极而热情，又擅长以甜言蜜语攻陷女性的心房，善于推销自己。

又滔滔善辩，生性无法隐瞒秘密；擅长花言巧语的音感、韵律感等音乐方面的才能，声磁多半甜美。

大眼睛的女性，在观念、性格上和男性一样地开放，会主动积极地与他人交往。因为过于开放，在性爱方面也有大胆的作为，极有可能任意与异性交往。眼睛大而圆的女性多受众人喜爱，尤其深受年长的男性宠爱。因此，眼睛太大而圆的女性结婚运并不好。

大眼睛的人，度量大，精力旺盛，胸怀远大，不畏任何障碍，眼睛大且身材高大、魁梧的人，具有控制天下的素质。

小眼睛的人没有大眼睛者的娇艳，也不会积极地表现自己，而是属于耐力强、稳扎稳打、一步一步地努力直到巅峰的人物类型。

小眼睛的人很难开口向自己喜欢的人表白自己的思意，因此一旦喜欢上眼睛小的人，必须主动地追求，否则永远只是两条平行线而无法交集。

眼睛过小的女性情绪起伏很大，与之交往的男性，必须具有超常的忍耐力。

左右眼大小不同的，称为"雌雄眼"。这种人多半天生地懂得掌握人心的方法，而且善于处事，而且情绪变化多端，往往被人认为是神经质的人。

有雌雄眼睛的男性懂得性爱的要领，而女性的性感也极佳，多少带有风流的色彩。

第二节　凸眼与凹眼

凸眼是上眼皮显得肿胀，使得眼球往前凸的眼睛。凸眼睛的人，会用自己的体力积极地行动，因此不适合整天坐在办公桌前工作，不论工作或游乐，都有坚持到底的耐力。

凸眼睛的人，有不畏困难的性格与超过常人的体力，也有滔滔的辩才，又有带领身旁的人积极工作的能力。因此，男性在有凸眼睛的女性职场中工作，能力差的男性就会受苦受难了。

在凸眼的人群中，上下眼皮厚且眼睛浑圆的女性，性爱极为开放，当有异性相求时，会不忌讳时间或场所地积极接纳。

由于天生这样的性格，即使是有丈夫的女性，也会和其他男性常常发生性爱方面的关系。如果其丈夫不是心胸特别宽广的男性，那么婚姻生活难以持久。

一般的凸眼，是上眼皮肉薄而眼球凸出，这种人对于环境或状况特别敏感，观察力也比一般人强，又具有丰富的感受性，因此有精神方面纠葛的人会自己了结生命，同时这种眼睛的人很容易遭遇意外事故。

凹陷的眼睛，称为"金壶眼"。有凹陷眼睛的人，讨厌与他人交际，又不会表现喜、怒、哀、乐的感情，更不擅长表露自己内在的感情。

由于凹眼睛的人不擅长表现爱情，几乎没有恋爱技巧，缺乏异性运。

上眼皮的部分称为田宅宫，由于凹眼睛的人田宅宫较薄，难以期待至亲至信者的援助。

第三节　看瞳孔（黑睛）与性格

人相学上将眼三等分时，比眼睛的三分之一较大的称为大黑眼，较小的称为小黑眼。

面相学所谓的白眼，是指瞳孔（黑睛）左右的部分。不过，偶尔也见三方白眼的情况，这称为"三白眼"。黑睛位于下方的称为"上三白"，位于下方的称为"下三白"。

三白眼的特征是品位高、自我意识强，为了达到某种目的，会使出浑身解数。但是，三白眼者，非常重视义理、人情，有许多同伴，然而也会树立更多的敌人。

三白眼的人，多半具有极强的运势，如果能发挥自己的优点，克服缺点，尽量表现好的一面，那么成为统率一国的大人物并非梦想。

在三白眼中，上三白的人比下三白的人有更强烈的不良性格，除了冷酷无情外又带有残忍、阴险及执拗的本性。

上三白眼的女性，意志较为薄弱，似乎随时畏惧着什么。如果能刻意地表现开朗的态度，那么运势会自然地敞开。

黑睛小的人，说话时的言词语句非常客气而待人温和。不过，有时会用冷酷的言行举止伤害他人。

黑睛大而闪闪发亮的人，重感情，性格坦率，有使周边人的情绪趋于缓和的能力。这种人的结婚运及子孙运均好，能建立安详愉快的家庭。

第四节　眼型与人心

1. 两眼的间隔

两眼间隔狭窄的人，对细微小事面面俱到，凡事都会慎重思考后再采取行动，因而不容易受骗上当。但是，由于过于慎重而容易产生猜疑的一面。

两眼间隔宽的女性，很容易受男性影响，甚至轻易地受骗上当。属于幻想家，经常更换工作，因而最好养成慎重地思考事问题的习惯。

2. 眼睛上吊

眼睛像"狐狸眼"的眼型，称为眼睛上吊。眼睛上吊的人，自尊心强，有不服输的性格，容易树敌，嫉妒也较强。不过，眼球上吊不正的人，眼神犀利而诚实，充满着正义感，脑筋也相当灵活。

3. 眼角下垂

眼角下垂的人，极讨人喜爱，在碰到困难时会得到同情或援助。但是，有口齿过于灵巧、凡事行之过度的缺点。这种眼型也是常见的眼相。

4. 单眼皮

两眼都是单眼皮的人，思虑慎重，胆怯，举止行动非常小心。

在性爱方面，单眼皮的男性比双眼皮和三重眼皮的男性更加强烈。

5. 双眼皮

两眼都是双眼皮的人，对异性的态度积极，能博得人缘，喜欢被爱胜于爱人。双眼皮的男性擅长制造气氛，会用花言巧语攻陷女性的心房。

6. 一边是双眼皮

正向对方，其左边眼是双眼皮或右边是双眼皮的人，其个性不良，思想不开放。

第五节　鱼尾纹与异性运势

人相学上称眼角为"鱼尾"。鱼尾的相理意义，主要是表示与异性之间的关系，也表示人际关系及夫妇关系。

鱼尾下垂的人，有缓和对方情绪，使人容易亲近的优点。不论男女，个性都非常温和，不过欠缺勇气与决断力，虽然内心渴望拒绝对方却往往满足对方无理的要求。

眼角呈一直线切出的眼相，是个性温和，精神紧张的人，做任何事都诚心诚意，因而受到他人的信赖。尤其是女性，会有美好的姻缘而成为贤妻良母，又得贵子，成为幸福美满家庭的太太。

鱼尾分叉为二的眼相，女性能攀龙附凤，成为贤妻良母，受到丈夫和儿女的信赖。

鱼尾有数条皱纹的人，会和数个异性交往，是"淫乱相"。

眼头眼内眦鼓胀，表示性分泌旺盛，生性风流，无法满足于单一的妻子或丈夫。

第六节　妻妾宫与异性运势

从眼角到太阳穴的部分，称为妻妾宫。妻妾宫是判断夫妇、情人等异性间的关系及异性运势的部位。妻妾宫厚实的女子，性欲非常旺盛，婚后丈夫无法满足其性欲需求，一生会拥有数名情侣；妻妾宫的肌肉薄弱深陷，可能一生过单身生活或离婚，但这种人拥有较好的工作运。

有些人，本来妻妾宫肌肉单薄，但后来这个部位变得厚实，这说明妻妾宫凶相的人，异性缘渐渐变好了。

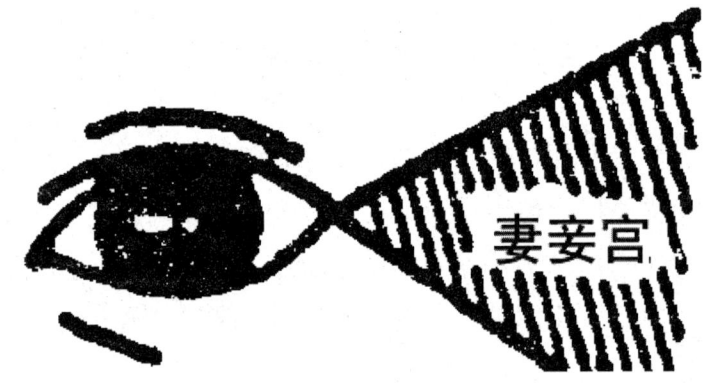

妻妾宫

第七节　鼻子与自尊心

从发际到下巴前端的长度的三分之一为基准决定鼻子的长度。从侧边看，鼻高占鼻子长度的二分之一，为鼻高的基准。

鼻子粗大的人，活力充沛；鼻子细小的人，缺乏活力。若女性鼻子太粗，有欠雅观，女性鼻子微瘦一点较好。

长鼻的人富有理性又具美感，但欠缺社交能力，是喜爱孤独的人。相反，短鼻的人个性开朗，但容易受他人意见的左右。

鼻子的高度是表示荣誉感、自尊，鼻高荣誉心也高，然而鼻子高大的爱慕虚荣而已。从鼻根（山根）到前端鼻中隔处，把鼻分成三等分，由上依序称为山根、年寿、准头。

各种鼻型所代表不同的含义。

一、希腊鼻

希腊鼻是雕刻像中常见的鼻型，鼻梁非常挺直，品位高。

除了品位高之外，又有洁癖、幻想主义倾向，而且太过自信，这是造成旁人反感的主要原因。但是，对于美或高尚的艺术事物，具有优越的理解能力。

这是所谓的攀龙附凤之相，即使家境贫寒，也有鲤鱼跳龙门的出人头地之日。至于女性，实是飞上枝头的凤凰。

二、矮小鼻

矮小鼻和希腊鼻正好是相反的鼻型。有这种鼻相的人，智能低、过怠惰生活。

其出生环境恶劣，又缺乏从困境振作的勇气，往往马马虎虎过完一生。

若是女性有矮小鼻，则必缺乏伦理观，任由欲念的驱使让男性玩弄于股掌。

三、凹陷型

鼻相凹陷的人，容易亲近，对于性很开放。男性的性爱关系，喜欢选择比自己年纪大的女性为情人。这种鼻型的女性很容易怀孕，儿女运极强。

四、直线型

鼻梁呈一直线透彻，外观极为时髦的鼻型，这种鼻型的人对细微小事顾虑过多，有只为自己着想的倾向。

直线鼻型多半是俊男美女，极受异性的欢迎，然而交往不久，对方就会说"拜拜"。

男人的性能力和鼻型有关，鼻子坚挺的男子性功能强；鼻子塌陷的男人缺乏体力，常使其妻子感到焦躁。

不过，直线鼻子的人多半是头脑清晰的秀才，在工作上和事业上都属于吉相。

五、鹰钩型

不论男女，凡有前端尖锐的鼻型，对性爱都有强烈的追求。不畏任何障碍，强烈地发展自己的爱情，对异性会热情地追求。

女性对鹰勾型鼻子的男性一见钟情时会成为他的俘虏，即使已有了深爱的丈夫也是一样。男性有鹰钩型的鼻相，很令人欣羡。

这种鼻型的人与异性谈恋爱时，对工作更有热情。在政治界活跃的人中有不少鹰钩鼻型的人物，其夜晚生活极端忙碌。

六、段鼻

鼻梁中间部呈段层状的鼻相，称为段鼻。从外表的印象判断，鼻梁坚挺者多半是顽固的人。

其性格具有强烈的攻击性，又欠缺协调性，而且生性顽固，毫无妥协余地。

女性有这种鼻型，是后嫁相（变成寡妇为人小妾），性格自然会使丈夫移情别恋，最后发展为离婚乃是自然之理。

鼻小而呈段鼻的女性，充满干劲而不让须眉，婚后也会在外工作。

有段鼻相的女性结婚后最好不要待在家里而出外工作。因为，这种鼻相的人随着劳动会渐渐表现出性格上的优点，而且又具备兼顾工作与家庭的良好观念。

这种鼻型的女性，属于再婚相，亦即第二次的结婚会获得幸福之相。当然，最好是第一次的结婚即找到幸福，不幸落得离婚的下场时，应留意纠正自己性格上的缺点，期待下一次的婚姻以建立圆满的家庭。

七、袋鼻

袋鼻异名犹太鼻，是对金钱极为执着的鼻型。

有袋鼻的人，处世方面有一套，懂得赚钱，为了金钱，即使舍弃地位、名誉或义理人情，甚至被人在背后指指点点，也在所不惜。

第八节　鼻子各部位的正确分析法

一、山根

鼻子的根本部分是山根。山根部位是判断人的智力、健康与责任感的关键部位。

山根高隆的人，头脑清晰、富有强烈责任感，容易在社会上获得成功。

相反，山根低陷的人，有不负责任、怠惰的倾向。山根低陷的女性，多半对性随意，是男人眼中最好的猎物。

二、年寿

鼻子的中央部称"年寿"，年寿即指年上与寿上的合称。这个部位表示人生的正值中间期，亦即三十岁到四十四岁半左右的运势。"年寿"部位接近笔直最好，如果有外伤或肌肉隆起，则表示进入中年期会有人生上的重大变化。

鼻梁途中弯曲的女性，在适婚年龄期很容易发生重大的纠纷，请特别注意。

三、准头

鼻子的下端部分称为准头，从中可判断人的爱情、财运与自尊心。

准头高而尖的人，自尊心异常强、爱慕虚荣，又有以自我为中心的不良性格。相反，准头低矮的人，器量小、性格卑屈。鼻子的准头部位，厚实而浑圆最好。

四、小鼻（鼻翼）

小鼻是指鼻子准头两边的低矮鼻翼，专门术语是"金甲"。准头圆大而小鼻翼也圆满隆起，是大吉之相。

小鼻翼圆满的鼻型，俗称为肉丸鼻，外观虽小，然而有财运与结婚运。

小鼻越宽广也是吉相。鼻型整齐，又有宽广的小鼻，更是吉相。

从正面可以看见鼻孔朝上的人缺乏经济观，没有存钱观念，身上没有隔夜钱。但是，性格温和。

鼻小的人具有神经质，会为细小的事情伤脑筋，生活力也不旺盛。这种鼻型的女性，婚后会受丈夫疼爱，过着幸福的家庭生活。

鼻孔圆而大是吉相，鼻孔小的人生性胆怯，且有神经质倾向，无法聚财。但是，性格严谨，不会浪费是其长处。

小鼻左右极端不同的人，会有大笔的钱财入账，然而常有冲动的购物欲望而无法积蓄钱财。

五、人中

鼻子最下端至上口唇间的纵沟部分，称为人中。

人中是人体上的重要部位，日本的空手道和中国拳法都认为人中是击倒对方的要害之处。

人中是表现个人的意志或生命力的重要位置，人中的长度不同，所表现的意志力和生命力也各不相同。人中的长度以下巴长度的二分之一为基准，决定人中的长短。人中越长越吉。

人中轮廓清楚、宽广，且头小尾宽，是上上吉相。这种人中的人有活力，又有耐性，可以长寿不老，在工作上能展现灵敏的工作能力而出人头地。家庭运也佳，又有子贵。

人中凹陷较浅的人，有风流的癖性，情绪浮游不定，这是多情之相。家庭运不太好。经济方面有散财的特性，常受金钱困扰。

凹陷深而窄的人中，缺乏子贵，属于内向性格又消极，在社会上无法开辟自己的天空，长大成人后也要父母照顾。

尾宽的人中，有财运。这种鼻相的女人会生男孩。

漏斗型的人中，即指人中越往下越窄小。有生活苦恼，无结婚运，子无贵。

宽幅大的人中，体格上非常健壮的人。如果人中笔直，则性格也率直。

长而弯曲的人中，虽然可以长寿却难得子贵，性格也欠缺率直，金钱运亦不佳。这是晚年过着寂寞人生之相。

人中上有横纹，这是典型的淫乱之相。这种人的脑海里根本没有贞操观念，也缺乏结婚运与儿女运。如果男性是这种鼻相，最好用胡须来掩饰。

第九节 鼻型与男性体力

男女双方决定结婚或离婚的关键，是性生活方面的问题。

性是男女感情间最重要的问题，虽然因人而异，但是性生活是婚姻生活中的重要因素已不容置疑。尤其是男性在夜晚的体力极为重要。

从两眼内端（目头处）笔直画下两条直线，然后观察小鼻的两端位置如何。

若是小鼻的外侧位于两条直线内，这种人体力较差，有追求特殊性爱的倾向。

若小鼻两端正好和两条直线同位置时，是体力相当的男性，会用理性控制性生活的热情度。

若小鼻两端露出两条直线之外，那么这个男人的夜间体力超群，会令女性折腾一夜。也有不少女性对这样的男人趋于苦求，但是这种体力旺盛的男性并无法以单一的女性为满足，外遇的可能性很大。

第十节 口的大小准则

口的大小，是以两只黑睛内侧向下画两条笔直的直线做为判断依据。若口的两端与直线重叠，或口角位于直线的内侧，是普通大小的口。女性的口，一般平均长度约四厘米；男性的口，一般约为四点六厘米。

大口的人，有生活能力，对任何事物都积极进取。男性的口大是吉相，而大口的女性结婚后无法安于室，性格也大变化，口齿伶

周易相学精粹

俐，与大男人主义的旧式丈夫相处不来。

小口的人爱钻牛角尖，欠缺积极性，做任何事情都会顺从他人的意见，面对异性的诱惑招架不住。

人的上唇是代表个人所付出的爱情，下唇是表示个人所追求的爱情。厚唇是热情家，而薄唇是冷淡家。上下唇同样厚度是吉相。

上下唇厚而大口的人，精力旺盛，喜欢性爱，属于无法安于家室的类型。对工作或游戏都是全力以赴的类型。

上下唇都薄而小口的人，认真而理性，欠缺行动力，冷淡。这是富有强烈正义感的人。

对异性无法坦率地表达爱情，而对同性又难以舍弃警戒心，因而很难找到推诚置腹的知己。若是唇薄而大口，工作能力强又有众多朋友。

上唇厚的口，男性有这种唇形的人，可说是十足的花花公子。其性格温柔，又懂得掌握女人心，多情人。一旦找到心目中的女性，则会为对方牺牲奉献。

女性这种唇形，其对爱情更为认真，有为爱情而活的一面，碰到好的男人会积极地追求。

上唇薄的口，这种类型对恋爱或性爱几乎不太关心。相反地，对于形而上学或宗教方面的东西较感兴趣。

下唇厚的口，是自我观念强，这种人有主张，并且意志力强，虽然有些任性，却有不畏任何障碍、困难，往自己既定的目标勇往直前的耐力与能力。最好从事活用他人的工作，不要受人差使。

下唇厚对味觉较为敏感。

上唇两端肉丰的口，有这种唇形的人，非常乐善好施。

只要听说有适婚龄而单身的人，就会立即拿相亲照片来挑选，或者主动地前往探视孤独老人，并倾听其意见，多半是重感情的。

唇上有许多纵纹的口，唇上有许多纵向细纹的人，心地善良、感情丰富，喜欢与朋友交往，举行宴会款待他人。嘴唇滑溜的人，具有以自我为中心的倾向，但绝不浪费金钱。

第十一节　恶妻的口型

恶妻即指有特殊相格的家庭妇女。这种妇女会克制丈夫，使丈夫事业不顺，或常常使丈夫不高兴。

判断恶妻相，要比较鼻和口的宽幅。如在人的面部，用直线连接小鼻两端和紧闭的口两端，若这两条线在眉间交会，这种口型是较好的。但是，若在相当低的位置交合，则口太大也是原因之一，这种人生活浮华、热情，又具强烈自我显示欲，有追求自己并不需要的物品的癖性。如果是已结婚的职业女性，其生活所需都依赖丈夫收入的，就变成所谓的恶妻。

若两条直线不相交而呈平行状态，女性是依赖心过强的人，原因是口太小或小鼻的横幅过宽。虽然小鼻的横幅宽是吉相，然而人相上更重视的是整体上的均衡。

这种女性显得可爱，又有点稚气，恋爱中的男人是其最佳的伴侣，但是成为妻子之后凡事仍要倚赖丈夫。刚开始，可能是人人钦羡的夫妇，然而一二年过后，丈夫会因妻子的稚气与负担，无法从家庭中获得舒适，不久将成为不回家的男人。

第十二节　女性的性欲程度

男性的精力是根据小鼻的宽幅判断，要观察女性的性欲强弱，则应从左右两眼外角往嘴角画下直线，根据两条直线的交点位置做判断。

交点在喉结的类型，多半是嗜性者。拥有这类妻子的男性，果真幸福亦或不幸，如果是女性，与有精力又性爱技巧出类拔萃的男性结婚，那么夫妇都可能获得幸福。然而，一般的男性和交点在喉结的女性结婚可令人同情。

交点在下巴的前端的女性，性欲普通。如果这种类型的太太是色情狂，那么其问题不在于本身，可能出在丈夫的身上。

交点在下巴前端以上时，是缺乏性能力的女人，与精力差的男性是最佳搭档。不过，这种类型的女性，多半向往观念上的性爱或走向女同性恋。同时，多半是吝啬的女性节俭家，会控制丈夫的经济权，使得丈夫连零用钱都成了问题。

第十三节　从牙齿眼睛判断运势与性格

在演艺圈内活跃的年轻一代的艺人，大多数人是暴牙。

暴牙的人，可获长上的提携和关照。暴牙的女性，在年轻的时候，会和年纪较大的男性结婚。

牙齿中，最重要的是"门牙"，即中间两颗前齿。倒转着看，如果其中一颗门牙与该人的脸孔类似，那么此人的运势非常强，不论男女都深具魅力。

门牙比其他牙齿大的人，做任何事都能处理妥当，属于灵巧的个性，具有极强的处世运。

前齿大而凸出的人，灵感极为丰富，多半是天才型的人物，但有时缺乏耐性，情绪起伏不定，常令父母伤脑筋。

门牙间有缝隙者，易动感情，性格孤傲，家庭运较弱。

谈话时扭曲嘴型，有说谎的倾向，是难以信赖的；在没有令人兴奋的情况下，谈话时不停地颤抖着，是感情起伏激烈又容易吃醋的人。微笑时露出齿龈，是有自信心的人；露出下齿牙龈的人有点冷淡，又有蔑视他人的癖性。

人相学揭穿危险人物的方法，古训不仅表现为门牙，还表现于一个人的眼睛等部位。

黑眼小的人，黑眼会隐藏在上下眼皮的边缘处，有些人会往上偏或是下侧露出白眼，这是所谓的"三白眼"。三白眼的人，多半是野心家，会欺骗别人，做事大胆。

四白眼是黑眼的四周全是白眼，这种人是三白眼不良的部分更为强烈的类型。当然，这种眼相的人并非都是坏人，但是对其言行、举止，必须充分地注意。

眼睛经常闪动的人，无法凝视对方的眼睛，黑眼显得慌张不踏实，视线不稳定的人极有可能是危险人物。

头发松乱的人，头发总是蓬松杂乱，鼻子附近带着污垢，是欲求不满的表现，这是色狼常见的类型。多半不修边幅而长着稚气的脸孔，额头上有不规则的皱纹，其生活模式会和额头上的皱纹一样显得不规则而杂乱。

耳的大小、形状、色泽及位置不同，会产生不同的面相。是以鼻的长度为基准决定，长度相同是最恰当的尺寸。

小耳的人具有神经质的性格，生性吝啬，如果让这种相的男性宴客，事后可麻烦。因为，这是小人施惠，常会记得给别人的恩情而索取回赠。

人相学上把耳朵譬喻为金库或仓库，小耳朵的人无法进大钱，那么耳朵越大越好也并不尽然，必须兼顾其五官的均衡或外形。

耳朵大的带有虚荣心，花钱无度，不过入账也多。赌博时必定输得一贫如洗。

第十四节 耳和鼻的位置关系

耳与鼻的位置关系，应依据横在鼻的最下方的一条水平线，耳朵位于水平线上或下，或在同一个位置，都有不同的相说法。

1. 耳位于线的上方

若是男性属于内向性格，重视精神生活胜于物质生活享受。因其内向而有神经质的性格，令人难以相处。不过，这种人对艺术性

319

的对象极有兴趣，有共同兴趣的可能成为亲密朋友。

若是女性，则有浪费的缺点，乐天派的男性一定合得来，但绝不收赃钱。

2. 耳和鼻同高

男女都是吉相，花钱不会违背常理，也会根据长远的打算储存钱财；个性开朗，又富有同情心。

3. 根线穿过耳中点

耳的中点与鼻下横线同等高度的人非常照顾晚辈，可当组织领导者。股票上市公司高级干部的脸孔，大多属于这种类型。

这种人不为细微琐事牵挂，个性坦然，有"宰相能撑舵"的大度。虽然在职场上，显得不亲切，缺乏体贴心，但却是一个值得信赖的人。与人交往时，单刀直入、坦率明言，比迂回婉转的谈话方式效果更佳。

第十五节　隐藏凶暴性的耳型

从横向上方，耳可分成三部分，即依序分为上轮、中轮与下轮。根据这三个部分的发达程度，可将耳分成吉凶不同的相。

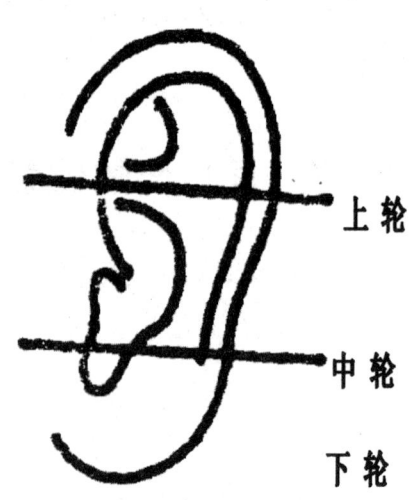

上轮

中轮

下轮

一、上轮较大的耳

富有构想与创造力，从事脑力工作会使财运上升。适合担任律师、会计师、工程师，又具有艺术品位，从事艺术工作也可成功。

二、中轮较大的耳

这种耳型可分成两类：

其一，位于耳内侧的部分向外凸出的耳型。

这种耳型的人不会迁就常识，不服输，具有向崭新事物挑战的气魄。

其二，是耳朵中轮发达的类型。这种耳型的人，不善于思考问题。会不加思索而接纳所谓的常识，生活方式会采取事不关己主义。

与人的交际时会招致财运，擅长迎合他人。因而适合从事推销员或营业员、餐饮业等工作。这种类型的男性对女性极为温柔，而女性擅长与人交际，行止气派又花钱无度。

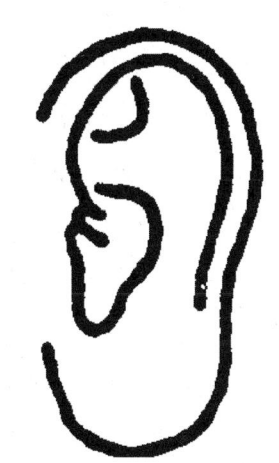

三、下轮较大的耳

下轮大，不仅耳垂肉厚而实，而且耳

垂往前翘起可以放几粒大米，为福耳，是大吉之相。女性有这种耳相，属于攀"龙附凤型"，大多与财富丰厚的大资产家结婚。

个性温和、耐性强又有包容力。由于天生乐观、运势强，也可自己从商。与这种耳完全相反的耳相，即耳垂似有若无之耳，是和金钱缘薄的人。

四、上轮和下轮大的耳

智慧高超，又具有统御众人的能力和企业经营的素质，擅长运用金钱，可以成为大企业的领导者。

五、整体均衡的耳

这种耳相的人，冷静、耐力特强，不轻易表露感情，有投机性的才能。若是男性，可能入赘或得婚姻之财。

耳大却呈尖状或角形的耳不佳，耳小带着浑圆感且又厚实的是吉相。长耳能长命百岁。

第十六节　从眉型分析人的性情

一、毛顺齐整且长的眉相

长眉者，兄弟感情好．困惑时有他人援助。

但是，有时因手足情深而难以离开父母身边独立。若是女性，结婚后反而处处顾虑自己的父母或手足的情况胜于丈夫，恐怕因此成为夫妻感情不睦的原因。

二、短眉

眉比眼短谓之短眉，暗示兄弟姐妹朋友手足之缘浅薄。

虽然手足缘薄，但是只要自己努力奋发，仍可在社会上拥有自己的一片天空。不过，自己辛苦所赚的钱财，恐怕会被手足求取或做为借款的抵押。

短眉而浓毛，是表示激烈的性情。女性中有许多眉毛薄弱的人，男性也偶尔可见，多半是幼儿期没有获得父母的亲情。这种类型的男性有穷追女性不舍的癖性，也许是无法获得爱情的反证。

女性的眉毛极端稀薄，缺乏异性运，即使结婚也纠纷不断。

三、长浓眉

长浓眉是眉行长到眼角且毛体粗大的人，是继承家业之相。即使不是长男也继承家业。

浓眉且眉毛长，几乎覆盖眼睛，也称为"罗汉眉"。长浓眉相，是大器晚成型。虽然缺乏融通性，但是做事踏实，生性老实而不擅长逢场作戏。

四、尾端上扬的精眉

有激情型的性格，和一般的热情不同，是无法压抑自己感情的眉相。这种眉相的人，缺乏耐性，无法顺遂自己的意志时，会表现出任性的行为，一旦动怒起来更会鲁莽行事。

这种类型的男性在求爱时极为烂漫又大胆，在其咄咄逼人的追求下，多数女性会神魂颠倒。

五、新月眉

新月眉，别名柳叶眉，是高贵的眉形。佛像上画的眉，就是三新眉。

　　生长在富裕家庭或传承数代的人，常见这种眉型。在社会上，缺乏与人竞争的能力，然而常得他人帮助，可以在社会上立足；生性善良，不会猜疑他人，因而容易受骗上当。

　　位于眉偏上一点位置的细眉与此极为类似，对性生活有强烈欲望，有桃色之难。因此，情人或结婚对象是这种眉型，最好要设防。

六、一字型眉

　　一字型眉的人，性格和其眉型类似，他会朝着既定的目标专注地勇往直前。虽然工作能力强又迅速，但从不考虑旁人的感受。不论男女，都缺乏温柔的性情。

七、八字眉

　　八字眉的人，显得温和，有热情的服务精神，会令人全盘信赖。但是，这种人的言词中常有虚假含意，与其接触时，必须小心谨慎。财运虽然不差，但不擅长理财，难于积蓄钱财。

　　有八字眉的女性，会为父母而牺牲自己。

八、眉间毛相连的眉相

　　眉间（印堂处）有细毛相连的人，性格外向，性情躁暴，会把内在的感情或心理所想的事情付诸行动，但半途而废最令其难以忍受。

　　赌博时，喜欢一次性决输赢的大赌注；在恋爱方面，绝不会游戏人间的逢场作戏。

　　眉间部分朦胧且有淡薄细毛的人，有洞察他人心事的能力及预测未来的直觉，性格难以捉摸，又有强烈的嫉妒心。若和这种类型的人交往，绝对不可存有二心。

九、断断续续的眉相

　　眉的途中断断续续的人感情的起伏较大，勃然大怒后会随即又变得温和，性格极不稳定。但是，这种眉相的人有敏锐的直觉力，会联想到一般人难以想象的事情。

第十六章　面相总断

看人相貌要看脸上气色如何，其中赤色多有灾殃，青色有忧，黑色多病，白色破财，只有黄色吉昌。

五行的正性：木要瘦，金要方，水要圆润，土要厚重。

富贵人的相貌。就是面如马面，头形如牛，鼻梁高耸，说话有声有韵，骨格清秀，有腮有面并含有神气和光彩。

脸上如尘土，眼睛昏浊，说话时三言不辨两语，胸部低凹，背部如刀削，臀部高，两眼中有红丝横贯，此种人会杀人、偷盗以至丢命。

但看贵人，神清气爽，眉目秀媚，骨格坚隆，骨肉相继。骨谓之君，肉谓之臣，骨过于肉，君过于臣，此乃贵人，长寿无比。龙骨吞虎，生必豪富；虎骨吞龙，一世贫穷。下短上长，富贵吉昌；上短下长，遍走他乡。

面黑身白，位至相国。身黑面白，卖尽田宅。面粗身细，一生富贵。面细身粗，贫困而孤。

额耸而隆，不受贫穷。额方面方，有田有庄，额骨而高，必为僧道。额上有纹，早年艰辛；若是女子，夫位难停。额窄眉深，卖尽资金。额有伏犀，不富则贵。

眉秀而清，四海闻名。眉如初月，衣食不缺。眉骨而高，长受波涛。眉有旋纹，父母不停。八字眉分，一生孤贫。眉头相连，寿短不延。眉生纤毛，上寿坚牢。眉硬如锥，晚岁饥栖。

两眼藏神，富贵高名。鱼尾插额，位至相国。睛色有黄，为人不良。若是红紫，刀剑中之。斜视如流，为性奸偷。三角有光，贼性难防。四白羊睛，杀子不停。反视斗睛，为性不平。眼露睛高，促寿不超。

鼻头圆红，不受贫穷。若要清贵，年寿通隆。鼻梁曲斜，一生

周易相学精粹

孤独。鼻如鹰嘴，啄人脑髓。鼻梁骨横，卖尽田园。鼻有纵纹，克子不停。鼻头青紫，晚年穷死。

口紫而方，广置田庄。口上有纹，唤约无成。口薄而轻，亲业如倾。露齿结喉，走遍他州。

耳有垂珠，富贵双居。轮廓皆成，一世繁荣。鼻低耳反，卖尽田产。耳如箭翅，贫穷破祖。耳耸而朝，富贵年高。

发疏而细，位过两制。发粗如麻，贫穷可嗟。女人发卷，克夫连绵。妇人发黄，遍走他乡。

手色如血，衣食不缺。手软如绵，衣食自然。手纹如丝，必为贤士。手纹横生，不聚资金。纹如铁斧，死于众睹。手上露筋，一世艰辛。

声如破锣，田产消磨。声鸭声暗，家计无倾。声如大铙，一世惊涛。曲背驼腰，子孙不超。鸭步鹅行，富贵家荣。行若蛇行，家业如倾。蛇胸鹊筋，贫穷贱人。头大有肩，富贵长年。头大无肩，晚岁孤寒。耳大头小，寿数极夭。三停不直，不为贵格。

南人北形、富贵高名。北人南形，田产如倾。男人声雌，破却家资。女人声雄，夫主不停。眼下干枯，定杀五夫；齿露声雄，杀夫贫穷；更若有须，不可同居；形容如鬼，杀夫不已。面如哭形，家业不成。面上生靥，夫位高判。形寒额尖，夫位须死。

人中黑子，主养他子。口上生者，吐血而死。泪堂生痣，子孙难继。黑子口傍，是非难防。兰堂生者，富贵寿长。眼下并纹，子息难成。纹理入口，饿死不久。法令入颐，一生富贵。纹入承浆，寿限高强。令纹傍口，财帛难守。鼻准有纹，溺水而亡。

骨怯神怯，三犯须倾。形重骨刚，寿命延长。三停隆直，富贵无敌。行步身斜，破亲亡家。脑有玉枕，九十为定。鼻梁不正，四十绝命。鼻曲唇掀，寿大不延。肥人结喉，寿短不留。带杀双兼，恶死居前。

有胸有背，富贵无穷。有背无胸，晚岁孤穷。声音如嘲，贫贱不贵。身小声雄，位至三公。身大声小，卑琐折天。

此法秘之，如金如宝。

第一节　相法妙诀

看人形貌之法多种多样，首先要看额、鼻、口三部分，是否端正，五岳、四渎是否相呼应。

额头要宽广、鼻子要直，口形像"四"字，丰衣足食。

头成圆形像月亮一样照亮天空，眉毛眼睛下弯，学识丰富。眉头上翘性格刚强，皱纹竖立进入天仓部位。

往地下看的人多属心毒之人，眼有四白如羊，必定孤独、守寡。

鼻头歪曲之人，多受孤独之苦。

颈子短，喉头生结，神情不足。男人长得像女人和女人长得像男人，性格吝啬阴毒且多淫欲肮脏事。

眼睛虽小但有精神，还要黑白分明，远看有威，近看秀气、妖媚，披着黑衣修道为好相貌。眼珠黑多白少，多不吉利；眉长眼细，人情味浓。眼珠突出，嘴唇卜翻，男人担忧凶死，女人担忧难产。头部为圆形，将会出家修行；耳朵没有轮廓，财产容易破散。耳朵又高又长而且轮廓分明，吃穿之事始终不会差。

头大身小，性格吝啬贪婪；身大头小，一生多萧条。

坐时要端正，站着则要笔直，如果坐不端站不直，无见识。

先笑然后才说话之人绝非善良之人，平时不言不语很难预测这个人的好坏。

脸上的眉毛不尽相同，若一眉生得高，一眉低，形状如虫子，这种人若与交往，即使是眷属也不好。

看相还须寻根究底，主要应看金、木、水、火、土五行。看形状是否相互妨害，若相辅相成则能得到土地而富有。人中歪曲要凶

周易相学精粹

死，上唇外凸一生多辛苦。左眼小，家财容易破散。南方人长得高大，多富有贵；北方人生得矮小，只有虚名而无财富。后背生得好之人能负重，多能在学堂学馆任职。

除了眉目之外，还要看人的骨骼与肌肉。骨与肉很特别，骨肉清秀为贵人，骨肉昏浊也能成为贵人，但必须是真正的昏浊才能成为贵人，如在昏浊中藏有清秀，则此人必将居官拿薪金。

第二节　神秘论

人之所以为人，就在于人有精神存在。火为神，水为精，火在人体内为心。心产生志向，有精之后才有神产生；神产生后，人才能有形状；形状齐全后，气色才能令人看清。因此，色随形的产生而出现，气随着声音而有形可论。人有好形体不如有好骨，有好骨不如有好的精神，有好的精神又比不上有好的气色，因为好的精神是以好的气色为基础的。神和气，好比油与灯，神情安好精气充实，犹如有好油灯才能有好的光亮。若夜中睡觉，心中安稳且细无声响，白天两眼机智而警觉，有时清秀中的有昏浊，有时又有昏浊之中的清秀，加上举止从容有风韵，长时间坐着而凝然不动，如此之人定能成大事。轻浮浅薄则是寻常之辈。其次看人形体与骨骼好坏。骨要生得细，皮肤要生得柔软光滑，还要看是否生就如此，一会儿有一会儿又生最终可长久，或者还没到时间已先满了，就像花未开而果子已先结出。

老人不像年轻人，老人必须生得形貌老成。男人长相不应像女人，女人不应像男人。因为阴反为阳，会使丈夫早年去世。老人像年轻人，寿命则不会很长。就男人、女人来说，女人要温柔，男人应刚强。女子属阴，本应安静，未言先笑之人不是良女，良女有一种威严而较少媚相。娼妓正好相反，有媚很少有威严，所以娼妓地位特别低下。

五行中，木应瘦，金要方正，水要宽广，土要厚实，火要尖长。如五行之间能相辅相生最吉利，如相互克害就有灾殃发生。金形人有金之性，刚强而有毅力；木形人有木之性，有丰足资财；水形人有水之性，才学丰富；火形人得火之性，威武之名远播；土形人有土之性，有较多积蓄。反之，若金不得金，多忧虑沉吟；木不得木，多孤独；水不得水，为官不易，身亡成鬼；火不得火，多发凶祸；土不得土，则一生多艰苦。

如只论形体，最好先瘦，再次稍肥为吉利。如果先瘦后枯，就是金克木，一生多灾。再如形体本来方正（金）、后又变得尖，为金见火，多生灾难。幼年、中年都好，晚年有灾难之人，腰、臀瘦小得不能迈开大步。初年、中年不吉而晚年好的人，刚生下来时肚腹如悬壁倒挂。背部和臀部丰满之人能成大事，不丰满而平平者，一生一事无成。看形体的前面吉利不为真正的吉利，若看背后吉利则好到老，此人在马上为大官，马下为小官；如果再在举止中蕴藏神韵，官就做得更大了。

生就有财的人脸是方形，富有土地的人多是背部生得好。若将成为极贵之人形相有：面部像满月，形体如珠贝；抬头观望，身体随着起来；接人话语，身体随着转动；近看秀媚而远看无威；仔细观看此人才觉明亮，像被云遮住的月亮一样。看相还应知道，人有锋芒，才能成为贵人。若一个人器宇轩昂，风韵秀美，那绝对不是平常之人。

清、奇、古、怪、秀、异、端，这七种骨形也要看有没有神气蕴藏在内。清而无神叫做"寒"；奇而无神，无官可做；古而无神叫做"辱"；怪而无神，多取侮辱；秀而无神，叫做"薄"；异而无神，一身削弱；端而无神叫做"粗"。若七种形体分别有神气蕴藏在内，必为非凡之人。

喜欢远眺的人，志向必定远大；喜欢仰看的人，心必务高；平视的人，心地必然善良。往下看、斜看、偷看之人，为凶恶豪强。

如果眼睛突起，终究会凶死，即使精神矍铄也没有用。

眉目分明，骨气清秀，此人少年及第、青云直上。眉目分明而骨气凡俗，此人即使会写文章也不会成名，更有一生如行尸走肉。南方人形体像北方人，身体高大有水色；北方人形体像南方人，身体厚却短小，气色浅薄而带清气。南人似北终归富有，北人似南终归难享荣华。富人不过是其形体生得好，贵人则要看他的骨与神气如何。贵人之所以贵，在于眼中有神气，富人则在耳朵的轮廓形状，贵与富常容易判断失误。若人之相不贵又像贵人，终究会贵；若形相不贫又像贫，终究会贫穷。那么，贫穷中得贵之人怎样辨别呢？要察看驿马骨的形状好坏。先富后穷之人又怎样识别呢？此种人胸部高耸，骨骼单薄，神气又太过昏浊。怎样看人寿命呢？应了解此人的名声，还要骨气清秀则寿长。如果气短骨头缺陷，此人不到四十会死去。

耳朵要白，口唇要红，眉要清，眼睛要秀气，鼻如竹筒，加上脸部六府相呼应，这种人必定富贵到老。鼻梁深凹山根折断，年幼丧尊亲和骨肉兄弟。眉毛粗短之人无兄弟。耳朵轮廓不分明为无儿子之相。喉结齿露会妨害妻子。

看相还要看气与色的好坏。色在皮肤之外，气在皮肤中。气色生如蚕茧，消失如抽丝，或者像马尾正好甩开之状，这种人有福不长，有灾马上就会到来。不管气色是青是黄，还是红黄，还要观察气色生在何部位。如能按照部位来分析，足可知是吉是凶，是喜是悲。万事顺心之人怎样识别？主要依据气色的光泽。若是诸事不称心之人，气色所在部位必定暗黑。人的形体同多种动物相似，不要把像禽的人看做兽形。瘦长的人一般在飞禽中取比喻，胖而短的人则看作兽来分析。像虎的人分析他的颈项，似犀牛之人观察他的背部，凤形人则要求眼睛长，身体如鹤一样消瘦。像飞禽的人不嫌身体瘦小，像兽的人身体粗壮很重要。因为禽类身体太肥则不能飞翔，而兽类身体若太瘦则不能奔跑，流俗之人常常不知这一道理，区别是飞禽还是走兽，只知道观察形体相似与否。若人能成禽兽之正形将会大贵，依稀相似也会成为超群出众之人。日角有龙形纹路虽然很奇异，却还有不吉利是什么原因呢？主要是因为脸之上、中、下、尖狭、五部破露的缘故，但若多做善事又能有福。如果不用心去观察人相而去论述人相，是违背天时，若用心去观相，人之相由心中生出，肯定有预兆。因此，一般说来，相的微妙之处并不难看，关键在于心里通彻透明，眼力洞察入微。细细品味这个道理，相命之术必将灵验。

腮部骨连着地阁且龙宫处常有光泽的人，生在东南必定在西北兴旺。眼神的光彩散入边地部位，而山林处经常有光泽的人，虽然生在西北却必须会在东南死去。也有西北人在东南兴旺，东南人死在西北的，这主要看山林、边地的气色，根据青、黄、黑、白、赤五种颜色的吉凶判断，就可以知道了。

婚姻的远近、好坏，则根据鱼尾、龙宫等部位的气色判断；做官的远近、荣贵及是否得意，则看官禄、驿马等部位的气色如何。一般说来，红色和黄色为吉利之色，黑色和白色为凶恶之色。颜色深吉凶就近，颜色浅吉凶则远；气色平和，聚会、交游多快乐；气色凶暴，聚会、交游多不吉利。至于注定要遭到贬官、受责及被杀头的人，是因为眼神昏浊，精神秀过头而成媚相的缘故，也是因为他们用心太过的缘故。

第三节　紫堂灵应补气歌

红气生在天中和年上等部位，并在眉毛边出现，必定会死去。红气生在天中部位，此人白天会被刀杀。眼下有赤红之气，将会有爵封。在眉头或眼下有红色的男人，通外人之妻，妻子有外情。天中有白气并进入边地部位，年内将有灾凶发生。白气再下到印堂将有官司，夫妻将生离异之心。黑气到下巴要担忧亲人得病，妻子生产有灾难。如果黑气从鼻子上直到奸门部位，将由于别人的妻子送命。黑色生在天中，且直下到双狱部位，将受到绳捆之刑。年上部位黑色将会得病，如果黑色来到天中部位，将受刑死。黑气到颧骨部位，并到两眉毛部位，将要担忧死去。如果黑气像细带子一样横在眉毛上，寿命夭绝，还无儿子。

天中部位有黄色圆光出现，必将为公侯之类的贵官。黄气像钟鼓的形状到天狱部位，必为公卿贵官而荣华富贵。如果是蛇形黄气在星郎部出现，若是老百姓，将有金玉财宝收入。中庭部位有黄气如鼓一样悬吊，为三公大官之相，黄气像蚕丝一样，将得官禄。如果气象黄而光泽，一生没有坎坷，不会进牢、遭刑。

印堂有黄气，一寸见方，八十天左右将进朝廷做官。印堂红气，将要免去官职，红气往上走，必须苦苦经营。鼻梁上有火一样的气色，要忧虑官府骚扰，年上部位有青色将有疾病缠身；年上有白气当年将有哭泣之事发生。黑气进入口中，必会死亡。

司空有黄气时运将转好，五十天之内将得横财。黄气再上到印堂，将被册封而享福禄，这种人像太阳初升一样稳坐高官之位。鼻尖红色如麻点一样，八十天之内有争吵之事，如果在公门做事的人，将会遭到鞭打。白气到颐部，将有虚惊。一年内将死，两边有黑色，父母有忧，如果有青光或黑白之色，将丧父母。

人中有黄色，马上就有特别的喜事临门。如果黄色进入两边脸上，必定为得到高官而荣耀。

药部生黑色，如果发病，请医生也无用。天府如果有黄色而且光滑润泽，三旬内将得到天赐财宝。黄气像柳叶刚抽一样，将进朝廷为高官。天府若是紫色而光滑，不超过十天有喜事到来。阙庭部位有黄色直上天中部位，三月之内大拜公卿；如果黄气到司中部位，四方迎接进入皇宫。武库部位黄色像鼓倒悬，将执掌将军之印。黄气如果竖立或者飞浮，不宜接受物品或寄居他人之家。兵兰与武库两个部位要结合在一起观看，如果赤光，白日被人刀杀。如果白色从外面进入这两个部位，将有惊险和灾难，如果黄色光出现，将升官加职，如果是黑气，将在兵阵中陷死，如果是青色光将祸患多端。

这篇补气歌很灵验，应仔细研读。

第四节　玄灵宝文

天府部位出现黄气像豆子一样并连到鬓角的人，将升任藩郡等地方长官。印堂有黄光，黄光中间有豆子大一点紫气的人，一年之内将高升大官。整个天庭部位有黄色并连金匮、精舍、道术三个部位，加上黄色在头顶恍如盘旋，将得到兵权，或者提官、赏赐财物，或者生贵子；如果这些部位有蚕形大小的紫色，将要加官或者被高封为大镇的首领。颧骨上有两条横着的黄色，为外出事顺，喜事十几天可到。青色从耳门前出到大海部位，稍受一点惊吓；如果是黑色的话，就会有忧事。两法令部位鼻尖有黄色相连，四十日内得横财；加上寿上部位也有黄色，得财超过万贯。

青色从山根部位出现并通过两眼头，为公事有阴私。紫色如蚕丝状从天中部位直到天府的人，或者三五月，或者半午将升至丞、郎一样的官。青色像韭菜状从天庭部位下垂二寸，十天左右，将有五服之内的人死去。

红色如梧桐子状出现在下巴，百日之内将到南方任一郡长官。黄色从天中部位直下到中正部位，八十天之内，皇帝的加恩、赏赐诏书到来。眉毛上有稍许赤色下垂，将被审查追究失误。

眼上有青色，或眼中和颧骨有红色，四十天内要有忧虑受刑罚。印堂部位有红黑分明两种颜色，命门部位又发青的人，一月内中风，六十天内死去；如果光滑润泽则不会死去。耳门有红色像马肝一样，这是腹部发病的灾难。红色像筋脉一样出现在鼻部并到人中部位，二十天内遭到别人算计，另外会因口舌带来是非官司。红色从年上部位向两边延伸连接左右颧骨，八十天有杀头之事，但不会死。下巴有红色，将因吃酒得病。红色连接两法令部位，要担忧公事，四十天到。鼻中下部有红色连到家舍部位，奴仆中有见不得人的事和争吵。红色像毛一样从耳朵边出现，而且兰堂部位也有红色的人，一月之内，有从马上摔下来的灾难。眼头上下有黄色下垂，左边这样，男人有喜事；右边这样，女人有喜事或者妻子有喜事到来。眉毛上有红色连接颊、额，为丢失官职、被查审追究，二十天内到。两眉毛有蚕丝一样的黄色像钱那样大小，印堂中也有黄色相应，八十天内，为升任判官、知府之类大官。边地部位有大印一样的红色出现，二十天内因公事失去官位，远走他乡；如有黄色出现就没事了。红色从太阳部位发起一直到边地，将遭受损失。红色从外面开始像筋一样出现在脸上眼上，被别人算计；如果从里面开始出现红色，有相互诉讼的事，须谨慎从事。眼睛上面下面都出现红色，家中亲人有重病，老人不安宁；寿上和鼻尖有红色的人，也有重病。

金匮部位出现黄色，连接寿上、甲匮两部位，但不到悬壁部位，一年之内将有财进，并将为水土官。从东边起红色连接大海部位，当年有小灾。地阁部（下巴）有紫色成圆形或有黄色，将荣贵显赫；若是红色撒满，十四天左右有争吵诉讼之事；红色像麻、筋一样形状出现在两法令部位，有坐牢的灾难，稍微有红色，受刑入狱；两府有红色到鬓上部，将有争斗。黄色像筋一样斜着出现在两位，将在东南方做官并得财；或者南上奉使命而得钱财；如果加上金匮部有车轮形状黄色，得到的钱财数以万计。

第五节　季节色论

天苍苍，为天的正色。云雾是天的气。人成形，是受命于天地，天地之气互相流通，所以人所禀承的气不断地变化而有固定的颜色分类。固定的颜色，不只是天的苍色，它们有五行的差别：金为白色，木为青色，水为黑色，火为红色，土为黄色。如果人得到五行的正色而没有相克，就不会有困境而成为贵人。颜色杂乱就差了。

但正色不能没有气来表现。日角、月角两个部位生得好，光滑可爱，为贵人之相；如果枯燥昏暗，不仅难得发迹，而且一生多有脏腑部位的疾病、水火灾难及入狱诉讼等凶事。或者因为骨肉有局部生得较好，即使能发迹，灾难也会马上降临。古人看相，有"蚕吐丝"的说法，蚕丝从额部开始，脸上气色通体明快，这种人将发迹。如果蚕丝从鼻尖开始，这种人的发迹与否看有无阴暗部位。蚕丝进入各个部位，就预示着所担任的职务或名分；如果这些部位有阴影，就预示着担任的职务或名分有凶事到来；如果没有阴暗与疵瑕，就为吉利。

有时五色生成没有吉凶，看人气色没有人超过这一点的。有的人天庭没有蚕丝透入却发迹了，是因为从他的鼻尖开始有好气色，并有好部位相应，不必到天庭这个部位。所谓好部位，指印堂、帝座、内府、驷马、龙、虎、日月、地角。没有好部位呼应却能发迹，是不祥之兆，如有长期修炼的功夫，定能知晓其中的奥妙。

如果一个人的气色寂然不现，很难有所取舍，则是得道之人的气色。如果颜色惨然，为下贱之人的气色。颜色茫然，为忧虑之气色。他们是困顿还是发迹都要看鼻尖如何。五形之人，得到本色或者相生之色为吉。五色和季节的配合：春季气色要青，夏季气色要红，秋季气色要白，冬天气色要黑，主为尽善之相。

四时不同，气色也要旺，宜相生，忌相克。

春三月，发青色旺盛，发红色相生，发白色入狱，发黑色死；

夏三月，发红色旺盛，发青色相生，发黑色入狱，发白色死；

秋三月，发白色旺盛，发红色相生，发青色入狱，发黑色死；

冬三月，发黑色旺盛，发白色相生，发红色入狱，发青色死。

天中部位有青色光泽，得君子诏书之贵，如果青色枯燥，诏书为责问之事，由此忧郁死亡。秋天年上部位发青色，有阴私口舌之事引起灾难。阳尺部位发青色，忧虑行走和疾病。天庭发青，为客居他乡甚忧虑。交友发青，妇人与外人相通。司空青色将被拘禁入狱。巷路发青，只能成百里威望。太阳部位青色，将与妻子打架，还会受外伤冤枉死去或者遭谗言。如果太阳青色连着眼睛，必然遭到县官鞭子恶打。房心部位发青，即将生子。寿上发青，忧虑口舌牵连。坑堑部发青色，有大怪事。陂池部位发青，将有蛇作怪。山林发青，有妖怪骚扰。栏枥部位发青，牛马有怪灾。井灶部发青，锅自己响，不然水井涌满流寒水（均为怪事）。命门、甲匮部位发青，担忧凶灾。鼻尖发青，将有兄弟或父母死亡；人中发青有生离死别之忧。承浆发青，不久当得病。大海发青要防被人溺死。青色到日角部位担忧强盗。如果月角有"川"字纹将会升官。日角位青色下临蚕室位像涂粉一样，印堂青色下退至口部，都为病情迟延。道上位青色会遭忧事阻滞。山林发青，有蛇虎为灾。金匮和墙壁位发青色，三旬之内财物丢失。奸门发青，将被外妻骚扰。眼下青色横，将有病缠绕。寿上青色有病灾，更有忧虑欠债和灾祸。口旁青色要忧虑饿死，加上冤枉事相牵连。长男、中男、小男三位发青，将入狱受伤、子孙有灾祸，半月内将死。天门发青，三十日内有财进。天井青色形状如圆珠，将为武官，若是病人这样，病情好转，若是被囚之人更加糟糕。

春天，天中有白色连到年上位，在战场刀兵相斗令人愁。左厢有白色。有忧虑，气恼之事。阳尺有白色，将远走他乡。奸门白色而皮肤干枯，将因妇女之事进囚牢，还为男女之间互相因妒嫉生害。交友白色，妇人将被赶出家门。山根位有白色，要忧虑坐牢，或将死。寿上白色要进狱，家中父母有死亡。命门、甲匮发白，凶事来得急。内厨、酒肉位发白，将被伤亡。承浆位白色将丧命。大海白色有火灾。印堂白色，要哭爹娘（指父母丧亡）。命门白色，兄弟将有丧亡。奸门白色，将有个人悲恸之事。中岳（鼻部）有白色纹路，有家人丧亡。日角月角白色，将穿重孝。法令、陂池白色，脚部将受伤。眼下有白色横纹，夫妻争斗。鼻尖白色，将为田庄之事争斗。地阁有白色横遮，牛马有损伤。白色进入年上、寿上部位，将死公婆。白色进入口部且颜色分明，将有口舌是非。群仓部位有白色，多招贼偷盗。

第六节　论女人相

一、女人九恶相

蝇面为一恶，主妨夫；结喉为二恶，主招横祸；蓬头为三恶，主下贱；蛇行雀步为四恶，主贫贱；眉逆而交为五恶，主穷困妨克；鼻上生勾纹为六恶，主妨克招厄；目露四白为七恶，主毒害凶狡；雄声为八恶，主刚恶再嫁；旋毛生鬓为九恶，主顽贱克子。女人有此九恶，不可同居矣。

二、女人贤贵相

龙角纤纤细细，上起直入头发间，后妃之相；天中、印堂有肉环，后妃之相，低微者也可做官爵夫人；伏犀隐隐而起者，可以成为郡主；牛角、虎角、辅角隐隐而起，进涉额际者，主其为将帅夫人之相；头圆脖子短的人，主其女富有；前额平坦而且方正的，主其女显贵；眉毛修长而且秀丽的，其妇贤淑；眼睛秀美，而且清彻的将为贵阁之女；鼻梁挺直，就如刀削一样，高贵而且长寿；眉毛分立而成八字的，性情温和而且多福气；口形细细且有棱有角的，令长之妇；嘴唇颜色犹如朱砂的，令长之妻；牙齿形如石榴肉的，将是诰命夫人；人中深陷而且挺直之女，多子；眼眶下部湿润光泽的，其女宜儿；耳朵红润而且圆溜的，其女将为贵妇；耳朵有轮有廓的，其女贤淑富有；左耳厚的，其女先生男；右耳厚的，其女先生女；嘴唇颇多纹理的，其女多子；脸生双下巴的，其女富豪；头

周易相学精粹

发青黑犹如细丝的，其女会成贵妇人；手掌红润犹如绵帛的，其女将会成为邑封之官的夫人；骨骼细纤而肉质软腻的为贵妇人之质；肤肉洁白，胴体香馥的，令长夫人之相；性情舒缓，声气绵柔的女子既有福又有寿；神情宁静气色柔和的女子贞洁；行走安详轻缓的女人娴淑美丽；手掌当中、脚掌底下生长黑痣的女人，显贵而且益于其夫。

三、女人贱恶相

女人头尖者下贱，额头狭窄者贫穷困厄；额角生有旋毛的，将会再嫁、恶死；额头偏狭而且头发下垂的，贫穷灾祸；头发卷曲且赤黄的女子，贫穷下贱；鬓毛蓬乱枯燥而且粗硬的，困厄运恶；眉毛粗壮浓密而且逆生的，妨克夫君，生子将会难产；眉毛薄稀散乱而且眉头交织的女子，重新改嫁后妨害其子；眼珠外露而且白的女子妨害其夫；目光深密犹如偷看的女子，奸诈自私，妨克残害；眼睛下面长有臁肉的女子，厄运而死，妨克其儿；赤色筋脉贯穿眼睛的女子难产；眼睛犹如三角的女子凶恶；眼睛壮大而平满的女子淫乱邪恶；观看视线不正，瞳子横生的女子将有外遇；鼻孔外露的女子，贫困下贱，妨克其夫；鼻尖曲折的女子心眼狠毒，贪婪下贱；人中平坦狭小的女子，没有子息；脸上颧骨高突的女子，凶狠残暴；口血红犹如吹火的女子，会成为孤母孀妇；嘴巴形如一撮的女子，贪婪残暴；口形大而绰落的女子，穷苦，当三次嫁人；口形薄薄而且尖锐的女子，爱说他人的坏话；嘴唇薄得就像"一"字形状的女子，下贱、狠毒；嘴唇翻起犹如龙嘴的，妨克夫君恶凶而死；嘴唇短小，不足掩齿的女子，妨害他人，短命而亡；耳朵反长，而且下垂的女子，妨克夫君残害儿子；眼睛微小鹜黑的女子，寿命短促，穷困不堪；脸上横生颧骨的女子，生性不良，妨害夫君；麻点蝇生的女子，孤苦、贫穷、妨克子；面部凸出而且额头狭窄的女子，贪得无厌；下巴尖削而鼻子塌的女子，贫贱寒苦；颈项薄弱犹如马面的女子，妨害夫君；颈项长、喉结凸显的女子，自害；手短而手指秃秃的女子，下贱贫苦；足阔而脚薄的女子，贫寒难当，奔波不堪；遍体生长粗毛的女子，性情顽固，孤独贫寡；两个腋下生有硬朗毫毛的女子，身份卑贱；皮肉粗糙骨骼坚硬的女子，一生贫寒卑贱；皮肤浅薄而且体味臭恶的妇人，会受百年穷苦；声音雄健嗓门粗大的女子，妨害夫君，不是良妇；声音细小而且散破的女子，一生无财而且经常破财；掩口发笑的女子，常有外遇，坐着喜欢摇荡膝腿的女子，喜欢偷奸滥淫；乳头微小的女子，无子无财；乳头小且白的女子，断绝子孙；胸部高耸、肩部凸出的女子，一生都为奴婢；腰细像折断而颈项部臃肿的女子，将受百年孤独；行走犹如战马奔驰的女子，妨害夫君，为人下贱；行走犹如马跳的女子，一生奔波、穷得无法形容；肤色红赤而且枯燥的女子，杀夫害子；眼睛下部生有纵向纹理的，孤独孀居，没有子嗣；额头有许多横向纹理的女子，贫苦不堪，妨害他人；手臂上生有横向纹理的女子，少年成寡，没有子息；眼睛上抬斜向交错，出嫁夫君，必会私逃；井灶部位有纹线的女子，必然害夫；有钩钩形纹理的女子，淫乱奸盗妨害夫君；有纵向纹理的女子恶死；人中有横向纹理的女子，将会害杀夫君十余人。

妇人眼下无肉，不杀三夫也杀二夫；见人掩口连笑不断，爱逐行人半夜通。

四、相妇女又一法

有威无媚，貌重有态，腹垂肩厚，无肩有背，唇红齿白，语言详缓，声音清韵，笑不露齿，目神清彻，口如樱桃，鼻准圆尖，眉如新月，如卧蚕，手似干姜，行不动尘，步如流水，坐如山岳，立如峰，身无兰麝自然香，耳旁、乳边、脐畔有黑子，此为女中之富贵者。

身形端直，行坐稳重，眼黑白分明极澄彻，无浮光，瞻视端正不斜，不轻言笑，此为女中之至贞者也。

娇而无威，媚而无态，举止轻浮，蛇行雀跃，眼浮光似水，斜视偷窥，行回顾，坐摇膝，见人掩口笑，未语先笑，摆手摇头，倚物斜立，掠眉剔牙，独自倚门立，搔头并整衣，托腮及咬指，低首弄衣襟，鼻上双靥，奸门黑子，人中两曲。绕口色青，此女中之至轻浮者也。

声雄颧露，喉结，男相，火目，眼凶恶，三角四白，奸门陷，眼下肉干枯及横纹，声似破锣，额方眉大，头仰，面有毛，唇有髭，唇紫，下唇较长，面长额长，额骨耸起，额上有纹，额窄，唇掀，缺唇，露臀露背，项短，发浓，发焦似火，山根断，准勾尖，鼻上赤纹，眉中黑子，眉上横纹。此为女中之刑克者也。

其余与男相同看。或问相书备举五官，而子独置耳不论，且相妇人而不相小儿，何也？曰：眉目口鼻在正面，关系甚大；耳在后面，无甚关系。是以贵人多无好耳，贱人反有好耳，执耳定相，每不准，不如阙之，为愈也。妇女相有与男子不同者，故别立一法。若小儿之相与大人无异，惟取神足者易养，神浮短者难养。前问寿在神，法中已言之，故不复赘。

第七节　通仙录

上天主宰着世间所有的生命，就像开动制陶的转轮那样，不停地制造着生命。不论禽兽草木都赋予各种不同的形状，唯有人类的形状超出所有万物。头圆像天，脚方似地，眼睛高挂如同星辰。面相引分为一百三十部，五岳四渎。

要想知道富贵还是贫贱，听我认真仔细对您说。嗓音深重圆润，呼吸发自丹田气息长，低头阔步如流水轻灵，背胛骨突出像乌龟，十根手指纤细秀长能降龙伏虎，眼珠黑亮眼缝顾长，显得精神焕发，眉毛像卧蚕，或者像横放的手指，鼻梁高挺耸立如同出自天上，能在背后接话、转身，这样的人位极人臣。

眼睛深凹朝上看，鼻梁低矮，牙齿小，眉毛挤，嘴唇薄，还没抬脚身体先倾斜，颈子后面没有毛发，额头狭窄，跟人说话经常低着头，这样的人，一生贫穷辛苦，无依无靠。

肚脐要深，腹部要厚，胸部要平，口型如"四"字方正，在人跟前耳朵不显出，牙齿白皙，嘴唇红润，手像藕一样圆圆的，三停端正，眉骨突出，这样的人不愁科举及第、富贵功名。

说话声音不要太弱，要威严果断，而胸前长毛的人成不了大器，秉性贪吝。一开口说话，声音已嘶哑，这样的人不要读书求功名，俗话说，苍蝇的声音，哪能高贵？

如龙的身体颀长，肩胛高耸，口唇红润背部弓曲，皮肤像鳞。像虎的身体，眼睛大，颈子短。像鹤的身体，不要太高，只要清瘦。

像乌龟的身体，必须察看鼻子的大小，鼻子小的乌龟喜欢山野沼泽，云游四方，不务俗事。这样的人宜出家当和尚或道士，可得长寿。

像犀牛的身体，臂膀厚实，肌肉丰满，这样的人做学问可以早日出名。像老鼠的身体或者像兔子的身体，那就实在难以预测，像兔子就要避免淫乱，像老鼠就要被克。

要知道像狗、猪和蛇、鸡的身体会怎样？

那就是既没吃的又没穿的。面相像猴的人性格忧虑、敏感，皮肤像油脂光滑洁白的人高贵无比。

至于狮子，眉毛大、脑袋圆。要是人生这种身型，那就太可惜了，总是在别人前后奔忙。

人中上流着鼻涕总不见干，眼睑上粘着眼眵不停地眨巴，这样的人必定是兄弟无助，一生贫穷没有家业。

试问什么样的人寿命可以超过百岁？

那就是耳朵内长毛，眉毛一半白色的人。颈子上两条皱纹比一条好，这样的人是人间的寿星。

偶尔从远处看似乎相貌堂堂，坐在跟前看的时间长了觉得没有精神光彩，这种人只宜在家继承父业，到了中年，千万要回避对自己面相不利的人。

突然见面觉得相貌古朴，久之发现此人很有风骨。说话声音洪亮，气量像山峰一样高耸，就像宝剑隐埋于土中。

先前的圣贤曾写下定论，这些话还得仔细思量。有这样一种人，与他同睡一床听不到呼吸声，尽管他的全身上没有配戴香料，仍散发出香味。这是前人曾想得到的栋梁之材，昔日汉高祖招纳张良就是这样的。

名列科举榜首的是什么样的人？

额骨轮廓分明，双耳高耸。如果是颈子细软像断了骨头，眼珠子凸露，这样的人不过中年就会早死。

说话声音短促，脸色涨红，兄弟都没有山息。说话要端正规范，不要在别人面前乱讲。要是谋求安身立业，必须晚些时候，富贵来得太早反倒会送命。

外貌虽然奇伟又怎能依赖？

还得靠自己修养心性明辨仁义，只有内心修养与外貌面相互相符合，福分才有根底，这不在于天意，而在于人为。

不要说外貌凶险定会遭人侮辱，只要能做到忠孝也会增添福气。不然的话，面相再好，内心却如烈火，这人定会有囹圄之苦。

试问您，这个方法道理何在？

就在于面相有余而内心修养不足。这个方法你可以仔细学习，探究其精微。

突然之间颈子后面的肉长的凸起来了，即使是读书人，秉性也不会贤良。

嘴一张就流口水，眉毛盖住了眼睛，牙齿外露，屁股翘起，肩膀向里缩，嘴唇尖，耳朵扭曲，耳朵薄，又没有耳轮，而且向前展开，可怜这种相貌多受刑难，不是早死就是孤单一人灾祸相随。

眼睛不论大小，眼黑与眼白要分明，耳朵不论大小，轮廓要分明。

满脸青蓝色的人，凶险灾祸多，面色呈现暗黄的人，必定没多少荣华。试问有的尽管相貌堂堂，却为什么还是连耕地都没有？肯定是眉毛挤促，山根断了，再不然就是嘴巴小，鼻梁横。

背部薄，脑袋歪，喉结突出，想吃东西就像吞不下去，这种人纵然有衣有粮，也会客死他乡；又忌讳走路时像只破鳖畏缩短小，瞻前顾后，左顾右盼，一脸奸佞谄媚相，说话没有条理，嘻笑也不会规范，这种人会破坏男女有别的规矩。

只要风神部位棱角分明，性格威严持重而又端正，总有一天时来运转，云雷相逢，不是镇守城邦也能官到于台阁。

皮肤紫红色而且厚，这样的人发达晚。皮肤呈黄色而且深，这样的人发达早。

到人群里神情畏怯、气色衰弱，好像叶子还没长出来，花却先已凋落。好比有的女子，身着平常衣服还好，穿上好衣服反倒显得气势不够，背后说话风风火火，面对正经客人反倒说不出一句话。这种人只好呆在家里，没有什么灾祸罢了，到老也不会有什么成就。

鼻头呈黄色，口大舌头长，脚下生毛，加之有黑痣，下巴丰满鼓起，这种人定会富贵。

口边胡须不要粗糙开叉，不然纵有儿子也会外出他乡。有的人哪怕三次娶妻，还是落得孤单独卧，只因为奸门干枯凹陷鼻头翘。

即使从人中看多子，然而如果人中下端尖，上端宽，也还是空空如也没有子嗣。

面貌细嫩，身体粗壮，会获得极高的功名；颈子短，形貌宽大，预示少年夭亡。

上身长，下身短，是公侯相，从前孙权就是这样，三分天下，他独霸一方。

眉毛拧成一纽，最终会跟人争斗而死，三十三岁就命归黄泉。

说话不经思量，随口而出，走路身体歪斜，像墙要倒，眉毛像八字，额头狭窄，只怕是倒毙路旁。

好面相中难得的是：一双眼瞳如点漆；掌纹分散，呈红色，预示贮积财富；下巴颏丰满鼓起，预示地位高；手臂垂下长得超过膝盖，大富大贵莫过于此。

脸面显得粗壮，身体光滑，手光滑柔软如丝绸，年轻时就能入朝做官。

走路要稳重，步履要轻灵，咀嚼不要发出难听的声音，低头要端正就像坐在虎背上，这样的人少年时就能大步踏入朝廷。

女人眼下干瘦无肉，不克死三夫也要克死两个丈夫。见人掩面笑个不停，这样的女人爱跟过路人半夜逃走。声音像男人，嘴唇大，颧骨高，这样的女人即使获得荣华也会丧夫守寡。乱摇腿，肩背高耸，这样的女人性格淫荡。

说话伶俐乖巧的女人会依赖丈夫而富贵。眼睛顾盼如流星闪亮，口唇红润，还没说话就先发笑，腰杆僵硬，相法称之为"破败猪"。额头狭窄，嘴唇闭不拢，露出牙齿，这种女人克子克夫，终会孤寡一人。眼睛如月亮明媚，声音悦耳，这种女人秉性温柔，犹如掌上明珠。

男人女人的面相都一样，贫贱者虚浮，高贵者坚实。五短五露的人，没人会与他结交。颧骨像山峰，玉枕高耸的人，定会成为朝廷贤良之臣。身体小，声音大，隔江都能听见，这样的人也会展翅高飞，青云直上。

像驴一样的豁嘴，老鼠一样的尖耳朵，蛇一样的毒眼，这样的人心地歹毒，奸佞、贪婪、恶语中伤。眉毛竖起的人性格刚强，面生横肉的人心怀嫉妒。

试问什么样的人是行尸走肉？没精打采，像堆肉泥，人中已渐渐长平，嘴唇皱缩，离死也就不到百天时间了。

天中的黄色像雾一样升腾，往下经过山根与鼻子平齐，这种人加官进爵，不出三月。如果在山根和地阁之间，分为黄色和紫色，那么喜事会迟迟才来。

忽然之间，并未发生什么事而心中不安，脸色杂乱犹如醉酒，两眼发红发青发黑，感觉晕眩，这预示着灾祸将要降临。

脉搏有症状，不要说没有病，应该尽早提防，去看医生。梦中忽然与王公大臣相遇，好像在皇帝宝座下接受恩赐，这是因为想求得荣华富贵，内心已有预感，只等平步青云。

大概各种类型人的面相，细微的不同，先观察他的言行，再观察他的形神，方才识辨出是否贵人。

第八节　杂论

骨要突起，额骨要峻峭，眼要长，眉要秀，头发要黑，耳要硬，鼻要隆，口要方，法令要长，人中要深长，边庭要丰满，兰台要厚，井灶要明朗，山根要厚实，仓库要丰满，驿马要肥，声音要洪大，牙齿要白，气要壮，胸部要宽，心要平，腰要厚，身体要端正，皮肤要光滑，脐要深陷，腹要下垂，手要长，脚要短，气色要明，坐如山一样稳，神要清，行路要像水一样流畅。有这种相的人，不贵即富。

额部虽然广却成尖形，颐骨虽峻峭皮却粗糙，耳虽厚鼻梁却低，眼中长眉毛却蹙着，舌虽端正声音却嘶哑，背虽能隆起手却粗糙如木槌，口虽然红而形却像吹火一样突出，嘴唇虽然成方形而牙齿却不整齐，气虽然清而走路歪斜，腰虽然厚而行走却如马奔，说话虽然和气而神色却像呆痴一样，眼睛虽然明亮却到处乱看，睡觉虽然很安静，而吃饭时却淋漓不尽，头虽然长而腰肢却折损。有这种相的人，叫"折除"，好相和坏相结合在一起。这种人如果富贵就会短寿，如果下贱则会长寿，而贵显又会受贫穷，或者先贵后贱，或者先富后贫。应仔细推断。

相貌互不相同各有解释，不要随便一看就去辨吉凶，应仔细留心观察然后下结论。

眉毛粗，额头窄或者音焦的人，为缺少衣食之相。如果这种相能有官有禄，是因为皮肤光滑且腰身生得好的缘故。

问君为何有官职？大概是因为两眼有精神，气色不昏暗，声音发自丹田，如瓮中声响洪亮。

鼻梁低，牙齿细，结喉高，腰身薄，为命不好之相，为什么这种人却能长寿呢？必定是耳中有长毛。

鼻梁隆起且有好腰身，耳朵耸起，嘴唇为方形，眼睛又明亮，应为好相，这种人突然中年暴死，一定是头顶有陷坑。

迈步如云一样流畅，气色又清秀，加上皮肤细而且背部隆，也是好相，这种人忽然暴死，只因为喉头干枯，声音如鸭叫。

神枯、气薄，颜色又干枯，说这种人遇事顺利是没有道理的，然而，这种人却能多积粮食而富贵，必定是因为此人沉默而心宽。

耳朵薄，嘴唇不好，眼睛不明亮为不吉之相，此人为何能升官荣华呢？必定是因为此人背形如龟，加上声音圆润，眼神清秀。印堂位低下狭窄，眉毛又相交，在相法中难为官是都明白的事，没有想到初年却为官享禄，这种人中年必定暴死。

年轻时不要肥胖，否则的话，官禄迟迟不会到来，看一看朝廷中的三公及丞相，都是骨骼丰隆而肉却少。

一个人的相貌很粗俗，肉缓，牙齿尖，眼如珠一样凸起，如今却能拥有财富，必然脑部丰满，呼吸宽舒。

身体轻，口唇薄的年轻人，呼吸急促，神态空空而性格狂傲，今天虽然丰衣足食，但不是害死父亲就为乖张之人。

人的形体只能骨多不能肉多，不要肉多而骨骼不足。一个人暴死只因为眼内无神，还怕肩骨寒酸，筋脉如绳束一样。

有黄色与白色气色且神态清秀，就能知此人从少年时就有禄位。如果神态清秀而为赤黑色或者红紫色，此人中年有禄位相逢。

精神不清，气色昏暗，笑语多，经常如受惊的样子，性格狂，走路如奔跑的人，不要惊讶他少年衣食足，不久就有大祸临门。

又云：目为主，眉为次。

眉目都长，眼珠如点漆一样黑亮，为富贵相。眼下有"一"字纹，作事分明。眼下有卧蚕一样的纹，必有贵子孙。眼小之人终究无官禄，眉毛粗的人孤独。眼下无肉，只有一个儿子。眼珠屡转动的人奸诈。眼尾有穴像粟米大小，叫聪明。睡觉而开口的人，蹇滞而命短。下唇长的人，贪吃。口唇薄，两口角垂下的人，被人欺侮。兰台部位隆起，声誉美好。鼻子高的人，为官顺利。鼻头齐的人，官不歇。

耳向后贴脑的人，金玉满堂。头尖耳小的人，一生多苦恼。耳朵比脸白的人，天下人羡慕。耳朵生得比眼睛高，当享受上天赐予的禄位。耳朵比眉毛高一寸，永不受贫困且不得病。

人中浅的人，无财命。人中短的人，少子孙。人中高而厚的人，无寿无后人。人中深而长的人，有寿又有后代。人中轮廓分明，性格刚直不阿。

眉毛盘旋的人，儿子少而女儿多。眉毛比眼睛短的人，多顽固。眉毛连在一起的人，休想福禄，这种人又奸又嫉妒，还偷别人的财粮。用力睁眼的人，多遭横祸。眉毛浓而头发厚，心中不洁而损寿命。眉毛平为贵人。眉毛比眼长，智慧高而众人佩服。

夜里听人声，白天看走路（来判断吉凶）。说话喜欢笑，脸爱红，不能隐藏秘密。说话喜欢笑，脸为黑色，心中则有秘密。

男人有女人的声音，妨害妻子；女人声音像男人，妨害丈夫。金形人，骨细，肉滑如苔，又贵又富。木形人，骨瘦并成青黑色，如果骨头反而粗大，多贫穷灾难。水形人，骨形尖，富贵无人比。水形人若头部多粗，子孙多而富贵有余。富贵要看头发，惹人喜爱要看容貌气色。骨肉紧而硬，长寿而不得清闲。骨多肉少，为上相，骨少肉多，为下相。

如龙一样行走会成为三公贵官，像虎一样走路为将军。边走边看的人，阴狠而贪婪。女人走路喜欢回看，喜好淫乱，追逐男人而去。

手臂长的人，语声必须如竹筒一样清亮。颈子须粗而短，脚厚还须成方形。手掌中无纹路的人，将遭强盗。手指如春葱，有丰厚俸禄。手和脚柔软如绵，中年荣华富贵。手指背后纹路多，一生蹉跎无成。手臂长的人喜欢施舍，臂短的人喜欢拿别人的东西。手如血一样，富贵不绝。腹中如怀孕一样，名声振动京师。肚脐深而宽的人，福禄旺盛。肚脐突出的人，早死。

第九节　十贵论

头宽广，眼睛长，精神气色都强的人，即使不到公侯位，也当为侍郎。

贵人还要印堂生得平，眼如凤珠如龙并要清澈，鼻骨隆起如悬胆，年少就能及第为公卿。

贵人之气清如断竹筒，初看神光在人群中闪烁，加上鼻子骨连接面部四岳，此人必定四海闻名，接近皇帝。

四贵气色呈黄色，骨头更应生得白，为聪明之人。五官端正，眼睛分明，很早就会为官，且有好名声。

五贵有紫色但不成红色，坐下来神稳定如钟，天庭、地阁都丰而宽阔，能贵为侍郎。

六贵须要部位长，印堂部莹亮并呼应三阳部位，长坐而精神足，话语出自丹田。四方播名。

七贵要紫色生得全，眼长超过鱼尾的人为英贤之人。天中部位生得高而广，眼神惊人，可握重权。

八贵人黄如病时，骨骼明亮光彩如琉璃。再看鱼尾长到鬓角，而且黑白分明，当为贵人。

九贵龙形眼睛龟形背，精神好，脸有光彩，有两处学堂生得好，此人不知不觉为公侯。

十贵颜色如蜡黄，还要手长过膝，背如龟，额头高，而且色泽明静，此人少年及第可为员郎之官。

第十节　论带杀

孤独煞：额上有汗毛，从左边看如云烟生起，叫"煞父刀"（与父亲相克）。

天罗煞：头尖而骨头光秃，浮露，叫"天罗煞"。这种人难保妻子衰亡。

暗金煞：两眉毛成尖形而且毛逆长的，叫"暗金煞"，这种人将在边疆受伤杀，即使权高也会败落。

刀剑煞：眼睛中有红丝，两眼往两边看，不仅会受刑伤，而且会担心凶死。

内奸煞：奸门部有疤痕，或者有诸多黑痣，不论男女都好淫，娶两妻而丧命。

天刑煞：左眼头有破损，或成青色疤痕，必将受刑。这种人命坏，不会有功名之日。

天岳煞：右眼头有破损，叫"玉户开"，即使生活安静，也会有灾祸降临。

食饕煞：鼻尖如弯钩，凶恶贪婪不休止，即使能拥有财富，也会使子孙受灾。

横亡煞：脸有四筋暴露，遇人像生气的样子，此种人中年暴死，并连累父母。

短命煞：嘴唇上掀并暴露牙齿，加上舌头短，将丧命。如果喉头生结，将客死他乡。

孛逆煞：耳朵成反形，加上颜色乌黑，叫"孛逆煞"，这种人一生孤独，不能算忠良之人。

破败煞：地阁部位生得不正有破损，如果嘴唇上掀会家破，如果声音不润泽响亮，也不会享荣华。

第十一节　神异赋

赋曰：骨格为一世之荣枯，气色定行年之休咎。额为火星，初年荣枯。鼻乃中岳，壮岁造化。颏为地阁，晚年规模。三停平等，一生衣禄无亏；五岳朝归，钱财自旺。眉清目秀，聪明显达。天庭高耸，少年富贵。地阁方圆，晚年荣华。准头丰大，其心无毒。智慧生于皮毛，苦乐观乎手足。指节细而俊雅，脚背肥而富足。富者自然体重，贵者定是形殊。南方贵官，天庭丰阔，北方公侯，地阁宽隆。重颐丰颔，北方显贵。驼背面田，南方富足。河目海口，食禄千钟。铁面剑眉，兵权万里。虎头燕颔，定登将相。龙行虎步，大贵何疑。目长辅采，荣登天府。双绦项下，老愈康强。顶中圆骨，有疾不险。骨随贵生，肉随财长。福堂润泽，频遇吉祥。三光明旺，财自天来。六府高强，一生富足。红光满面，发财安康。眉生二角，快乐无穷。目秀冠形，中年遇贵。高广黄明，旬日转官。形容俊雅，终作高贤。骨格清奇，必定荣显。卧蚕丰下，子息难成。泪堂平满，儿郎早见。阴骘眼润，男女易成。边地四起，晚年亨通。头骨隆高，早居官位。明珠朝海，太公八十遇文王。火色鸢肩，马周三十逢唐帝。鹤形龟息，洞宾之遇仙得仙。龙脑凤睛，玄龄之拜相之相。山林骨起，终作神仙。金城骨分，定为将相。色若祥云，前程亨泰。三台黄光，利遂名成。笑容喜色，富贵易来。滞中有明，忧而变喜，正面红光，无不遂意。印堂紫气，谋无不通。年寿润明，一岁平安。金匮光泽，诸吉自来。部位无亏，一生安逸。形容古怪，玉在石中。

眉拂天仓，出入近贵。印接中正，终须利官。颧起峰峦，执柄操权。腰圆背厚，玉带朝衣。骨耸神清，威权忠节。伏犀贯顶，一品王侯。颧骨双起，千军勇将。眼似虎睛，威严莫犯。耳有毫毛，长命之人。天庭高阔，仆马相随。地阁方圆，钱财自旺。圆容小巧，必定丰亨。齿鼻齐丰，定享庄田。手软如绵，闲且有钱。掌若血红，富而多禄。眉抽二尾，一生快乐。耳白过面，朝野闻名。耳高过眉，情怀舒畅。足生黑子，英雄独压万人。骨插边庭，威武名扬四海。声自丹田下出，有福而享遐龄。骨从脑后横生，发财且长寿。地库光润，晚景安乐。悬壁色明，家宅吉祥。阴骘肉满，福重心灵。正面骨开，粟陈贯朽。月孛光明，平生少疾。年宫润泽，到老无灾。行不动身，积财有寿。神光满面，富贵称心。病淹目闭，有神者生。五岳端正，人可延年。三阳火旺，定主生男。三阴木多，定须生女。生相若仙，平生闲逸。耳后骨高，名曰寿堂。骨格精神，瘦亦可取。四方五端，不谋而成。部位伶俐，无祸少灾。身白过面，衣食丰足。神赛于形，庄田荣足。三山突阔，万顷良田。四渎清明，终生福气。人小声宏，定须超越。头面宽厚，福禄双全。神气澄清，名利双得。骨格恢宏，前程广大。气宇轩昂，一生快乐。睛青口阔，文笔高人。面大颐丰，钱财满屋。谷貌温和，襟怀洒落。巨鳌入脑，必作尚书。龙骨插天，应为宰辅。日月角耸，必佐明君。双颧起势，定作刺史。眉秀神和，定是雅人。气旺色明，必然全福。贵寿如是，贱夭因何。气浊皮粗，贫苦之汉。冷笑无情，机深之人。发低皮紧，终是愚顽。神短光散，早赴幽冥。面皮青薄，三十难过。肉色浮暗，四九难远。山根昏沉，常遭疾厄。泪堂深陷，蠹肉横生。鼻准尖垂，人中平满，克儿孙而无嗣。眼不哭而泪汪汪，心不忧而眉缩缩。早年刑克，晚景孤单。面似橘皮，终主贫贱。神带桃花，也须儿晚。肩峨声泣，不贱则孤。鼻梁曲折，非贫则夭。下停独长，不孝劳碌。星辰失陷，粮无隔宿。猪脂牙光，克子刑妻。面紧皮急，虽沟洫长而寿亦促。两目无神，纵鼻梁高而寿亦亏。眼光如水，男女多淫。眉卓如刀，阵亡兵死。

三阳黑气，须防损寿。奸门青暗，妻妾多灾。年寿赤光，多生脓血。白气如粉，父母刑伤。青气侵颧，兄弟危难。山根青色，招灾惹病。法令绷缠，无疾而夭。腮见耳后，心贪性狡。眼恶鼻钩，心险阴毒。脚跟不着地，败业离乡。鼻窍露而仰，败家孤苦。唇不盖齿，无事招嫌。沟洫露髭，为人少力。印堂太窄，子晚妻迟。悬壁昏暗，家败人亡。结喉露齿，骨肉分离。骨粗皮薄，寿年短促。龙宫低黑，嗣续难得。面大鼻小，一生艰辛。鼻瘦面肥，钱财耗散。法令入口，邓通饿死野人家。腾舌锁唇，梁武饿死台城上。睛如鱼目，速死之期。气若烟雾，凶灾日至。形如土偶，天命难逃。天柱倾敧，幻身将去。貌若镂铁，运乖命蹇。眉头青气，文滞书难。滞气满面，功名莫求。明中有暗，吉而变凶。唇掀牙露，引是招非。狼牙虎吻，机深难测。猴食鼠餐，奸鄙到底。头先过步，晚景贫穷。灶仰撩天，田园耗散。形如猪相，死必分尸。须黄睛赤，终主横死。齿疏唇缩，须防野亡。口唇皮皱，一世孤单。鱼尾乱纹，老不安逸。两眉散乱，聚积不久。二目雌雄，富而多诈。面多斑点，必然命短。脚背无肉，必定孤独。胸窝生毫，性非宽大。莫教四反，必主凶亡。更忌神昏，总无称意。脸上青光，贪婪孤贫。准头赤色，诡计奔波。手脚粗大，贫贱劳碌。山根横纹，必然耗散。土星薄而山林重，滞气多灾。前相好而背负亏，虚名无寿。鬓毛球织，先富后贫。筋若蟠蚓，少闲多危。眉棱骨起，有寿孤刑。项下结喉，无儿客死。眼若鸡目，性急难容。步若蛇行，毒而无寿。色青横于正面，唤作行尸。色黑横于耳前，名为夺命。青遮口角，扁鹊难医。黑掩太阳，卢医莫救。白如枯骨，亦主身亡。黑若湿灰，终须寿短。满面悲容，贫亦艰难。山根低削，多灾短命。鬼色现形，贫愁度日。神脱口开，有病即死。七窍不明，寿难久延。华盖黑色，必主大灾。天庭青色，须防瘟疫。地阁赤暗，定损牛羊。奸门青白，祸侵妻妾。流魄放海，须防水危。游魂守宫，定主丧身。路道昏沉，跌蹼之灾。宫室燥炎，火汤之咎。耳根黑子，倒死路傍。承浆深纹，恐投浪里。眼堂丰厚，亦主贪淫。

人中偏斜，定主刑克。鬼牙尖露，诡谲奸贪。眉断骨撑，凶豪恶死。
人形似鬼，衣食不丰。谷道乱毛，号作淫秽。肉地浊肥，何足以夸。
目多四白，孤克凶亡。鼻有三凹，贫穷孤苦。三尖六削，奸巧贫穷。
腿长脚瘦，奔走不停。唇薄嘴尖，好说是非。纹痣交加，有嗟有怨。
猴餮鼠食，吝而且贪。剑鼻蜂睛，凶而又残。乱发插额，利处山林。
正面无颧，难居宅舍。孤峰独耸，骨肉参差。四尾低垂，妻子隔角。
乱纹额上，男女孤刑。黑痣泪堂，子息有克。眉不盖眼，财散亲离。
眼大露睛，寿短凶灾。上轻下重，末主伶仃。上阔下尖，终无结果。
额尖鼻小，侧室分居。喉结脚长，终死他乡。形如罗汉，见子必迟。
貌若判官，得儿尤晚。形清神浊，不免困穷。面皮绷急，寿促无疑。
少肥气短，难过四九。眉缩神痴，难保三旬。形体局促，作事悭鄙。
鼻梁露骨，破祖刑家。背脊成坑，破财短命。语言浮泛，心事难明。
体细身轻，不留片瓦。獐头鼠目，何必求名。马面蛇睛，须遭横祸。
骨轻身硬，必是庸流。声干无韵，何得命久。肤涩少光，终无安逸。
眼赤睛黄，凶归十恶。龈披唇膘，死在他州。形神不蕴，贫夭两全。
筋骨不露，懦愚双得。眼光嘴翘，执拗不良。齿啮头摇，其性奸贪。
头尖额窄，名不可求。色晦神枯，何由发迹。眼光如鼠，偷盗之徒。
晴窜如獐，横死之汉。眼凸如蜂，亦主凶刑。口扁如鱼，终须困乏。
骨粗形俗，老困山林。视瞻不正，亦定好淫。举止轻狂，亦多淫贱。
桃花光焰，只图酒色。灰尘满面，有财破尽。

　　论妇人：娥眉凤目，一品夫人。山根贯印，必得贤郎。部位停
匀，应生贵子。骨格细腻，富贵清贞。皮肤生香，富室淑女。面色
端严，贤门德妇。发细光润，性情温良。声响神清，益夫旺子。卧
蚕明润而紫色，必产贵儿。甲匦丰腴而黄色，终生家道。美人肩圆，
必嫁秀士。身肥肉重，得阴相以荣华。面圆腰肥，类男形而亦富。
乾姜之手，必善持家。面如满月，家室兴隆。唇似红莲，衣食丰足。
齿如榴子，食禄相夫。善者如是，恶者因何？女子眼恶，嫁即刑夫。
声刹面横，闺房独宿。额尖耳反，三嫁未休。头大声雄，七夫不了。

周易相学精粹

额偏不正，内淫而貌若无。步走不平，外好而中心最毒。女子肩寒，孤刑再嫁。颧高额大，终主刑夫。发浓鬓重，斜视多淫。神紧眼圆，为人急躁。两颧尖露，刑夫再嫁。双耳反薄，克子无成。手粗脚大，必是贫婆。鼻尖额低，终为侍女。妇人口阔，先富后贫。头小腹大，不过贪食。骨弱肉多，三十难过。肩粗眼露，频刑夫。皮粗气浊，终无厚福。眼光如醉，约期桑中。媚靥渐生，月下诱人。山根黑子，多疾刑夫。眼下皱纹，六亲冰炭。鼻若灶门，败家无粮。斜视偷观，必然奸淫。轻笑狂动，淫贱无耻。

论孩儿。孩儿易养如是：声大有神，孩童易养。头圆耸，利益双亲。额方面润，吉祥迭至。囊若荔壳，坚耐无儿。色坚肉实，可养无虞。声响神清，必然聪慧。发齐额广，定是英俊。孩儿难成之因：神浮不紧，夭折难成。山根青色，常见灾厄。年寿黑光，多生脓血。面肉虚浮，夭亡之子。头尖脑裂，能言而亡。目缓少神，虚生无寿。鼻梁低黑，多疾早死。发际压眉，孤刑之儿。气短声低，昏庸而夭。

第十二节　秘传口诀

眉骨横露主性凶。须分燕尾主刑克。眼恶露光主犯法。年寿起节，四十五前死。头低项弱，三十前亡。肥人面赤，性恶心狠。瘦人发黄，心贪好杀。项圆头偏小，不成家业。头低反顾，奸贪凶狠。睛黄光散，性躁夭亡。眼凸神凶，主赴法场。眼呆光散，少年而亡。男人眼大，阴人口舌。男女发深，贪淫好色。男女结喉，招恶梦死。眉轻口阔，主招水灾。肥人气冷，神滞即死。面白身粗主贱。面斑身黄主夭。身轻脚重主贱。身短腿长主贱而劳。头先过步，主老年穷。须乱如草，有子无成。鼻梁横起主凶。面肉横生主恶。纹锁口贫贱而夭。纹锁唇主饥寒。手足浮筋露骨主穷忙。声尾干即死。声尾秃主命不久。耳干色暗，不久即亡。两脚拖地走，命亦不久。猪形眼昏沉，主死法场。皮如绷鼓，神滞即死。瘦无精神，筋不束骨，即死。神魂不定，主遭危难。形如雨中鸡主困苦。老人色嫩，刑克而死。面肥身瘦主夭。悬针破印，刑克破败。眼下虚肿，有子克害。眼下乌青，刑妻克儿。眼角羽纹，克妻孤独。面肥头尖，一败涂地。头偏耳薄，主不成材。耳后骨低，主寿促。脑后无枕骨，主无子绝嗣。面如削瓜，贫贱孤苦。两脚如杖主劳贱。胸膛凸起，粗俗刑贱。胸窝生毛主性暴。眉散发秃主破财。准头赤带黑色主凶死。掌薄指短主穷苦。人肥气短，皮不包肉主夭。声如破锣主横夭。形如太监判官，孤而无子。须发粗如马尾主劳贱。舌秃唇掀主短命。耳后见腮，奸贪鄙吝。赤脉贯睛主凶败。红丝缠眼主祸败。三角眼光射主狠毒。冷风流泪，主孤而夭。暴牙唇缩主短命。缩囊嘴主孤穷。口大唇薄好说是非。掌中黑点如乌鸦，刑克败家。眼斜轻薄，主贱而淫。行步如火炎上主轻贱。坐常摇膝，破财不聚。背成坑主穷劳。行步全身摆动主破败。冷笑无情主毒。眼视物如钉定主做贼。眼乱视心无主意。人中一线无子而夭。口角流涎主饥寒。发际压眉，刑父克母。少年发白，刑克父母。声粗而燥，主贱而恶。怕妻顺妾，定主不孝。发赤须黄主不孝。唇动齿疏主不孝。咬牙露目主不孝。眉凸眼陷，贪财不忠。耳耸腮尖，奸贪尤信。井灶露窍，中年困穷。病人色暗忽明即死。项后堆肉主凶刑。项后发脚高肉如堆，心毒犯法。眉尾开花蹇滞。须尾开花运不通。眉毛逆生，耳大，小主外家养大。眉垂耳低，懦弱无能。妇人仰面主奸淫，男人垂头主贫苦。身大手小主不聚财，身小手大主下愚。面大妇人主不孝。睛圆女子主妨孤。嘴尖面陷，为奴难用。肚小背陷，主无衣食。腹偏脐深主邪淫。鼻头垂肉，贪淫不足。目细语结，男女好色。眼大偏左，主怕妻妾。右肩高左大穷大苦。形爱恢宏最怕肥，恢主荣华肥死期。唇薄常动，奸贪不聚财。唇青黑主饿死。女颧高过眼角主打夫。女眼有痣主淫乱。年少神败，气散即死。老人头项耳皮干即死。色变神脱即死。脚跟削小，子孙不好。须生项下，主得外家财。项下有骨节主夭。承浆无须唇再紫，主遭危。眼邪心不正，主奸淫。两眉尾低，性情懦弱。两眼角低，饥饿短命。两口角低，老而孤穷。男女唇包上，主口舌。唇包下为雷公嘴，无子不仁。男女开声无韵，主贫贱。足指短，足多骨，主贱劳。耳内青色，血疾亡身。男女发粗色晦，主贫贱刑克。面如粉白无光主刑厄。六指者防父下贱。男人阴囊无纹，定主绝嗣。手起节骨，主贱而苦。耳薄如纸，不荣早死。女无指甲，一生下愚。脐下生毛主淫贱。阴毛浅薄粗乱，亦主贪淫。齿朝外露主刑伤。齿朝内勾主孤独。瘦人筋不束骨主短命。黄面妇人多好色。唇青唇白决无儿。黄入口角即死。脸薄青筋露，主贪淫而夭。瘦人血白主心狠。面上无毫毛，贫穷逃外乡。蓬头尖嘴，其心奸贪。少年面生斑短命，四肢乾，一年定死。老转黑发生齿有寿，主克子刑孙。额有旋毛乱纹，主过房。奸门杂色，主妻妾奸淫。眉毛黄色亦主妻妾淫乱。年寿有纹痕，败家命短。手指足指如蛇头鸭嘴，孤独贪奸。男女生儿牙，主刑克孤独。男女鸭脚主下愚。男女脐浅凸，无子受饿。女人阴户低下者愚贱。山根横纹，主败家离乡。老来多睡，主死。少年多睡主愚。男女顶发落，老来最苦。须发中生绒毛者，主晦气生灾。鱼尾有横直纹，主妻妾破家。病人无神，色鲜，主死。男女伏卧主死。卧中叹气主凶。卧中咬牙切齿，刑妻克子。卧中如吹火，少年主刑死，老人不善终。生肉瘤主贱。指甲朝外主孤。指甲软薄，懦弱胆小。面色滑亮光浮，主刑克而夭。肉多骨弱，四九不保。目小无光，禄绝命短。眉如厨鸡，三六归阴。形疲皮乾，四九即亡。胸挺肚凸，俗气食粟。卧蚕暗口唇青，老因无粮。印暗准黑，见即身亡。独颧生面，刑妻克子。女人阴毛直长，淫乱孤毒。阴毛早生，贪淫命短。气散神移，死期不远。鼻低神滞，不久人世。青筋露面，淫滥无耻。耳尖腮润，心奸贪毒。准头库凹，奸险无禄。声浊孤高，到老穷独。发若倒生，逆伦所养。发低眉促，一世辛苦。地阁独长，不孝劳禄。面光如油，刑克淫贪。见即应验也。

论眼

目若龙鳞而光透，食禄千钟。眼若鹤目而藏秀，清高贵显。目若晓星，睛如点漆，四海闻名。或长如凤眼，目烈有威，万人叛依。目净自明，黄润聚精，心慈身贵。眼如珠明，含真透光，贵有余资。目尾插天，眼光如电，威镇边疆。黑多白少，目广方长，声名远扬。形浊眼有真光为浊中清，主贵，形清眼无真光为清中浊，主贱。如阴阳反背，黄赤侵睛，红丝缠眼，白占瞳仁，为陷了太阳太阴，主孤独贫贱。或目若蜂狼，眼似鸡蛇，神露形恶，主遭凶犯法。或卧弓三角，目露睛浮，主横恶奸险。或鹰目高视，鼠睛偷视，两眼放白，双轮喷火，主奸贪行凶，阴谋诡计。或眼露四白，上视低观，心情不定，奸心内蒙，此贱眼也。或细长及寸，神光射人，乃富贵福寿者也。

论头

顶平头圆额又方，定主富贵福禄昌。五岳相朝四渎深，清贵声名四海闻。头顶平窝仙圣骨，脑后连山富贵流。顶骨连鼻终拜相，脊骨连枕武封侯。头圆顶方还多寿，虎头燕颔定封侯。顶骨尖起者贫，天庭骨凸出者克，日月骨陷露者刑，脑骨尖露者凶，两仓骨陷出者穷。眉露骨而无眉无肉者，性横孤克。骨低者性懦，骨弱者命夭，骨横者凶刑，骨粗者愚顽。骨生筋者穷劳，手粗硬者贫苦，天削者刑伤，地削者贫夭。头小项长贫天子，蛇头屈曲穷毒人。头偏额低难言寿，仓空根陷定财空。头偏项细苦忧愁，兔头鳖脑性轻浮。然有奇骨无奇神相应者，亦无大成，不准其贵也。面方耳大，卿相并驾。面田背驼，财宝甚多。面起重城，万人叛依。颧骨插天，贵伏边疆。面丰八卦，财帛盈箱。面瘦身肥，常享安乐。面肥身瘦，不久身亡。若更欹斜并低塌，气暗神昏受折磨。面反无势，贫贱无助。面大鼻小，辛苦到老。面大头尖，少成多败。面薄无腮，必是穷胎，有势无面，艺不到家。面大鼻尖，自小毒害。面皮绷鼓，寿短六六。面肉浮生，破家损人。面皮青薄，三十不活。面肿鼻扁，为奴不仁。面横骨粗，凶恶棍徒。身瘦肢浮，少年死绝。面无人色，人恨鬼灭。面生雀斑，少年夭亡。面青变蓝，奸险异常，阴毒之人也。

论耳

耳珠朝口，晚福延龄。耳白过面，名闻天下。耳白如霜，老立朝纲。耳大无边，寿过八旬。耳大垂肩，大贵长寿。耳有重轮，出将入相。贴肉垂珠，享福遐龄。色如莹红，诸事皆通。耳高过眉，聪明显达。对面不见耳，官高福寿长。坚白如玉，长寿多禄，轮廓桃红，性最玲珑。耳后高骨，长寿有后。耳中生毫，长寿吉昌。耳内大痣，多子长寿。垂珠生痣，聪慧文章。耳圆色明，少年发达。耳似开花，败子破家。低小缺落，幼即挫折。软弱如绵，妻妾主权。尖若鼠耳，性疑心贪。耳小软弱，黑干焦枯。轮飞廓反，乃贫乃夭。皮粗青黑，散走他乡。直如羽箭，定主孤寒，耳薄孔小，志浅寿少。无轮尖小，家破命夭。故肾气虚则昏而浊，愚而贱也。

论鼻

山根纹痣，鼻准尖薄，心毒贪亡。鼻头垂肉，梁柱露骨，贪淫孤独。伏犀贯顶若无脑，气散色晦而无光，孤独狠僻。鼻大而轻，虚名虚利。左右缺破，财散人离。中岳反势，鼻梁独高，为孤峰独耸，六亲无靠，孤独饥寒。鼻偏左，父先亡。鼻偏右，母先丧。黑如湿灰，败家丧亡。黑子山根，妨子害身。黑子鼻侧，赤主凶亡。黑主死，赤官刑，青破耗，白孝服，或受毒药亡，见时即验也。

论口

口如四字，财帛富足。唇如涂朱，才兼文武。口如牛唇，定是贤臣。口不见唇，威镇三军。口能容拳，出将入相。唇若巽血，家定殷实。口如剑镡，交情足义。口中黑子，食澉皆美。口宽舌大，富足有量。唇红须白，老更亨通。唇如朱抹，名誉传扬，覆载纹理，隐恶扬善。狗口鹰嘴，行险多奸，口如吹火，孤独贫夭。纵纹入口，饿死路边。口如马嘴，饥寒贱人。口如缩囊，孤苦少粮。

第十三节　五行论断

一、五行所生

肝在脸上表现为眼，掌管筋脉、爪甲；心表现为舌，掌管人的气血和毛发；肺表现在鼻上，主管人的皮肤和呼吸；脾表现在嘴唇，主管人的肌肉；肾表现为耳部，主管骨骼和牙齿。

二、五行所属之方

耳属北方，天干中为壬癸，又属水；眼属东方，天干中为甲乙，属木；舌为南方，天干属丙丁，又属火；鼻为西方，天干中属庚辛；又属金；面属正中央，天干属戊己，属土。

三、五行相生歌

耳有垂珠鼻有梁，金水相生主大昌。眼明耳好多神气，若不为官富更强。

口方鼻直人须贵，金土相生紫绶郎。唇方眼黑木生火，为人志气多财量。

舌头唇厚火生土，此人有福中午昌。眼长眉秀足风流，身坐金章朝省堂。

四、五行相克歌

耳大唇薄水克火，衣食贫寒空有智；唇大耳薄亦如然，此相之人终不贵。

鼻大眼小金克木，一世贫寒受孤独；眼大鼻小难为成，虽有资财寿命促。

舌小耳大水克火，急性孤独欺人我；耳小舌大亦不仁，悭贪心恶多灾祸。

舌大鼻小火克金，钱财方盛祸来侵；鼻大舌小招贫苦，寿长无子送郊林。

眼大唇小木克土，相比之人终不富；唇大眼小贵难求，到老贫寒死无墓。

第十四节　面上部位神气歌

天中青气出现，年内将得小病。

青气直下到年上部位，此人将见阎罗。如果只到天牢部位，就要入狱。

鼻子上青气出现，担忧受惊而且多病；如果青中带黑，必将破财；青气如果再散入左右家狱部，将有官事牵累。

印堂有黄气，做官要高升；印堂如是白气，家中遭丧事，如果是青气，将有口舌是非。

中正部发黄色气丝，当上太守或县令是无疑的；有红点出现，必将因公事远离妻子儿女；中正为青气，受惊而且凶恶，中正若为黑色，将有奇怪之事发生，中正为白色，将有丧事，而且处境困难，办事不成功。

白气在鼻子上，年内有哀事；如果黑气出现，一个月内将被贼偷；黑气横生鼻子上，夫妻要分离；白气横生鼻子上，将克害子孙。

讼狱有黄气，在牢房中解除枷锁之灾；如果讼狱青气下到眉毛头上，将入狱而哀叹；如果是黑气这样，在狱中死亡而无法解救；如果为红中泛青，即使离开牢房也有凶灾。

黄气出现在高广位，像鼓悬空挂着一样，百日之内将升官为省级长官，没有应验也将被封为贵人。四季生黄，吉利且事情顺利。如果房心之位也生黄，亦将升高官而掌大权。如果天中生黄，荣华富贵和高广生黄一样，高广黄如悬挂的鼓，天中生黄就好像两人敲鼓一样，必定为三公一级的大官。黄气再进入鼻部，天中又有黄气相应，将被分封为侯王。印堂黄气像月亮一样，状元及第后掌朝中大权。如果日角有黄气丝，兄弟欢乐。

白光生在库墓，白光进入金匮部位的人喜欢财物，若是黑色则有争斗诉讼的嫌疑；争吵之事要看黑色生得上还是下，若这个部位是红色，也有口舌是非。

厨中部位发黄气，六十天左右有喜事，也许喜事来自州府等官府，升官不会假。

房心有日光一样的气色，将进山林修道；日光的气色不到眼下面，将会得颠邪之类的病。

天庭部位有黄色气，将有高官；如果再出现青色或白色气或白中带黄，高官将被免职；如果遇到别人的妻子，将会有私情。有黄丝之气，百日之内被封为公卿；如果天庭部为红气，将背井离乡；如果是黑色，将死在路上。白气生在额头上，不超过五十天将有丧事，如果不采取防御措施就有灾难。

眉头有黄气，将有喜事；如果是红气，吉庆而又荣华；如果白气在眉毛周围，将会受惊。白气往下进入狱部，就有灾难和困苦；如果再下到年上部，应小心被逐放。

中阳部位有黄气进来，一年中将被封大官。红气出现在奸门，妻了遭外人侮辱。尺阳部位有很好的黄气，妻妾都是不平凡的贵妇。眼睛下面有黄气一直到耳边，自然有官职使自身荣贵。

眉头生有红色气，鼻上也有红气，最多一年内，无辜地死去。眼下有白气游动，马上就有哭泣之事；白光在眉毛间游动，家中有鬼神作怪。黑色在眼睛下面，子孙将得疾病；如果黑色方圆有一寸大，将进牢狱。

颧骨上有黄气，此人必成为贵人。白气聚集在巷路部位，必当远离家乡奔走。黄色进入奸门，又进入精舍部位，妇人有这种相，不管春夏都喜好奸淫之事。女人有黄气到鼻尖，将被盗窃；如果黄气停在右颧骨，姊妹将被外人闲话；黄气进入家人部位，将成为郎君的妻子。

两耳上有黄气，黄气连两耳之下呈人字形，女人将嫁贵人。红色出现在边地部位，浑家将受大惊，如果红色进入山林边。为有灾难，短命之相。

耳畔生有青气，将有蛇蝎一样恶毒的人侵犯你，两眼生有白气丝，必当为病死之人。甲匮生有青色光并来到命宫部位，会因为财产的官司而出现灾难凶事。栏枥部位生有红色，家中牛马有病；栏枥部若有青光，牛马遭损害；如是黑气、牛马不能下仔。

奴婢部位有红气，奴仆将会逃走；如有黑光，自己将死在女人家中。陂池部位发青气，土地、池塘有旱涝之灾；陂池若是白光应预防被淹死，若是黑气将掉入江中。

根据脸上的部位和五行相生相克道理仔细审查裁定。

第十五节　十二宫

一、命宫

命宫者，居两眉之间，山根之上。光明如镜，学问皆通。山根平满，乃主福寿。土星耸直，扶拱财星，眼若分明，财帛丰盛。额如川字，命逢驿马。官星若如斯，必保双全富贵。凹沉必定贫寒。眉接交相成下贱，乱理离乡又克妻，额窄眉枯，破财迍邅。

诗曰：

"眉眼中央是命宫，光明莹净学须通。

若还纹理多迍滞，破尽家财及祖宗。"

命宫论曰："印堂要明润，主寿长久。眉交者，身命早倾。凭针主破，克妻害子。山岳不宜昏暗。有川字纹者，乃将相。平正明润身常吉，得贵人之力。气色青黄，虚惊。赤，主刑伤。白，主丧服哭悲。黑，主身亡。红黄，主寿安，终身吉兆。"

二、财帛

鼻乃财星，位居土宿。截筒悬胆，千仓万厢。耸直丰隆，一生财旺。中正不偏，须知末远滔滔。鹰嘴尖峰，破财贫寒。莫教孔仰，主无隔宿之粮。厨灶若空，必是家无所积。

诗曰：

"鼻主财星莹若隆，两边厨灶莫教空。

仰露家无财与粟，地阁相朝甲匮丰。"

财帛宫论曰："天仓地库，金甲匮，井灶，总曰财帛宫。须要丰满明润，财帛有余。忽然枯削，财帛消乏。有天无地，先富后贫。天薄地丰，始贫终富。天高地厚，富贵满足，荫及子孙。额尖窄狭，一生贫寒。井灶破露，厨无宿食。金甲匮丰，富贵不穷。气色昏黑，主破失财禄。红黄色现，主进财禄。青黄贯鼻，主得横财。二匮丰厚明润清和，居官而受赏赐。赤，主口舌。"

三、兄弟

兄弟位于两眉，属罗计。眉长过目，三四兄弟，无刑。眉秀而疏，枝干自然端正，有如新月和同，永远超群。若是短粗同气，连枝见别，眉环塞眼，雁行必疏。两样眉毛定须异母。交连黄薄，白丧他乡。旋结回毛，兄弟蛇鼠。

诗曰：

"眉为兄弟软轻长，兄弟生成四五强。

两角不齐须异母，交连黄薄送他乡。"

兄弟宫论曰："兄弟罗计须要丰蔚，不宜亏陷。长秀，才兄弟和睦。短促不足，则有分离孤独。眉有旋毛，兄弟众多，狠性无常。眉毛散者，钱财不聚。眉毛逆生，仇兄贼弟，互相妒害，或是异姓同居。眉清有彩，孤傲清高之士。眉毛过目，兄弟和睦。眉毛中断，兄弟分散。浓淡丰盈，义友弟兄。气色青，主兄弟斗争口舌。黑白，兄弟伤亡。红黄之气，荣贵喜庆。"

四、田宅

田宅者，位居两眼。最怕赤脉侵睛，初年破尽家园，到老无粮作孽。眼如点漆，终身产业荣荣。凤目高眉，置税三州五县。阴阳枯骨，莫保田园。火眼冰轮，家财倾尽。

诗曰：

"眼为田宅主其宫，清秀分明一样同。

若是阴阳枯更露，父母家财总是空。"

田宅宫论曰："土星为田宅。主地阁要朝，天庭丰满明润，主田宅进益。低塌昏暗倾倚，主破田宅。若飞走不朝，田宅俱无。气色青，主官非，田宅无成。黑主权责。白，主丁忧。红，主成田宅，喜重重。黄明，吉昌，谋无不遂，君子加官，即日得升，小人得宠，利见贵人，武职或见兵马。杀气旺者，即行师主管财赋，或入运司等处。五品至三品，三品至二品，如是详看六品以下者，另作区别。"

五、男女

男女者，位居两眼下，名曰泪堂。三阳平满，儿孙福禄荣昌。隐隐卧蚕，子息还须清贵。泪堂深陷，定为男女无缘。黑痣斜纹，到老儿孙有克。口如吹火，独坐兰房。若是平满人中，难得儿孙送老。

诗曰：

"男女三阳起卧蚕，莹然光彩好儿郎。

悬针理乱来侵位，宿债平生不可当。"

男女宫论曰："三阴三阳，位虽丰厚不宜枯陷。左三阳枯，克损男。右三阴枯，克损女。左眼下有卧蚕纹，生贵子。凡男女眼下无肉者，妨害男女。卧蚕陷者，阴骘少，当绝嗣也。乱纹侵者，主假子及招义女。鱼尾及龙宫黄色环绕，主为阴骘纹现，曾怀阴德济于人，必有果报。又云，精寒血竭不华色，男不旺，女不育。若阴阳调和，精血舒畅，男女交合，故生成之道不绝。宜推于形象外，当以理言，元妙自见也。气色青，主产厄。黑白，主男女悲哀。红黄，主喜至。三阳位红，生儿。三阴位青，生女。"

六、奴仆

奴仆者，位居地阁，重接水星。颏圆平满，侍立成群。辅弼星朝。一呼百诺。口如四字，主呼聚喝散之权。地阁尖斜，受恩深而反成怨恨。纹痣败陷，奴仆不周。悬壁低倾，恩成仇隙。

诗曰：

"奴仆还须地阁丰，水星两角不相容。
若言三处都无应，倾陷纹痕总不同。"

奴仆宫论曰："悬壁无亏，奴仆不多。如是枯陷，仆马俱无。气色青，主奴马损伤。白黑，主仆马坠堕，不宜远行。赤，主仆马口舌，损马失财。黄色胜，牛马奴仆自旺，左门左户排立成行。"

七、妻妾

妻妾者，位居鱼尾，号曰奸门。光润无纹，必保妻全四德。丰隆平满娶妻财帛盈箱。颧星侵天，因妻得禄，奸门深陷，常作新郎。鱼尾纹多，妻防恶死。奸门黯淡，自号生离。黑痣斜纹，外情好而心多淫欲。

诗曰：

"奸门光泽保妻宫，财帛盈箱见始终。
若是奸门生黯黷，斜纹黑痣荡淫奔。"

妻妾宫论曰："鱼尾须要平满，不宜克陷。丰满则夫贵妻荣，奴仆成行。妇女鱼尾奸门明润，得贵人为夫。女人鼻如悬胆，则主富贵。缺陷则主妨夫淫乱，败家放荡，不旺夫。妇人面如满月，下颏丰满，至国母之贵。气色青，则主妻妾忧愁思虑。赤，主夫妻口舌。黑白，主夫妻男女之悲。红黄色见，主夫妻男女和谐之喜。如有暗昧，主夫妻分离，不必隔角少情。"

八、疾厄

疾厄者，印堂之下，位居山根。隆如丰满，福禄无穷。连接伏犀，定主文章。莹然光彩，五福俱全。年寿高平，和鸣相守。纹痕低陷，连年宿疾沉疴，枯骨尖斜，未免终身受苦。气如烟雾，灾厄缠身。

诗曰：

"山根疾厄起平平，一世无灾祸不生。

若值纹痕半枯骨，平生辛苦却难成。"

疾厄宫论曰："年寿明润，康泰。昏暗，疾病至。气色青，主忧惊。赤，防重灾。白，主妻子之悲。黑，主身死。红黄紫，主喜气之兆也。"

九、迁移

迁移者，位居两角，号曰天仓。丰盈隆满，华彩无忧。鱼尾位平，到老得人钦羡。腾腾驿马，须贵游四方。额角低陷，到老住场难觅。眉连交接，此人破祖离家。天地偏斜，十居九变。生相如此，不在移门，必当改墓。

诗曰：

"迁移宫分在天仓，低陷平生少住场。

鱼尾末年不相应，定因游宦却平常。"

迁移宫论曰："边地、驿马、山林、发际，乃为出入之所宜。明润洁净，利远行。若昏暗缺陷及有黑子，不宜出入，被虎狼惊。气色青，远行主惊失财。白，主马仆有失。黑，主道路身亡。红黄紫，宜获财喜。"

十、官禄

官禄者，位居中正，上合离宫。伏犀贯顶，一生不到讼庭。驿马朝归，官司犹扰。光明莹净，显达超群。额角堂堂，犯着官司贵解。官痕理破，常招横事，眼如赤鲤，实死徒刑。

诗曰：

"官禄荣宫仔细详，山根仓库要相当。

忽然莹净无痕点，定主官荣贵久长"。

官禄宫论曰："两眼神光如曙星，龙目凤睛，主贵。印堂明润，两耳色白过面，声闻天下，福禄荣显。如陷缺飞走，而无名誉。气色青，主忧疑。赤，主口舌是非。白，主孝服。至红黄上下，有诏书加官进职之喜。"

十一、福德

福德者，位居天仓，牵连地阁。五星朝拱，平生福禄滔滔。无地相朝，德行须全五福。颏圆额窄，须知苦在初年。额阔颐尖，迍否还从晚景。眉高目耸，尤且平平。眉压耳掀，休言福德。

诗曰：

"福德天仓地阁圆，五星光照福绵绵。

若还缺陷并尖破，衣食平平更不全。"

福德宫论曰："天仓地库为福德宫，须要丰满明润相朝揖，重重祖荫，福禄永崇。若陷缺，不利。浅窄昏暗，灾厄常见，人亡家破。盖因心术毁了阴骘，终是勉强神情。气色青，主忧疑。赤，主酒肉，忌口舌。白，灾疾。红黄，吉兆。"

十二、相貌

相貌者，先观五岳，次辨三停。盈满，此人富贵多荣。三停俱等，保平生显达。五岳朝耸，官禄荣迁。行坐威严，为人尊重。额主初运，鼻管中年，地阁水星显末主。若有克陷，断为凶恶。

诗曰：

"相貌须教上下停，三停平等更相生。

若还一处无均等，好恶中间有改更。"

相貌宫论曰："骨法精神骨肉相称，气相和，精神清秀如桂林一枝，昆山片玉，如珠藏渊，如玉隐石，贵显名流翰苑吉士。暗惨而薄者，凶。"

第十六节　面部三停

面之三停者，自发际下至眉间为上停；自眉间下至鼻为中停；自准下人中至颏为下停。夫三停者，以象三才也。上停象天，中停象人，下停象地。故上停长而丰隆，方而广阔者，主贵也；中停隆而直，峻而静者，主寿也；下停平而满，端而厚者，主富也。

若上停尖狭缺陷者，主多刑厄之灾，妨克父母，卑贱之相也；中停短促偏塌者，主不仁不义，智识短少，不得兄弟妻子之力，主中年破损也；下停长而狭尖薄者，主无田宅，一生贫苦，老而艰辛也。三停皆称，乃为上相之人矣。

第十七节　论形与神

一、论形有余

形之有余者，头顶圆厚，腹背丰隆，额阔四方，唇红齿白，耳圆成轮，鼻直如胆，眼分黑白，眉秀疏长，肩膊肥厚，胸前平阔，腹圆垂下，行坐端正，五岳朝起，三停相称，肉腻骨细，手长足方。望之巍巍然而来，视之怡怡然而去，此皆谓形有余也。形有余者，令人长寿无病，富贵之荣矣。

二、论神有余

神之有余者，眼光清莹顾盼不斜，眉秀而长，精神耸动，容色澄彻，举止汪洋。恢然远视，若秋日之照霜天，巍然近瞩，似和风之动春花。临事刚毅，如猛兽之步深山。出众逍遥，似丹凤而翔云。其坐也，如界石不动。其卧也，如栖鸦不摇。其行也，洋洋然如平水之流。其立也，昂昂然如孤峰之耸。言不妄发，性不妄躁，喜怒不动其心，荣辱不易其操，万态纷错于前而心常一，则可谓神有余也。神有余者，皆为上贵之人，凶灾难入其身，天禄未其终矣。

三、论形不足

形不足者，头顶尖薄肩膊狭窄，腰肋疏细、肘节短促，掌薄指疏，唇蹇额塌，鼻仰耳反，腰低胸陷，一眉曲一眉直、一眼仰一眼低，一睛大一睛小，一颧高一颧低，一手有纹一手无纹，睡中眼开，言作女声，齿黄而露，口臭而尖，秃顶无发，眼深不见睛，行步欹侧，颜色痿怯，头小而身大，上短而下长，此之谓形不足也。形不足者，多疾而短命，福薄而贫贱矣。

四、论神不足

神不足者，似醉不醉常如病酒，不愁似愁常如忧戚，不睡似睡才睡便觉，不哭似哭常如惊怖，不嗔似嗔，不喜似喜，不惊似惊，不痴似痴，不畏似畏，容止昏乱，色浊似染，癫痫神色，凄怆常如有失，恍惚张皇常如恐怖，言语瑟缩似羞隐藏，貌色低摧如遭凌辱，色初鲜而后暗，语初快而后讷，此皆谓神不足也。神不足者，多招牢狱之厄，官亦主失位矣。

第十八节　论骨与肉

一、论骨肉

相人之身，以骨为主，以肉为佐。以骨为形，以肉为容。以骨为君，以肉为臣。然君不能制臣，反之为逆理。若形好容恶，至老不作。容好形恶，乍苦乍乐。假使形容俱好，若有纹痣黑子，亦不为佳。夫纹，欲得深而正。黑子，欲得大而明。凡相面，见颧骨肉薄而开方者，主有权衡。若肉大骨藏，则无权衡。其人纵有官职，但常调而已。凡有相之人，忽居贫贱，如凤在地，不久必翔。无相之人，忽居富贵，如草非时而生，非地而出矣，必疾也。

二、相骨

骨节相金石，欲峻不欲横，欲圆不欲粗，瘦者不欲露骨，肥者不欲露肉。骨与肉相称，气与血相应。骨寒而缩者，不贫则夭。日角之左、月角之右，有骨直起，为金城骨，位至三公。印堂有骨，上至天庭，名天柱骨，从天庭贯顶，名伏犀骨，并位至三公。

面上有骨卓起，名为颧骨，主权势。颧骨相连入耳，名天梁骨，主寿考。自臂至肘，为龙骨，象君，欲长而大。自肘至腕，名虎骨，象臣，欲短而细。骨欲峻而舒圆，而坚直，而应节，紧而不粗，皆坚实之象。颧骨入鬓，名驿马骨。左目上，曰日角骨。右目上，曰月角骨。骨齐耳，为将军骨。两沟外，曰巨龟骨。额中正两边，为龙角骨。

诗曰：

> 骨不耸兮，且不露，又要圆清兼秀气。
>
> 骨为阳兮，肉为阴，阴不多兮，阳不附。
>
> 若得阴阳骨肉均，少年不贵终身富。

骨耸者，夭。骨露者，无立。骨软弱者，寿而不乐。骨横者，凶。骨轻者，贫贱。

骨俗者，愚浊。骨寒者，穷薄。骨圆者，有福。骨孤者，无亲。又云：木骨瘦而青黑色，两头粗大主多穷厄。水骨两头尖，富贵不可言。火骨两头粗，无德贱如奴。土骨大而皮粗厚，子多而又富贵。骨坚硬，寿而不乐。或有旋生头角骨者，则享晚年福禄。或旋生颐颏者，则晚年至富也。

诗曰：

> 贵人骨节细圆长，骨上无筋肉又香。
>
> 君骨与臣相应辅，不愁无位食天仓。
>
> 骨粗岂得丰衣食，部位应无且莫求。
>
> 龙虎不须相克陷，筋缠骨上贱堪忧。

三、相肉

肉，所以生血而藏骨，其象犹土生万物而成万物者也。丰不欲有余，瘦不欲不足。有余则阴胜于阳，不足则阳胜于阴。阴阳相胜，谓一偏之相。肉为阴，骨为阳。阴有余，神则生血。阳有余，神则生气。肉以坚而实，直而耸，肉不欲在骨之内，为阴不足。骨不欲生肉之外，为阳有余也。故曰，人肥则气短，马肥则气喘，速死之期。肉不欲横，横则性刚而暴。肉不欲缓，缓则性懦而怕人。肥不欲乱纹路，露漏者，近死之兆。肉欲香而暖，色欲白而润，皮欲细而滑，皆美质也。色昏而枯，皮黑而臭，非令相也。若夫神不称枝干，筋不束骨，肉不居体，皮不包肉，速死之应也。

诗曰：

> 贵人肉细滑如苔，红白光凝富贵来。
> 揣着如绵兼又暖，一生终是少凶灾。
> 肉紧皮粗最不堪，急如绷鼓命难长。
> 黑多红少须多滞，遍体生光性急刚。
> 欲识贵人公辅相，芝兰不带自然香。

第十九节　相鼻

鼻为中岳，其形属土，为一面之表，肺之灵苗也。故肺虚则鼻通，肺实则鼻塞，故鼻之通塞以见肺之虚实也。准头圆，鼻孔不昂，不露，又得兰台廷尉二部相应，富贵之人。年上寿上二部皆在于鼻，故主寿之长短也。光润丰起者，不富则寿也。色黑肉薄者，不贱则夭。隆高有梁者主寿。若悬胆而直截筒者，富贵。竖有骨者，寿相。准头丰大，与人无害。准头尖细，好为奸诈。多生黑子者，迍蹇。有横纹者，主车马伤。有纵理纹者，养他人子。鼻梁圆而贯印堂者，此人主美貌之妻。

诀曰："鼻如截筒，衣食丰隆。孔仰露出，夭折寒索。鼻如鹰嘴，取人脑髓。鼻有三曲，孤独破屋。鼻有三凹，骨肉相抛。准头而直，得外衣食。准头丰起，富贵无比。准头带红，必走西东。鼻厄露骨，一生泪没。准头垂肉，贪淫不足。准头圆肥，足食丰衣。准头尖薄，孤贫削弱，鼻耸天庭，四海驰名。鼻梁无骨，必夭寿没。鼻露见梁，客死他乡。鼻准尖斜，心事勾加。准头常欲光润，山根不得促折。"鼻如悬胆身须贵，土曜当生得地来。若见山根连额起，定知荣贵至三台。鼻头尖小人贫贱，孔仰家无隔宿粮。又怕曲如鹰嘴样，一生奸诈不堪言。准头尖薄最穷破，鼻上横纹痣厄多。露穴主贫短无寿，鼻长有寿百年过。鼻偏左去父先亡，右去须知母亦伤。穴孔大而财不聚，准头圆厚富而长。山根青色有灾侵，法令纹深好杀心。鼻准如钩财上毒，宜垂如胆富年深。

准头有靥阴中有，上下生靥左右同，梁柱有靥阴背上，见时敢道有神功。法令纹中靥子恶。左边父死而无觉，右边母丧亦是然，万个之中无一错。四岳瘾低鼻独高，财散贫寒宿世招，露齿结喉鼻孔露，必然饿死在终朝。

第二十节　相人中

人中者乃一身之沟洫也。如沟洫疏通，则水流而不壅。如浅狭不深，则夫壅而不流。夫人中之长短，可定寿命之长短。人中之广狭，可断男女之多少。故人中所以为寿命男女之宫也。是以欲长而不欲缩，中深而外阔，直而不斜，阔而下垂者，皆善相也。其或细而狭者，衣食逼迫。满而平者，迍邅灾滞。上狭而下广者，多子孙。上广下狭者，少儿息。上下俱狭而中心阔者，子息疾苦而难成。上下直而深者，子息满堂。上下平而浅者，子息不生。深而长者，长寿。浅而短者，夭亡。人中屈曲者，无信之人。人中端直者，忠义之士。正而垂者，富寿。塞而缩者，夭贱。明如破竹者，二千石禄。细如悬针者，绝子贫寒。上有黑子者，多子。下有黑子者，多女。

中有黑子者，婚妻易而养儿难。有两黑子者，主双生。有横理者，至老无儿。有竖理者，主养他子。有纵理者，主儿宿疾。若人中漫漫平而无者，是谓倾陷，至老绝嗣，穷苦之相也。

人中深长，至老吉昌。兼有年寿，更益儿郎。人中短促，子孙不足。人中高厚，寿年不久。人中广平，养子不成。虽即生产，常闻哭声。人中广厚，奸淫未足。人中两黑子，可生二子。

诗曰：

> 人中平浅短何堪，无信无儿见者嫌。
> 若见直深长一寸，定知儿女转加添。
> 人中平平子不成，三阳赤色主相争。
> 黄色得财无盗贼，赤黑妻与外奸情。

又曰：

> 人中井部水横纹，每到临船莫进程。
> 偏左生儿右生女，上下平平子不成。

第二十一节　相耳

耳生贯脑而通心胸，为心之司，肾之候也。故肾气旺则清而聪，肾气虚则昏而浊，所以声誉与性行也。厚而坚，耸而长，皆寿相也。轮廓分明，聪悟，垂珠，朝口者，主财寿。贴肉者，富足。耳内生毛者，寿。耳有黑子生贵子，主聪明。耳门阔，主智远大。红阔，主官。白主名望。赤黑，贫贱。耳薄向前，卖尽田园。反而偏侧，居无屋宅。左右大小，迍否妨害。光明润泽，声名远播。尘粗焦黑，贫薄愚鲁。其竖如木，到老不哭。长而耸者，禄位厚。而圆者，衣食。大抵贵人有贵眼，无贵耳，贱人或有贵耳，而无贵眼。善相者，先相其色，后相其形可也。

诀曰："耳如提起，名播人耳。两耳垂肩，贵不可言。耳白如面，名满天下。棋子之耳，成家立计。耳黑飞花，离祖破家。耳薄如纸，夫死无疑。轮廓桃红，性最玲珑。两耳如纸，贫穷无倚。耳如鼠耳，贫贱早死。耳反无轮，祖业如尘。耳有垂珠，衣食自足。耳薄无根，必夭天年。耳门广阔，聪明豁达。耳有城郭，寿命不促。耳下骨圆，未有余钱。"

耳高于目，合受他禄。耳高眉一寸，永不贫困。耳高轮廓，亦主安乐。耳有刀环，五等高官。耳门垂厚，富贵长久。耳门容筋，家贫易去。耳有毫毛，长寿富贵，兼没灾殃。目能自观者，吉。耳如兽耳，自安自止。耳门宽大，聪明财足。耳门薄小，命短食少。耳白于面，名满赤县。轮廓分明有坠珠，一生仁义最相宜。木星得地招文学，自有声名达帝都。耳反无轮最不堪，又如箭羽少资粮。命门空小人无寿，青黑皮粗走异乡。耳生贴肉廓轮成，红光尽属富而荣。轮反薄干贫苦相，毛长出耳寿千春。耳白过面远高名，前看不见富贵荣。前看见耳多贫苦，耳前生靥近聋贫。

诗曰：

> 下有垂珠肉色光，更来朝口富荣昌。
>
> 上尖狼耳心多杀，下尖无色亦无良。

第二十二节　论唇

唇者，为口之城郭，作舌之门户。一开一合，荣辱之所系者，唇也。故欲厚，而不欲薄，欲棱而不欲缩矣。唇色红如丹砂者，贵而福。青如蓝靛者，灾而夭。色昏黑者，苦疾恶死。色紫光者，快乐衣食。色白而艳者，招贵妾。色黄而红者，招贵子。蹇缩者，夭亡。薄弱者，贫贱。上唇长者，先妨父。下唇长者，先妨母。上唇薄者，言语狡诈。下唇薄者，贫贱蹇滞。上下俱厚者，忠信之人。上下俱薄者，妄语。两唇上下不相覆者，贫寒偷盗。上下两相称者，言语正直。龙唇者，富贵。羊唇者，贫贱。唇尖撮者，贫死。唇坠下者，孤寒。有纹理，多子孙。无纹理，性孤独。

诀曰：唇如鸡肝，至老贫寒。唇如青黑，饿死涂陌。唇色光红，不求自丰。唇色淡黑，毒杀之客。唇平不起，饥饿无比。唇缺而陷，主人下贱。上唇缩，短命。上唇长，命不老。唇生不正，言词难定。